Verlag Hans Huber
Programmbereich Gesundheit

Klaus Jork/Nossrat Peseschkian
(Herausgeber)

Salutogenese und Positive Psychotherapie

Gesund werden – gesund bleiben

Unter Mitarbeit von Anas Aziz, Raymond Battegay, Thomas Becker, Gaetano Benedetti, Adelheid Bieger, Udo Boessmann, Claudia Christ, Hans Deidenbach, Maria L. Diaz, Alfred Drees, Kathrin Fettweiß, Georg Franzen, Mechthild Gesman, Hartmut Heine, Wolfgang Hönmann, Gunther Hübner, Abbas Jabbarian, Tillmann Jossé, Michael Katzensteiner, Hermes A. Kick, Hans-Jürgen Köttner, Cornelia Krause-Girth, Reinhard Larcher, Thomas Loew, Hamid Peseschkian, Manije Peseschkian, Nawid Peseschkian, Shida Pesechkian, Sheyda Rafat, Arno Remmers, Helmut Röthke, Marga Rothe, Günther Sachse, Dieter Schön, Wolfgang Schuck, Regine Siegel-Trumpp, Dorothee Teller, Karin Tritt, Birgit Werner, Stefan Wilm und Helmut Woelk

Verlag Hans Huber
Bern · Göttingen · Toronto · Seattle

Anschriften der Herausgeber:

Prof. Dr. Klaus Jork
Johann Wolfgang Goethe-Universität
Institut für Allgemeinmedizin
Theodor-Stern-Kai 7
D-60590 Frankfurt am Main

Prof. Dr. Nossrat Peseschkian
Wiesbadener Akademie für Psychotherapie
Langgasse 38–40
D-65183 Wiesbaden

Lektorat: Dr. med. Klaus Reinhardt
Herstellung: Kurt Thönnes, die Werkstatt, Liebefeld-Bern
Druckvorstufe: SatzTeam Berger, Ellwangen
Titelillustration: Harald Schröder
Druck und buchbinderische Verarbeitung: AZ Druck und Datentechnik GmbH, Kempten
Printed in Germany

Bibliografische Information der Deutschen Bibliothek
Die Deutsche Bibliothek verzeichnet diese Publikation in der Deutschen Nationalbibliografie; detaillierte bibliografische Daten sind im Internet über http://dnb.ddb.de abrufbar.

Die Verfasser haben größte Mühe darauf verwandt, dass die therapeutischen Angaben insbesondere von Medikamenten, ihre Dosierungen und Applikationen dem jeweiligen Wissensstand bei der Fertigstellung des Werkes entsprechen. Da jedoch die Pflege und Medizin als Wissenschaft ständig im Fluss sind, da menschliche Irrtümer und Druckfehler nie völlig auszuschließen sind, übernimmt der Verlag für derartige Angaben keine Gewähr. Jeder Anwender ist daher dringend aufgefordert, alle Angaben in eigener Verantwortung auf ihre Richtigkeit zu überprüfen.
Die Wiedergabe von Gebrauchsnamen, Handelsnamen oder Warenbezeichnungen in diesem Werk berechtigt auch ohne besondere Kennzeichnung nicht zu der Annahme, dass solche Namen in Sinne der Warenzeichen-Markenschutz-Gesetzgebung als frei zu betrachten wären und daher von jedermann benutzt werden dürfen.

Anregungen und Zuschriften bitte an:
Verlag Hans Huber
Lektorat: Medizin/Gesundheit
Länggass-Strasse 76
CH-3000 Bern 9
Tel: 0041 (0)31 300 4500
Fax: 0041 (0)31 300 4593
E-Mail: verlag@hanshuber.com
Internet: http://verlag.hanshuber.com

1. Auflage 2003

ISBN 3-456-83086-6

Inhalt

Teil I: Das Konzept der Salutogenese – Grundsätzliche Überlegungen und Konsequenzen für eine neue Heilkunde

Teil II: Die Positive Psychotherapie und ihr salutogenetischer Ansatz

Teil III: Anwendungen

Anhang

Nichts auf der Welt ist so mächtig wie eine Idee, deren Zeit gekommen ist.

Victor Hugo

Vorwort

«Wo fehlt es Ihnen denn?» Kaum eine Frage, die man gelegentlich noch von einem Arzt an den Patienten gerichtet hört, drückt so eindeutig die pathogenetische Orientierung der etablierten Medizin aus. Das «wo» weist auf eine Lokalisierbarkeit hin, die Frage nach einem Ort – die Beschreibung eines Zustandes, eines Gefühls oder einer Wahrnehmung wird damit in der Antwort wohl kaum erwartet. Die Frage nach dem «Fehlen» weist auch auf ein bestehendes Defizit hin – wenn etwas fehlt, ist Vollkommenheit, Ganzheit nahezu ausgeschlossen. «Fehlen» drückt damit gleichzeitig aus, dass jemand etwas braucht, nötig hat, das jemand anderes besitzt. «Fehlen» intendiert auch, dass jemand «Schuld haben» muss, denn wenn ihm etwas fehlt, muss er sich in einer Weise verhalten haben, die zu dem Defizit führte. Damit scheint die dominante bzw. superiore Rolle dessen, der die Frage stellt, was krank macht, berechtigt zu sein.

Das Zeitalter des «mündigen Patienten» – was immer man darunter auch verstehen mag – mit umfassender Information durch die verschiedensten Medien unterschiedlichster Kompetenz und Qualität sorgt aus der Sicht des Hausarztes bei Patienten häufig für neue Verwirrung und Ratlosigkeit. Gerade der interessierte Laie verfügt über keine Kriterien, die ihm bei der Orientierung auf dem nahezu unüberschaubaren Markt der Gesundheitsberufe und zum Gesundheitsverhalten hilfreich sein können. War früher der Arzt für den Körper und die Gesundheit zuständig, so wie der Pfarrer oder Priester für die Seele, so bieten heute nicht nur Apotheker, Krankenkassen, Psychologen und Heilpraktiker, sondern auch esoterische Zirkel, Selbsthilfegruppen und die Industrie jeweils «sichere» Methoden an, wie man Gesundheit erhalten oder wiederherstellen kann.

Wie lässt sich eine Orientierung bei Bemühungen zur Erhaltung oder Wiederherstellung von Gesundheit finden? Aaron Antonovsky hat die Frage anders gestellt: Wie wird man, wo immer man sich im Strom des Lebens befindet, ein guter Schwimmer? Oder anders ausgedrückt: Mit welchen Fähigkeiten kann ich die Schwierigkeiten des Lebens meistern, z. B. auch mit Stress erfolgreich umgehen, und gleichzeitig gesund bleiben?

Diese Frage stellt sich also zuerst dem einzelnen Menschen, dem, der beobachtet und sich seiner jeweiligen Lebenssituation bewusst ist. Er muss seine individuelle Antwort finden auf Antonovskys Frage. Das bedeutet, achtsam die eigene Lebensweise zu reflektieren, Zusammenhänge zu erkennen, Fähigkeiten aufgrund eigener Lebenserfahrung einschätzen zu lernen und Wege zu erproben, mit Aufgaben und Konflikten erfolgreich umzugehen, Erfahrung zu sammeln. Wir sind damit weitgehend in unsere eigene Verantwortung gestellt. Der Arzt jedenfalls kann aufgrund seines Wissens und seiner Erfahrung nur allgemeine Hinweise geben und uns bei der Suche nach speziellen Antworten begleiten.

Wer als Arzt mit salutogenen Ressourcen, d. h. gesundheitserhaltenden Fähigkeiten, arbeiten will, weiß selbst, wie schwer der Anfang fällt. Zu «eingefahren» und trainiert im ärztlichen Alltag ist das pathogenetische Verständnis der Medizin. Gesundheitserhaltende Fähigkeiten werden bei der Anamnese-Erhebung vernachlässigt. Wesentliche Ressourcen des Patienten bleiben dadurch im diagnostisch-therapeutischen Prozess unerkannt und ungenutzt. Auch Ärzte müssen sich ihrer salutogenen Ressourcen oft erst bewusst werden, bevor sie mit ihren Patienten in diesem Verständnis arbeiten können.

Stefan Wilm verwendet das Bild der Brille: Bisher haben wir Ärzte uns darauf eingestellt, Defizite, Defekte, Mängel und Fehlverhalten durch die beiden Gläser der «pathogenetischen Brille» wahrzunehmen. Nun gilt es, bei unverändert weiterer Beachtung pathogenetischer Faktoren und dem Blick durch das pathogenetische Brillenglas das andere frei zu machen für eine salutogene Sichtweise. Wir müssen den Blick frei machen für das Erkennen und Integrieren von gesundheitserhaltenden und die Gesundheit wiederherstellenden Fähigkeiten und Erfahrungen von Kranken, Gesunden und von uns selbst.

Nicht Verbote stehen dabei im Vordergrund, wie: «Du musst weniger Fett essen, du sollst an Gewicht abnehmen, dich mehr bewegen, deine Medikamente regelmäßig einnehmen usw.» Gefragt ist die Integration unserer Wünsche und Neigungen in ein ganzheitliches Konzept der Lebensweise, das Freude bereitet, die Lebensqualität fördert und uns trotzdem gesund erhält. Dabei spielen die Einschätzungen und Wahrnehmungen des Menschen eine entscheidende Rolle. Ob ich z. B. Stress als belastend und krank machend empfinde, ist ganz überwiegend nicht nur eine Frage äußerer Faktoren, sondern vor allem eine Frage der individuellen Bewertung: Kann ich den Stress als Herausforderung empfinden, zu dessen Problemlösung ich auch die entsprechenden Fähigkeiten besitze? Nicht die äußeren Ereignisse sind dann vordergründig wichtig, sondern die eigene Reaktion darauf.

Verschiedene Wissenschaftsbereiche erachten vier menschliche Grundfähigkeiten als unabdingbare Voraussetzung für die erfolgreiche Auseinandersetzung mit zukünftigen Aufgaben. Grundlage ist danach die Kommunikationsfähigkeit. Fragen, Anliegen und Projekte müssen verständlich und klar definiert werden. Nicht das Individuum wird in einer globalen Vernetzung in der Lage sein, komplexe Aufgabenstellungen zu lösen. Es gilt den richtigen Partner mit seinen Fähigkeiten zu finden und zur Mitarbeit zu gewinnen. Team-Fähigkeit wird damit zur zweiten Voraussetzung erfolgreichen Handelns.

Beide, Kommunikations- und Team-Fähigkeit, sind aber die Voraussetzung einer angemessenen Problemlösung, gleichgültig in welchem Bereich sie erfolgen soll. Erst die Summe der Ressourcen aller Beteiligten verspricht den gewünschten Erfolg. Das angestrebte Ziel wird dabei am ehesten erreicht, wenn die Sinngebung von allen Beteiligten gleichermaßen anerkannt wird; die intrinsische Motivation ist dann besonders hoch.

Die Fähigkeiten zu Kommunikation, Teamarbeit und Problemlösung vor dem Hintergrund der Sinngebung, also sinnvoller engagierter Entscheidungsfindung, sind Grundvoraussetzungen des Handelns und Überlebens im Zeitalter globaler Abhängigkeit. Antonovsky hat mit dem Konzept der Salutogenese und dem Verständnis des Kohärenzgefühls Bausteine dafür aufgezeigt. Kohärenzgefühl als das durchdringende und dynamische Gefühl des Vertrauens in die Verstehbarkeit alltäglicher Zusammenhänge beinhaltet das optimistische Vertrauen, Lebensaufgaben meistern und dazu die erforderlichen Ressourcen mobilisieren zu können. Der Erfolg dieser Handlungsfähigkeit ist nach verschiedenen Untersuchungen vor allem von einem Gefühl der Sinnhaftigkeit bzw. der Bedeutsamkeit abhängig. Das bisher mehr theoretische Konzept der Salutogenese eröffnet ein erweitertes Verständnis auf das Kontinuum von Gesundheit und Krankheit. Allerdings gibt es bisher keine einheitlichen, wissenschaftlich evaluierten Methoden der pragmatischen Umsetzung in den verschiedenen Gesundheitsberufen.

Das Balance- und Konfliktmodell der Positiven Psychoptherapie von Nossrat Peseschkian hingegen basiert ganz überwiegend handlungsbezogen auf einem transkulturellen, empirischen Verständnis. Es berücksichtigt gleichermaßen pathogene und salutogene Ressourcen des Menschen in einem diagnostisch-therapeutischen Prozess, der die Beteiligten aktiv bei Kenntnis der einzelnen Schritte einbezieht. Die Balance der Energien von Denken, Fühlen und Handeln in den vier Bereichen von Körper und Sinnen, Arbeit und Leistung, Beziehungen und Kontakten sowie Fantasie und Zukunft stellen die grundlegende Orientierung in diesem Modell dar. Es ist nicht nur in psychotherapeutischem Sinne umsetzbar, sondern bedeutet eine Erweiterung des psychosomatischen Gesundheits- und Krankheitsverständnisses.

In der Zusammenarbeit mit Schülern von Nossrat Peseschkian ist so gemeinsam mit Ärzten und Wissenschaftlern ein Buch entstanden, das den Leser in ein umfassendes Verständnis des Kontinuums von Gesundheit und Krankheit einführt. Theoretische und praktische Beiträge mit Patientenbeispielen sollen zur eigenen Umsetzung im ärztlichen und therapeutischen Alltag motivieren und zur Vertiefung einer integrativen Sicht von Wissen, Können und Verhalten beitragen. Das Modell der Salutogenese von Aaron Antonovsky liefert dabei das Verständnis für den erforderlichen partnerschaftlichen Ansatz der Arbeit mit dem Patienten, in dem seine Erfahrungen und Fähigkeiten im diagnostisch-therapeutischen Prozess umfassend berücksichtigt werden.

Frankfurt am Main, im Herbst 2002 *Prof. Dr. med. Klaus Jork*

Einleitende Gedanken

Wenn man etwas haben will, was man noch nie gehabt hat, muss man etwas tun, was man noch nie getan hat.

In diesem Buch wird die umfassende Systematik einer modernen Therapie mit praktischen und lebendigen Darstellungen bei verschiedenen Krankheiten vorgelegt.

Wir betrachten den ganzen Menschen in seiner körperlichen, seelischen, gesellschaftlichen, kulturellen, geschichtlichen und geistig-religiösen Dimension.

Wir gehen davon aus, dass jedem Menschen eine Fülle von Fähigkeiten, Möglichkeiten und Chancen innewohnen, die von ihm und seinen Mitmenschen entwickelt, entfaltet und aktiviert werden können.

Positiv heißt dieser therapeutische Ansatz, weil er vom Vorgegebenen, von der Ganzheit des Betroffenen ausgeht. Sein Gegenstand sind darum nicht nur die krankhaften Erscheinungen, Konflikte, Defizite und Leiden (Pathogenese), sondern auch die Freuden, Fähigkeiten, Ressourcen und Möglichkeiten (Salutogenese) des Betroffenen, die dem Leser als Alternative erfrischende Anregungen vermitteln und ihn zu einer Änderung des Standortes motivieren.

Sammle die positiven Aspekte des Lebens für die dunkle Zeit.

Gesundheit zeichnet sich durch das Gleichgewicht zwischen vier Lebensbereichen (Körper/Sinne, Arbeit/Leistung, Kontakt/Familie, Fantasie/Zukunft) aus. Krankheit ist der Ausdruck der Störung dieses Gleichgewichts. Therapie und Selbsthilfe sind Mittel, um das natürliche Gleichgewicht wieder herzustellen.

Krankheit kränkt, und Kränkung macht krank.

Es ist ein besonderes Anliegen der Positiven Psychotherapie, die Gesundheit des Einzelnen in einem umfassenden Sinn zu sehen; das heißt, nicht nur die Symptome, sondern auch die mittelbaren Ursachen zu berücksichtigen, die sich aus Lebenssituation, Umwelt, Familie, Subkultur und Kultur ergeben.

Fremde Erfahrungen sind kostbar, eigene Erfahrungen sind teuer.

Zu der behandelten Themengruppe wird als Verständnishilfe eine orientalische Geschichte, eine Lebensweisheit und ein Fragebogen hinzugefügt, der ein Weg über die Spiegelung von Gesundheit und Krankheit in Sprachbildern und Volksweisheiten aufzeigt.

> Wenn der Arzt seinem Patienten gute Geschichten erzählt, dann braucht er halb soviel Narkosemittel. (Ferdinand Sauerbruch)

Der Selbsthilfeanteil ist so abgefasst, dass der Therapeut in einer für den Betroffenen und seine Angehörigen verständlichen Sprache Erklärungen und Anregungen geben kann.

> Der ist weise, der nach Gutem ringt
> und nichts lehrt, was er nicht selbst vollbringt.

Dieses Buch richtet sich an alle, die vor den Problemen der zwischenmenschlichen Beziehungen nicht die Augen verschließen, und bereit sind, Anregungen und Orientierungshilfen zu nutzen. Das Buch ist so geschrieben, dass es im Rahmen einer ärztlichen, psychologischen und pädagogischen Praxis sowie im Zusammenhang mit Beratungsstellen für psychosomatische Erkrankungen eingesetzt werden kann.

> Man kann auf seinem Standpunkt stehen, aber man sollte nicht darauf sitzen.

Wir danken allen beteiligten Kollegen, Referenten und Dozenten der Wiesbadener Akademie für Psychotherapie für ihre wertvollen Beiträge und Anregungen zu diesem Buch. Sie geben uns eine eindrucksvolle Vorstellung davon, wie Angehörige verschiedener therapeutischer Fachdisziplinen, Repräsentanten gesellschaftlicher Einrichtungen und Praktiker im Alltag sinnvoll und positiv zusammenarbeiten können. Unser besonderer Dank gilt Herrn Dr. Peter Stehlin, Verlag Hans Huber, für seine Sorgfalt und Geduld sowie Frau Dr. A. Viviani und Herrn Diplom-Psychologen H. Deidenbach für die kritische Lektüre und die Korrekturvorschläge

> Das Glück kann man nur festhalten, wenn man es weitergibt.

Wiesbaden, im Herbst 2002 *Prof. Dr. med. Nossrat Peseschkian*

Teil I

Das Konzept der Salutogenese – Grundsätzliche Überlegungen und Konsequenzen für eine neue Heilkunde

Wer nicht jeden Tag etwas für seine Gesundheit tut,
wird einmal viel Zeit für seine Krankheiten aufbringen müssen.
(Sebastian Kneipp, 1821–1897)

Das Modell der Salutogenese von Aaron Antonovsky

Klaus Jork

Das Glück ist unsere Mutter, das Unglück ist unser Erzieher.
(Charles de Montesquieu)

Antonovskys Modell der Salutogenese entstand in zeitlichem Zusammenhang mit einer allgemeinen Kritik an der Gesundheitsversorgung. Gleichzeitig fand eine intensive Auseinandersetzung mit dem Gesundheits- und Krankheitsverständnis statt. Das biopsychosoziale Krankheitsmodell genügte trotz seines erweiterten Verständnisses scheinbar nicht den Gegebenheiten des menschlichen Daseins. Auch verschiedene Projekte der Prävention von Krankheiten und der Gesundheitsförderung ließen wesentliche Ressourcen von Gesundheit unberücksichtigt.

Das Modell der Salutogenese

Aaron Antonovsky wurde 1923 in Brooklyn/USA geboren und studierte Geschichte und Wirtschaft an der Yale University. Er emigrierte 1960 nach Israel und war in der Sozialforschung in Jerusalem tätig. 1972 war er maßgeblich am Aufbau der gemeindeorientierten medizinischen Fakultät der Ben Gurion Universität beteiligt. Er starb 1994 in Beer-Sheba/Israel.

Bei Untersuchungen von Frauen unterschiedlicher ethnischer Gruppen wertete das Arbeitsteam von Antonovsky auch Daten von ca. 300 Personen aus, die während des Zweiten Weltkriegs in Konzentrationslagern lebten. Dabei fiel auf, dass 29 % von ihnen nach dieser traumatisierenden Phase ihres Lebens eine gute psychische und physische Gesundheit zuerkannt wurde (Antonovsky, 1979). Antonovsky beschäftigte daraufhin die Frage:

> Warum befinden sich Menschen auf der positiven Seite des *Gesundheits-Krankheits-Kontinuums* oder warum bewegen sie sich auf den positiven Pol zu, unabhängig von ihrer aktuellen Position? (Antonovsky, 1997)

Der zentrale Begriff des Modells der Salutogenese ist das *Kohärenzgefühl* («sense of coherence», SOC). Darunter versteht Antonovsky «eine *globale Orientierung*, die das Ausmaß ausdrückt, in dem jemand ein durchdringendes, überdauerndes und dennoch *dynamisches Gefühl des Vertrauens* hat, dass

- erstens die *Anforderungen* aus der inneren und äußeren Erfahrungswelt im Verlauf des Lebens strukturiert, vorhersagbar und erklärbar sind und dass
- zweitens die *Ressourcen verfügbar* sind, die nötig sind, um den Anforderungen gerecht zu werden, und
- drittens, dass diese Anforderungen Herausforderungen sind, die Investition und Engagement verdienen.» (Antonovsky, 1993)

Dabei ist mit »Kohärenzgefühl» kein affektives Gefühl gemeint, sondern ein *Einstellungsmuster*, die Welt in einer bestimmten Weise zu sehen. Dieses Verständnis wird eher aus der Übersetzung von »sense» deutlich, das »Sinn», »Gefühl» ebenso wie «Verständnis» und «Bedeutung» ausdrücken kann.

Aus diesem Verständnis entwickelte Antonovsky verschiedene Konstrukte des Vertrauens, nämlich

- das *Gefühl der Verstehbarkeit* («sense of comprehensibility»), das im Verständnis von Kontrollierbarkeit, Geordnetheit und Verstehbarkeit *kognitive Verarbeitungsmuster* berücksichtigt
- das *Gefühl der Handhabbarkeit bzw. Bewältigbarkeit* («sense of manageability»), womit ein optimistisches Vertrauen gemeint ist, Lebensaufgaben meistern und Ressourcen dafür mobilisieren zu können, was *kognitiv-emotionale Verarbeitungsmuster* betrifft
- das *Gefühl von Sinnhaftigkeit bzw. Bedeutsamkeit* («sense of meaningfulness»). Es schließt die Überzeugung ein, dass das Leben einen Sinn hat und dass sich Freude am Leben lohnt. Dieser Anteil betrifft die *emotional-motivationale Komponente* menschlichen Erlebens.

Das *Kohärenzgefühl* entwickelt sich nach Antonovsky im Laufe der Kindheit und Jugend und wird von den gesammelten Erfahrungen und Erlebnissen beeinflusst (Bengel, Strittmatter u. Willmann, 1998). In der Adoleszenz sind noch größere Veränderungen möglich; mit etwa 30 Jahren ist nach Ansicht Antonovskys das Kohärenzgefühl ausgebildet und bleibt relativ stabil. Veränderungen im Erwachsenenalter hält er nur für sehr begrenzt möglich.

Antonovsky erklärt die Formung des Kohärenzgefühl mit Piagets Prinzipien der Assimilation und Akkomodation. Die Komponente *Verstehbarkeit* wird durch Erfahrungen von Konsistenz geformt. Da Reize und Erfahrungen nicht völlig willkürlich, widersprüchlich und unvorhersehbar auftreten, können sie eingeordnet, zugeordnet und strukturiert werden. *Handhabbarkeit* entsteht durch das Erleben von ausgewogener Belastung, d. h. die Person ist weder Über- noch Unterforderungen ausgesetzt. *Sinnhaftigkeit* wird durch die Erfahrung gefördert, auf die Gestaltung von Situationen Einfluss zu haben.

In einer vereinfachten Darstellung des Modells der Salutogenese sind wesentliche Faktoren der Überlegungen von Antonovsky zusammengefasst (Bengel u.a., 1998). Eine entsprechende *Konstitution* und die individuelle *Lebenserfahrung* sind verantwortlich für das Kohärenzgefühl eines Menschen. Die Lebenserfahrung wiederum bildet sich auf der Grundlage *generalisierter Widerstandsressourcen.*

Generalisierte Widerstandsressourcen sind individuelle kulturelle und soziale Faktoren, die Spannungsbewältigung ermöglichen. Sie entstehen aufgrund einer kohärenten Lebenserfahrung. Nach Antonovsky gehören zu ihnen auch finanzielle Sicherheit, Ich-Stärke und Erfahrung mit Bewältigungsstrategien. Je mehr generalisierte Widerstandsressourcen ein Mensch besitzt, umso mehr Lebenserfahrung kann er sammeln, von Aaron Antonovsky der Regelkreis des Lebens genannt. Quellen generalisierter Widerstandsressourcen sind salutogene Faktoren, wie die *soziale Unterstützung*, das Gefühl der *Entspannung* und des *Wohlbefindens.* Das Modell der Salutogenese stellt letzten Endes die Frage:

> Wie können pathogene Stressoren in gesundheitsbezogene Herausforderungen umgeformt werden?

Stressoren als Herausforderungen zu empfinden, ist eine Frage der *Problemlösungsfähigkeit* und *Stressbewältigung*, vordergründig aber abhängig vom *Bewertungsprozess* und damit von der Sinnhaftigkeit und Bedeutung, nach der ein Individuum *Stressoren* einordnet. Das Individuum muss damit auch gelernt haben, Stressoren und die aus ihnen resultierenden Spannungszustände wahrzunehmen.

Zur *Spannungsbewältigung* stehen dann die generalisierten Widerstandsressourcen ebenso zur Verfügung wie die aus Denken, Kommunizieren und Handeln gesammelten Lebenserfahrungen. Werden Spannungszustände erfolgreich bewältigt, dann erfolgt eine Stärkung des gesunden Bereichs im Gesundheits-Krankheits-Kontinuum. Sind die Konfliktlösungsansätze erfolglos, so resultiert der Fortbestand destablisierender Einflüsse, durch die die Krankheit begünstigt wird.

Das *Gesundheits-Krankheits-Kontinuum* gleicht somit einer Balance zwischen Gesundheit und Krankheit. Gesundheit ist also als Ergebnis nicht ein «Gleichgewicht», eine Konstante, sondern wird dynamisch ständig neu als Balance im Prozess geistiger und körperlicher Entwicklung des Menschen hergestellt. Das Individuum in einem Prozess des Begleitens dort abzuholen, wo es sich gerade entwickelt, ist ein diagnostisch-therapeutisches Ideal eines jeden verantwortungsvollen Arztes und Therapeuten.

Bedeutung des Modells der Salutogenese

Die Überlegungen im biopsychosozialen Modell der Medizin orientieren sich an einem Defizitmodell. Es wird nicht berücksichtigt, was dem einzelnen Menschen in einem ganzheitlichen Verständnis entspricht. Es wird vorgegeben, was er meiden soll, nicht darf oder zu verändern hat.

Gesundheitsförderung in einem sozial-ökologischen Gesundheits- und Präventionsmodell betrachtet Gesundheit nicht als Ziel, sondern als Mittel, um Individuen zu befähigen, individuelles und gesellschaftliches Leben positiv zu gestalten. Präventive Maßnahmen werden somit nicht durch das professionelle medizinische System verordnet. Sie zielen auf die aktive und selbstverantwortliche Beteiligung von Menschen an der Herstellung gesundheitsfördernder Bedingungen und auf den Dialog und die Interaktion zwischen Laien und Professionellen.

Beim *Perspektivenwechsel* beachtet man *pathogenetische Faktoren des Krankseins* ebenso wie *salutogene Ressourcen von Gesundheit* eines Menschen. Im Vordergrund steht dann die Frage:

> Welchen Beitrag kann das Individuum aufgrund seiner Lebenserfahrung und seiner Widerstandsressourcen zur Bewältigung von Krankheit ebenso wie von Stressoren und Konfliktsituationen leisten, um die Balance im Gesundheits-Krankheits-Kontinuum aufrecht zu erhalten?

Die jahrelang praktizierte Anamnese-Erhebung aus pathogenetischer Sicht erschwert das *Erkennen salutogener Ressourcen*. Mögliche erweiternde Fragen könnten z. B. sein:

- Welche Bedeutung sehen Sie in Ihrer gegenwärtigen Situation?
- Wie glauben Sie, mit der momentanen Situation umgehen zu können?
- Welche Hilfen glauben Sie zu benötigen?
- Welche Erfahrungen der Problemlösung haben Sie in früheren ähnlichen Situationen gesammelt?

Als Fragen bei der *Anamnese-Erhebung zur Sinnhaftigkeit* des Lebens bieten sich an:

- Haben sie eine Lebensphilosophie?
- Was glauben Sie, warum Sie leben?
- Was würden Sie als Ziel Ihres Lebens betrachten?
- Was glauben Sie, kann Ihnen in besonders schwierigen Lebenssituationen helfen?
- Was möchten Sie erreichen? Was wäre der nächste kleine Schritt?

Tabelle 1: Grundlegende Annahmen nach dem pathogenetischen und salutogenetischen Modell (nach Noack, 1997).

	Perspektivenwechsel	
	Pathogenese	**Salutogenese**
Gesundheit	Homöostase	Überwindung der Heterostase
Gesundheits- und Krankheitsverständnis	Dichotomie	Kontinuum
Krankheitsbegriff	Pathologie, reduktionistisch	Lebensgeschichte, Status
Gesundheits- und Krankheitsursachen	Risikofaktoren, negative Stressoren	Widerstandsressourcen, Kohärenzgefühl
Wirkung von Stressoren	potenziell krankheitsfördernd	krankheits- und gesundheitsfördernd
Intervention	Einsatz wirksamer Heilmittel	Aktive Anpassung, Risikoreduktion, Ressourcenentwicklung

Tabelle 2: Handlungsansätze aus pathogenetischer und salutogenetischer Sicht.

Pathogenese	**Salutogenese**
Krankengeschichte	Biografie
Risikofaktoren	Verhaltensmuster
aktuelle Beschwerden	Lebenssituation
Krankheitsverlauf	bisherige Selbsthilfe
pathologische Befunde	gesundheitserhaltende und Widerstandsressourcen
medizinische Therapie	+ Einsatz salutogener Ressourcen

Einen Überblick über die Bedeutung des Modells der Salutogenese vermitteln Betrachtungen zum Perspektivenwechsel, zu Handlungsansätzen und zu therapeutischen Möglichkeiten (**Tab. 1 und** 2).

Der Perspektivenwechsel von einer rein pathogenetischen zu einer salutogenetischen Gesamtbetrachtung des Menschen stellt die pathogenetische Auffassung von Gesundheit und Krankheit dichotom dar; ein Mensch ist entweder gesund oder krank, wobei es um die Erhaltung einer *Homöostase* geht. Salutogenetisch geht es um die Überwindung der *Heterostase* (Ungleichgewicht; fehlende Stabilität; Gegenteil von Homöostase) in einem Kontinuum wechselnder Zustände im Leben (Tab. 1). Pathogenetisch sind Diagnosen spezifische Krankheiten in einem reduktionistischen Verständnis, deren zahlreiche Ursachen vor allem im Risikofaktoren-Modell erfasst werden (Noack, 1997). Salutogenetisch interessiert der *Status* des Individuums im Rahmen seiner Lebensgeschichte. Die Behandlung besteht pathogenetisch vor allem in der Symptomtherapie bzw. in der Beratung zu Gesundheit und Lebensweise, salutogenetisch steht die Stärkung der Widerstandsressourcen im Vordergrund. Während *Stressoren* pathogenetisch potenziell als krankheitsfördernd betrachtet werden, können sie salutogenetisch krankheits- und gesundheitsfördernde Auswirkungen haben. Aufgrund eines ressourcenorientierten Bewertungsprozesses kann es gelingen, sie als Herausforderungen zu verstehen.

Aus dem grundlegend anderen Verständnis von Pathogenese und Salutogenese leiten sich unterschiedliche *Handlungsansätze* ab. Pathogenetisch orientiert sich der Arzt an der Krankengeschichte, aus salutogenentischer Sicht ist die *Biografie* bedeutsam (Tab. 2). Dem Nachweis von Risikofaktoren steht das Erkennen von *Verhaltensmustern* in der Salutogenese gegenüber. Aktuelle Beschwerden, pathogenetisch gesehen, werden in der Salutogenese aus der Lebenssituation heraus interpretiert. Während pathogenetisch der Krankheitsverlauf dokumentiert wird, interessiert salutogenetisch die Erfahrung mit bisheriger *Selbsthilfe*. Pathogenetische Befunde werden in der Salutogenese durch den Nachweis von *gesundheitserhaltenden und von Widerstand-Ressourcen* ergänzt. Eine rein medizinische Therapie in der konventionellen Medizin wird bei salutogenetischer Betrachtung durch das Einbeziehen salutogener Ressourcen erweitert.

Auch *therapeutische Ansätze* unterscheiden sich aus pathogenetischer und salutogenetischer Sicht (Tab. 2). Die konventionelle Beratung wird in der Salutogenese durch die Arbeit mit Widerstandsressourcen ergänzt. Vor der Verordnung von Arzneimitteln werden Möglichkeiten der Selbsthilfe mit Hausmitteln und durch Selbstmedikation genutzt. Die organisierte Hilfe im sozialen Netz erfährt Unterstützung durch Familien- und Nachbarschaftshilfe. Insgesamt steht neben professionellen Leistungen die Mobilisierung eigener Ressourcen.

Andere Gesundheitskonzepte

In zeitlichem Zusammenhang mit Antonovskys Modell der Salutogenese wurden bedeutende psychologische Konzepte entwickelt, die individuelle Eigenschaften in ihrem Einfluss auf Gesundheit und Krankheit untersuchen (Bengel, Strittmatter u. Willmann, 1998). Häufig wird dabei der Begriff «interne oder personale Protektivfaktoren» benutzt.

Interne Protektivfaktoren werden dabei als dispositionelle und veränderbare Persönlichkeitsmerkmale ebenso wie situationsspezifische Denk- und Verhaltensmuster verstanden, die die Gesundheit helfen zu erhalten. *Personale Protektivfaktoren* sind in verschiedenen Gesundheitskonzepten bedeutsam, so in gesundheitlicher Kontrollüberzeugung, Selbstwirksamkeitserwartung, Widerstandsfähigkeit, Optimismus und sozialer Unterstützung.

Besonders erwähnt werden soll das Ressourcen-Modell von Peter Becker. In seinem *Trierer Persönlichkeitsfragebogen* (Becker, 1989) mit 120 Items sind auch 12 Fragen zu «seelischer Gesundheit» berücksichtigt. Für Becker ist bedeutsam, «dass Gesundheit nicht nur daraus resultiert, dass ein Mensch erfolgreich (externe) Stressoren bewältigt, sondern dass er seinen angeborenen *Bedürfnissen* Beachtung schenkt und mit seinen *Gefühlen* angemessen umgeht». (Becker, 1992)

Brucks, Wahl und Schüffel (1998) haben das Modell der Salutogenese unter psychosomatischen Gesichtspunkten weiterentwickelt und unter Berücksichtigung einer Vielzahl anamnestischer Faktoren in drei Bereichen den Schwerpunkt epikritischer Fallbetrachtung auf die *Handlungsfähigkeit, Belastbarkeit* und *Konfliktfähigkeit* fokussiert. Diese drei Persönlichkeitsmerkmale resultieren nach ihrer Analyse aus der Lebenslage, dem Habitus und dem Status.

Das *Konzept der Salutogenese* ist ein Modell, das neugierig macht. Die Drei-Faktoren-Struktur («comprehensibility, manageability, meaningfulness») ist wissenschaftlich nicht bestätigt. Die Konstrukte sind einzeln nicht zu untersuchen, sondern nur ihre Korrelationen. Außerdem ist bisher nicht nachgewiesen, dass das Kohärenzgefühl mit körperlicher Gesundheit *nicht* korreliert, was Antonovsky annimmt. Hingegen wird durch weiterführende Untersuchungen deutlich, dass *körperliche und psychische Gesundheit hoch miteinander korrelieren.*

Das Modell der Salutogenese stellt eine *bedarfsgerechte* Rahmentheorie mit radikalerem Ansatz als das biopsychosoziale Modell dar und formuliert einen positiven ganzheitlichen Gesundheitsbegriff. Formulierungen des *biopsychosozialen Modells* orientieren sich an einem *Defizitmodell* des Menschen. Der Kranke als Subjekt und Handelnder wird weitgehend ausgeklammert. Er ist passives Objekt physikalischer Prozesse, auf die seine psychische und soziale Wirklichkeit und sein Verhalten keinen Einfluss haben.

Salutogenese, Positive Psychotherapie und ambulante Krankenversorgung

Das Modell der Salutogenese ist geeignet, einen Perspektivenwechsel nicht nur in der pschosomatischen Arbeit und in der Onkologie zu bewirken. Wünschenswert wären Versuche, salutogenetische Aspekte in die ambulante Krankenversorgung zu integrieren. Eine ressourcenorienterte Diagnostik und Therapie könnte aufzeigen, wie der Patient durch die Bewertung seiner Konstrukte des Kohärenzgefühls aktive Bewältigungsstrategien zu entwickeln in der Lage ist. An praktikablen Konzepten fehlt es bisher.

Es stellt sich die Frage, welche Voraussetzungen pragmatische salutogenetische Ansätze in der ambulanten Krankenversorgung erfüllen müssen. Differenzierte wissenschaftliche Ansätze scheitern häufig an ihrer Praktikabilität (Umsetzbarkeit) für viele Probanden. Der zeitliche Aufwand salutogenetischer Modelle muss bei einer großen Zahl z. B. chronisch Kranker in einer angemessenen Relation zum erwarteten Nutzen stehen. Die angewendete Methodik sollte zum anderen leicht erlernbar sein, um sie in die Aus- und Weiterbildung bestehender Gesundheitsberufe integrieren zu können. Außerdem wäre von einem *ganzheitlichen Arbeitsansatz* zu fordern, dass er für den Betroffenen (Patienten) verständlich und nachvollziehbar ist, um Anlass für eine angemessene Motivation zu selbstbestimmtem Handeln zu bieten.

Diese Vorstellungen werden am ehesten für den Bereich der ambulanten Krankenversorgung durch die *Positive Psychotherapie* von Nossrat Peseschkian verwirklicht. In einem transkulturell vergleichenden Arbeitsansatz wird auf empirischer Grundlage schrittweise ein Balance- und Konfliktmodell erarbeitet, das salutogenetische ebenso wie pathogenetische Aspekte des Lebens integriert. Nicht Gleichgewichte, sondern Ausgeglichenheit, Balance, ist das Ziel der alltagsorientierten diagnostischen und therapeutischen Schritte.

In interdisziplinärer Diskussion, Anwendung und Evaluation entstanden daraus Interventionskonzepte einer *psychosomatischen Arbeitsweise* (Peseschkian, 1991). Eine praxisbezogene Ergänzung erfährt die Positive Psychotherapie durch eine differenzierte, standardisierte Dokumentation (Peseschkian, 1998), sodass für Therapeut und Arzt ein differenziertes Instrumentarium zur Verfügung steht. Weiterentwicklungen des Ansatzes von Peseschkian, wie z. B. die Positive Ordnungstherapie, erleichtern die Umsetzung in einer ganzheitsmedizinischen Praxis (Boessmann u. Peseschkian, 1995).

Peseschkian berücksichtigt in seiner Positiven Psychotherapie psychische *und* physische Gegebenheiten des Menschen. Direkte Entsprechungen der Konstrukte des Kohärenzsinns (Verstehbarkeit, Handhabbarkeit und Sinnhaftigkeit) im Verständnis von Antonovsky finden sich nicht. Hingegen weist das Balance- und Konfliktmodell von Peseschkian Entsprechungen auf, die ein ähnliches Verständnis wie bei Antonovsky erkennen lassen (**Tab. 3**).

Es kann wissenschaftlich diskutiert werden, inwieweit es erlaubt ist, unterschiedliche Modelle des Verständnisses von Gesundheit und Krankheit miteinander zu verknüpfen. Handlungsbezogene, d. h. patientenorientierte Sichtweisen, stellen die Anwendbarkeit und die Bedeutung für den Menschen in den Vordergrund. Aus dieser Sicht liefert Antonovsky ein interessantes und differenziertes Modell des Verständnisses von Gesundheit mit den drei Konstrukten des Kohärenzgefühls.

Peseschkian hat ein logisch strukturiertes, empirisches und transkulturelles Therapiekonzept entwickelt, das den Menschen/Patienten mit Denken, Verständnis, Erleben und Handeln einbezieht. Das Individuum begegnet dem Therapeuten als Partner. Die begleitende Dokumentation alltagsbezogener Arbeits- und Interventionsschritte hat sich in vielen Jahren bewährt und erklärt die immer stärkere Anwendung und Verbreitung der Positiven Psychotherapie.

Tabelle 3: Entsprechungen zwischen den Konstrukten Antonovskys und dem Balance- und Konfliktmodell von Peseschkian.

Antonovsky	Peseschkian
Handhabbarkeit	Arbeit und Leistung
	Körper und Sinne
Verstehbarkeit	Zukunft und Fantasie
Sinnhaftigkeit	Zukunft und Fantasie
	Kontakte und Beziehungen

Literatur

Antonovsky, A. (1979): Health, Stress, and Coping: New Perspectives on Mental and Physical Well Being. Jossey-Bass, San Francisco

Antonovsky, A. (1993): Gesundheitsforschung versus Krankheitsforschung. In: A. Franke/M. Broda (Hrsg.): Psychosomatische Gesundheit. Versuch einer Abkehr vom Pathogenese-Konzept. Deutsche Gesellschaft für Verhaltenstherapie, Tübingen

Antonovsky, A. (1997): Salutogenese – zur Entmystifizierung der Gesundheit. Deutsche Herausgabe von Alexa Franke. Deutsche Gesellschaft für Verhaltenstherapie, Tübingen

Becker, P. (1989): Der Trierer Persönlichkeitsfragebogen. Hogrefe, Göttingen

Becker, P. (1992): Seelische Gesundheit als protektive Persönlichkeitseigenschaft. Zschr. F. Klinische Psychol. 21, S. 64–75

Bengel, J./R. Strittmatter/H. Willmann (1998): Was erhält Menschen gesund? Antonovskys Modell der Salutogenese – Diskussionsstand und Stellenwert. Bundeszentrale für gesundheitliche Aufklärung, Köln

Boessmann, U./N. Peseschkian (1995): Positive Ordnungstherapie. Hippokrates, Stuttgart.

Brucks, U./W.-B. Wahl,/W. Schüffel (1998): Die Bedingungen für Veränderungen erkennen: Salutogenese in der Praxis. In: Schüffel, W./U. Brucks/R. Johnen/V. Köllner/F. Lamprecht/U. Schnyder (Hrsg.): Handbuch der Salutogenese. Ullstein Medical, Wiesbaden

Freidl, W./E. Rasky/R. H. Noack (1995): Gesundheitsförderung – aus einer systemtheoretisch-gesundheitswissenschaftlichen Perspektive. Praxis der klinischen Verhaltenstherapie und Rehabilitation, S. 13–17

Kasarek, R. A./Th. Theorell (1990): Healthy work: stress, productivity, and the reconstruction of working life. Basic Books, New York

Kühnlein, I./T. Taltermaier/M. Burda-Vierung (1997): Gesundheitsvorstellungen im Alltag. Prävention 20, S. 71–73

Margraf J./J. Siegrist/S. (1998): Neuer: Gesundheits- oder Krankheitstheorie? Springer, Berlin/Heidelberg/New York

Noack, R. H. (1997): Salutogenese: Ein neues Paradigma in der Medizin? In: H. H. Barsch/J. Bengel (Hrsg.): Salutogenese in der Onkologie. Karger, Basel

Peseschkian, N. ([12]2000): Positive Psychotherapie. S. Fischer, Frankfurt a.M.

Peseschkian, N./H. Deidenbach (1988): Wiesbadener Inventar zur Positiven Psychotherapie und Familientherapie. Springer, Berlin/Heidelberg/New York

Peseschkian, N. ([7]2001): Psychosomatik und positive Psychotherapie. Fischer Taschenbuch, Frankfurt a.M.

Siegrist, J. (1996): Soziale Krisen und Gesundheit. Hogrefe, Göttingen

Leben im Kontinuum zwischen Salutogenese und Pathogenese

Klaus Jork

Die Selbsterkenntnis bringt dem Menschen das meiste Gute,
die Selbsttäuschung das meiste Übel.
(Sokrates)

Ein Fallbeispiel als Einstieg

Kindheit und Adoleszenz

Die heute 51-jährige Frau Stella F. wuchs in der Hohen Tatra/Tschechien in der behüteten Familie eines jüdischen Vaters, der als Uhrmacher und Juwelier arbeitete, und einer Mutter, die früher Zahnarzthelferin war, auf. Gemeinsam mit ihrem zwei Jahre älteren Bruder verlebte sie bis 1969 eine unbeschwerte Kindheit und Adoleszenz im Hause der Eltern. Der Prager Frühling hat sie durch die Auseinandersetzung mit der Freiheit beeinflusst. Sie hat gelernt, sich frei zu äußern, und sie beschreibt ihre Kindheit und Jugend als harmonisch. Den Vater erlebte sie selbstbewusst, warmherzig und «was er anpackte, hat auch geklappt». Die Mutter war gütig und nachsichtig.

Schon frühzeitig erlebte sich Frau F. «als etwas Besonderes nicht im negativen Sinn». Sie ist Halbjüdin. Die gesamte Verwandtschaft des Vaters ist bis auf eine Schwester im dritten Reich im KZ umgekommen. Der Vater hat selten darüber gesprochen, die Mutter dagegen häufiger, «es tat ihr sehr leid». Das Judentum wurde im Elternhaus nicht spürbar praktiziert.

Ins Leben gehen

Als Chemotechnikerin ging Frau F. im August 1969 nach Deutschland, wo sie als Chemiestudentin während eines Ferienjobs bei der Lufthansa im September ihren neun Jahre älteren Mann kennen lernte. Er arbeitete als Angestellter in einer Organisationsabteilung. Im Februar 1970 heirateten sie. Von 1970 bis zur Geburt des ersten Wunschkindes arbeitete Frau F. als Chemotechnikerin bei Nestle, nach der Geburt des zweiten Kindes hörte sie in Absprache mit ihrem Mann auf zu arbeiten. «Ich habe mein Leben genossen», sagt sie und berichtet von Reisen nach Nord- und Südamerika sowie nach Fernost. Gleichzeitig hatten sie gespart und 1973 eine Wohnung gekauft. Ihr Mann war nach einer sehr kurzen Ehe geschieden, und sie sagt: «Er ist meiner Mutter sehr ähnlich, großzügig, gütig, lässt mich leben und akzeptiert mich wertvoller als ich bin.»

Seit 1980 ist mir die Patientin als Hausarzt bekannt. Heute ist sie 1,65 m groß und wiegt 66 kg. Außer einer seit der Kindheit bestehenden Heuschnupfenallergie finden sich in der Anamnese nur Bagatellerkrankungen: «Ich fühlte mich bis dahin immer gesund.» Seit 1995 treten wiederholt Rückenschmerzen auf, die nach einem Bandscheibenvorfall im Januar 1998 zur Operation in Höhe von L5/S1 links führen. Sie formuliert: «Mein Schwachpunkt sind die Knie.»

Krise

Frau F. erinnert sich: «1995 tastete ich an der linken Brust links außen einen Knoten, der seine Größe mit der Regel veränderte.» Er wurde nach der Periode immer wieder kleiner. Eine Mammographie erbrachte keinen pathologischen Befund. Während der Bandscheibenoperation 1998 nimmt die Patientin «Verständigungsschwierigkeiten» mit der Tochter wahr. Bis zum 16. Lebensjahr war sie «lieb und unauffällig», wurde dann aber selbstbewusster: «Sie sprach mit mir nicht, sie vorenthielt mir ihr seelisches Leben – ich war unglücklich.» Die Patientin versucht zwar immer wieder, Gespräche zu führen, aber: «Ich hielt meist Monologe. Dabei hatten wir nie Streit, dazu kam es nicht, weil sie sich entzog.» Ohne sich mit den Eltern abzusprechen, verlässt die Tochter nach dem Abitur das Elternhaus, um Soziologie in Köln zu studieren. Sie lebt seither dort mit einem Germanisten und Romanisten zusammen, der mit ihr von Frankfurt nach Köln zog. «Es geht mir jetzt gut damit.» Die Patientin hat ein paar Mal eine Therapeutin aufgesucht: «Sie hat mir klargemacht: Ich muss das anders machen.»

«Anfang 1998 bemerkte ich, dass der Knoten in der Brust immer dicker wurde und sich nach der Regel nicht mehr verkleinerte.» Der Gynäkologe tröstete darüber hinweg, es sei doch alles untersucht worden. Die Patientin ließ sich beruhigen, bis sie sich im April 1999 erneut vorstellte: «Ich war überzeugt, dass das nicht mehr harmlos ist.»

Kohärenzgefühl

Schon in der kurzen Zeit vor der Operation Anfang Mai 1999 besorgt sich die Patientin in der Stadtbücherei sechs Bücher, in denen sie über Brustkrebs nachliest. Noch während des stationären Aufenthaltes nach der Operation verlässt sie wiederholt die Station, um sich im Internet über die weitere Therapie zu informieren. «Ich habe Chemotherapie nicht in Erwägung gezogen – als im Befund keine befallenen Lymphknoten nachweisbar waren, war ich überzeugt, da ist nichts mehr.»

Die Stationsärztin empfiehlt trotzdem Chemotherapie. Im Internet erfährt Frau F., dass Chemotherapie quasi der Standard ist bei Mammakarzinom. Trotzdem bleibt die Therapie umstritten. Die Patientin kann sich nicht der Ansicht anschließen: «Es kann nicht schaden.» Sie nimmt zusätzlich Kontakt zum Krebs-Informationsdienst in Heidelberg auf, um sich zusätzlich zu informieren. «Die geben keine Tipps, aber ich fühlte mich bei den Gesprächen in meiner Entscheidung bestärkt, dass Chemotherapie negative Auswirkungen haben kann. Es gibt ohnehin keine Sicherheit.»

Auf ihrer Station wird die Patientin massiv zur Chemotherapie gedrängt. Auch der

Chefarzt versucht, sie noch einmal zu überzeugen. Als sie aber wiederum ablehnt, reagiert er erbost: «Zehn Minuten später war ich entlassen.» Sie lässt in einem anderen Krankenhaus die Nachbestrahlung durchführen. Im August 1999 schließt sich eine Anschlussheilbehandlung in Bad Kreuznach an. Von der Psychologin wird sie gefragt, wie sie die Brustoperation verarbeitet habe. Sie erzählt ihr, dass sie die Verarbeitung vor allem dadurch erlebe, dass sie sich selbst um die Therapie ihrer Krankheit kümmere: «Ich halte mir die Möglichkeit offen, selbst zu entscheiden. Ich muss nach vorn schauen.» Die Patientin fühlt sich wieder wohl.

Ende Januar 2000 sucht Frau F. die Hausarztpraxis auf. Die operierte linke Brust ist nach der Einnahme von Tamoxifen heißer als die rechte, es bestehen leicht ziehende Schmerzen bis in die Achsel. Am 20. Januar setzt Frau F. Tamoxifen ab, «da plötzlich die Beine weggesackt sind. Auch der linke Arm war wie gelähmt». Sie beschreibt ein Gefühl, «wie wenn die linke Brust aufgewühlt sei». Sie ist empfindlich auf Berührung, hat Wasser im Körper eingelagert, 5 kg zugenommen, macht aber trotzdem Sport. Als auch die Tumormarker angestiegen sind, informiert sich Frau F. über die Misteltherapie, glaubt aber nicht so richtig daran und schlägt wegen der unklaren Synkope eine Doppler-Sonographie der Karotiden vor.

Danach stabilisiert sich der Gesundheitszustand. Mitte März 2000 sucht sie erneut den Hausarzt auf. Vor zwei Wochen sei «grundlos Fieber» von über 39 °C aufgetreten, letztes Wochenende wieder «dauernd Blitze». Blutsenkung 70/85, CRP 17,1. Auf Amoxicillin normalisieren sich die Befunde, und die Patientin fühlt sich wohl. Da die Tumormarker zwar gefallen, aber nicht normal sind, wird eine Mammographie durchgeführt, die atypisches Brustgewebe erkennen lässt. Eine Kernspin-Tomographie bringt keine weitere Klärung.

Balance in der Dynamik des Alltags

Ihren Lebensalltag gestaltet die Patientin abwechslungsreich. Sie hat zwei gute Freundinnen, mit denen sie alles wichtige bespricht und viele Bekannte, mit denen sie zwei- bis dreimal wöchentlich einen Termin vereinbart. Offenheit ist ihr wichtig. Aber: «Harmonie in der Familie steht bei mir an oberster Stelle.»

Da die Kinder nun groß sind, hat Frau F. nicht wieder eine Arbeitsstelle gesucht. Sie spielt Tennis und Klavier, freut sich auf Spaziergänge mit ihrem Mann und trifft sich regelmäßig mit Freundinnen. Zudem surft sie oft im Internet und verfolgt interessiert die wirtschaftlichen Entwicklungen.

Der Sohn lebt noch zu Hause. Besonders gern redet sie jedoch mit ihrem Mann, «wir können aber auch still nebeneinander sitzen. Das mit meinem Mann gab mir viel Kraft», obwohl er anfangs nach ihrer Einschätzung nicht sehr selbstbewusst war; er wurde es erst mit seiner Frau.

Psychosoziale Messinstrumente

Ergänzend zur Anamnese-Erhebung sollen bei Frau F. Aussagen über ihre individuellen Fähigkeiten gesammelt werden. Erfasst werden deswegen ihr Kohärenzgefühl, ihre generellen gesundheitserhaltenden Ressourcen und ihre Neigung zu Depressivität.

Fragebogen zur Lebensorientierung (s. Anhang)

Nach Aaron Antonovsky 1997 wird die Kurzform des SOC- (sense of coherence) Fragebogens mit 13 Items zu den Konstrukten des Kohärenzsinns Verstehbarkeit, Handhabbarkeit und Bedeutsamkeit verwendet. Nach den bisherigen Untersuchungen scheint der SOC die Anpassung an schwierige Lebenssituationen zu erleichtern. Von maximal 91 Punkten erreicht Frau F. 80, also 87,9 % der zu erreichenden Punktzahl.

Fragebogen Salutogenese-Screening (SALUS, s. Anhang)

Zur SOC-Scale von Antonovsky wird in der Literatur wiederholt darauf hingewiesen, dass sie weitgehend negativ korreliert mit Instrumenten zum Erfassen von Depressivität. Deswegen wurde in Zusammenarbeit mit der Medizinischen Psychologie der Universität Marburg (Prof. Dr. H.-H. Basler und Priv.-Doz. Dr. G. Kaluza) ein Instrumentarium mit 14 Items entwickelt und erprobt, das generelle gesundheitserhaltende Ressourcen erfasst (Jork u. Schlamp, 2000). Von maximal 840 Punkten erreicht Frau F. 756 Punkte; das entspricht 90 % der zu erreichenden Punktzahl.

Depressions-Selbstbeurteilungsskala (von Zerssen, s. Anhang)

Das Instrumentarium mit 16 Items (Kasper u.a., 1997) ermöglicht die Ermittlung eines Summenwertes durch Addieren der Antworten zu den einzelnen Fragen. Bei einem maximalen Summenwert von 48 gelten Summenwerte von 11 bis 15 als leicht erhöht, von 16 bis 24 als deutlich erhöht und über 25 als stark erhöht. Frau F. erreicht einen Summenwert von 5.

Diskussion

Interpretation der Anamnese

Bei dem Hausarzt ist in den vergangenen Jahren der Eindruck entstanden, dass Frau F. über ein ausgeprägtes *Kohärenzgefühl*, ein Gefühl des Vertrauens in ihrem Leben, verfügt. Dieses konnte sich in einem behüteten Elternhaus entwickeln. Der Vater war, trotz belasteter Vergangenheit mit traumatischen Erlebnissen, in seinem Leben erfolgreich, denn «was er anpackte, hat auch geklappt». Die gütige und großzügige Mutter bildete den anderen Pol des Verständnisses einer «harmonischen Familie», das bis heute das Wertesystem der Patientin prägt.

Die *Handlungsfähigkeit*, die sich zuerst im Kauf einer Wohnung, aber auch bei der Familiengründung ausdrückt, ist begleitet von der *Erlebnis- und Genussfähigkeit*, wie sie z. B. bei den verschiedenen Fernreisen beschrieben wird.

Die *Krise* oder *Disbalance* wird verständlich durch das Wertesystem der Patientin («die Harmonie in der Familie steht an oberster Stelle»), als es zu Verständnisschwierigkeiten mit der 16-jährigen Tochter kommt: Sie ist verschlossen und vorenthält der Mutter ihr «seelisches Leben». Sind Fehlbelastungen und Verspannungen in der Rückenmuskulatur die Folge, die schließlich zum Bandscheibenvorfall und danach zur Operation führen?

Die Patientin spürt, wie sie bei der Tochter quasi gegen einen Widerstand anläuft. Sie versucht immer wieder Gespräche, bis sie spürt: «Ich hielt meist Monologe.» Die präformierte *Verstehbarkeit* und *Sinngebung* im Familienleben ist infrage gestellt. Trägt diese *Hoffnungslosigkeit* zur malignen Veränderung der jahrelang bestehenden zystischen Mastopathie bei?

Trotz allem verliert Frau F. keineswegs in der Krise ihre *Handlungsfähigkeit*. Sie besorgt sich sachbezogene Bücher zur Karzinom-Therapie, informiert sich im Internet, befragt den Krebs-Informationsdienst und entscheidet sich gegen eine ärztlich empfohlene Chemotherapie.

Die *eigenverantwortliche Entscheidung* nach Rücksprache mit ihrem Ehemann wird in anderer Weise durch das Aufsuchen der Therapeutin deutlich. Frau F. nimmt wahr: Im Konflikt mit der Tochter brauche ich Hilfe. Und sie versteht: «*Ich* muss das anders machen.» Mit diesem Verständnis und dem Rückhalt in der ehelichen Partnerschaft findet sie ihre Balance in der Dynamik des Alltags zurück.

Ergebnisse der psychosozialen Messinstrumente

Die Kurzform der *SOC-Scale* von Antonovsky, auch Fragebogen zur Lebensorientierung genannt, gibt Auskunft zum Modell des Kohärenzsinns und seinen Konstrukten von Verstehbarkeit, Handhabbarkeit und Bedeutsamkeit (Antonovsky, 1997). Wenn Frau F. 87,9% der höchstmöglichen Punktzahl erreicht, dann korrespondiert dieser Wert stark mit den in der anamnestischen Interpretation nachgewiesenen Fähigkeiten und gesundheitserhaltenden Ressourcen der Patientin.

Das *Salutogenese-Screening* (SALUS) entstand aus den Fragen: Welche generellen gesundheitserhaltenden Ressourcen besitzt ein Individuum? Die Frage zielt auf die *Identifikation* dieser Ressourcen. Und: Wie können generelle gesundheitserhaltende Ressourcen in einem Lebensweisenkonzept bei multimorbiden und chronisch kranken Patienten optimal wirksam werden? Diese Frage betrifft die *Integration* dieser Ressourcen in einem Gesundheits-Krankheits-Kontinuum.

In SALUS werden die Konstrukte habituelles Wohlbefinden, soziale Kompetenz, soziale Unterstützung, dispositioneller Optimismus, Kompetenzerwartung, Sinnsuche und Hedonismus mit je zwei Items berücksichtigt. Bei Frau F. finden sich 90% der zu erreichenden maximalen Punktzahl. Auch hier bestätigt das Ergebnis die in der Anamnese nachgewiesenen sehr guten Fähigkeiten, mit Konflikten und Problemen umgehen zu können. Diese Ressourcen werden in den Gesprächen mit der Patientin wiederholt betont, um ihr die gesundheitserhaltende Bedeutung bewusst zu machen.

Da auffallend hohe Zusammenhänge zwischen SOC und Ängstlichkeit sowie zwischen SOC und Depressivität bestehen (zitiert nach Bengel u.a., 1998), wird zusätzlich die Depressions-Selbstbeurteilungsskala nach von Zerssen (in Kasper u.a., 1997) eingesetzt. In einer Pilotstudie an 150 Hörern der Universität des dritten Lebensalters in Frankfurt am Main kann zwischen SALUS und der SOC-Scale eine hoch signifikante Korrelation nachgewiesen werden. Jedoch korreliert SALUS deutlich weniger negativ mit der Depressions-Skala als SOC mit Depressivität.

Bei der Patientin Frau F. finden sich in der Depressions-Selbstbeurteilungsskala nur 5 von maximal 48 Punkten. Es ist demzufolge bei ihr keine Tendenz zu Depressivität nachweisbar. Das Testergebnis wird durch die sehr positive Problemlösungsfähigkeit in der Anamnese bestätigt.

Interpretation nach dem Balance- und Konflikt-Modell nach N. Peseschkian

Eine Zuordnung nach den Bereichen von Körper und Sinne, Arbeit und Leistung, Kontakte und Beziehungen sowie für Fantasie und Zukunft mit Hilfe des WIPPF wurde nicht durchgeführt. Deswegen ist nur eine Beurteilung durch die Interpretation der Anamnese möglich. Dabei findet sich bei ausreichendem Körperbezug durch Tennis und guter Genussfähigkeit ein starkes Engagement bei Kontakten und Beziehungen. Während Arbeit und Leistung derzeit nicht an einer beruflichen Tätigkeit gemessen werden können, finden sich ausreichende Hinweise im Bereich Fantasie und Zukunft durch das Klavierspiel und bei Internet-Aktivitäten. Bei grober Einschätzung sind emotionale und rationale Fähigkeiten im Alltagsleben gleichermaßen berücksichtigt und bilden damit eine günstige Voraussetzung für die Balance zum Leben im Kontinuum zwischen Gesundheit und Krankheit.

Ausblick

Das Modell der Salutogenese bedeutet einen *Perspektivenwechsel* in der Arbeit mit Patienten. Gesundheit wird dabei als Heterostase im Kontinuum des Lebens verstanden, wobei Erfahrungen aus der Lebensgeschichte zu einer Stärkung von Widerstandsressourcen führen. Stressoren werden bei positiver Bewertung als Herausforderungen zur Problemlösung verstanden. Für Antonovsky steht die Frage im Vordergrund: «Wie werde ich mehr gesund und weniger krank?»

Die generalisierten Widerstandsressourcen von Frau F. sind auf einer kohärenten Lebenserfahrung in der Kindheit und Jugend sowie bei einer ausgeprägten Ich-Stärke mit dem Beherrschen von Bewältigungsstrategien entstanden. Sie hat in ihrer Biographie Verhaltensmuster erlernt, mit denen sie aktuelle kritische Lebenssituationen durch Selbsthilfe löst.

Das Arbeiten mit dem Modell Salutogenese vernachlässigt keineswegs pathogenetisch begründete Diagnostik und Therapie; beide Perspektiven der Betrachtung von Gesundheit und Krankheit ergänzen sich und werden der Patientenpersönlichkeit mehr gerecht als einseitige Behandlungskonzepte.

Die beschriebene Arbeitsweise verlangt auch vom Arzt ein Umdenken. Er muss die

Notwendigkeit akzeptieren, in einem partnerschaftlichen Vorgehen zwar medizinisch sachkompetent zu sein, in einem ganzheitlichen Therapiekonzept aber das Verständnis und die Fähigkeiten des Partners zu berücksichtigen und zu integrieren. Gleichzeitig aber ermöglicht dieses Vorgehen den vom Patienten oft gewünschten Brückenschlag zwischen einer technisch dominierten und einer «humanen» Medizin.

Literatur

Antonovsky, A. (1997): Salutogenese – zur Entmystifizierung der Gesundheit. Deutsche Gesellschaft für Verhaltenstherapie, Tübingen

Bengel, J., Strittmatter, R., Willmann, H. (1998): Was erhält Menschen gesund? Bundeszentrale für gesundheitliche Aufklärung, Köln

Jork, K., Schlamp, S. (2000): SALUS – ein Salutogenese-Screening für die Allgemeinpraxis. Zsch.Allg.med. 75 (2000) Kongress-Abstracts 14.

Kasper, S., Möller, H.-J., Müller-Spahn, F. (1997): Depression – Diagnose und Pharmakotherapie. Thieme, Stuttgart/New York

Peseschkian, N. ([12]2000): Psychosomatik und Positive Psychotherapie. Fischer Taschenbuch, Frankfurt a.M.

Himmel und Hölle als Ausdruck der Salutogenese und Pathogenese – Familie und Gemeinschaft

Nossrat Peseschkian

Ein Rechtgläubiger kam zum Propheten Elias. Ihn bewegte die Frage nach Himmel und Hölle, denn er wollte seinen Lebensweg danach gestalten. «Wo ist die Hölle – wo ist der Himmel?» Mit diesen Worten näherte er sich dem Propheten, doch Elias antwortete nicht. Er nahm den Fragesteller bei der Hand und führte ihn durch dunkle Gassen in einen Palast. Durch ein Eisenportal betraten sie einen großen Saal. Dort drängten sich viele Menschen, arme und reiche, in Lumpen gehüllte und mit Edelsteinen geschmückte. In der Mitte des Saales stand auf offenem Feuer ein großer Topf voll brodelnder Suppe, die im Orient Asch heißt. Der Eintopf verbreitete einen angenehmen Duft im Raum.

Pathogenetisches Vorgehen

Um den Topf herum drängten sich hohlwangige und tiefäugige Menschen, von denen jeder versuchte, sich einen Teil Suppe zu sichern. Der Begleiter des Propheten Elias staunte, denn die Löffel, die diese Menschen in den Händen hielten, waren so groß wie sie selbst. Ganz am Ende hatte der Stiel des Löffels einen hölzernen Griff. Der übrige Löffel, dessen Inhalt einen Menschen hätte sättigen können, war aus Eisen und durch die Suppe glühend hieß. Gierig stocherten die Hungrigen im Eintopf herum. Jeder wollte seinen Teil, doch keiner bekam ihn. Mit Mühe hoben sie ihren schweren Löffel aus der Suppe. Da dieser aber zu lang war, bekam ihn auch der stärkste nicht in den Mund. Gar zu Vorwitzige verbrannten sich Arme und Gesicht oder schütteten in ihrem gierigen Eifer die Suppe ihren Nachbarn über die Schultern. Schimpfend gingen sie aufeinander los und schlugen sich mit den Löffeln.

Salutogenetisches Vorgehen
Der Prophet Elias fasste seinen Begleiter am Arm und sagte: «Das ist die Hölle!» Sie verließen den Saal und hörten das höllische Geschrei bald nicht mehr. Nach langer Wanderung durch finstere Gänge traten sie in einen weiteren Saal ein. Auch hier saßen viele Menschen. In der Mitte des Raumes brodelte ebenfalls ein Kessel mit Suppe. Jeder der Anwesenden hatte einen jener riesigen Löffel in der Hand, die Elias und sein Begleiter schon in der Hölle gesehen hatten. Aber die Menschen waren hier wohlgenährt, und man hörte in dem Saal nur ein leises, zufriedenes Summen und das Geräusch der eintauchenden Löffel. Jeweils zwei Menschen hatten sich zusammengetan. Einer tauchte den Löffel ein und fütterte den anderen. Wurde einem der Löffel zu schwer, halfen zwei andere mit ihrem Esswerkzeug, sodass jeder in Ruhe essen konnte. War der eine gesättigt, kam der nächste an die Reihe. Der Prophet Elias sagte zu seinem Begleiter: «Das ist der Himmel!»

Diese Geschichte, über einige tausend Jahre vom Volksmund überliefert, ist aus dem Leben gegriffen. Sie gilt immer dann, wenn wir die Schwierigkeiten in einer Familie sehen, die Auseinandersetzungen zwischen Vater und Mutter, den Streit zwischen den Kindern und die Aggressionen in der Beziehung der Eltern und Kinder, oder wenn wir den Kampf eines Menschen mit seiner Umgebung und die Auseinandersetzung zwischen Gruppen und Völkern betrachten. Die «Hölle» der Geschichte ist das Nebeneinander- und Gegeneinanderarbeiten. Der «Himmel» dagegen beruht auf der Bereitschaft, mit den anderen positiv in Beziehung zu treten. Beide – die Menschen im Himmel wie die in der Hölle – haben entweder die gleichen oder ähnliche Probleme. Ob sie im Himmel oder in der Hölle leben, hängt davon ab, wie sie diese Probleme lösen. Jede Familie hat etwas vom Himmel und von der Hölle. Wir haben die Möglichkeit zu wählen. Wie groß diese Chance der Wahl ist, wird zu einem guten Teil durch unsere Erfahrungen bestimmt, dadurch, wie wir gelernt haben, Probleme zu lösen, und durch unsere Bereitschaft, unsere Erfahrung zu nutzen und sie den Menschen weiterzugeben, mit denen wir zusammenleben.

Im Sinne der oben zitierten Ottawa-Charta der Weltgesundheits-Organisation (WHO) wird Gesundheit nicht als vorrangiges Lebensziel verstanden, sondern als ein aktiv herzustellender wesentlicher Bestandteil des alltäglichen Lebens. Gesundheit wird demnach von den Menschen in ihrer alltäglichen Umwelt geschaffen und gelebt, nämlich dort, wo sie spielen, lernen, arbeiten und lieben (vgl. Margit Schmolke).

Die Familie als Hölle: die pathogenetische Sichtweise

Man schätzt, dass 37% der Erwachsenen in der Bundesrepublik starke Trinker sind. Mindestens 1,5 Millionen Menschen sind Alkoholkranke, davon sind 10% Jugendliche. Die Zahl der Süchtigen, aus dem Arbeitsprozess ausgegliederten Trinker hat sich während der letzten zehn Jahre verdreifacht. Während das Verhältnis von weiblichen zu männlichen Alkoholikern vor zehn Jahren noch bei ungefähr 1:10 lag, sind heute rund 31 % der Abhängigen Frauen. Rund 37 Milliarden DM haben die Bundesbürger im Jahr 1995 für Alkohol ausgegeben. Diese Zahlen werden familientherapeutisch vor dem Hintergrund folgender Überlegungen interessant: Alkohol ist die Droge, die das Gefühl von Wärme, Geborgenheit und Sicherheit vermittelt und damit Funktionen übernimmt, die auch der intakten Familie zugeschrieben werden. Zudem ist Alkohol für viele ein Selbstheilungsversuch, ein Weg, Probleme zu lösen. Der auffälligste Indikator für einen Mangel an Rückhalt ist die Tatsache, dass in einer Gesellschaft im Überfluss, in einem Wohlfahrtsstaat, der Selbstmord zur zweithäufigsten Todesursache wurde. So nehmen sich in der Bundesrepublik Deutschland alljährlich etwa 14 000 Menschen das Leben, also etwa so viele Menschen, wie auf den Straßen den Verkehrstod sterben. Dazu kommen jährlich etwa 350 000 Selbstmordversuche, wobei die Dunkelziffer weitaus höher zu schätzen ist.

Aus der Presse erfahren wir, dass der Anstieg der Tatverdächtigen bei Heranwachsenden (Alter 18 bis 21 Jahre) 77 % , bei strafunmündigen Kindern 104 % und bei Jugendlichen 132 % betrug. Betroffen sind vor allem Eigentums- und Gewaltdelikte. Jeder dritte 25-jährige Mann in der Bundesrepublik ist bereits wegen eines Vergehens oder Verbrechens vorbestraft. Fachleute erklären, dass rund 25 % aller Kinder ernsthafte Verhaltensstörungen zeigen, und jedes dritte Kind sich einsam, vernachlässigt und unglücklich fühlt. Die Zahl der Kinder, die jährlich von ihren Eltern umgebracht werden, ist zehnmal so groß wie die Zahl der Kinder, die durch Sexualverbrechen getötet werden. Die Dunkelziffer der Kindesmisshandlungen ist so hoch, dass man dieses Delikt als eines der häufigsten Delikte überhaupt ansehen kann.

Die Feststellung, dass die Familie der Ort der emotionalen Sicherheit sei, trifft bei vielen heute auf höhnisches Lächeln. Die Familie scheint ihnen eher als der Ort der Unterdrückung, der Missverständnisse, des sich gegenseitig Nervens, der Beengung, der Gefühlskälte und Isolierung: «Ich bin froh, wenn ich von zu Hause weg bin, meine Alten nicht mehr sehen muss und meine Zeit selbst einteilen kann.» Scharmann (1958) spricht in diesem Zusammenhang von Defunktionalisierung, die am sinnfälligsten in der schwindenden Bedeutung der Wohnung für das familiäre Leben zum Ausdruck kommt. «Die Wohnung wird ihrer Funktion als Werk-, Wirk- und Feierabendstätte immer mehr entkleidet und kann zu einer Art Umschlagplatz oder «Tankstelle» werden, welche von den Familienmitgliedern nur noch zu Ess- und Schlafzwecken aufgesucht wird.»

Durch die natürliche Aufspaltung der Familie in Generationen ist der Generationenkonflikt geradezu angelegt. Er ist Folge der Tatsache, dass die Mitglieder der jüngeren Generation mit ihrer Entwicklung in Grenzschwierigkeiten mit ihren Eltern kommen – und umgekehrt.

Sie versuchen, sich entweder von ihnen klar zu distanzieren oder verharren in einer von zwiespältigen Gefühlen begleiteten Konfusion. Selbst wenn die Familie abgelehnt wird, besteht das Gefühl, dass einem Wesentliches fehlt, und das Bedürfnis, in irgendeiner Form dafür Ersatz zu finden: «Ich habe mit meiner Familie nichts mehr zu tun, aber ich habe Freunde, bei denen ich mich gut aufgehoben fühle» (19-jährige Oberschülerin, die wegen Depressionen in die Therapie kam und Mitglieder ihrer Wohngemeinschaft zum therapeutischen Gespräch als «Familienersatz» mitbrachte).

Eine besondere Reaktion auf familiäre und außerfamiliäre Konflikte ist der Selbstmord bei Kindern und Jugendlichen. Als Motive für Selbstmorde und Selbstmordversuche in diesem Lebensabschnitt finden wir zwei Situationen, die zum Teil ineinander übergehen: Das Kind oder der Jugendliche empfindet sich als unerwünscht, überflüssig, als Störfaktor. Die emotionale Basis der Familie ist gestört. Die Beziehungen zueinander sind kalt und unpersönlich. Die Eltern leben zum Teil nebeneinander her oder stehen in fortwährenden Auseinandersetzungen. Häufig wird dem Kind vorgeworfen, es sei unerwünscht. Seine Eltern geben ihm zu verstehen, dass es durch seine Existenz ihr Leben störe. So begehen Kinder und Jugendliche Selbstmord, um der Scheidung der Eltern nicht mehr im Wege zu stehen oder durch ihre Selbstaufopferung die Ehe der Eltern bzw. die Familie zusammenzuschweißen. Dieser Sachverhalt gewinnt vor dem Hintergrund der steigenden Zahl von Scheidungen an Bedeutung.

Häufiger ist jedoch ein anderes Motiv: Die Familie, in der ein Selbstmord oder der Selbstmordversuch eines Kindes vorkommt, erscheint zunächst unauffällig. Sie ist eine typische Durchschnittsfamilie, in der die Eltern wollen, dass die Kinder vorankommen. Sie schüren eine Leistungsmotivation, die mit einer zum Teil überschießenden Angst vor Misserfolg einhergeht. Für die Kinder entsteht das Gefühl: «Alle meine positiven Beziehungen zu meinen Eltern laufen über die Leistung. Akzeptiert werde ich nur, wenn ich etwas geleistet habe.» Diese Leistung braucht nicht einmal offen in der Familie formuliert worden zu sein. Das tägliche Miteinander vermittelte es um so nachdrücklicher: «Wenn ich mittags nach Hause komme, sieht mich mein Vater nur durchdringend an. Da weiß ich schon, was die Glocke geschlagen hat. Dann kommt seine Frage: ›Wie war es heute in der Schule, und wehe, wenn es nicht gut war.‹» Diese Verknüpfungen von Leistung, Selbstwertgefühl, familiärer Achtung und familiären Rollenaufgaben verbieten es den betroffenen Kindern mitunter, ein Leistungsversagen, schlechte Zeugnisse oder eine andere Verfehlung zuzulassen. Es erscheint ihnen im Augenblick leichter, aus dem Leben zu scheiden, als die Eltern zu enttäuschen oder die familiäre Ächtung zu ertragen. Diese familiären Haltungen beruhen auf übernommenen Wertvorstellungen, deren Bedingungen die Eltern selber unterworfen sind.

Zwar ist die Leistungsfähigkeit einer der bestuntersuchten psychischen Bereiche. Sie steht aber nur auf den ersten Blick im Zentrum der Problematik. Nicht dass Leistung gefordert wird, ruft die verzweifelte Reaktion des Kindes hervor, sondern dass einseitig Leistung gefordert wird. In dem Wunsch, es besonders gut zu machen und dem Generationsauftrag zu folgen, die besten Kinder zu haben, versäumen es Eltern häufig, zusätzlich zu der Leistungsfähigkeit die anderen Fähigkeiten des Kindes zu fördern: seinen Kontakt, sein Vertrauen, seine Fantasie usw. Die Eltern sind allerdings nicht nur Übeltäter, sondern gleichermaßen Opfer. Diese Seite des Problems fällt bei den Kindesmisshandlungen ins Auge, zu deren Richter sich jeder, der sich einen guten Willen zuschreibt, berufen fühlt.

Auch diese Handlungsweisen besitzen ihren familiären Hintergrund. Die Täter sind meist Eltern, die sich mit ihrem Erziehungsauftrag überfordert sehen. Verfolgt man den

Tathergang von Kindesmisshandlungen und Kindestötungen, finden wir nahezu typisch folgende Situation: Das Kind tut etwas, was in den Augen der Eltern ein Vergehen ist. Es schreit, während der Vater Sportschau sieht. Es macht im Zimmer Unordnung, während die Mutter stolz darauf ist, aus der Wohnung eine Puppenstube gemacht zu haben. Es macht in die Hose, was für die Mutter gleich bedeutend mit Unsauberkeit und Ungehorsam ist. Das Kind hat mit anderen Kindern zusammen gespielt und kommt zu spät nach Hause.

In allen diesen Situationen verstößt das Kind gegen Wertvorstellungen der Eltern. Dies mag dem Außenstehenden wie eine Kleinigkeit anmuten. Für die Betroffenen aber ist es eine so große Bedrohung, dass sie nur durch körperliche Gewaltanwendung darauf reagieren können. Die Eltern versuchen das, was sie für richtig halten: Rücksichtnahme, Gehorsam, Ordnung, Höflichkeit, Leistung, Sauberkeit usw. vor vermeintlichen Eingriffen des Kindes zu schützen und sie gegenüber dem Kind durchzusetzen. Mit dieser Tendenz, überangepasst zu reagieren, schießen sie über das Ziel hinaus. Es kommt zu Misshandlungen und Tötungen. Geradezu tragisch mutet es an, dass Eltern, die es besonders gut machen wollten und in diesem ängstlich festgehaltenen Wunsch sich zu Misshandlungen hinreißen ließen, von der öffentlichen Meinung zu Unmenschen gemacht werden, denen sogar das Recht auf Menschenwürde abgesprochen wird. Es käme darauf an, zu verhindern, dass Menschen ihre Werte so bedroht sehen müssen, dass sie ihren Ängsten nicht anders begegnen können als durch die verzweifelte Anwendung körperlicher Gewalt. Die Schläge sind hier nicht Ausdruck der Stärke der Eltern, sondern ihrer uneingestandenen Hilflosigkeit.

Dies sind einige spektakuläre Beispiele für den Familienkrieg. Die Familie bietet jedoch noch unzählige weitere Konfliktpotenziale, die sich nur zum Teil als typisch familiäre Störungen äußern. In der großen Überzahl übersieht man den familiären Hintergrund und beschäftigt sich nur mit den Symptomen. Diese füllen ein Spektrum, das von Kontaktängsten über Leistungsüberforderungen, psychosomatischen Krankheiten, Psychosen bis hin zur Kriminalität reicht. Damit erhalten diese Störungen eine gesellschaftliche Dimension. Was sich in der Familie zuträgt, ist nicht allein eine familiäre Angelegenheit. So sollen Strafvollzugsanstalten beispielsweise als Verhaltenskorrektive wirken und das Anpassungsprogramm nachholen, das augenscheinlich die Familie nicht erfüllen konnte. Allerdings arbeitet diese Form der Umerziehung eher mit dem Mittel der Strafe als mit positiven Alternativangeboten und erfüllt damit mehr die Aufgabe gesellschaftlicher Rache als die der Resozialisierung.

Die Familie jedoch nur unter dem Gesichtspunkt ihres Versagens und ihrer Schwierigkeiten zu sehen, wäre einseitig. Es hätte zur Folge, dass man sich nur mit den Störungen beschäftigt, die aus der Familie erwachsen. Damit begibt man sich in einen ebenso aussichtslosen Kampf wie den gegen die Hydra, bei der für jeden Kopf, den man ihr abschlug, zwei neue wuchsen. Die Basis für ein wirkungsvolles Vorgehen können daher nicht die vielfältigen Formen der Störungen sein.

Entwicklungen zu einem Weltfriedhof

In den Buch *Die Zukunft in unserer Hand* (1981), geschrieben von Aurelio Peccei, dem Begründer des Club of Rome, werden folgende Punkte aufgezählt als «die wesentlichen negativen Faktoren, die der weltweiten Problematik zugrunde liegen und in ihrer Kombination die Menschheit unentwegt auf den Weg des Verfalls treiben» (es wurden unsererseits Ergänzungen vorgenommen aus der Bahái'i-Erklärung zum Frieden, 1985):

- die Bevölkerungsexplosion
- das Nichtvorhandensein von Plänen und Programmen, um die elementaren Bedürfnisse der Menschheit zu befriedigen
- die Zerstörung der Biosphäre
- die Krise der Weltwirtschaft
- der Rüstungswettlauf
- die Vernachlässigung tief greifender sozialer Übel
- die anarchische wirtschaftlich-technische Entwicklung
- die Überalterung und Verknöcherung von Institutionen
- der Ost-West-Gegensatz und das Nord-Süd-Gefälle
- der Mangel an moralischer und politische Führung.

Für die Positive Psychotherapie und Familientherapie stehen die vitalen familiären Beziehungen, die familiären Spielregeln, die vermittelten und ausgetauschten Inhalte des familiären Verhaltens im Vordergrund, und zwar unter zwei Gesichtspunkten:

Die Familie kann ihre Mitglieder darin unterstützen, ihre Gefühle und ihre Fähigkeit zur Differenzierung zu entwickeln. Sie kann damit schwerwiegenden Konflikten und Störungen vorbeugen. Die Familie besitzt darüber hinaus die Fähigkeit zur Reintegration und zur Selbsthilfe. Es gilt daher, diese Reserven zu mobilisieren. Wie das geschehen kann, werden wir in den folgenden Abschnitten darstellen. Zunächst wollen wir an einigen Beispielen aus verschiedenen Kulturen zeigen, welche Bedeutung die Familie für die Entwicklung eines Menschen hat, für die Entfaltung seiner Fähigkeiten und die Möglichkeiten, zwischenmenschliche Beziehungen zu gestalten.

Die Familie als Himmel: die salutogenetische Sichtweise

Der Großmogul Akbar – er lebte vor etwa 700 Jahren – wollte wissen, welche die angeborene Sprache des Menschen sei. Er ließ daher eine Anzahl von Säuglingen von ihren Eltern trennen und so aufziehen, dass die Pfleger nur die notwendige Nahrung und Pflege geben, nicht aber mit den Kindern sprechen oder ihnen Zuwendung gewähren durften. Die Folge war erschütternd. Als die Kinder entlassen wurden, verfügten sie über keine Sprache und vermochten auch nicht, sie sich anzueignen. Sie waren nicht mehr erziehbar und völlig ungelehrig, sodass selbst der Versuch, sie im Heeresdienst zu verwenden, fehlschlug. Ein ähnlicher Versuch wurde von Friedrich von Hohenstaufen durchgeführt. Die Kinder, die ohne Sprache und Liebeszuwendung erzogen wurden, erwiesen sich als sehr anfällig und starben nach relativ kurzer Zeit.

Neuere Untersuchungen kommen zu einem ähnlichen Ergebnis: Drei Gruppen von Kindern, deren Eltern aus der gleichen sozialen Schicht stammten, wurden miteinander verglichen. Die erste Gruppe umfasste Kinder, die in normalen Familiensituationen aufwuchsen. In der zweiten Gruppe befanden sich Kinder, deren Mütter Gefängnisinsassinnen waren (Mütter und Kinder konnten täglich etwa zwei Stunden zusammen sein). Kinder aus Waisenhäusern stellten die dritte Gruppe. Nur die notwendigsten Bedürfnisse dieser Kinder wurden gestillt.

Die Kinder der letzten Gruppe zeigten die größte Sterblichkeitsrate, waren später vermehrt sozial auffällig und wiesen die niedrigsten Intelligenzleistungen im Vergleich zu den übrigen beiden Gruppen auf. Kinder, die in der normalen Familiensituation aufwuchsen, schnitten hinsichtlich der Intelligenz und des körperlichen Zustandes am besten ab und waren emotional am wenigsten störanfällig.

Andere Untersuchungen weisen auf die nachteiligen Auswirkungen des Entzugs mütterlicher Fürsorge in den ersten Lebensmonaten hinsichtlich der sprachlichen Entwicklung.

Aus diesen Versuchen lässt sich eine Tatsache klar und deutlich ablesen: Die Erziehung bestimmt die Entwicklung des Menschen. Die Familie stellt das Grundmodell für die soziale Situation dar, in der ein Mensch von Geburt an steht und die er zur Befriedigung seiner Bedürfnisse und Entwicklung seiner Fähigkeiten benötigt. Um diese Grundstruktur herum finden sich viele Varianten von familienähnlichen Strukturen und Einrichtungen.

Die in der Familie vermittelten Erziehungsinhalte sind keine unveränderlichen und allgemein gültigen Normen. Sie hängen vielmehr von den gesellschaftlichen und kulturellen Bedingungen ab, wie Beobachtungen von M. Mead (1970) und E. H. Erikson (1971) zeigen: «Welchen Faktoren in der Erziehung des Kindes ist es zu verdanken, wenn es sanft, zufrieden, warmherzig und vertrauensvoll und weder aggressiv noch ehrgeizig oder draufgängerisch wird?» Darauf gibt Mead, ausgehend von ihren anthropologischen Studien, die Antwort: «Zwischen der Art und Weise, wie ein Kind ernährt wird, schlafen gelegt, gebändigt, Selbstbeherrschung gelehrt, liebkost, bestraft und ermutigt wird, und der endgültigen Ausrichtung des Erwachsenen besteht ein sehr feiner und eindeutiger Zusammenhang.» Erikson bestätigt die grundsätzlichen Ergebnisse dieser Untersuchungen durch eigene, die er unter Sioux- und Yurok-Indianern anstellte. Er betrachtete insbesondere die Maßnahmen der Reinlichkeitserziehung und die Fütterungsrituale im Zusammenhang mit dem eher aggressiv-resignierten Charakter der Sioux- und dem zwanghaft-ordentlichen und sauberen Verhalten der friedlicheren Yurok-Indianer. Erikson erweitert diesen Vergleich auf die westlichen Kulturen:

> Es gibt, wie wir sehen werden, Kulturen, wo die Eltern das anale Verhalten ignorieren und es den größeren Kindern überlassen, das Krabbelkind in die Büsche zu führen, sodass dessen Wunsch, die Angelegenheit zu erledigen, allmählich mit dem Wunsch zusammenfällt, die Älteren zu imitieren. Unsere westliche Zivilisation hingegen hat sich entschlossen, die Sache ernster zu nehmen, wie ernsthaft, hängt dabei von der Verbreitung der mittelständischen Moral und des Ich-Ideals eines mechanisierten Körpers ab. Es wird dabei nämlich angenommen, dass frühe und rigorose Reinlichkeitserziehung nicht nur die häusliche Atmosphäre ‹anständiger› gestaltet, sondern dass sie für die Entwicklung von Ordnung und Pünktlichkeit absolut unerlässlich ist ... Zweifellos gibt es unter den Neurosetrӓgern unserer Zeit jenen Zwangstyp, der mehr mechanische Pünktlichkeit und Sparsamkeit, sowohl in Dingen der Zuneigung wie der Fäzes, besitzt, als für ihn und auf die Dauer auch für die Gesellschaft gut ist. In weiten Kreisen unserer Kultur ist die Reinlichkeitserziehung zu dem offenbar schwierigsten Punkt in der Erziehung des Kindes geworden.

Die Familie ist die Grundeinheit des Sozialisationsgeschehens. Sie steht mitten im Prozess der kulturellen Tradition und auch mitten im gesellschaftlichen Wandel. Die Familie ist es, die einen Menschen hervorbringt und ihn prägt. Sie versieht ihn mit dem Instrumentarium, das er braucht, um in der Gruppe zu bestehen, in der die Familie lebt. Sie ist ein Knotenpunkt der zwischenmenschlichen Beziehungen und definiert die Bedingungen dafür, inwieweit sich die körperlichen, emotionalen und kognitiven Fähigkeiten eines Menschen entfalten können. Ein Mensch benötigt nicht nur Informationen im Sinne der Ausbildung. Er benötigt auch eine emotionale Basis, um dieser Ausbildung Herr zu werden. Das Kind benötigt nicht nur den Ansporn zu seiner Fähigkeit zur Ordnung, zur Leistung, zur Sparsamkeit, zur Pünktlichkeit und zur Zuverlässigkeit. Es benötigt auch emotionale Wärme, Geborgenheit, die zeitliche Zuwendung seiner Eltern, ihre Geduld und die Beziehung zu den Menschen seiner Umgebung. Zwar kann reine Ausbildung als Charakterbildung wirken; nur gerät sie leicht aus der Kontrolle des Erziehers und wird zur Quelle von Konflikten, Auseinandersetzungen und Störungen. Bewusste Erziehung heißt, nicht nur die Erziehungsinhalte kennen, sondern sich des Erziehungsziels bewusst sein: Warum, wozu und wofür erziehe ich mein Kind? Für mich? Für sich? Für die Menschheit? Damit stellt sich die Frage: Wenn Eltern Kinder erziehen, wer erzieht die Eltern? Die Antworten auf diese Fragen entscheiden über das Schicksal einer Familie und der Menschen, die in ihr zusammenleben.

Vorschläge für einen Weltfrieden

Als positive Entwicklungen des letzten Jahrhunderts lassen sich nennen:

- die Schaffung des Völkerbunds und der UNO
- die seit dem Zweiten Weltkrieg von der Mehrzahl der Völker der Erde erlangte Unabhängigkeit

- die Zunahme der Zusammenarbeit bei internationalen Unternehmungen
- die steigende Tendenz von Nationengruppen, ihren Beziehungen feste Formen zu geben und dadurch Zusammenarbeit zu ermöglichen
- die Gründung internationaler humanitärer Organisationen
- die Ausbreitung von Frauen- und Jugendbewegungen, die die Abschaffung des Krieges fordern
- die Zunahme von Austauschprogrammen, die zur Völkerverständigung beitragen
- Errungenschaften auf den Gebieten von Wissenschaft und Technologie
- verabschiedete Deklarationen und Abkommen der Vereinten Nationen
- die Schlussakte von Helsinki
- die Deklaration der KSZE in Paris im November 1990
- die Schaffung des internationalen Gerichts
- die allgemeine Bewusstseinsbildung hin zu einem «Weltbewusstsein».

Sicherlich sind solche Bewegungen und Gruppen nur der Anfang. Allzu oft verhindern nationaler Egoismus, persönlicher Eigennutz und Machtstreben ein Fortkommen, aber wir erkennen zweifellos eine Tendenz zur Verständigung. All diese Bemühungen setzen hoffnungsvolle Zeichen für eine Welt des Friedens. Auch wenn die aufgezeigten Punkte zunächst sehr global klingen, zeigt sich immer wieder, dass das Individuum darauf mit unterschiedlicher emotionaler Beteiligung aktiv oder passiv reagiert. Es ist daher wichtig, im Sinne einer transkulturellen Psychosomatik den Einfluss der fundamentalen Zukunftsfragen der Menschheit mitzuerfassen.

Literatur

Peseschkian, N. ([10]1999): Auf der Suche nach Sinn. Psychotherapie der kleinen Schritte. Fischer Taschenbuch, Frankfurt a.M.

Peseschkian, N. ([12]2000): Positive Familientherapie. Fischer Taschenbuch, Frankfurt a.M.

Peseschkian, N., Deidenbach, H. (1988): Wiesbadener Inventar zur Positiven Psychotherpie und Familientherapie (WIPPPF). Springer, Berlin/Heidelberg/New York

Pschyrembel, W. (1989): Klinisches Wörterbuch. de Gruyter, Berlin/New York

Richter, H. E., Beckmann, D. (1973): Herzneurose. Thieme, Stuttgart

Schmolke, M. (2001): Gesundheitsförderung und Schizophrenie: Die Bedeutung sozialer Ressourcen für den Patienten. Dynamische Psychiatrie, 34. Jg., 3. und 4. Heft 2001, S. 206 f. Pinel, Berlin

Schüffel, W. ([5]1996): Die Ausbildung zum Arzt: In: Uexküll, T. v., Adler, R. H., Herrmann, J. M., Köhle, K., Schonecke, O. W., Wesiack, W. (Hrsg.). Urban & Schwarzenberg, München

Der Patient, sein Allgemeinarzt und ihre salutogenetische Beziehung

Stefan Wilm

Die Umstände haben weniger Gewalt,
um glücklich oder unglücklich zu machen, als man denkt;
aber die Vorwegnahme zukünftiger Umstände in der Phantasie eine ungeheure.
(Hugo von Hofmannsthal)

Die am Risikofaktoren-Modell ausgerichtete, krankheitsorientierte, nur sehr begrenzt erfolgreiche Gesundheitsbildung und Prävention wurde in den siebziger und achtziger Jahren mit einem Perspektivenwechsel von der Krankheit zur Gesundheit durch das Konzept der Gesundheitsförderung erweitert, das gesellschaftliche Strukturen und deren gesundheitsförderliche Potenzen im Auge hat; die Medizin ist bestenfalls eine davon, wenn auch keine zentrale. Damit ist die Gesundheitsförderung auch ein eminent politisches Konzept.

Auf der Ebene des Individuums vollzieht sich parallel seit den späten sechziger Jahren ein gleicher Perspektivenwechsel von der Pathogenese zur Salutogenese. Es ist das Verdienst des israelischen Soziologen Aaron Antonovsky, aus der Stress- und Coping-Forschung heraus das Salutogenese-Modell zum systematischen Gegenstand der gesundheitswissenschaftlichen Theoriebildung und Forschung gemacht zu haben.

Warum erkranken manche Menschen mit arterieller Hypertonie, Nikotinkonsum und beruflicher Gratifikationskrise und manche nicht? Und warum bleiben wesentlich mehr Menschen trotz Risikofaktoren lebenslang gesund als erkranken? Diese Sichtweise geht weit über das epidemiologisch-probabilistische Risikofaktoren-Modell hinaus, indem sie den Fokus von der Krankheits- zur Gesundheitsentstehung verschiebt. Unter Einbeziehung subjektiver Parameter und biografischer Aspekte werden Gesundheit und Krankheit nicht als dichotom, sondern als zwei Pole eines Kontinuums definiert. Nicht «Was macht den Menschen krank?», sondern «Was bringt ihn seiner Gesundheit näher?» ist die Ausgangsfrage; nicht nach Risikofaktoren, sondern nach Schutzfaktoren wird gesucht. Es gibt also verschiedene Gesundheiten bei verschiedenen Menschen, die es zu fördern gilt, oder, in Abwandlung Ludolf von Krehls, «Es gibt keine Gesundheit, sondern nur gesunde Menschen.»

Im Zentrum von Antonovskys Modell steht als zentrale salutogene vermittelnde Komponente das Kohärenzgefühl, «sense of coherence» (SOC), eine Grundorientierung und generelle Lebenseinstellung der Person, die drei Komponenten umfasst: Verstehbarkeit der Welt, Handhabbarkeit der verfügbaren Ressourcen und Sinnhaftigkeit des Lebens.

Dabei geht es aber nicht um einen Paradigmen-, sondern mehr um einen Perspektivenwechsel. Die Salutogenese-Modelle wollen das pathogenetische Denken nicht ersetzen, sondern ergänzen. Sie ermöglichen uns eine plastische, stereoskopische Sicht des Patienten, die ihn in einem völlig neuen Licht erscheinen lässt, mit mehr Kontur und Tiefenschärfe.

Im folgenden sollen einige Elemente und mit dem «Situationskreis» ein Modell einer solchen «Hardware» dargestellt werden. Als Orientierung dienen die Achsen der Begriffspaare Körper/Seele, Gesundheit/Krankheit, Subjekt(subjektiv)/Objekt(objektiv), Patient/Arzt und Medizinische Theorie/Allgemeinärztliches Handeln.

Kreismodell und Selbstreferentialität: Der Paradigmenwechsel in der Medizin

Die Lebenserwartung der Bevölkerung in Deutschland und in den anderen Industriestaaten ist in den letzten hundert Jahren drastisch gestiegen. Durch eine Verbesserung von Ernährung, Hygiene und sozialen Lebensbedingungen, Veränderungen im Reproduktionsverhalten und Erfolge der medizinischen Diagnostik und Versorgung hat sich mit der Veränderung der Altersstruktur das Krankheitsspektrum deutlich von den akuten zu den chronischen Krankheiten verschoben. Heute stehen Krankheiten des Herz-Kreislauf-Systems, der Atmungsorgane, des Bewegungsapparates, Verdauungs- und Stoffwechselkrankheiten sowie psychische Erkrankungen im Vordergrund. In dem Maße, in dem sich zeigte, dass die kurative Medizin trotz weiterer Entwicklung hochdifferenzierter technischer Methoden, trotz Expansion, zunehmender Spezialisierung und steigender Kosten allein nicht in der Lage ist, hier die altersspezifischen Morbiditäts- und Sterblichkeitszahlen zu senken, stieg das Interesse an der präventiven und rehabilitativen Medizin. Das Unbehagen vieler Patienten und mancher Ärzte an einer technisch dominierten Medizin trägt bei ihrer Suche nach Orientierung in unserer Zeit dazu bei, «Ganzheit» im Bereich so genannter «natürlicher» Methoden, bei der Alternativ- oder Komplementärmedizin oder im noch immer boomenden, bunten Feld der Esoterik bis hin zu magisch-religiösen Praktiken zu vermuten und in Anspruch zu nehmen.

Aber auch in der wissenschaftlichen Medizin wurde der Ruf lauter, das zunehmend als reduktionistisch erkannte biomedizinische Krankheitsmodell mit seinen Wurzeln in Morphologie, Zellularpathologie, Pathophysiologie und Molekularbiologie durch umfassendere, biologische, psychologische, soziale und ökologische Faktoren einbeziehende Modelle zu ersetzen.

Das Paradigma des biomedizinischen Krankheitsmodells spiegelt eine Jahrtausende alte philosophische und theologische Hypothek wider, in der Platons Ideenlehre, der christliche Seelenbegriff und schließlich René Descartes philosophische Bestätigung einer scharfen Dichotomie zwischen Psyche und Soma (im Jahr 1637) uns das ungelöste Leib-Seele-Problem bescherten. Dualismus und Eindimensionalität sind aber nur Versuche des Menschen, sich in einer unbekannten und rätselhaften Welt zurechtzufinden; wir sind es, die den Gegensatz und die Dichotomie in die Natur hineintragen.

Im Rahmen des derzeit stattfindenden Paradigmenwechsels in der Medizin hin zu einem umfassenderen Verständnis setzt sich langsam die Erkenntnis durch, dass es sich bei Gesundheit und Krankheit um multikausal und interaktiv bedingte, dynamische, nur systemisch zu verstehende Phänomene handelt.

Die Systemtheorie sieht Lebewesen als autopoietische Systeme (auto = selbst; poiein = machen), d. h. sie erschaffen, erhalten und erneuern sich selbst, sind also selbstrückbezüglich oder selbstreferentiell. Lebende Systeme sind zwar operational und informational geschlossen; alle Informationen, die das System für die Aufrechterhaltung seiner zirkulären Organisation braucht, liegen in dieser Organisation selbst, etwa im Nervensystem. Sie sind aber offen gegenüber der Umwelt hinsichtlich der Möglichkeit von Materie- und Energieaustausch.

Solche Selbstreferentialität wird oft in Kreismodellen ausgedrückt. Bieten solche Kreismodelle eine Chance, die Dichotomie von Soma und Psyche und von Gesundheit und Krankheit zu überwinden und die Salutogenese-Modelle aus ihrer gesundheitspsychologischen «Enge» für die Allgemeinmedizin fruchtbar zu machen?

Antonovsky sieht sein Salutogenese-Modell als alternatives Paradigma, ohne das Problem der Dichotomie wirklich lösen zu können.

Fallbeispiel

Dieter K. ist ein 48-jähriger Mechaniker und Inhaber einer kleinen Produktionswerkstätte, ein großer stämmiger Mann, der trotz seiner 120 kg nicht übergewichtig aussieht. Eine erhebliche arterielle Hypertonie und Hypercholesterinämie mit erniedrigtem HDL sind schon länger bekannt, werden vom Patienten aber trotz einiger Informationsbroschüren, die ihm sein Hausarzt Dr. W. mitgab, weitgehend ignoriert. Dieter K. erleidet ohne vorausgehende Symptome einen komplikationslosen Vorderwandmyokardinfarkt. Die Koronarangiografie ergibt eine 90-prozentige RIA-Stenose, die auf 30% dilatiert werden kann. Während des Krankenhausaufenthalts und der anschließenden vierwöchigen Rehabilitation verliert Herr K. 12 kg, und der Blutdruck kann bei Werten um 160/100 mmHg stabilisiert werden. Gleich nach der Anschlussheilbehandlung kehrt der Patient in sein mechanisches Kleinunternehmen zurück, das er ohnehin wegen der schwierigen wirtschaftlichen Lage und seines Gefühls, alles überwachen zu müssen, nur sehr ungern verlassen hatte.

Trotz der guten Erholung ist die Krankheit mit einer deutlichen Zäsur in seinem Leben verbunden; wegen der Arbeitswut des Mannes hat sich die Ehefrau schon über Jahre vernachlässigt gefühlt, während der Erkrankung des Patienten nach langer Ehekrise die Einleitung der Scheidung durchgesetzt und ist überraschend ausgezogen. Der Hausarzt Dr. W. bemüht sich, nach der Rückkehr dem Patienten beizustehen, verschreibt ihm ein differenziertes Therapieprogramm mit u.a. zwei Antihypertensiva und einem Diuretikum, hält ihn an, salz- und cholesterinarm zu essen und koordiniert seine Teilnahme an einer Koronarsportgruppe.

Herr K. war als junger Mann direkt von seinen Eltern mit seiner Ehefrau zusammengezogen. Seit er nun zum ersten Mal allein lebt, spricht er gelegentlich von seinem Gefühl, sein Leben nicht mehr richtig meistern zu können und von seinen Schlafstörungen. Früher war es der Patient gewohnt, dass seine Ehefrau nach den Mahlzeiten auf der Medikamenteneinnahme bestand und alles herrichtete. Nun isst er unregelmäßig in Gaststätten, wo jegliche Diät bald illusorisch wird; nur am Wochenende, wenn er abwechselnd bei seinen beiden erwachsenen Töchtern zu Besuch ist, ernährt er sich gesund. Eines der Antihypertensiva setzt er auf Anraten seines Arbeitskollegen nach einiger Zeit wieder ab, da ihn Schwindelgefühle bei der Arbeit behindern; nur das ihm von früher vertraute Präparat behält er bei. Die Dosierung bereitet ihm bei der Vielzahl der Verschreibungen Mühe, sodass er schließlich das Diuretikum zweimal täglich statt wie verordnet einmal täglich einnimmt. Der Hausarzt schätzt Herrn K., der seit fast 15 Jahren mit der ganzen Familie als Patient in seiner Langzeitbetreuung ist, als zuverlässig und kooperativ ein; umso erstaunter ist er bei den nächsten Kontrollen, wie rasch sich der Zustand nach den stationären Aufenthalten wieder verschlechtert.

Die Einführung des Subjekts in die Medizin: Viktor von Weizsäcker und der Gestaltkreis

Für Viktor von Weizsäcker stand hinter der messbaren oder sichtbaren gestörten Leistung von Teilen des Körpers die Person des kranken Menschen mit ihrer seelischen Individualität. Mit den Begriffen des «Umgangs» und des «Subjekts» führte er zusammen mit Ludolf von Krehl die Person des Patienten in die Wissenschaft ein, ein Ansatzpunkt, der von Sigmund Freud vorbereitet war und der später u.a. von Michael Balint weiterentwickelt wurde. Mit diesen Begriffen wollte von Weizsäcker den Unterschied zur Erforschung und Behandlung unbelebter Gegenstände betonen. «Die Physik setzt voraus, dass in der Forschung dem Erkenntnis-Ich eine unabhängige Welt als Gegenstand der Erkenntnis gegenübergestellt sei» – ein Standpunkt, der seit Albert Einstein, Niels Hendrik, David Bohr und Werner Karl Heisenberg ins Wanken geraten ist. In der Biologie und Medizin dagegen befinden wir uns mit dem Gegenstand zusammen in einer Abhängigkeit, einer Beziehung, deren Grund selbst nicht Gegenstand werden kann. «Um Lebendes zu erforschen, muss man sich am Leben beteiligen.» Diese in physiologischen Experimenten zur Wahrnehmung gewonnenen Erkenntnisse münden in das Denkmodell des «Gestaltkreises», die Theorie der Einheit von Wahrnehmen und Bewegen. In ihm stehen Mensch und Umwelt, Patient und Arzt in einem integrativen Prozess.

Wahrnehmen und Bewegen stellen im «Drehtürprinzip» eine Einheit dar, ohne gleichzeitig in unserem Bewusstsein vertreten zu sein; eines wird immer zugunsten des anderen in den Hintergrund treten, also vorbewusst bleiben. Dies ist vergleichbar mit dem Passieren einer Drehtür; man kann dabei entweder das Innere oder das Äußere des Hauses sehen, nie beides.

Viktor von Weizsäcker war der Ansicht, dass sich ein Gestaltkreis nur unzulänglich theoretisch darstellen lässt und man sein Wirken erst dann begreift, wenn man ihn praktiziert. Man muss den Gestaltkreis verleiblichen.

Deutlich wird dies etwa, wenn man für einige Sekunden mit kleinem Radius z. B. das rechte Schultergelenk bewegt und seinen Spielraum erkundet, einen Moment innehält und diesen Vorgang noch ein- bis zweimal wiederholt. Richtet man die konzentrierte Wahrnehmung jetzt im Innehalten dorthin (Nachspüren), so hat sich die Schulter als Teil des Schultergürtels und im Vergleich zur linken Schulter verändert, was ohne die Bewegung und die Weitergabe der Veränderungen ans Gehirn nicht wahrnehmbar gewesen wäre. Die Schulter kann größer, vertrauter oder beweglicher erlebt werden, schmerzhafte Bereiche melden sich. Diese Schmerzen lassen uns an die Aufgaben denken, die zuweilen schmerzhaft auf unseren Schultern lasten, oder an unsere gelegentliche Halsstarrigkeit oder Hartnäckigkeit im Umgang mit anderen.

Ist die Lebensordnung nicht der Geraden, sondern dem Kreise vergleichbar, so doch nicht der Linie des Kreises, sondern seiner Rückkehr in sich selbst. Die Gestalten folgen einander; aber die Gestalt aller Gestalten ist nicht ihre Konsequenz, sondern ihre Selbstbegegnung in ewiger Heimkehr zum Ursprung. Damit ist der Gestaltkreis ein selbstreferentielles Modell, das – antilogisch – doch der Transzendenz bedarf, die von Weizsäckers Herantreten an den Menschen prägt. Das Vergehen des Lebenden «ist mit seinem Bestehen gleichsam auf Tod und Leben verbündet, und die Wiederkunft ist das ewige Symbol dieses Bundes. Sie knüpft das Ende an den Anfang und den Anfang an das Ende; im endlosen Wandel des Werdens erscheint in ewiger Wiederkunft der beständige Ursprung: die Ruhe des Seins».

Die Landschaft des Patienten: Gesundheit und Krankheit in bio-psycho-sozialer Sicht

1977 gab George Lucas Engel einen entscheidenden Anstoß für ein neues Modell von Gesundheit und Krankheit. Oberflächlich wird sein bio-psycho-soziales Modell mittlerweile weithin anerkannt, aber nicht integrierend, sondern eher additiv («wenn wir organisch nichts finden, muss es wohl psychisch sein»), oder gar subtraktiv, wie die absurde neuerliche, jetzt triumphale Reduktion des Ulcus duodeni von einer multikausalen auf eine Infektionskrankheit zeigt. Das führt dann – besonders in der Realität des Krankenhausalltags – doch oft über die biomedizinische Komponente nicht hinaus. Dies spiegelt sich auch in der – der aktuellen Forschungslage krass widersprechenden – einseitig biomedizinischen Darstellung des Risikofaktoren-Modells in Lehrbüchern der Inneren Medizin wider.

Das bio-psycho-soziale Modell von Gesundheit und Krankheit muss, wenn es als neues Paradigma bestehen will, einen integrierenden Rahmen entwerfen, in dem sich die Theorien für somatische, psychische und sozial-ökologische Diagnosen zu einer

Gesamtdiagnose ergänzen. Es geht also nicht darum, den praktisch tätigen Arzt nur zu ermahnen, bei Patienten mit KHK, wie etwa unserem Beispiel Dieter K., außer somatischen auch psychische und soziale Faktoren zu beachten, sondern ihm Antwort zu geben, wie er diese Faktoren aufeinander beziehen soll.

Das Leben ist in einfachen Regelkreisen und Systemen strukturiert, die mit anderen zu komplexeren und diese wieder zu noch komplexeren Systemen zusammengeschlossen werden. Dadurch entstehen «Integrationsebenen» im biologischen, psychischen und sozialen Bereich. So sieht man im biologischen Bereich, wie Moleküle in Zellorganellen, diese in Zellen, Zellen in Organen und Organe in Organismen integriert sind. Auf der nächsten Integrationsebene findet man psychische Systeme, in denen optische, akustische, olfaktorische und taktile Prozesse die Verbindung zu ausgewählten Teilen der Umgebung herstellen, wobei biologische Bedürfnisse oder «Triebe» die Übersetzungsfunktion übernehmen. Schließlich gibt es auf einer noch komplexeren Integrationsebene soziale Systeme, in denen die Individuen zu Paaren, Familien, Gruppen, Lebensgemeinschaften und Gemeinden zusammengeschlossen sind.

Thure von Uexküll entwirft aus einer prinzipiell bejahenden Kritik von Engels Modell eine Modifikation. Sie beginnt erst auf der Ebene der Zellen als den einfachsten autopoietischen und selbstreferentiellen Systemen, entwirft oberhalb der Organsysteme eine Ebene des Körpers als relativ geschlossenes System, auf die eine Ebene des Psychischen mit der individuellen Wirklichkeit des Einzelnen folgt (was natürlich wieder die Dichotomie zementiert) und gliedert auf der nächsten Stufe die verschiedenen sozialen Systeme verzweigt, da der Einzelne seine individuelle Wirklichkeit stets nur alternativ in die eine oder andere soziale Wirklichkeit zur Zeit einbringen kann. Explizit sind hier der Arzt und seine Interaktion mit dem Patienten als Schlüsselposition in das Modell einbezogen.

Die Aufwärts- und Abwärtseffekte zwischen den verschiedenen Integrationsebenen sind in der individuellen Biografie des Patienten z.B. über Konditionierung mitgeformt; die Biografie berichtet über die Situationen, in denen Wege für Aufwärts- und Abwärtseffekte entstanden oder eben *nicht* entstanden sind.

Antonovsky kritisiert Engels systemtheoretisches Modell als ein der Pathogenese verhaftetes Paradigma, ohne die Möglichkeit einer salutogenetischen Erweiterung des bio-psycho-sozialen Modells anzuerkennen. Implizit hat aber auch das Salutogenese-Modell eine bio-psycho-soziale Prämisse; Antonovsky betont den direkten Einfluss des Kohärenzsinnes auf den Gesundheitszustand über kognitive Prozesse und z.B. neurophysiologische, endokrinologische sowie immunologische Mechanismen zur Mobilisierung angemessener körperlicher Ressourcen. Die «Software» Salutogenese-Modell bedarf also auch einer systemtheoretischen «Hardware».

Hier setzt aber auch eine grundlegende Kritik an Antonovskys Modell an. Es gibt Hinweise, dass Antonovskys SOC-Skala hoch negativ korreliert mit Instrumenten, die Depressivität und Angst messen. Das würde bedeuten, dass die SOC-Skala gar keine wesentliche diskriminante Validität besitzt, sondern lediglich psychische Risikofaktoren «umpolt». Demnach wäre der *Mang*el an Depressivität und Angst ein zentraler salutogener Schutzfaktor, so wie der *Mangel* an sozialer Unterstützung ein pathogener

Risikofaktor ist. Da das Kohärenzgefühl auch z.T. starke Überschneidungen mit zentralen Konstrukten anderer Salutogenese-Modelle zeigt, gilt diese Kritik allerdings für alle Salutogenese-Modelle.

Das theoretische Konzept einer salutogenetischen Integrationskraft des bio-psychosozialen Modells bedarf weiterer Konkretisierung. Auch die Salutogenese-Modelle haben einen probabilistischen Charakter und verweigern sich damit der bisher praktizierten Anwendung auf das Individuum; das Vorhandensein der Schutzfaktoren und ein hoher SOC-Wert erhöhen nur die Wahrscheinlichkeit, gesünder zu sein, machen aber nicht jedes Individuum gesünder. Es bleibt zu klären, ob die Kombination von Schutz- und Risikofaktoren als ätiologischer Ansatz mit ausreichend hoher Varianzaufklärung beiträgt.

Die individuelle Wirklichkeit von Patient und Arzt: Grundlage salutogenetisch orientierten Arbeitens

Die Vorstellungen, die Menschen von ihrem alltäglichen Gesundsein und Kranksein haben, hat psychosoziale- und Umwelteinflüsse immer schon sehr viel stärker einbezogen als das institutionelle medizinische Konzept. Diese Diskrepanz zwischen dem subjektiven Morbiditätsbegriff (dem subjektiven Krankheitskonzept z. B. des Koronarkranken, dem «Kranksein» von Dieter K.) und dem medizinischen Morbiditätsbegriff (dem, was mir als das derzeit wahre Wissen über die KHK erscheint, der «Krankheit», was aber neben dem objektiven Wissen untrennbar auch das subjektive Krankheitskonzept des Arztes umfasst) bestimmt überwiegend die kurzen Kontakte zwischen den beiden Welten. Derjenige Anteil der «Krankheitsinformation», der sowohl der subjektiven Sicht des Patienten als auch der professionellen Beurteilung des Arztes entspricht, stellt damit nur eine Teilmenge des Gesundheitsproblems dar und ist u.a. stark vom Sprachrepertoire der Beteiligten abhängig.

Aus salutogenetischer Sicht ist der Patient aber auch Experte für sein individuelles Gesund-Sein, genauer gesagt für seine jeweilige Position auf dem Gesundheits-Krankheits-Kontinuum. Die von Antonovsky entwickelten Kriterien zur Bestimmung der Lokalisation einer Person auf dem Kontinuum umfassen denn auch sowohl Expertenbefund als auch subjektives Befinden.

Über das Setting und die Kommunikation und Interaktion in der Patient-Arzt-Beziehung in den Salutogenese-Modellen liegen bisher kaum konkrete Beispiele vor, was wesentlich durch ihre bislang schwierige Umsetzung in den Alltag der Allgemeinmedizin bedingt ist.

Vor Beginn der Patient-Arzt-Begegnung ist oft ein kleiner Fragebogen für den Patienten hilfreich, der einmal nicht nach Vorerkrankungen und Beschwerden, sondern nach Wohlfühlen und Ressourcen fragt und den Patienten damit auf eine neue Perspektive des Gesprächs einstimmt. Der Allgemeinarzt muss dann im Gespräch völlig anders fragen (und zu-/hinhören, vgl. **Tab. 1**) und die *Sprech*stunde zeitlich anders gestalten, um dem Patienten mehr Raum zu lassen («*Zuhör*stunde»).

Tabelle 1: Beispiele für offene Fragen nach Gesundheitsressourcen.

Wie schaffen Sie das eigentlich, trotz Ihrer Belastungen/Erkrankungen noch weiterzumachen?
Wann und wie oft fühlen Sie sich wohl?
Wann in Ihrem Leben haben Sie sich am wohlsten gefühlt?
Wann fühlten Sie sich gesund?
Woher bekommen Sie Kraft?
Wie war die letzte Woche? Was hat Spaß gemacht?
Was sind Ihre Stärken?
Wie viel Zeit haben Sie zum Gesundwerden?
Wie hätten Sie sich gerne?
Was ist Ihr Ziel im nächsten Monat und im Leben?
Wer sind Ihre Vorbilder?
Was ist wirklich gut in Ihrem Leben?
Woran glauben Sie?

Die Biografie des Patienten muss einen viel stärkeren Stellenwert in der Patient-Arzt-Beziehung erlangen. Der Hausbesuch kann damit eine andere Bedeutung erhalten; das Antreffen des Patienten in seiner Alltagsumgebung gibt Hinweise auf mögliche Ressourcen, und das Gespräch zuhause kann jedes Mal eine weitere Facette aus der Biografie des Patienten zu einem plastischen Bild ergänzen, das pathogenetische und salutogenetische Aspekte umfasst. Form und Zweck der Dokumentation müssen sich verändern und erweitern, z. B. im Sinne einer epikritischen Fallbetrachtung und eines standardisierten Dokumentationsordners, der (insbesondere bei chronisch Erkrankten) beim Patienten verbleibt, der damit bei verschiedensten Kontakten mit dem Gesundheitssystem im wahrsten Sinne des Wortes «seine Geschichte wieder selbst in die Hand nehmen» kann.

In jedem Fall muss die Allgemeinmedizin, wenn sie die salutogenetische Perspektive integrieren will, beim Patienten subjektive Gesundheitskonzepte erfragen und erforschen, da sie das Gesundheitsverhalten der Menschen beeinflussen. Ressourcenarbeit kann nur vor dem Hintergrund des Sinnzusammenhangs erfolgen, den der Patient *selbst* seinem Leben (bewusst und unbewusst) gibt. Der Allgemeinarzt will im integrierten, patho-salutogenetischen Arbeiten mit dem ins Zentrum gestellten Patienten diesem ermöglichen, sich selbst und sein Gesundsein, seine gesunden Anteile in seinen Bezügen, in seiner kontinuierlichen Entwicklung, in seinen Konflikten zu sehen und Gesundsein wie Kranksein in die eigene Biografie einzubetten, selbst also wieder zum «Regisseur der eigenen Lebensgeschichte» zu werden und so in der Terminologie von V. v. Weizsäcker einen neuen «Lebensweg» einzuschlagen. Da Männer und Frauen hiermit unterschiedlich umgehen, muss individuell ein geschlechtsspezifischer Ansatz gewählt werden, der eine Reflexion der eigenen Geschlechtsrolle beim Arzt einschließt. Gemeinsam werden konkrete, motivierende Ziele zum Aufbau von Gesundheit entwickelt (statt «weg von» jetzt «hin zu»), um dem Patienten dabei zu helfen, sich auf dem Gesundheits-Krankheits-Kontinuum dem Pol des Gesundseins zu nähern. Dazu bedarf es einer längeren Zeit fraktionierten gemeinsamen Arbeitens, die der Allgemeinarzt in der (idealerweise) Langzeitbetreuung aber auch hat («gemeinsame Biografie»). Es verlangt vom Arzt allerdings auch, das eigene «Helfersyndrom», also den Anspruch, selbst «Regie führen» zu wollen, unter Kontrolle zu halten

Salutogenetisch orientiertes Arbeiten mit dem individuellen Patienten wird erfahrungsgemäß nur gelingen, wenn der Arzt (im Sinne des antilogischen Prinzips) in der konkreten Situation alle diese Modelle wieder loslässt und den Patienten da abholt, wo er ist – sonst stehen die Modelle wie eine Blockade zwischen Patient und Arzt.

Thure von Uexküll und der Situationskreis

Thure von Uexküll baut in seinem Modell auf die Arbeiten seines Vaters Jakob Johann von Uexküll und auf dessen Bild des «Funktionskreises» auf. Als Kern des Lebenden waren bisher Autonomie, also Selbstreferentialität, und Beziehung herausgearbeitet worden. Ein Lebewesen erteilt im Funktionskreis einem Ausschnitt seiner Umgebung die Bedeutung eines Merkmals, das am Rezeptor gemerkt wird. Die Bedeutungserteilung vollzieht sich, indem das Subjekt die Rezeptormeldungen autonom entsprechend seinen biologischen Bedürfnissen interpretiert und kodiert. Mit Hilfe seines Effektororgans prägt es der Umgebung durch Wirken ein Wirkmal auf, welches das Merkmal auslöscht; dabei wird auch die Adäquatheit der Bedeutungserteilung überprüft. Im Wirken nimmt das Subjekt Beziehung zur Umgebung auf. Damit kommt der Funktionskreis zur Ruhe, bis er – entsprechend den biologischen Bedürfnissen – erneut beginnt.

Bei längerem Sitzen auf einem Stuhl ändert man unwillkürlich ständig die Sitzposition. Propriozeptiv werden an Rezeptoren in Gelenken, Muskeln, Sehnen und der Haut die Stellung des Körpers im Raum, Druck usw. «gemerkt». Werden die Rezeptormeldungen als «unangenehm» interpretiert, wird aus dieser Bedeutungserteilung als Wirken eine oft vorbewusste Änderung der Sitzposition resultieren (Bedeutungsverwertung), wodurch sich die individuelle Umgebung in «bequem» verändert, obwohl der Stuhl sich nicht rührt. Der gleiche Stuhl ist für ein anderes Subjekt eine individuell andere Umgebung, zu der es eine andere Beziehung mit Merken und Wirken hat, den es also z. B. von vornherein als «bequem» empfindet. Diese subjektive Umwelt umgibt jedes Lebewesen als feste, aber für den außenstehenden Beobachter unsichtbare Hülle.

Im «Situationskreis» erweitert von Uexküll zusammen mit Wolfgang Wesiack dieses Verständnis einer individuellen Wirklichkeit des Menschen um eine «innere Bühne». Die aus dem eigenen Körper und aus der belebten und unbelebten Umgebung stammenden Informationen und Daten werden als Problemsituation aufgefasst. Aufgrund der Offenheit und Mehrdeutigkeit der meisten dieser Problemsituationen besteht keine zwangsläufige Kopplung von Bedeutungserteilung und Bedeutungsverwertung, wie sie für den Funktionskreis charakteristisch ist. Vielmehr werden vorläufige Deutungen, so genannte Bedeutungsunterstellungen, vorgenommen und die zur Problemlösung möglichen angeborenen und erworbenen Programme in der Fantasie auf ihre Brauchbarkeit in der Entscheidungsfindung überprüft. Erst wenn durch dieses spielerische

«Probehandeln» eine praktikable Lösung gefunden wurde, erfolgt die Bedeutungsverwertung durch aktives Handeln.

Über die unwillkürlichen Änderungen der Sitzposition hinaus, die zwangsläufig erfolgen, kann nach längerem Sitzen auch der Impuls entstehen, aufzuspringen und herumzugehen. Als obligatorisches Zwischenstadium wird jetzt in der inneren Wirklichkeit dem Problem «unbequem» in der Fantasie die Bedeutungsunterstellung «unbequem» zugeordnet, das Aufstehen fantasiert und die Konsequenzen abgetastet. Wenn in Gesellschaft (äußere Wirklichkeit) ein Aufspringen aus der Erfahrung und Biografie heraus als nicht angemessen erscheint, werden unauffälligere Änderungen der Sitzposition erwogen, dem Probehandeln unterzogen und schließlich mit der endgültigen Bedeutungserteilung zur Bedeutungsverwertung freigegeben. Innere und äußere Wirklichkeit bleiben individuell; andere im Raum finden den gleichen Stuhl bequem, wieder andere springen auf, weil sie auf der inneren Bühne dagegen keine Einwände hatten.

Hier liegt der Anknüpfungspunkt an das Salutogenese-Modell von Antonovsky. Zu den aus dem eigenen Körper und aus der belebten und unbelebten Umgebung stammenden Informationen und Daten gehören Antonovskys Stressoren, die eine Person mit einem starken Kohärenzgefühl eher als neutral oder sogar heilsam für ihr Leben ansieht und in einer geordneten Weise interpretiert (Bedeutungsunterstellung). Die zur Problemlösung möglichen angeborenen und erworbenen Programme entsprechen dem Reservoir von generalized resistance resources (GRRs) (generalisierte Bewältigungsressourcen), aus dem die Person die dem jeweiligen Stressor angemessenen GRRs auswählt. Eine gelungene Anwendung dieser Programme («Wirken») führt zur Problemlösung; und ganz in der Regelkreisterminologie spricht Antonovsky auch von «feedback» durch GRRs, dessen wiederholte und beständige positive Erfahrung das Kohärenzgefühl stärkt.

Er definiert das Kohärenzgefühl als eine relativ stabile Handlungsorientierung und generelle Lebenseinstellung, die die im SOC-Fragebogen erfassten drei Komponenten Verstehbarkeit der Welt (*comprehensibility*), Handhabbarkeit der vorhandenen Ressourcen (*manageability*) und Sinnhaftigkeit des Lebens (*meaningfulness*) beinhaltet. Es beschreibt das Ausmaß des umfassenden, dauerhaften und gleichzeitig dynamischen Gefühls von Vertrauen, dass erstens die Anforderungen aus der eigenen Innenwelt und aus der Außenwelt im Laufe des Lebens strukturiert, vorhersagbar und erklärbar sind, dass zweitens die Ressourcen in einem selbst oder in den Händen von vertrauten Personen verfügbar sind, die nötig sind, um den Anforderungen gerecht zu werden, und dass drittens diese Anforderungen Herausforderungen sind, die Investitionen und Engagement verdienen. Es genügt z. B. nicht, ein Netz von sozialer Unterstützung zur Verfügung zu haben (wie das Risikofaktoren-Modell impliziert); die Person muss diese Unterstützung auch als positiv, verstehbar und zufriedenstellend ansehen und in der Lage sein, sie überhaupt wahrzunehmen, zu akzeptieren und angemessen mit ihr umzugehen.

In Beckers Anforderungs-Ressourcen-Modell muss Dieter K. ständig sowohl innere (z. B. Bluthochdruck, Schlafstörungen, verinnerlichte Wertvorstellungen) als auch äußere (z. B. körperliche Belastung in der Werkstätte, Arbeitsdruck, Alleinleben) hohe

Anforderungen verarbeiten, um seine Funktions- und Leistungsfähigkeit bewahren zu können. Dazu stehen ihm nur wenig ausgeprägte interne und externe Ressourcen zur Verfügung (genetische Konstitution, Fähigkeit zur physischen Regeneration, körperliche Fitness, gesunde Ernährung, funktionierendes Immunsystem, Gesundheitsbewusstsein, ausreichende soziale Unterstützung und Integration in soziale Netze, sinnhafte Anforderungen im Beruf, Fähigkeit zur Mitteilung eigener Gefühle, Bereitschaft zu Veränderungen etc.). Seine «seelische Gesundheit als Eigenschaft» (individuelle Fähigkeit zur Bewältigung externer und interner Anforderungen) als zentrale vermittelnde Komponente scheint schwach zu sein.

Anders als Antonovsky geht Becker davon aus, dass Gesundheit nicht nur daraus resultiert, dass ein Mensch erfolgreich Stressoren bewältigt, sondern dass er seinen angeborenen Bedürfnissen Beachtung schenkt und mit seinen Gefühlen angemessen umgeht. Eine hohe habituelle «seelische Gesundheit» drückt sich dahingehend aus, sich dem Leben und seinen Schwierigkeiten gut gewachsen zu fühlen, in einem hohen habituellen körperlich-seelischen Wohlbefinden, in der Sinnerfülltheit des Lebens, Selbstverwirklichung sowie selbst- und fremdbezogener Wertschätzung (hohes Selbstwertgefühl, Liebesfähigkeit). Sie wird im Trierer Persönlichkeitsfragebogen (TPF) erfasst.

Antonovskys «Kohärenzgefühl» oder Beckers «seelische Gesundheit als Eigenschaft» wären also auf von Uexkülls «innerer Bühne» angesiedelt, ihre Ausprägung (stark/schwach) entspräche der Beweglichkeit des spielerischen «Probehandelns» (flexibel/rigide). Von Uexküll weist selbst auf die Beziehungen des Antonovsky'schen Salutogenese-Modells zur Semiotik (Zeichenlehre) hin , auf die sein eigenes Modell aufbaut.

Von Uexkülls Situationskreis-Modell ermöglicht darüber hinaus aber auch die Darstellung der Kommunikation und Interaktion der Person in dieser Situation. In der Patient-Arzt-Beziehung treffen mit dem Patienten Dieter K. und dem Hausarzt Dr. W. zwei Subjekte mit jeweils subjektiver Innen- und Umwelt aufeinander, beide von ihrer unsichtbaren Hülle umgeben. Die Bedeutung, die sie jeweils den gleichen Merkmalen «KHK» oder «Hypercholesterinämie» erteilen, und auch ihre Bedeutungsverwertung sind individuell. Der Situationskreis des Patienten wird über die im bio-psycho-sozialen Modell skizzierten biografisch verstehbaren Aufwärts- und Abwärtseffekte der hierarchischen Systemebenen geprägt, die der Arzt als wahrnehmendes Gegenüber mit in seinen Situationskreis einbeziehen muss. Seine Beobachtungen und die darauf aufbauenden Hypothesen und Handlungen müssen sich im Sinne eines diagnostisch-therapeutischen Zirkels ständig den Veränderungen anpassen, die sich im Verlauf der Interaktion auf den verschiedenen Ebenen des Systems Patient ergeben. Beide, Patient und Arzt, sind in dieser nicht nur funktionalen, sondern eben auch personalen Beziehung in ihrer jeweiligen individuellen Wirklichkeit enthalten. Beide erscheinen als Persönlichkeiten und Partner in einer aufzubauenden gemeinsamen sozialen Wirklichkeit. Aktionen des einen und Reaktionen des anderen gehören in diesem Zwei-Personen-System zusammen wie Rolle und Gegenrolle in der Szene eines Schauspiels.

Antonovsky hebt dabei auf die salutogene Wirkung ab, die die Wahrnehmung des unverzerrten wechselseitigen Verständnisses der Handlungen in der Interaktion der beiden Partner hat; nicht nur die Welt muss verstehbar sein, ich muss mich auch von meinem Gegenüber verstanden fühlen. Dieses gelungene feedback ist die salutogene Grundlage einer geglückten frühkindlichen Entwicklung aus psychoanalytischer Sicht ebenso wie eines gesunden Dialogs mit dem eigenen Körper aus Sicht der medizinischen Anthropologie. Rückmeldung stärkt so die Fähigkeit zur Autonomie und zur Gestaltung einer Beziehung als Kern des Lebenden und damit wiederum das Kohärenzgefühl. Es ist daher nicht verwunderlich, wie viel Nähe Antonovskys soziologisches Konzept des Kohärenzgefühls und die Freud'sche Psychoanalyse trotz des unterschiedlichen wissenschaftstheoretischen Hintergrundes zueinander haben.

Das Zwei-Personen-System Patient-Arzt wiederum kann in von Uexkülls Modell in einer familienmedizinischen Betrachtung der allgemeinärztlichen Tätigkeit zu einer familiensystemischen Perspektive erweitert werden, in der verschiedene Situationskreise interagieren. Die Fallgeschichte von Dieter K. macht deutlich, dass das therapeutische System, in dem der Hausarzt Dr. W. arbeitet, aus mindestens drei Elementen besteht, nämlich dem Patienten, seiner Familie (Ehefrau, Töchter) oder dem weiteren sozialen Kontext (Arbeitskollege), und dem Arzt selbst. Antonovsky hat am Ende seines Schaffens ebenfalls auf die mögliche Anwendbarkeit seines Salutogenese-Modells auf kollektiv-systemischer Ebene hingewiesen.

So wird schließlich das vermeintliche Fehlverhalten von Dieter K. im Umgang mit seinen Medikamenten als seine individuelle Bedeutungsverwertung auf dem Boden seines schwachen Kohärenzgefühls bei wenig verfügbaren GRRs und verzerrtem Verständnis zwischen Patient, Arzt und Familie verstehbar; sein Ignorieren der Hypercholesterinämie stellt seine individuelle Bedeutungserteilung dar.

Die Integration der Salutogenese-Modelle in eine patientenzentrierte Allgemeinmedizin

Da das Situationskreis-Modell die individuelle Wirklichkeit von Patient und Arzt und ihre Kommunikation und Interaktion in der Patient-Arzt-Beziehung abbildet, stellt es die ideale «Hardware» für eine patientenzentrierte Medizin dar, die die Grundlage allgemeinmedizinischen Denkens und Handelns sein sollte. Der Allgemeinarzt als Experte für Krankheit und der Patient als Experte für sein individuelles Kranksein sind gleich wichtig, um zu einem integrierten Handeln und einem Beratungsergebnis zu kommen. Die Salutogenese-Modelle bringen statt der bisherigen Dichotomie Krankheit – Gesundheit ein Kontinuum zwischen den beiden Polen ein, was der Allgemeinmedizin erlaubt, die Beratungsursache als Anlass, der den Patienten zum Allgemeinarzt bringt, nicht mehr künstlich kategorisieren zu müssen (Prävention, Kuration, Rehabilitation u.ä.).

Im patientenzentrierten, integrierten patho-salutogenetischen Arbeiten bezieht der Allgemeinarzt sein Wissen und seine Erfahrungen über pathogenetische Aspekte, über Risikofaktoren, andere innere und äußere Anforderungen und über ihm biografisch bekannte oder aktuell wahrgenommene Schutzfaktoren und Bewältigungsressourcen des Patienten in seinen Situationskreis ein. Der Patient stellt dem aus seinem Situationskreis heraus sein Wissen und seine Erfahrungen über sein Kranksein, seine subjektiven Krankheitskonzepte, die inneren und äußeren Anforderungen, denen er sich ausgesetzt fühlt, seine subjektive Gesundheitstheorie und seine biografisch erinnerten oder aktuell selbst wahrgenommenen Schutzfaktoren und Bewältigungsressourcen gegenüber. Bedeutungsunterstellung und -erteilung sowie Bedeutungsverwertung bleiben individuell und je nach Kontakt in wechselndem Maße unterschiedlich; entscheidend ist, dass sich beide Partner vom Gegenüber verstanden fühlen. Erst dann können sie über das Beratungsergebnis und das integrierte (Be-)Handeln sprechen. Ob das Resultat dieser Verhandlung angemessen und sinnvoll ist und sowohl Patient als auch Allgemeinarzt sich anschließend «compliant» verhalten, ist damit noch nicht gewährleistet, denn es hängt weiterhin von der jeweiligen individuellen Wirklichkeit ab. Aber es ist erheblich wahrscheinlicher als in asymmetrischen Arzt-zentrierten Kontakten. Und natürlich darf diese individuelle Ausrichtung des Handelns nicht zur Bemäntelung von professioneller Verantwortungslosigkeit des Arztes missbraucht werden. Bei guter Strukturierung muss trotz des Dem-Patienten-mehr-Raum-Lassens ein solcher Kontakt nicht viel länger dauern als bisher.

Aber auch Kreismodell und Selbstreferentialität im Sinne eines neuen Paradigma und Salutogenese als Perspektivenwechsel sind Epocheglauben, den man in 100 Jahren kritisieren wird, so wie wir es dem Jahrhundert vor uns und seinen Wissenschaftlern ja auch unterstellen. Wir sind genau wie sie in den Grenzen unserer eigenen Erkenntnis gefangen. «Die Wissenschaftsgeschichte ist überreich an inzwischen als obsolet verlassenen Theorien und Hypothesen, die jedoch zu ihrer Entstehungszeit zu einer sehr fruchtbaren Forschungstätigkeit führten», merkt Antonovsky (selbst-)kritisch an.

Zudem sei darauf verwiesen, dass die Kreismodelle wie insbesondere auch die Salutogenese-Modelle die gleichen ethischen und politischen Probleme aufwerfen wie der Ganzheitsbegriff und das Risikofaktoren-Modell (Stichworte: Soziale Ungleichheit; soziale Kontrolle; individuelle Schuldzuweisung; Machtverteilung).

Die skizzierten Modelle von Gesundheit und Krankheit können aber im Sinne von kreisförmigen Prozessen zwischen medizinischen Theorien und ärztlichem Handeln in der Praxis helfen, die individuelle Landschaft des einzelnen Patienten besser zu erfassen, aus pathogenetischer *und* salutogenetischer Perspektive zu verstehen und in der Integration des von mir Gehörten, Gesehenen, Gefühlten, Gerochenen, Gespürten, Erinnerten und Verstandenen die Dichotomien in Soma und Psyche sowie Gesundheit und Krankheit zugunsten einer Gesamtdiagnose zu vermindern. Die Kreismodelle sind nicht dazu geeignet, als Vorlage auf dem Schreibtisch des Arztes zu liegen, um den jeweiligen Patienten darin zu orten. Im Sinne einer inneren Haltung, eines Menschenbildes (und nicht einer spezifischen Weiterbildung zu einem speziellen Facharzt) können sie aber helfen, in der Beziehung zu dem einzelnen Patienten die Kernfrage in der Allgemeinmedizin zu beantworten: Warum kommt dieser Patient zu diesem Zeitpunkt mit diesem Anliegen oder dieser Erkrankung zu mir?

In dem letzten, unscheinbaren Wort «mir» versteckt sich die schwierigste Komponente in der Patient-Arzt-Beziehung. Um die patho- und salutogene Ganzheit, die individuelle autonome innere und äußere Wirklichkeit des Patienten verstehen und mit ihm in Beziehung treten zu können, muss ich mich in meiner Ganzheit verstehen und einbringen, ich muss meine Ganzheit individuell kennen lernen, ich muss mir klar werden über mein Menschen- und Weltbild (zu dem auch mein Kohärenzgefühl gehört), mit dem ich mich selbst und den anderen sehe, und ich muss bereit sein, mich in der therapeutischen Beziehung in Leiblichkeit und Seele ständig verändern zu lassen. «Man kann Gesundheit wie Krankheit nur von einer Erfahrung des Lebens aus verstehen, nicht aus sich selbst.»

Dazu gehört auch, sich Klarheit zu verschaffen über die persönlichen Ressourcen zur Erzeugung und Erhaltung der eigenen Gesundheit und über ihre Förderungsmöglichkeiten. Auch hier also eine neue Perspektive: Bislang neigten (Haus-)Ärzte ja dazu, beständig über ihren als krank machend und fremdbestimmt erlebten Arbeitsalltag zu klagen und doch nur schneller im Hamsterrad zu laufen. Salutogenetisch orientiertes Arbeiten kann als sehr viel zufriedenerer und sinnerfüllterer Alltag erlebt werden.

Literatur

Antonovsky, A. (1997): Salutogenese. Zur Entmystifizierung der Gesundheit. DGVT, Tübingen

Antonovsky, A. (1991): Meine Odyssee als Stressforscher. In: Jahrbuch für Kritische Medizin 17. Rationierung der Medizin. Argument, Hamburg, S. 112–30

Antonovsky A. (1993): Gesundheitsforschung versus Krankheitsforschung. In: Franke, A./Broda, M. (Hrsg.) Psychosomatische Gesundheit. DGVT, Tübingen, S. 3–14

Bahrs, O./Hesse, E. (1996): Das Motivationsgespräch – Chancen der Selbsthilfeförderung im Rahmen der ärztlichen Sprechstunde. In: Bahrs, O./Fischer-Rosenthal, W./Szecsenyi, J. (Hrsg.): Vom Ablichten zum Im-Bilde-Sein. Königshausen & Neumann, Würzburg , S. 219–260

Balint, M. ([9]1996): Der Arzt, sein Patient und die Krankheit. Klett-Cotta, Stuttgart

Becker, P. (1992): Diagnostik und Bedingungsanalyse des Gesundheitsverhaltens. In: Schröder H, Reschke, K. (Hrsg.): Psychosoziale Prävention und Gesundheitsförderung. Roderer, Regensburg , S. 105–124

Becker, P. (1996): Zwei theoretische Rahmenmodelle zur Erklärung der aktuellen und habituellen körperlichen Gesundheit: Darstellung und empirische Überprüfung. Trierer Psychologische Berichte 23:4

Becker, P. ([2]1997): Prävention und Gesundheitsförderung. In: Schwarzer, R. (Hrsg.): Gesundheitspsychologie. Hogrefe, Göttingen , S. 517–534

Becker, P. (1998): Die Salutogenesetheorie von Antonovsky: Eine wirklich neue, empirisch abgesicherte, zukunftsweisende Perspektive? In: Margraf, J./Siegrist, J./Neumer, S. (Hrsg.): Gesundheits- oder Krankheitstheorie? Saluto- versus pathogenetische Ansätze im Gesundheitswesen. Springer, Berlin, S. 13–25

Bengel, J./Strittmatter, R./Willmann, H. ([3]1999): Was erhält Menschen gesund? Antonovskys Modell der Salutogenese – Diskussionsstand und Stellenwert. BZgA, Köln

Bischoff,C./Zenz, H. (Hrsg.) (1998): Patientenkonzepte von Körper und Krankheit. Huber, Bern

Brucks, U./Wahl, W. B/Schüffel, W. (1998): Die epikritische Fallbetrachtung – Prozessentwicklung und Qualitätssicherung in therapeutischen Beziehungen. Asanger, Heidelberg

Engel, G. L. (1977;19): The need for a new medical model: a challenge for biomedicine. Science, S. 129–136

Engel, G. L. (1980;137): The clinical application of the biopsychosocial model. Am. J. Psychiatry, S. 535–544

Gadamer, H. G. ([3]1994): Über die Verborgenheit der Gesundheit. Suhrkamp, Frankfurt a.M.

Illich, I. ([4]1995): Die Nemesis der Medizin. Beck, München

Jork, K. (Hrsg.) (1993): Alternativen in der Medizin. Hippokrates, Stuttgart

Jork, K./Wilm, S. ([2]1997): Gesundheitsselbsthilfe. In: Allhoff, P./Flatten, G./Laaser, U. (Hrsg.): Krankheitsverhütung und Früherkennung – Handbuch der Prävention. Springer, Berlin , S. 509–542

Kaluza, G. (1997;73): Was schützt Gesundheit? Psychosoziale Protektivfaktoren der Gesundheit. Zschr. für Allg. Med., S. 1024–8
Kuhn,T. (1973): Die Struktur wissenschaftlicher Revolutionen. Suhrkamp, Frankfurt a.M.
Margraf, J./Siegrist, J./Neumer, S. (Hrsg.) (1998): Gesundheits- oder Krankheitstheorie? Saluto- versus pathogenetische Ansätze im Gesundheitswesen. Springer, Berlin
Peseschkian, N. ([6]2000): Psychosomatik und Positive Psychotherapie. Fischer Taschenbuch, Frankfurt a.M.
Petzold, E./Reindell, A. (1980): Klinische Psychosomatik. Quelle & Meyer, Heidelberg
Rattner, J./Danzer, G. (1997): Medizinische Anthropologie. Ansätze einer personalen Heilkunde. Fischer, Frankfurt a.M.
Siegrist, J. (1996): Soziale Krisen und Gesundheit. Hogrefe, Göttingen
Trojan, A./Stumm, B. (Hrsg.) (1992): Gesundheit fördern statt kontrollieren. Fischer, Frankfurt a.M.
Uexküll, T. v. (1963): Grundfragen der Psychosomatischen Medizin. Rowohlt, Reinbek
Uexküll, T. v.,/Adler, R. H./Herrmann, J. M/Köhle, K./Schonecke, O. W./Wesiack, W. (Hrsg.) ([5]1996): Psychosomatische Medizin. Urban & Schwarzenberg, München
Uexküll, T. v./Wesiack, W. ([3]1998): Theorie der Humanmedizin. Urban & Schwarzenberg, München
Weizsäcker, V. v. ([5]1986): Der Gestaltkreis. Thieme, Stuttgart
Weizsäcker, V. v. (1987): Der Arzt und der Kranke. Stücke einer medizinischen Anthropologie. Gesammelte Schriften 5. Suhrkamp, Frankfurt a.M.
Weizsäcker, V. v. (1986): Soziale Krankheit und soziale Gesundung. Soziale Medizin. Gesammelte Schriften 8. Suhrkamp, Frankfurt
Wesiack, W. ([2]1984): Grundzüge der psychosomatischen Medizin. Springer, Heidelberg
Wilm, S. (1993): Der Allgemeinarzt, sein Patient und die koronare Herzkrankheit. In: Dieterich, H. A./ Mörl, H. (Hrsg.): Koronare Herzkrankheit. Wissenschaftliche Verlagsgesellschaft, Stuttgart, S. 55–81
Wilm, S. (1996;72(17): Die Rolle des Allgemeinarztes in der Gesundheitsbildung. Zschr. für Allg. Med., S. 1005–11

Psychohygiene für Ärzte und Therapeuten: Der schonende Umgang mit der Übertragung und Gegenübertragung

Udo Boessmann

Wenn einer schwächer ist als du, dann schone ihn.
Wenn einer stärker ist als du, dann schone dich.

Wenn sich zwischen Patient und Arzt, Mann und Frau, zwischen dem Vorgesetzten und dem Mitarbeiter, zwischen zwei Kollegen oder zwischen einem Einzelnen und einer Gruppe (heftige) Gefühls- und vegetative Körperreaktionen einstellen, wenn wir glühend lieben oder unversöhnlich hassen, jemand in uns sehnsüchtige Wünsche und schlimmste Befürchtungen auslöst, dann findet Übertragung statt. Die Psychoanalyse bezeichnet mit Übertragung das *Phänomen, dass Gefühle, Wünsche, Ängste aus früheren, in der Regel infantilen, Objektbeziehungen in aktuellen Beziehungen wiedererscheinen.* Es ist das Verdienst Sigmund Freuds, die Übertragung nicht als Störfaktor der ärztlich-therapeutischen Arbeit, sondern als Schlüssel zum Verständnis der seelischen Tiefenschichten des Patienten begriffen und der therapeutischen Nutzung geöffnet zu haben.

Im Umgang mit seelisch kranken Menschen erfährt der Behandelnde leibnah, was Übertragung bedeutet. Der an seiner Seele Leidende geht in die Therapie, weil er an einem bestimmten Punkt seines Lebens (das ansonsten durchaus funktionieren kann) mit sich und der Welt, d. h. mit seiner inneren und der äußeren Realität, nicht zurecht kommt. Genau aber dieser Punkt (Fokus) wird auch – wünschenswerterweise – in der Realität der intensiven therapeutischen Beziehung virulent. Der Therapeut wird dann mit befremdlichen oder gar bedrohlichen Äußerungen des Patienten konfrontiert, die in ihm eine *Gegenübertragung* mit ebenfalls heftigen Empfindungen oder Reaktionen auslösen.

Übertragung und Gegenübertragung sind ein wertvolles diagnostisches und therapeutisches Instrument. Die Kunst, mit Übertragungen angemessen umzugehen, kann für den Erfolg der ärztlichen Behandlung, vor allem der Psychotherapie, entscheidend sein. Wenn wir Übertragungen nicht verstehen und mit ihnen angemessen umgehen können, werden sie zum Therapiehindernis, zur Last, zu Leid, zum Frust für den Behandelnden wie den Patienten.

Übertragung in der Positiven Psychotherapie

Der Arzt oder Therapeut mit einem positiven Ansatz sucht primär nicht das Pathologische, Defizitäre und Konflikthafte im Patienten und in seiner Lebensweise. Er wird – auch im Interesse seiner eigenen Psychohygiene – erst einmal das Besondere, das Einzigartige, das Liebenswerte, die Qualitäten, Fähigkeiten und gesunden Anteile des Patienten aufspüren. Der praktische Umgang mit der Übertragung in der Positiven Psychotherapie erfolgt auf fünf Stufen:

1. Beobachtung der Übertragung und Gegenübertragung

Peseschkian empfiehlt, die therapeutische Arbeit mit einer exakten Beobachtung des Geschehens zu beginnen. Das erfordert die Fähigkeit, erst einmal genau hinzuhören, was der Patient sagt, konstitutionelle Merkmale, die Kleidung, das Gangbild, die Haltung, Mimik, Gestik, Augen- und Hautreaktionen, die Stimme und Sprache hinsichtlich der individuellen Besonderheiten wahrzunehmen. Das verlangt *die Bereitschaft, sich voreiliger Interpretationen des Gehörten und Beobachteten zu enthalten.* Was gibt es hinsichtlich der Übertragung in der therapeutischen Beziehung zu beobachten?

Auf die Übertragung Ihres Patienten reagieren Sie mit Ihrer Gegenübertragung und umgekehrt. *Psychosomatisches Arbeiten im ganzheitlichen Sinn erfordert nicht nur eine genaue Beobachtung des Patienten, sondern auch dessen, was in Ihnen vor sich geht.* Ihre eigenen Gegenübertragung ist eines Ihrer wertvollsten diagnostischen und therapeutischen Werkzeuge. Ihr Gefühl ist ein empfindliches Messinstrument, ein Sensor für das Zwischenmenschliche, Atmosphärische, für die so wichtige Metakommunikation. Lernen Sie deshalb, es zu beobachten und sich bewusst zu machen. Fragen Sie sich selbst, wie Sie körperlich-sinnlich, funktionell-vegetativ, gefühlsmäßig, intellektuell-kognitiv und in der Fantasie auf Ihren Patienten reagieren.

2. Inventarisierung

Eine gründliche Beobachtung wird Ihnen eine Fülle von – zum Teil verwirrenden – Informationen, Daten liefern. Eine gute Informationsverarbeitung zeichnet sich dadurch aus, dass sie die Daten in eine übersichtliche Ordnung bringt, dass keine Daten verloren gehen und ein einfacher Zugriff auf die Daten jederzeit möglich ist. Die Daten sollten pragmatisch geordnet sein, das heißt, dass aus ihnen Erkenntnis («comprehensibility»), Entscheidungs- und Handlungskonsequenzen («manageability») in einem sinnvollen Kontext («meaningfulness») ableitbar sind. Das in **Abbildung 1** dargestellte Ordnungsmodell (Balancemodell des Lebens und Erlebens) ist dabei hilfreich.

Tragen Sie alle Informationen zu den aktuellen Beschwerden des Patienten, die Auswirkungen im Alltag, Daten zur Krankheits- und Lebensgeschichte, zur aktuellen Lebensorganisation und bereits erfolgte Untersuchungen und Behandlungen an die passende Ecke Ihrer Raute ein. Daneben gewinnen Sie auch Informationen über beobachtbare vegetative Reaktionen, Verhaltensauffälligkeiten, Kleidung, Stimme, Sprache, Augenkontakt, Mimik, Gestik. Oder der Patient wird nebenbei eine Bemerkung über seine augenblickliche Befindlichkeit machen (z. B. mir ist warm). Oder Sie erfahren

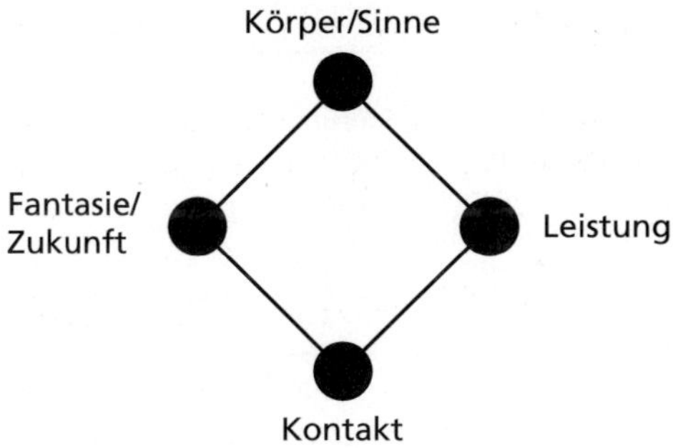

Abbildung 1: Das Balancemodell nach N. Peseschkian.

etwas über seine Einstellungen, Vorurteile (z. B. zu Ärzten), seine Erfahrungen (z. B. mit weiblichen Therapeuten), seine Pläne, Wünsche, Sehnsüchte und Befürchtungen (z. B. hinsichtlich der Therapie oder in Bezug auf Ihre Person). Diese Vorgehensweise hat folgende Vorzüge:

Die Patientendaten werden geordnet, aber nicht interpretiert. Im Gegenteil: Die vier Bereiche legen eine ganzheitlich-umfassende Sammlung möglichst objektiver, positiver (*positum*, das Gegebene, Tatsächliche) Daten nahe.

Es gibt keine Bewertung, kein gut oder schlecht, kein reif oder unreif. Das gilt auch für die Beschreibung der Übertragung und Gegenübertragung.

Sie erkennen leicht, wenn der Patient Sie einseitig, z. B. nur über seine Symptome, informiert hat oder wenn Sie bei Ihrer Befragung einseitig waren. Eine Ecke der Raute stellt sich dann auffallend leer dar. Sie können diesen Bereich durch gezielte Fragen ergänzen.

Die Technik, in dieser Weise zu dokumentieren, sei an einem Fallbeispiel demonstriert (**Tab. 1**). Kursiviert finden Sie hier die Gegenübertragung des Behandelnden: Wie dieser selbst körperlich-vegetativ reagiert, was er über den Patienten denkt und an wen oder was ihn der Patient erinnert, welche Erwartungen, Wünsche, Sehnsüchte er in Bezug auf den Patienten hat, was er am meisten fürchtet.

3. Situative Ermutigung

Das mitunter zähe oder auch dramatische Übertragungs- und Gegenübertragungsgeschehen in der therapeutischen Beziehung verlangt sowohl vom Patienten als auch vom Behandelnden ein erhebliches Maß von Durchhaltevermögen. Die Frustrationstoleranz beider Seiten lässt sich wirksam mit geeigneten Ermutigungen und Anerkennungen unterstützen. Finden und benennen Sie alle Vorteile, die Funktion und den Sinn der Beschwerden Ihres Patienten (positive Deutungen). Machen Sie sich auf die Suche nach allem Sympathischen und Bewundernswerten.

Wenn in Ihrer therapeutischen Arbeit Unzufriedenheit, Spannungen oder offene Konflikte auftreten, können Sie – noch bevor Sie sich an die mühevolle Bearbeitung heranwagen – eine fast immer gültige ermutigende positive Deutung machen: «Wir ha-

Tabelle 1: Dokumentationsbeispiel.

<table>
<tr><td colspan="2">Körper/Sinne
Herzrasen, Erschöpfung, Schlafstörungen, Störungen der Regelblutung, Gewichtsabnahme;
1982 Bauchhöhlenschwangerschaft;
untergewichtig, unruhig, unkonzentriert;
wirkt verschlossen, wenig emotionale Resonanz;
verursacht beim Arzt Druck im Bauch;</td></tr>
<tr><td>Phantasie/Zukunft
Angst, die Wohnung zu verlassen,
unter Menschen zu gehen;
allgemeiner Verlust von Interesse;
Sehnsucht nach einem Partner (Therapeut?),
der sie versteht, dem sie total vertrauen kann;
Sorge des Arztes: Patient suizidiert sich,
ich bin schuld;</td><td>Leistung/Verstand
Verlust der leitenden Position, immer gerne
gearbeitet, jetzt kein Interesse mehr am Job;
alles anstrengend, Konzentrations-/
Merkstörungen;
Konzepte: «Hast du was, bist du was.»
«Ärzte meiden, solange es geht.»
Arzt: Kann ich die Verantwortung tragen?</td></tr>
<tr><td colspan="2">Kontakt/Erfahrung
Verluste: 1996 Mutter («Hassliebe»), hatte Lymphdrüsenkrebs, «Ärzte haben versagt.»
1997 Freundin (zweimal in der Woche gesehen), starb an Brustkrebs;
1998 Hund («mein Ein und Alles»);
Vater gestorben, als sie fünf war;
1980 geheiratet, kinderlos, Scheidung 1994 wegen einer anderen Frau;
nur noch eine Freundin (wohnt im Ausland), keine Beziehung;
fühlt sich sehr einsam, aber kein Antrieb, andere Menschen zu sehen.
Konzept: «Ohne Mann bin ich gesellschaftlich nichts wert.»
Arzt: Erinnert mich an Frau P., die sich vor zwei Jahren suizidierte.</td></tr>
</table>

ben offensichtlich ein Problem miteinander (dadurch sind wir jedoch in einem intensiven Kontakt). Das ist für uns beide unangenehm (das ist jedoch eine gemeinsame Erfahrung, die uns verbindet). Ich bin bereit, das mit Ihnen zusammen durchzustehen, bis Sie für sich eine Lösung gefunden haben. (Ich werde mein Bestes geben und bei Ihnen bleiben.) Was halten Sie davon, dass wir gemeinsam versuchen, unserer Schwierigkeiten zu verstehen und einen Weg zu finden, damit fertig zu werden. (Wir sind guten Willens und haben Grund zur Hoffnung.)?»

Ihre stärkste Waffe im therapeutischen Prozess sind Sie selbst: Ihr Beziehungsangebot, Ihre Verbundenheit ist – auch ohne spezielle Technik – bereits Ermutigung, Hilfe und Heilmittel. Als Arzt haben Sie vorübergehend eine emotional stabilisierende Ersatz-Ich-Funktion für das geschwächte Ich des Patienten. Mit Ihrer Rückendeckung kann er seine Angst überwinden, Neues in Angriff zu nehmen, Altes loslassen und Rückschläge eher verkraften.

4. Verbalisierung

Schwierig ist es, eine positive therapeutische Beziehung aufrecht zu erhalten, wenn zwischen Patient und behandelndem Arzt Probleme und damit verbunden negative Gefühls- und Verhaltensreaktionen auftreten. *Wenn Sie sich über Ihren Patienten ärgern oder Ihr Patient sich über Sie, so ist das keine Panne sondern – so absurd das klingen mag – ein thera-*

peutischer Glücksfall. Denn es passiert ja zwischen Ihnen und Ihrem Patienten das, was sich auch im Leben des Patienten mit anderen Menschen, wahrscheinlich in ganz ähnlicher Weise abspielt. Allerdings mit dem grundlegenden Unterschied, dass Ihr Patient endlich die dringend benötigte Chance erhält, seine zwischenmenschlichen Probleme offen zu legen und zu bearbeiten, ohne den Fortbestand der Beziehung zu riskieren.

Das nun folgende Beispiel zeigt, wie wir unsere eigene emotionale Gegenübertragung – wenn der Patient beispielsweise ständig zu spät kommt, müde oder lustlos wirkt, lange schweigt oder regelmäßig am Ende der Stunde noch mit einer dringenden Frage aufwartet – inhaltlich und körperlich/sinnlich verbalisieren können:

Patient (21 Jahre/Student) kommt zu spät und eröffnet das Gespräch mit den Worten: «Tut mir leid, dass ich zu spät bin. Ich stand mal wieder im Stau. Und dann habe ich auch noch so viele andere Termine.»

Allgemeinarzt mit schmerztherapeutischer Qualifikation: «Ich möchte gerne mit Ihnen ganz offen sprechen: Sie sind jetzt dreimal hintereinander zu spät gekommen. Zweimal haben Sie Ihren Termin kurzfristig abgesagt. Ich merke, dass mich das zunehmend ärgert.» (emotionale Ich-Botschaft des Arztes)

Patient: «Ja, aber bei mir kommt immer irgendwas dazwischen.» (Erklärung, Rechtfertigung, Ebene des Verstandes)

Arzt: «Wie geht es Ihnen eigentlich, wenn Sie zu spät kommen? Wie fühlen Sie sich gerade?» (Ebenenwechsel zum Bereich Körper/Sinne)

Patient: «Nicht so gut, irgendwie peinlich. Ich weiß, dass das nicht in Ordnung ist.»

Arzt: «Also die Sache ist für uns beide ziemlich unangenehm: Ihnen ist es peinlich, ich ärgere mich. Wie soll das mit uns beiden weitergehen?» (Der Arzt delegiert die Lösungssuche für das Problem an den Patienten.)

Patient: «Na ja, ich werde versuchen, das nächste Mal pünktlich zu kommen.»

Arzt: «Sie sehen nicht sehr glücklich aus, wenn Sie das sagen. (Beobachtung) Sieht aus wie eine riesige Anstrengung.»

Patient wirkt angespannt, er nickt nachdenklich: «Ja, es ist verdammt schwer, alle Termine unter einen Hut zu bringen und an alle zu denken.»

Arzt: «Sie sind ein viel beschäftigter Mann, wie mir scheint.» (positive, wertschätzende Deutung)

Patient: «Ja, ich habe viele Interessen, viele Freunde und die Uni.»

Arzt: «Gut. Ich sehe Ihre Schwierigkeiten (Verbundenheit). Aber ich möchte Ihnen ganz ehrlich sagen: Ich bin auch ein viel beschäftigter Mann mit einem ziemlich vollen Terminkalender. Ich möchte, dass Ihre Termine bei mir absolute Priorität vor anderen Terminen haben. (Der Arzt legt unverblümt seine Bedürfnisse offen, Bereich: Fantasie/Zukunft.) Immerhin haben wir das Ziel, Ihre chronischen Kopfschmerzen zu beseitigen.»

Patient: «Ja, aber wie soll ich das machen?» (Das ist eine gefährliche und verführerische Frage, auf die Ärzte allzu gern und bereitwillig mit einer Kanonade von Lösungsvorschlägen reagieren, die der Patient in der Regel scheitern lässt.)

Arzt: «Das genau möchte ich von Ihnen erfahren. Wenn ich Ihnen heute einen neuen Termin gebe, möchte ich das gute Gefühl haben, dass ich mich darauf verlassen kann, dass Sie beim nächsten Mal wirklich pünktlich sind oder rechtzeitig absagen.»

Patient mit ärgerlichem Ausdruck: «Es stinkt mir, dass Sie sagen, die Termine hier sollen absolute Priorität vor meinen anderen Interessen haben.»

Arzt: «Ich freue mich, dass Sie so ehrlich sind. Mir geht es übrigens viel besser, seitdem ich Ihnen gesagt habe, dass ich mir Ihre Unpünktlichkeit nicht mehr gefallen lasse. Was machen wir jetzt?»

Patient: «Wir haben noch gar nicht über meine Kopfschmerzen gesprochen.»

Arzt: «Dafür ist heute keine Zeit mehr. Übrigens möchte ich mich sehr gerne eingehend mit Ihrer Kopfschmerzproblematik befassen. Aber zuvor müssen wir das Problem mit der Pünktlichkeit geregelt bekommen. Sie rufen mich an, sobald Sie eine Idee haben, wie wir das Problem mit der Pünktlichkeit regeln.» (Konfrontation bei gleichzeitigem Beziehungsangebot)

Der Arzt hat in diesem Beispiel konsequent die hinter dem Pünktlichkeitsproblem steckende Störung auf der Beziehungsebene, die er in seiner Gegenübertragung wahrgenommen hat, thematisiert, bevor er sich auf eine Fortsetzung der eigentlichen Behandlung einlässt. Er hat aus Zeitgründen auf eine tiefenpsychologische Verarbeitung der wahrscheinlich zugrunde liegenden Autoritäts- und Gehorsamkeitsproblematik des Patienten verzichtet. Eine solche könnte jedoch im Rahmen der psychosomatischen Grundversorgung durchaus angesprochen werden. Das ehrliche, konfrontierende Vorgehen stellt die Arzt-Patient-Beziehung auf eine Bewährungsprobe, ohne die eine Fortsetzung der ärztlichen Bemühungen wenig Aussicht auf Erfolg zu haben scheint. Wichtig für eine professionell durchgeführte Konfrontation – auch mit der Realität der subjektiven und egoistischen Interessen des Behandelnden – ist ein gleichzeitiges klares Angebot der wohl wollenden und wertschätzenden Fortsetzung der Behandlung.

5. Zielerweiterung

Am Ende jeder Begegnung von Behandelndem und Patienten heißt es, Abschied nehmen und dennoch in Kontakt bleiben. Das beinhaltet die Fähigkeit, Verbundenheit mit jemandem zu empfinden, obwohl man räumlich getrennt ist. In der psychosomatischen Sprache heißt das Objektkonstanz: Ich trage quasi das gute Bild des Andern in mir und kann so das Getrenntsein ertragen. Die Beendigung einer Therapiesitzung bereitet oft erhebliche Schwierigkeiten, weil in der Regel noch vieles unbewältigt und offen ist. Genau das kann in der Phase der Ablösung thematisiert werden. Fragen Sie Ihren Patienten, was ihn in der Sitzung besonders angesprochen oder bewegt hat, und geben Sie ihm auf diese Weise die Möglichkeit, die Stunde zusammenzufassen. Auf diese Weise erhalten Sie eine *Rückmeldung*, wie weit der Patient Ihren Zeitplan sprengt.

Zur Ablösung eignen sich zukunftsbezogene Fragen zur Zielerweiterung, auch solche, die unmittelbar die therapeutische Beziehung betreffen, zum Beispiel:

- Wie lange wollen Sie die Behandlung bei mir fortsetzen?
- Was hat die Behandlung bisher gebracht?
- Welche Hilfen werden Sie aus der Therapie mitnehmen können?
- Welche Art von Unterstützung finden Sie bei mir nicht? Bei wem könnten sie das, was ich für Sie nicht leisten kann, finden?
- Was werden Sie tun, wenn Sie nicht mehr bei mir sind?
- Mit welchen anderen Menschen können Sie über Ihre Sorgen und Probleme sprechen?
- Wie soll unsere Zusammenarbeit in Zukunft aussehen?

Diese Fragen würdigen die bisherigen therapeutischen Leistungen des Behandelnden ebenso wie sie die Begrenztheit seiner Möglichkeiten deutlich machen. Sie schützen den Behandelnden vor überzogenen Heilserwartungen des Patienten, auch vor seinen eigenen Omnipotenzwünschen, und bewahren ihn so vor den zwangsläufigen Insuffizienz- und Schuldgefühlen. Das Offenbarwerden der Begrenztheit der therapeutischen Möglichkeiten induziert beim Patienten ein Mehr an Selbstverantwortung, Mitdenken und Mitgestalten.

Literatur

Battegay, R. (²1999): Psychoanalytische Neurosenlehre. S. Fischer, Frankfurt a.M.
Peseschkian, N. (¹²2000): Psychosomatik und Positive Psychotherapie. S. Fischer, Frankfurt a.M.
Peseschkian, N./Boessmann, U. (⁴2001): Angst und Depression im Alltag. S. Fischer, Frankfurt a.M.

Der Schlüssel zum wissenschaftlichen Verständnis der biologischen Medizin

Hartmut Heine

Tiefenschärfe entwickelt man erst, wenn man mit beiden Augen sieht.

Das System der Grundregulation stellt die wissenschaftliche Basis der biologischen Medizin (Regulationsmedizin) dar. Der Begriff der Ganzheit liegt im kleinsten funktionellen Nenner des Organismus, auf den alles bezogen werden kann: die Trias von Endstrombahn (Kapillaren, Lymphgefäße), Molekularsieb der Grundsubstanz und nachgeschalteten Zellen. Da unser modernes Leben oft störend in die Einheit von Körper, Seele und Geist eingreift, ist der Einzelne aufgerufen, seine Verantwortung im Erhalt bzw. in der Regeneration der Grundregulation wahrzunehmen.

Regelfähigkeit des Organismus

Geistig-körperliche Leistungsfähigkeit, individuelles Leben und Erleben sind an innere erbliche wie an Umweltbedingungen geknüpft. In diesem Spannungsfeld wird die Gesundheits- wie Krankheitsfähigkeit eines Menschen sicht- und erlebbar.

Die Regelfähigkeit dieser Beziehungen haben mit der *Lebensordnung* des Menschen zu tun, die heute durch vielfältige Formen von beruflichem Stress, psychosomatischen Belastungen, Fehlernährung usw. ständig überfordert wird. Die Fähigkeit des Organismus zum Selbsterhalt und zur Selbstheilung wird dadurch ständig bedroht, wie es die Zunahme allergischer Erkrankungen, anhaltende Befindensstörungen und Depressionen u.a.m. zeigen.

Die Regelfähigkeit des Organismus ist einem hochkomplexen vernetzten System, ähnlich der Hardware eines Computers, vergleichbar. Es besteht jedoch ein großer Unterschied: Fällt bei einem Computer ein Teil aus, ist das Gerät sofort funktionslos. Bei Organismen können jedoch auf jeder Ebene zumeist andere Teile die Funktion bis zur Reparatur oder dauernd übernehmen, sonst gäbe es ja auch nicht die Möglichkeit der *Erholung* und der *Genesung*.

Der Organismus verfügt also über Regelsysteme, deren Fühler (Sensoren) sowohl biochemischer (z. B. Hormone) als auch elektromagnetischer Art (z. B. Kollagen) sein können. Mit deren Hilfe wird der Ist-Zustand in der Messstrecke erfasst, in Signale (z. B. Zellbotenstoffe) transformiert und an den Regler (z. B. Nervensystem) weitergegeben. Dort werden Ist-Wert und Soll-Wert miteinander verglichen und Abweichungen wieder in Signale (z. B. Neurotransmittersubstanzen aus den Endigungen bestimmter Nervenbahnen) umgewandelt und an das zugehörige Stellglied weitergegeben. Das Stellglied (z. B. Hypophyse) korrigiert dann die Abweichung zwischen Ist-Wert und Soll-Wert im Falle der Hypophyse durch Freisetzung von Hormonen in den Blutkreislauf.

Wir können zwar im Körper keine isolierten Regelkreise beobachten, jedoch aufeinander bezogene Regelsysteme. Aufgabe dieses Wirkgefüges ist die Balance des Stoffwechselgleichgewichts, der so genannten *Homöostase* (besser wäre der Ausdruck Homöodynamik). Diese stellt einen vieldimensionalen Soll-Wert dar, um den ein Ist-Wert als zulässige Differenz (*Toleranz*) schwingt. Damit ist das System in der Lage, eine durch Störgrößen ausgelöste Abweichung mit geringem Energieverlust zu korrigieren.

Die vielfältigen Störungen dieser Regelsysteme, wie sie unser «modernes» Leben mit sich bringt, schränken diese Toleranz stark ein. Dadurch ist die *körperlich-geistig-seelische Einheit eines Individuums* erheblich gefährdet, wie es die ständige Zunahme chronischer Krankheiten und Tumoren zeigt.

Bedeutung von Biorhythmen

Periodisch auftretende Prozesse in biologischen Systemen dienen vor allem der zeitlichen und räumlichen Organisation aller Lebensvorgänge und die *Zuverlässigkeit der Informationsübertragung*. Rhythmus bietet die Möglichkeit der *Koordination* verschiedener biologischer Prozesse, z. B. sind Herz- und Atemrhythmus ziemlich genau auf das Verhältnis 4:1 eingestellt. Rhythmen gestatten auch die exakte Voraussage sich wiederholender Ereignisse. Dadurch ist es den Organismen möglich, sich rechtzeitig auf Bevorstehendes einzustellen. Lebewesen nehmen Energie z. B. in Form von Nahrungsmitteln auf und geben energieärmere Abfallprodukte wieder ab.

Lebewesen können daher physikalisch auch als energetisch offene Systeme bezeichnet werden. Entsprechend sind sie durch *labile Ordnungszustände* gekennzeichnet, sodass immer die Gefahr besteht, aus dem Takt zu geraten. Wenn auch die körpereigenen Biorhythmen (z. B. Schlaf-Wach-Rhythmus) stabilisierend auf den Organismus wirken, so dürfen dennoch die Umweltrhythmen (z. B. Tag-Nacht Rhythmus, Mondphasen, Jahreszeiten) nicht außer Acht gelassen werden. Sie haben einen synchronisierenden Einfluss auf die körpereigenen Rhythmen wodurch der Organismus seine richtige *Umwelteinordnung* erhält.

Für Heilungsprozesse bzw. gesunderhaltende Präventivmaßnahmen ist das Wiedererlangen bzw. der Erhalt der verschiedenen Ebenen des rhythmischen Ordnungssystems von entscheidender Bedeutung. Auffällig sind dabei siebentägige Rhythmen, wie sie bei Genesung von Infekten, Entzündungen, chirurgischen Eingriffen und Infarkten angegeben werden.

Besonders im Zuge zunehmender Befindensstörungen und chronischer Erkrankungen sollte präventiv wie auch therapeutisch ein den *Biorhythmen angepasstes Verhalten* ins Bewusstsein gerückt werden.

Gestörte Regelfähigkeit des Organismus

Die *Vernetzung* aller Regelsysteme im Organismus und ihre biorhythmische Ordnung zueinander ist zunehmender Gefährdung ausgesetzt. Dabei besteht zunächst eine individuell mehr oder weniger stark ausgeprägte *Kompensationsfähigkeit* gestörter Regelsubsysteme durch andere. Es wird in diesem Zusammenhang viel zu wenig bedacht, dass bei allmählicher «Besetzung» dieser kompensatorischen Systemanteile letztlich ein Tropfen genügt, um das Fass zum Überlaufen zu bringen. Es ist dann völlig unzureichend, diesen diagnostisch erkennbaren Tropfen (z. B. die Amalgamfüllung eines Zahnes) zu entfernen, denn der nächste Tropfen (z. B. ein banaler Infekt oder eine rhythmusstörende Zeitverschiebung durch eine Fernreise, «Jetlag») führen sofort wieder zum Zusammenbruch des Gesamtsystems. Derartiges Therapieversagen wird dann zumeist der angewandten medizinischen Methodik angelastet, anstatt dass das Gesamtsystem z. B. auf streuende *Herde oder Störfelder* (z. B. Tonsillennarben, falsch zusammengesetzte Darmflora usw.) untersucht worden wäre.

Intakte Grundregulation – Voraussetzung für Gesundheit und Gesunderhaltung

Die Stoffwechselbalance ist an die *funktionelle Einheit von Kapillaren, Transitstrecke und Zellen* gebunden. Die Kapillaren stellen im Kreislauf die feinsten Gefäße (Haargefäße) dar, die den mit dem Blut transportierten Stoffen den Durchtritt in die Gewebe und umgekehrt ermöglichen. Die Transitstrecke ist der Weg, den die Stoffwechselprodukte sowie Sauerstoff und Kohlendioxid von den Kapillaren bis zu den zu ver- und entsorgenden Zellen zurücklegen müssen. Sie stellt funktionell ein *Molekularsieb* dar, in dem sich neben der Grundsubstanz das ganze Spektrum an Abwehrzellen, Fibroblasten und vegetativen Nervenfasern findet.

Die Zelle mit ihrem Erbmaterial ist dem Molekularsieb der Grundsubstanz nachgeschaltet. Das bedeutet, dass das Erbmaterial im Zellkern einer Zelle nicht von sich aus reagiert, sondern von außen informiert werden muss. Dann erst reagiert die Zelle mit ihrem erblich festgelegten Funktionsspektrum: Fibroblasten können nur mit Synthese von Grundsubstanz, Drüsenzellen nur mit Synthese eines Sekretes reagieren. Je nach Information kann jedoch die Qualität und Quantität der Zellprodukte verändert sein, bis hin zu inadäquaten Verhältnissen, z. B. zu viel Kollagensynthese mit Störung der Transitstrecke. Dies zeigt wie bedeutsam die individuell zu verantwortende *Lebensführung* für den Erhalt einer gesunden Grundregulation ist.

Die gestörte Grundregulation

Der *Fibroblast als das stoffwechselreaktive Zentrum* in der Grundsubstanz reagiert auf jeden Informationseingang mit der dazu passenden Synthese von Grundsubstanz. Er unterscheidet nicht zwischen «Gut und Böse». Zum Beispiel werden bei Überernährung vermehrt Kollagen und Zuckerproteinkomplexe gebildet, wodurch die Transitstrecken verbreitert und schwerer passierbar werden. Dadurch können sich Abfallprodukte des Stoffwechsels, «Schlacken», im Molekularsieb festsetzen, wodurch dieses nicht nur in seiner Funktion beeinträchtigt, sondern auch angesäuert wird. Derartige *Gewebsazidosen* stören alle Regelvorgänge weil dabei unter anderem die normalerweise im Stoffwechsel anfallenden elektrisch ungesättigten Ionen, so genannte *Radikale*, nicht «entschärft» werden können. Diese sind in der Lage jedes biologische Material anzugreifen. Azidose und Radikale irritieren darüber hinaus auch ständig das *Abwehrsystem*. Aufgrund der vielfältigen Rückkopplungen innerhalb aller Regelsysteme im Organismus wird so der Boden für anhaltende Befindensstörungen gebildet, die in individueller Abhängigkeit schließlich in chronische Krankheiten oder Tumorentwicklung einmünden können. Es liegt auf der Hand, dass zusätzlicher Stress, mit Freisetzung erhöhter Dosen von Adrenalin und Noradrenalin sowie anderer Botenstoffe aus den vegetativen Nervenendigungen, die Regulationsstörungen in der Grundsubstanz beschleunigt.

Letztlich bringen alle *Zivilisationsschädigungen* – wie falsche Ernährung, Unterdrückung selbst geringer entzündlicher Reaktionen durch Antibiotika, vielfältige stresshafte Belastungen (u.a. frustrierende Arbeit, mangelnde zwischenmenschliche Kontakte, Freizeit), Umwelteinflüsse u.a.m. – eine normale Grundregulation in eine chronisch veränderte Reaktionslage. Die Regulationsfähigkeit der Grundsubstanz wird dadurch zunehmend blockiert. Normalerweise lässt sich durch Reizung der Grundsubstanz (z. B. durch Stich mit einer Akupunkturnadel, Hitze- oder Kälteeinwirkung) eine durch Freisetzung von Adrenalin und Noradrenalin bedingte *Schockphase* (z. B. Pulsbeschleunigung) von einer darauf folgenden *Gegenschockphase* unterscheiden, worauf das System innerhalb von Stunden auf den Ausgangswert zurückgeht. Eine «Starre» der Grundregulation, wobei eine Schock- und Gegenschockphase nicht adäquat auslösbar ist, lässt sich bei allen Formen chronisch entzündlicher Erkrankungen wie auch bösartigen Tumoren nachweisen.

Diesem Geschehen kann, bedingt durch eine individuelle Toleranzbreite der Grundregulation, eine *lange Anpassungszeit* an verschiedenste minimale *Dauerbelastungen* vorausgehen. Ein derartiges *Adaptationssyndrom* kann sich über Jahrzehnte erstrecken bis *Reaktionsstarre* eintritt. Dabei spielen *Summationseffekte* verschiedenster Reize und Belastungen eine wichtige Rolle. Zweifellos liegt ein derartiges Geschehen häufig altersbedingten chronischen Erkrankungen zugrunde.

Schutz und Regeneration der Grundregulation

Die wachsende *Umweltbelastung*, vermehrter Smog, Zunahme an hochreaktiven Chemikalien, Schwermetallionen, falsche Bodenbearbeitung, unzulängliche Nahrungsmittel und Ernährungsweise sowie allgemein erhöhter physischer und psychischer Stress haben zu einer pathologischen äußeren und inneren Belastung des menschlichen Organismus mit freien Radikalen, d. h. hochaggressiven ungepaarten Elektronen geführt.

Das energetisch offene System Organismus benötigt Elektronen zur Aufrechterhaltung seines Energiehaushalts. Diese werden durch *geeignete Nahrungsmittel* bereitgestellt, die auch gleichzeitig die richtigen Vitamine, Spurenelemente und weitere Substanzen (z. B. Pflanzenfarbstoffe) enthalten, die in der Lage sind, den *Radikalionen* Elektronen zuzuführen (Reduktion) und sie damit zu entschärfen. Die modernen Lebensbedingungen verlangen jedoch, dass unsere Nahrung durch *Radikalenfänger* ergänzt werden bzw. entsprechende Ernährungsumstellungen vorgenommen werden.

Die ohnehin starke Belastung mit Radikalen wird zusätzlich durch viele Medikamente, vermehrte Strahlenbelastung (u.a. UV-Licht), Gewebsazidose oder chronische Entzündungen (u.a. Allergien) gefördert. Auch durch *emotionalen Stress* entstehen Radikale. Folgen solcher oxiativen Schäden sind zunächst *Befindensstörungen*. Kennzeichnend dafür sind: Antriebsmangel, Vergesslichkeit, Müdigkeit und Konzentrationsschwäche. Begleitsymptome können sein: Kopf-, Muskel- und Gelenkschmerzen, Herzklopfen, Schweißausbrüche, Blässe und Schwäche. Bei anhaltendem *oxidativen Stress* schreitet die Symptomatik in Richtung auf chronische Krankheiten und Tumoren fort. Die große Gefahr bei vermehrter Bildung von Radikalen ist, dass die negativen Effekte nicht sofort wirksam werden, sondern sich über Jahrzehnte bei zunehmender «Verschlackung» der Grundsubstanz hinziehen können.

Der menschliche Organismus kann sich individuell verschieden an Stressoren adaptieren. Derartige Anpassungen dürfen aber keineswegs immer als positives Zeichen gewertet werden, sondern stellen zumeist eine «Maladaptation» dar.

Die bezüglich Radikalenfängern bzw. reduktiven Elementen meist unzulängliche *Industrienahrung schwächt die Grundregulation*. Dies kann zwar mit einem langen Leben verbunden sein, ist aber zumeist mit zahlreichen chronischen Veränderungen verbunden. Nach vorsichtigen Schätzungen ist bundesweit die Hälfte der behandlungsbedürftigen Erkrankungen auf Ernährungsfehler zurückzuführen.

Die Fähigkeit der Grundsubstanz, speziell ihrer Zuckerpolymere, Radikale zu fangen, ist bisher nicht ausreichend berücksichtigt worden. Für die Grundregulation ist dies aber von fundamentaler Bedeutung. Die *antioxidative Wirkung der Grundsubstanz* ist die Voraussetzung für alle Organfunktionen. Unser Organismus unterliegt in allen Strukturen einem ständigen Umbau, unter Beibehaltung aller Betriebsfunktionen (*Fließgleichgewicht*). In maximal 30 Tagen sind alle Zellstrukturen, in 2 bis 14 Tagen das Molekularsieb der Grundsubstanz erneuert. Dazu müssen über die Darmschleimhaut die geeigneten Grundbausteine (Kohlenhydrate, Eiweiß, Fett, Wasser) bereitgestellt werden.

Aus der großen Bedeutung der Kohlenhydratpolymere für die Grundregulation darf jedoch nicht geschlossen werden, dass eine kohlenhydratreiche Nahrung (z. B. Vollwertkost) immer die effizienteste sei. Dies hängt wesentlich von der bakteriellen Besiedelung des Darmes (*Darmflora*) und der intakten Funktion zwischen den verdauungsaktiven Darmepithelzellen, den Transitstrecken der Grundsubstanz, den Kapillaren und den steuernden vegetativen Nervenfasern ab. Es ist einsehbar, dass eine falsche Darmkeimbesiedelung, alle Arten vegetativer Störungen (vor allem psychischer Stress) und Immunschwächen den Darm zu einem riesigen Störfeld machen können.

Bei chronischen Krankheiten weisen 97,5% aller Patienten mehr oder minder schwere Störungen der Darmflora (*Dysbiose*) auf. Versucht man diesen Patienten z. B. mit *Vollwertkost* (überwiegend Kohlenhydrate) zu helfen, dann wird übersehen, dass dadurch *toxische Gährungsalkohole* (u.a. Methanol, Propanol, Butanol) vermehrt werden und gleichzeitig die schon gestörte Darmflora zusätzlich geschädigt wird. Der Verweis auf Vollwertigkeit einer Ernährungsmethode kann nicht hilfreich sein, wenn nicht gleichzeitig Lebens- und Krankheitsgeschichte des Ratsuchenden beachtet werden. Sicher ist, dass weitgehend naturbelassene Nahrungsmittel der Forderung die aus den oxidativen Zellprozessen entstehenden Radikale zu reduzieren am besten erfüllen. Dadurch wird gleichzeitig auch das Immunsystem in seiner Funktion gefördert (*Immunmodulation*).

Man sollte aber nicht übersehen, dass unser tägliches Leben mit seinen vielfältigen Belastungen (u.a. sind wir die erste Generation, die mit ca. 500 den Lebensmitteln zugesetzten Chemikalien fertig werden muss) einer gezielten *Eigenmedikation* mit entsprechenden reduzierenden Nahrungsergänzungsmitteln bedarf. Dazu eignen sich Pflanzenextrakte (speziell Blütenpollen) mit ihrem großen Spektrum an reduzierend wirkenden Substanzen (Flavonoide, Antocyane u.a.), Vitaminen und Spurenelementen.

Literatur

Heine H. (1995): Ganzheitsmedizin. In: Grifka, J. (Hrsg.): Naturheilverfahren. Urban & Schwarzenberg, München, S. 321–368

Heine H. ([2]1997): Lehrbuch der biologischen Medizin. Hippokrates Verlag, Stuttgart

Pischinger A. ([9]1999): Das System der Grundregulation. Haug, Heidelberg

Streuli Ch. (1999): Extracellular matrix remodelling and cellular differentiation. Current Opinion in Cell Biology, 11: 634.640

Weaver V. M./C. D. Roskelley (1997): Extracellular matrix: the central regulator of cell and tissue homeastasis. Trends in Cell Biology 7: 40–43

Psychosomatik und Psychotherapie in Orient und Okzident

Nossrat Peseschkian

Wer sich selbst und andere kennt,
wird auch hier erkennen:
Orient und Okzident
sind nicht mehr zu trennen.
(Johann Wolfgang von Goethe)

Willst du das Land in Ordnung bringen, musst du erst die Provinzen in Ordnung bringen.
Willst du die Provinzen in Ordnung bringen, musst du erst die Städte in Ordnung bringen.
Willst du die Städte in Ordnung bringen, musst du erst die Familien in Ordnung bringen.
Willst du die Familien in Ordnung bringen, musst du die eigene Familie in Ordnung bringen.
Willst du die eigene Familie in Ordnung bringen, musst du dich in Ordnung bringen.

Diese orientalische Weisheit beinhaltet ein Grundproblem jeder Sinnerfüllung, sei sie der Versuch, gesellschaftliche Verhältnisse zu ändern und konkrete Lebensbedingungen zu bessern, das zwischenmenschliche Zusammenleben zu gestalten, auf Partnerschaft und Familie einzuwirken oder die Gesundheit einzelner Menschen zu fördern: je nach dem, was als primär angesehen wird, richtet sich das Augenmerk auf politische Entwicklungen, die Veränderungen der Gesellschaft, die Wandlung der zwischenmenschlichen Beziehungen, die Familie, den einzelnen Menschen. Jede dieser Zielrichtungen setzt eine ideologische, weltanschaulich begründete Entscheidung voraus und geht von konkreten Konzepten aus, die geschichtlich, kulturell und von spezifischen Interessen geprägt sind. Obwohl kaum ein Unterschied im Wunsch besteht, Störungen, Schwierigkeiten, Missverständnisse und Sinnlosigkeiten zu lösen, geraten die Vertreter der verschiedenen Lösungswege miteinander in Widerspruch.

Wir sind uns angesichts dieser Situation bewusst, dass es so nicht weitergehen kann und dass in der heutigen Lebenssituation Entscheidendes geschehen muss. Das Ziel scheint bekannt, die Wege dahin sind unterschiedlich. So sehr sich diese Einstellungs- und Reaktionstypen unterscheiden mögen, so sehr ähneln sie sich in einem Punkt: der Einseitigkeit. Dies ist ein Grund, warum die Weltkrise der Gegenwart jedem Bemühen widersteht, sie unter Kontrolle normaler gesellschaftlicher Machtmittel zu bringen. Wenn wieder einmal ein Weltkrieg droht, nennen wir die Krise «politisch» und strengen uns an, sie mit Mitteln der Staatsmacht zu beherrschen. Spitzt sich eine wirtschaftliche Depression zu, bezeichnen wir die Krise als «wirtschaftlich» und versuchen, ihrer mit wirtschaftlichen Mitteln Herr zu werden. Es wäre genauso logisch, die Krise «religiös» zu nennen und eine Lösung vom Einfluss der Religion zu erhoffen. In Wirklichkeit ist die Krise politisch, wirtschaftlich, psychologisch, medizinisch, wissenschaftlich und religiös zur gleichen Zeit; aber die Menschheit besitzt kein verantwortliches, maßgebendes Machtmittel, das alle Faktoren aufeinander abstimmen und einen weltweiten Plan ins Leben rufen könnte, der alle Faktoren in Rechnung stellt. Es verwundert nicht, dass auch viele Menschen diesem Einheitsverlust ratlos gegenüberstehen.

Der altorientalische Arzt hatte es nicht leicht. Sein Honorar war in der Regel Erfolgshonorar; Kunstfehler unterlagen der Blutrache. Zudem mussten die Ärzte das Problem jedes Arztberufs bewältigen, nämlich die Verantwortung, zwischen verschiedenen Risiken abzuwägen. Als Diener großer Herrscher waren sie – dies gilt auch für Größen wie Avicenna oder Rasi – deren Willkür ausgeliefert und mussten über das Leben ihrer Patienten hinaus um das eigene Leben bangen.

Die von der Entwicklung des Abendlandes geprägte moderne Medizin, Psychiatrie und Psychotherapie ist eine Medizin der Krankheit: erforscht werden die Entwicklungsbedingungen, Gesetzmäßigkeiten und Interventionsmöglichkeiten bei Krankheiten. Diese werden oft abstrakt, d. h. losgelöst vom betroffenen Menschen, vom Kranken gesehen.

Diese Einseitigkeit ist allem Anschein nach durch die Entwicklung des Abendlandes geschichtlich und kulturell bedingt. Sie ließe sich vermindern, wenn wir bereit wären, andere Denkmodelle einzubeziehen. Diese geben den Krankheitsbegriffen unterschiedliche Bedeutung und legen alternative Behandlungsstrategien nahe.

«Positiv» (lat. «positum»: das Vorgegebene und das Tatsächliche) bedeutet hier, vom Tatsächlichen auszugehen. Die positive Deutung setzt gewissermaßen das Wissen um die Leiden und Nöte, Schmerzen, Sorgen und Trauer bei einer Krankheit voraus und konfrontiert mit einer wenig bekannten, für das Verständnis und den praktischen Umgang mit dem Leiden um so wichtigeren Seite der Krankheit: mit ihrer Funktion, ihrem Sinn und damit ihren positiven Aspekten. So lässt sich beispielsweise Anorexia nervosa interpretieren als «die Fähigkeit, mit wenig Mitteln auszukommen und am Hunger der Welt teilzuhaben». Ähnlich lassen sich alle Krankheitsbilder und Symptome umdeuten. Die Positive Psychotherapie verfügt über einen mehrstufigen Behandlungsplan, der als Leitlinie anzusehen ist. Er wird grundsätzlich als Interaktion aufgefasst. Diese Doppelrolle des Patienten – als Patient und Therapeut zugleich – ist ein wesentliches Kennzeichen dieser Therapie: *Wenn du eine hilfreiche Hand brauchst, so suche sie am Ende deines eigenen Armes!* (Orientalische Weisheit)

> Die «Positive Psychotherapie» von Peseschkian versucht, wie der Autor formulierte, «den Menschen nicht nur negativ von seinen Störungen her, sondern auch positiv, unter dem Aspekt seiner Fähigkeiten, zu sehen».
> Solche positiven Fähigkeiten werden dann in der entsprechenden Behandlungsmethode als «Aktualfähigkeiten» aus dem Verhalten der Patienten entschlüsselt und

ihnen bewusst gemacht. Auch in meiner Erfahrung sollen tatsächlich bei schweren Neurosen nicht nur die unbewussten Wurzeln der Konflikte, sondern auch die latenten positiven Fähigkeiten der Patienten, welche durch das negative Selbstverständnis der psychischen Krankheit verdunkelt, verdrängt und abgespalten sind, vom Psychotherapeuten entdeckt und dem Kranken bewusst gemacht werden.

Besonders in der Psychotherapie der Psychosen, mit der ich vertraut bin, ist dieses Axiom wichtig. Aber auch bei schweren Neurosen, die wir Borderline nennen, finden sich solche fruchtbaren therapeutischen Ansätze. Diese hat Peseschkian in seiner «Positiven Psychotherapie» entwickelt. Wer die therapeutische Begeisterung und den Optimismus des Autors persönlich erfahren hat, versteht, dass diese Methode eines kurzen Psychotherapieverfahrens äußerst erfolgreich wirkt. (Prof. Dr. med. Gaetano Benedetti, em. Prof. für Psychotherapie und Psychohygiene an der Universität Basel)

Wer A sagt, muss auch B sagen

In einer Unterrichtsstunde, im Orient als Maktab bezeichnet, hatte der Lehrer mit einem Jungen große Probleme. «Sag A!» (Persisch: Alef) Der Junge hob nur verneinend den Kopf und kniff die Lippen zusammen. Der Lehrer übte sich in Geduld und begann wiederum: «Du bist ein so netter Junge, sag doch A. Das tut doch nicht weh.» Dafür empfing er bloß einen abweisenden Blick des Kindes. Schließlich, nach einigen Versuchen, riss dem Lehrer die Geduld. «Sag A», schrie er, «sag A.» Die Antwort des Kindes war nur: «Mm-mm.» Daraufhin ließ der Lehrer den Vater kommen. Zusammen beschworen sie den Kleinen, er solle doch nur A sagen. Endlich gab der Junge nach und sagte zum Erstaunen aller klar und deutlich A. Der Lehrer, überrascht von diesem pädagogischen Erfolg, rief: «Maschallah, wie herrlich! Nun sag auch mal B. Da protestierte der Kleine heftig und schlug energisch mit seinen Fäustchen auf den Tisch: «Nun ist aber Schluss! Ich wusste ja, was auf mich zukommt, wenn ich bloß A sage. Dann wollt ihr, dass ich auch B sage, und dann muss ich noch das ganze Alphabet aufsagen, dann muss ich lesen lernen, schreiben lernen und rechnen lernen. Ich wusste schon, warum ich nicht A sagen wollte!»

Der Junge weiß, was er will. Da er die Folgen seiner Handlung übersieht, ist er den Erwachsenen überlegen. Die Fähigkeit, die Folgen einer Handlung in die Überlegung einzubeziehen, auch wenn dies auf Kosten der Spontanität geht, erweist sich gar nicht selten als höchst nützlich. Welche Folgen hat es für mich neben dem Genuss, wenn ich Alkohol trinke? Mit welchen Folgen muss ich rechnen, wenn ich mir neben meiner Frau noch eine Freundin halte? Welche Folgen hat es, wenn ich übermäßig esse? Welche Folgen hat es, wenn ich mich für ein politisches oder religiöses Konzept entscheide?

Auch die Medizin steht vor der Aufgabe, A zu sagen und entsprechende Konsequenzen zu ziehen. Eine solche Entscheidung gehen wir ein, wenn wir theoretische Konzepte übernehmen. Wenn wir eine Krankheit für angeboren halten, hat dies andere Folgen, als wenn wir sie für erworben halten. Wenn wir beispielsweise eine Depression oder Schizophrenie dem endogenen Formenkreis zurechnen, bietet sich als geeignete Therapie die Behandlung mit Psychopharmaka an. Nehmen wir dagegen an, dass diese Krankheiten vorwiegend psychosozial bedingt sind und ihnen Beziehungsprobleme zugrunde liegen, erscheint eine Psychotherapie, Milieutherapie, Familientherapie usw. als Therapie der ersten Wahl.

Während in der somatischen Medizin die Zuordnung von Diagnosen und Therapieformen weitgehend abgesichert ist, sind die psychosomatische Medizin, Psychiatrie und Psychotherapie immer noch auf Grundsatzentscheidungen dieser Art angewiesen, die zu einem großen Teil noch nicht hinreichend wissenschaftlich bewiesen sind und damit Überzeugungs- und Glaubenskämpfen weiten Raum geben.

Der Patient hat beides, die Fähigkeit zur Krankheit und zur Gesundheit. Der Therapeut übernimmt eine die Krankheit und Gesundheit des Patienten regulierende Funktion. Er kann auf die Krankheitsbereitschaft einwirken, aber auch die Fähigkeit zur Gesundheit mobilisieren und stabilisieren. Diese Aufgabe ist vorrangiges Ziel einer vorbeugenden Medizin und Psychohygiene.

Das Hemd des glücklichen Menschen

Ein Kalif lag sterbenskrank in seinen seidenen Kissen. Die Hakinus, die Ärzte seines Landes, standen um ihn herum und waren sich einig, dass nur eines dem Kalifen Heilung und Rettung bringen konnte: das Hemd eines glücklichen Menschen, das dem Kalifen unter den Kopf gelegt werden müsse. Boten schwärmten aus und suchten in jeder Stadt, in jedem Dorf und in jeder Hütte nach einem glücklichen Menschen. Doch alle, die sie nach ihrem Glück fragten, hatten nur Sorgen und Kummer. Endlich trafen die Boten, als sie ihre Hoffnung schon aufgeben wollten, einen Hirten, der lachend und singend seine Herde bewachte. Ob er glücklich sei? «Ich kann mir niemanden vorstellen, der glücklicher ist als ich», antwortete der Hirte lachend. «Dann gib uns dein Hemd», riefen die Boten. Der Hirte aber sagte: «Ich habe keins.» Diese dürftige Botschaft, dass der einzige glückliche Mensch, den die Boten trafen, kein Hemd hatte, gab dem Kalifen Anlass nachzudenken. Drei Tage und Nächte ließ er niemanden zu sich kommen. Am vierten Tag schließlich ließ er die seidenen Kissen und seine Edelsteine unter dem Volk verteilen, und wie die Legende erzählt, war der Kalif von diesem Zeitpunkt an wieder gesund und glücklich.

Die Ärzte dieser Geschichte wollen ein magisches Mittel benutzen, das Hemd eines glücklichen Menschen. Ironischerweise ist es nicht das Hemd eines Reichen, der es sich eigentlich leisten können müsste, glücklich zu sein. Die Geschichte hat den Charakter eines Lehrstücks und ist auffällig doppelsinnig: Einmal wird der Arme, der diese Geschichte hört, als der eigentlich Reiche dargestellt, der es sich endlich auch einmal leisten kann, auf die Begüterten herabzublicken. Zugleich besitzt sie beschwichtigenden Charakter: Reg dich nicht über soziale Ungerechtigkeiten auf, denk lieber daran, dass du mit anderen Gütern gesegnet bist.

Beide Interpretationen lassen erkennen, dass die Tätigkeit des Arztes neben den heilenden auch ideologische Elemente besitzt. Seine Tätigkeit ist deswegen nicht schlecht oder verwerflich, aber es ist wichtig, dass er sich der weltanschaulichen, ideologischen Voraussetzungen bewusst wird und auf diese Weise Einseitigkeiten vermeidet.

Reichtum gewinnt häufig ein eigentümliches Eigenleben, sei es als Prestige, das er vermittelt, als Rollenverhalten, das er fordert, als Exklusivität, die er verleiht, oder als quasi calvinistische Ethik, nach der Reichtum gepflegt und in seiner Entwicklung gefördert werden muss wie ein Kind. Dabei bildet sich ein Bruch zwischen der Persönlichkeit des Menschen, seiner Emotionalität, Offenheit und Ansprechbarkeit und dem Charakterpanzer, den ihm seine gesellschaftliche oder ökonomische Stellung auferlegt.

Beispiele:

- Viele Menschen haben Scheuklappen. Sie halten nur bestimmte Ursachen von Erkrankungen für nachweisbar. Andere mögliche Krankheitsursachen und -hintergründe werden ausgespart. So lag auch die Psychosomatik lange Zeit gleichsam im toten Blickwinkel. Diese Beschränkung des Gesichtsfeldes wurde gefördert durch die phantastischen Erfolge der somatischen Medizin. Offenkundige Zusammenhänge zwischen sozialen, seelischen und körperlichen Bereichen wurden übersehen. Berufliche Belastungen, Folgen einer abnormen Trauerreaktion nach dem Tod eines Angehörigen, fortgesetzte familiäre Schwierigkeiten waren als Krankheitsursachen nicht akzeptabel. Behandelt wurden lediglich die körperlichen Folgen und, seit der Einführung geeigneter Medikamente, die seelischen Symptome.

- Auf der anderen Seite begegnen uns auch dogmatische Überzeugungen, die in das andere Extrem umgeschlagen sind. Um die Psychotherapie möglichst nicht zu verfälschen und Verschiebungen der psychischen Problematik zu verhindern, wird auf alle Medikamente verzichtet, auch wenn sie eine Minderung des für den Patienten unerträglichen Leidensdrucks bedeuten könnten.

- Es erscheint also sinnvoll, in jedem Einzelfall genau hinzusehen, zuzuhören und die Bedingungen zu prüfen, bevor man sich für die eine oder andere Richtung oder eine Kombination der beiden entscheidet. Die Entscheidung darüber, wem er glauben soll, ist zu einem wesentlichen Teil dem Patienten überlassen, der das Recht hat, über seine Krankheiten aufgeklärt zu werden und den Sinn therapeutischer Maßnahmen zu erfahren.

- Aus diesen Gründen erscheint es uns wichtig, dass gerade nicht-psychotherapeutische Ärzte über die Möglichkeiten und Grenzen der Psychotherapie Bescheid wissen, um Patienten möglichst schnell der angemessenen Therapie zuführen zu können. Diese Forderung ist umso dringlicher, wenn wir uns vor Augen halten, dass es etwa sechs Jahre dauert, bis ein Patient mit psychosomatischen Störungen, also körperlichen Krankheiten, die im Zusammenhang mit seelischen Ursachen stehen, einen Fachpsychotherapeuten aufsuchen kann.

Die therapeutische Selbsteinschränkung gerät gelegentlich in Konflikt mit den Wünschen des Patienten nach einem «allmächtigen» Arzt. Zu dem Vertrauen, das Patienten Ihrem Arzt entgegenbringen, gehört auch heute noch die Erwartung, dass der Arzt alles weiß und wissen muss; das Eingeständnis fachlicher Grenzen wird von Patienten gern als Schwäche ausgelegt. Nicht wenige Patienten oder deren Angehörige wünschen sich einen Arzt wie den in folgender Geschichte:

Der Hakim weiß alles

Ein Mann lag schwer krank darnieder, und es schien, als sei sein Tod nicht fern. Seine Frau holte in ihrer Angst einen Hakim, den Arzt des Dorfes. Der Hakim klopfte und horchte über eine halbe Stunde lang an dem Kranken herum, fühlte den Puls, legte seinen Kopf auf die Brust des Patienten, drehte ihn in die Bauch- und Seitenlage und wieder zurück, hob die Beine des Kranken an und dann den Oberkörper, öffnete dessen Augen, schaute in seinen Mund und sagte dann ganz überzeugt und sicher: «Liebe Frau, ich muss Ihnen leider die traurige Mitteilung machen, Ihr Mann ist seit zwei Tagen tot.» In diesem Augenblick hob der Schwerkranke erschreckt seinen Kopf und wimmerte ängstlich: «Nein, meine Liebste, ich lebe noch!» Energisch schlug da die Frau mit der Faust auf den Kopf des Kranken und rief zornig: «Sei du still! Der Hakim, der Arzt, ist Fachmann, und der muss es ja wissen.».

Die Sprache der Religionen ist eine Sprache in Bildern. Fast alle religiösen Texte vermeiden es, in nüchternen Worten Gebote und Verbote aufzustellen; sie sind nicht unseren Gesetzesbüchern vergleichbar, in denen sprachliche Kargheit vorherrscht und Verständlichkeit der Präzision geopfert wird. Gleichgültig, ob der Offenbarer selbst in den religiösen Texten Vergleiche, Gleichnisse und sprachliche Bilder verwendet oder ob das Leben des Offenbarers als Vorbild dargestellt wird, überall finden wir Stilmittel, die denen der Geschichten, Fabeln und Mythologien ähnlich sind.

Geschichten scheinen geeignete Übermittler moralischer, weltanschaulicher und religiöser Botschaften zu sein. Auch in religiösen Gleichnissen werden nachahmenswerte und abschreckende Modellsituationen dargestellt. Sie geben dem Gläubigen konkrete Informationen darüber, wie er sich als Mitglied seiner Glaubensgemeinschaft verhalten soll und an welchen Leitbildern er sich zu orientieren habe.

Nahezu alle Religionen haben eine Wendung ins Spezialistentum erfahren. So waren die Rabbiner Träger der Lehre des Alten Testaments, die Kirchenväter und Päpste der römisch-katholischen Kirche wurden zu den Lehrern des Neuen Testaments. Im Islam waren die Imamen und auf einer niedrigeren Stufe die Mullah (Akhunden) Vermittler religiöser Inhalte.

Demgegenüber betonen die heiligen Schriften dieser Religionen, dass das Verständnis ihrer Lehren nicht nur den wenigen Gelehrten vorbehalten und keiner «gleicher als gleich» sei. Sie alle weisen in verschiedenen Gleichnissen darauf hin, dass jeder in der Lage ist, sich mit den religiösen Inhalten auseinander zu setzen. Christus benutzt das Bild des Kindes für den Menschen, der von sich aus und ohne große Sophisterei der religiösen Wahrheit nahe sei.

Geschichten, sei es, dass sie den Heiligen Schriften angehören, sei es, dass sie in ihrem Umfeld erzählt und überliefert werden, dienen der Verdeutlichung der religiösen Kon-

Schatten auf der Sonnenuhr

Im Orient wollte einst ein König seinen Untertanen eine Freude bereiten und brachte ihnen, die keine Uhr kannten, von einer Reise eine Sonnenuhr mit. Sein Geschenk veränderte das Leben der Menschen im Reich. Sie begannen, die Tageszeiten zu unterscheiden und ihre Zeit einzuteilen. Sie wurden pünktlicher, ordentlicher, zuverlässiger und fleißiger und brachten es zu großem Reichtum und Wohlstand. Als der König starb, überlegten sich die Untertanen, wie sie Verdienste des Verstorbenen würdigen könnten. Und weil die Sonnenuhr das Symbol für die Gnade des Königs und die Ursache des Erfolgs der Bürger war, beschlossen sie, um die Sonnenuhr einen prachtvollen Tempel mit goldenem Kuppeldach zu bauen. Doch als der Tempel vollendet war und sich die Kuppel über der Sonnenuhr wölbte, erreichten die Sonnenstrahlen die Uhr nicht mehr. Der Schatten, der den Bürgern die Zeit gezeigt hatte, war verschwunden, der gemeinsame Orientierungspunkt, die Sonnenuhr, verdeckt. Der eine Bürger war nicht mehr pünktlich, der andere nicht mehr zuverlässig, der dritte nicht mehr fleißig. Jeder ging seinen Weg. Das Königreich zerfiel.

zepte der Propheten. Die sowohl im Judentum als auch im Christentum, im Islam und der Bahái-Religion gleichermaßen gültigen zehn Gebote des Moses werden durch Geschichten versinnbildlicht, verständlich gemacht und von der abstrakten Ebene der Gebote: «Du sollst nicht … « in die Wirklichkeit der Gläubigen gestellt. Auch hier fließen pädagogische Erkenntnisse ein, wie sie mit den Konzepten der Religion vereinbar sind.

Die Beziehung des Menschen zu Gott kann nur in Gleichnissen und Bildern beschrieben werden. Selbst mathematische Formeln, die die Existenz eines Weltgeistes beweisen sollen, sind letztlich nur Gleichnisse und der Versuch, sich dem Unbekannten und Unerkennbaren wenigstens schrittweise zu nähern.

Diese im Volksmund überlieferte orientalische Geschichte greift den Vergleich mit dem Licht auf. Das Licht, dem für Zarathustra-Anhänger das Wesen der Wahrheit entspricht, wird in Beziehung zu den menschlichen Fähigkeiten gesetzt. In einer anderen Metapher werden die auf die Fähigkeit des Menschen störend einwirkenden Faktoren mit dem Schmutz verglichen, der die Spiegelfläche trübt. Hier sind sie dagegen als Tempel umschrieben. Der schillernde Begriff der Fähigkeiten wird in der Bahái-Religion das Konzept der Einzigartigkeit ergänzt, wobei der Erzieher mit dem Gärtner und der Mensch, das Kind, mit Pflanzen verglichen werden.

> Die Arbeit des Erziehers gleicht der eines Gärtners, der verschiedene Pflanzen pflegt. Eine Pflanze liebt den strahlenden Sonnenschein, die andere den kühlen Schatten; die eine liebt das Bachufer, die andere die dürre Bergspitze. Die eine gedeiht am besten auf sandigem Boden, die andere im fetten Lehm. jede muss die ihrer Art angemessene Pflege haben, anderenfalls bleibt ihre Vollendung unbefriedigend. (Aus den Bahá'í-Schriften)

Das Alte Testament als eine der Heiligen Schriften der Juden scheint zwar auf den ersten Blick eher eine Genealogie der Vorväter des alten Israel und ein interessantes Geschichtsbuch zu sein. Es enthält mit den beschriebenen Geschehnissen auch Gleichnisse und Parabeln, die über einen bloßen geschichtlichen Abriss oder eine Aufzählung moralisch-sittlicher Gebote hinausgehen. Jedes der überlieferten Geschehnisse ist in irgendeiner Weise auch für den heutigen Menschen belangvoll, belehrend und kann im Sinne einer Volkspsychotherapie wirksam werden. Ein Beispiel dafür ist das salomonische Urteil, das sehr modern anmutet und als Präzedenzfall für Scheidungsurteile und die Beschlüsse über das Sorgerecht für Kinder dienen könnte: Nicht derjenige, der auf eine strikte, blinde Einhaltung der Gerechtigkeit pocht, sondern derjenige, der bereit ist, zugunsten des Kindes bzw. des Partners Verzicht zu leisten, ist befähigt, das Sorgerecht auszuüben.

In einer modernen Fassung hat Bertolt Brecht das Thema des salomonischen Urteils aufgegriffen. Er legt es nicht dem feudalen Herrscher Salomon in den Mund, sondern dem listigen Volksrichter Azdak. Auch verzichtet er auf das Schwert, sondern lässt beide Mütter um das Kind kämpfen, indem jede auf ihrer Seite an ihm zerren soll. Was im salomonischen Urteil nur angedeutet ist und durch die Güte und Mütterlichkeit einer der streitenden Parteien verhindert wurde, nämlich die Teilung des Kindes, ist – im Umfeld der Scheidung – nicht selten im Erleben und Fühlen dieser Kinder bereits geschehen. Sie sind ein Herz und eine Seele mit ihrer Mutter, um dann, getrieben von einem Gerechtigkeitsbedürfnis oder von Schuldgefühlen, wieder ganz für ihren Vater einzustehen. Sie sind innerlich zerrissen.

Diese Beobachtungen regen zu einem Gedankenexperiment an: Das salomonische Urteil steht und fällt mit dem mütterlichen Herz und der Entsagungsfähigkeit der einen Frau. Wie hätte sich Salomon verhalten, wenn, wie wir es heute häufig beobachten können, beide Parteien unnachgiebig auf ihr Recht pochten, ohne Rücksicht auf das Wohl dessen, um den der Streit geführt wird?

Trotz Orientierung an den besitzenden Schichten hatte die Rolle des altorientalischen Arztes zugleich karitative Bedeutung, die an religiöse Vorschriften geknüpft war. So stand an vielen ärztlichen Praxen der Satz: «Donnerstag Nachmittag (am Tag vor dem geheiligten Freitag) werden Mittellose gratis behandelt.» Dieser Spruch steht auch heute noch über manchen traditionsverbundenen Arzthäusern.

Der Hakim vereinigte eine Vielzahl von Rollen und Aufgaben in seiner Person. Seine Behandlung war weitaus weniger spezialisiert als die des heutigen Arztes. Sie umfasste diagnostische Maßnahmen wie Urinproben, Pulsfühlen und genaue Beobachtungen des Kranken wie auch das therapeutische Gespräch und Maßnahmen, die an die heutige psychosomatische Medizin erinnern.

Dichter und Erzähler des alten Persiens berichten über die Tätigkeit von begnadeten Ärzten und verspotten die Scharlatanerie der Quacksalber. Allerdings war der gute, erfahrene Arzt mehr für die Adligen und Reichen da. Über die Behandlungserfolge dieser Ärzte berichtet eine Reihe von Erzählungen und Niederschriften, die so etwas wie Lehrstücke waren: Auch derjenige, der nicht in den Genuss der Behandlung des teuren Arztes kommen konnte, weil ihm die Mittel fehlten, konnte doch an der Weisheit des Hakim teilnehmen und seine Lehren daraus ziehen, ohne ein Honorar entrichten zu müssen.

Um diese Geschichten verstehen zu können, ist es wichtig, die damalige geschichtliche Situation zu berücksichtigen. Sultan, König, Herrscher und Scheich, übten feudale Herrschaft aus. Der Arzt war zwar angesehen, aber leistete in ähnlicher Weise Dienst wie ein Höfling, Soldat oder Statthalter. Daneben hatte der Arzt auch etwas vom Kaufmann, der von Ort zu Ort zog und seine Ware oder Fertigkeiten feilbot. Außerdem kam ihm die Aufgabe zu, das Leid seiner Patienten mit den religiösen Grundsätzen in Einklang zu bringen und Beziehungen zu den Offenbarungen herzustellen. Die mögliche Empörung gegenüber Allah (Gott) über scheinbare Ungerechtigkeiten wurde so vom Arzt aufgefangen.

Seit den psychotherapeutischen Praktiken des alten Orients hat sich in der Psychotherapie vieles gewandelt. Der Umgang mit seelischen Problemen und gestörtem Verhalten ist zunehmend systematisiert und in einen wissenschaftlichen Zusammenhang gestellt worden. Die Funktionen des Lernens wurden differenziert, die Dynamik der Persönlichkeit und die Einbettung in den sozialen Zusammenhang aufgedeckt. In einer Hinsicht zumindest hat sich die Rolle des Psychotherapeuten jedoch nicht wesentlich geändert. Damals wie heute hängt ihm das Image des Zauberers an, der Geheimnisvolles, Übermächtiges und Mystisches beherrschen und den Dunkelheiten des Seelenlebens Durchsichtigkeit verleihen kann, wie der Röntgenschirm dem menschlichen Körper. So schmeichelhaft diese Zuordnung dem Psychotherapeuten sein mag, so hinderlich wird sie für den psychotherapeutischen Prozess; Enttäuschung entsteht, wenn die Zauberheilung nicht sofort erfolgt. Psychotherapeutisch kann natürlich eine solche Reaktion als Abwehrmechanismus, Widerstand oder Bedürfnis nach einem allmächtigen «Vater» verstanden und aufgefangen werden. Dennoch bleibt der Zauberer-Therapeut, wie er sich im Bewusstsein vieler möglicher Patienten darstellt, ein Problem für

Die Weisheit des Hakim
Ein Sultan war mit einem seiner besten Diener auf einem Schiff. Der Diener, der noch nie eine Seereise gemacht, mehr noch, der, als Sohn der Berge noch nie die Wüste des Meeres erblickt hatte, saß im hohlen Bauch des Schiffes und schrie, jammerte, zitterte und weinte. Alle waren gütig zu ihm und versuchten, seine Angst zu besänftigen. Doch die Güte erreichte nur sein Ohr, nicht aber sein angstgepeinigtes Herz. Der Herrscher konnte das Geschrei seines Dieners kaum mehr hören, und die Seefahrt über das blaue Meer unter blauem Himmel machte ihm keine Freude mehr. Da trat der weise Hakim, sein Leibarzt, an ihn heran. «Königliche Hoheit, wenn Ihr es gestattet, kann ich ihn beruhigen.» Ohne zu zögern gab der Sultan die Erlaubnis. Der Hakirn befahl nun den Seeleuten, den Diener ins Meer zu werfen, was diese mit dem Schreihals nur zu gern taten. Der Diener strampelte, schnappte nach Luft, klammerte sich an der Bordwand fest und flehte darum, wieder im Schiff aufgenommen zu werden. An den Haaren zog man ihn herein. Von nun an saß er ganz ruhig in einer Ecke. Kein Wort der Angst war aus seinem Munde zu vernehmen. Der Sultan wunderte sich und fragte den Hakim: «Welche Weisheit steckte in dieser Handlung?» Der Hakim antwortete: «Er hat noch nie das Salz des Meeres gekostet. Er wusste auch nicht, wie groß die Gefahr ist, die ihm in dem Wasser begegnet. Daher konnte er auch nicht wissen, wie kostbar es ist, die festen Planken eines Schiffes unter sich zu haben. Den Wert der Ruhe und Gelassenheit kennt erst der, der einmal der Gefahr ins Auge geblickt hat. Du, der du satt bist, weißt nicht, wie das einfache Brot des Landes schmeckt. Das Mädchen, das du nicht schön findest, ist meine Geliebte. Es besteht ein Unterschied zwischen dem, der seine Geliebte bei sich hat, und dem, der wartend ihr Kommen ersehnt.» (nach Saadi, persischer Dichter)

die Psychotherapie und ihr Bild in der Öffentlichkeit.
Die – wenngleich unsystematischen – Kenntnisse der psychosomatischen Medizin sind nicht die einzige Vorwegnahme der Moderne, die die altorientalischen Geschichten erkennen lassen. Sie deuten im Ansatz Therapieverfahren an, die erst in der Neuzeit Gestalt und wissenschaftliche Systematik gewonnen haben. Ein derartiges Verfahren, das

Leichte Heilung

Der Neffe des Herrschers Ghabus-Woschmgir war schwer erkrankt. Alle Ärzte des Landes hatten bereits die Hoffnung aufgegeben. Die Medikamente zeigten keine Wirkung. Da die Ärzte nicht weiter kamen, war der Herrscher damit einverstanden, dass Avicenna, damals ein junger Mann von 16 Jahren, die Behandlung übernahm. Als Avicenna den Palast betrat, staunten alle über seinen Mut, dem Kranken helfen zu wollen, wo doch alle gelehrten Hakim des Landes ihre Ratlosigkeit eingestehen mussten. Avicenna sah den Kranken, einen mageren, blassen jungen Mann, auf dem Lager hingestreckt. Auf Fragen gab der Kranke keine Antwort, und die Verwandten berichteten, dass er schon seit einiger Zeit kein Wort mehr spreche. Avicenna griff nach dem Puls des Kranken und hielt dessen Hand längere Zeit fest. Schließlich hob er bedächtig den Kopf und sagte: «Dieser junge Mann muss anders behandelt werden. Dazu brauche ich jemanden, der in dieser Stadt zu Hause ist, alle Straßen und Gassen kennt, alle Häuser und alle Menschen, die in ihnen wohnen.» Alle wunderten sich und fragten: «Was hat die Heilung des Kranken mit den Gassen unserer Stadt zu tun?» Trotz ihrer Zweifel gehorchten sie Avicennas Befehl und ließen einen Mann kommen, von dem es hieß, er kenne die Stadt wie seine eigene Tasche. Ihn bat Avicenna: «Nenn mir alle Viertel der Stadt.» Dabei griff er nach dem Puls des Patienten. Als ein bestimmtes Viertel genannt wurde, fühlte Avicenna, dass sich der Puls plötzlich beschleunigte. Daraufhin ließ er alle Straßen des Viertels nennen, bis bei einem Straßennamen der Puls des Kranken erneut aufgeregt zu pochen begann. Jetzt verlangte Avicenna, dass alle Gassen dieser Straße genannt würden. Der Kundige nannte die Gassen, eine nach der anderen, als plötzlich der Name einer kleinen, wenig bekannten Gasse die Erregung des Kranken sprunghaft steigerte. Zufrieden befahl Avicenna: «Holt mir einen Mann, der alle Häuser dieser Gasse samt ihren Bewohnern nennen kann.» Ihn wies Avicenna an, alle Häuser dieser Gassen aufzuzählen, und der Pulsschlag des Kranken verriet, welches das richtige war. Als der Helfer zu den Namen der Hausbewohner kam, nannte er auch den Namen eines Mädchens. Mit einem Schlag begann der Puls des Kranken zu rasen. Avicenna bemerkte : «Sehr gut, alles ist klar. Ich kenne jetzt die Krankheit des jungen Mannes, und die Krankheit bist leicht zu heilen.» Er stand auf und sprach zu den Anwesenden, die ihn staunend anstarrten: «Dieser junge Mann leidet unter der ›Liebeskrankheit‹. Seine Beschwerden des Leibes haben darin ihre Wurzel. Er ist verliebt in das Mädchen dessen Namen ihr hörtet. Geht, holt das Mädchen, und werbt es als Braut.» Der Patient, der mit größter Aufmerksamkeit und Erregung den Worten Avicennas gefolgt war, wurde rot bis über beide Ohren und versteckte sich verschämt unter der Bettdecke. Der Herrscher machte das Mädchen zur Braut seines Neffen, der von dieser Stunde an genas. (Nach Mowlana, persischer Dichter, 1248–1317 n.Chr.)

heute gezielt vor allem zur Behandlung von Ängsten eingesetzt wird, ist die Verhaltenstherapie. Sie geht davon aus, dass Verhalten gelernt wird und dementsprechend in einer therapeutischen Situation «verlernt» werden kann.

Dieses Wechselspiel von Lernen und Verlernen begleitet unser tägliches Leben. Allerdings kann es geschehen, dass wir angsterregende Situationen meiden und dass gerade dadurch die Angst nur noch gesteigert wird. Das neurotische Paradoxon wird in der Verhaltenstherapie z. B. mit Hilfe der systematischen Desensibilisierung schrittweise durchbrochen. Ziel ist die Lernerfahrung, dass eine Situation oder ein Gegenstand nicht oder zumindest nicht immer von negativen Erfahrungen begleitet sein muss. Beispiel für eine antike Angsttherapie ist die Geschichte von der Weisheit des Hakim, die Saadi überlieferte. Die Beschäftigung mit der Angst war zu der damaligen Zeit nicht nur eine Angelegenheit der Hakim, sondern vor allem ein philosophisches Problem, das mit dem Wesen des Menschen zu tun hatte. Angst wurde als Reaktion auf die Beziehungen des Menschen zum Unbekannten angesehen.

Seit dem volkspsychotherapeutischen Verfahren des alten Orients hat sich in der Psychotherapie vieles gewandelt. Der Umgang mit seelischen Problemen und gestörtem Verhalten ist zunehmend systematisiert und in einen wissenschaftlichen Zusammenhang gestellt worden. Die Funktionen des Lernens wurden differenziert, die Dynamik der Persönlichkeit und die Einbettung in den sozialen Zusammenhang aufgedeckt.

Die – wenngleich unsystematischen – Kenntnisse der psychosomatischen Medizin sind nicht die einzige Vorwegnahme der Moderne, die die altorientalischen Geschichten erkennen lassen. Sie deuten im Ansatz Therapieverfahren an, die erst in der Neuzeit Gestalt und wissenschaftliche Systematik gewonnen haben.

Beeindruckend in Avicennas therapeutischem Vorgehen ist sein diskursiver Ansatz. Er redete nicht dem Patienten zu, er solle etwas sagen, gab ihm auch kein Mittel, das ihn kräftigen sollte, sondern ging mit ihm alle Möglichkeiten, sprich alle Straßen der Stadt, durch: er kreiste den Krankheitsauslöser ein. Dass als Auslöser der Krankheit des jungen Adeligen eine enttäuschte Liebe entdeckt wurde, ist weniger ein Charakteristikum psychosomatischer Erkrankungen als ein Zeichen der Vorliebe der alten orientalischen Welt für dieses Thema, so ähnlich wie in unserer heutigen Zeit der Stress als seelische Ursache körperlicher Erkrankungen favorisiert wird.

Was hingegen damals wie heute anzutreffen ist, ist ein skeptisches Misstrauen gegenüber unkonventionellen Methoden. Die Handlungslogik der konventionellen Therapie ist denn auch so einfach: Schmerz z. B. muss «beseitigt» werden. Können die Ursachen des Schmerzes nicht kausal angegangen werden, dann wird eben das Symptom kuriert, und damit endet die Handlungskette. Die Frage danach, welche Bedeutung diese Schmerzen haben, auf welche Störung sie im körperlich-seelischen Organismus hinweisen, welche Möglichkeiten sie für die Zukunft andeuten und welche Chancen sie eröffnen, bleibt zumeist unbeachtet.

So wie Avicenna einen Ortskundigen brauchte, der den Plan der Stadt, ihrer Viertel und Straßen, der Häuser und Menschen, die in ihnen wohnen, im Kopf hatte, benötigen wir einen Plan, der uns hilft, neben der tatsächlichen, also positiv vorhandenen Symptomatik, auch die tatsächlichen, also positiv vorhandenen Fähigkeiten zu erkennen. Aus diesen Fähigkeiten lassen sich neue Lösungsmöglichkeiten ableiten, die entweder helfen, die Krankheitsursache zu beseitigen, oder – sollte das nicht möglich sein – besser mit der Krankheit zu leben bzw. die mit der Therapie verbundenen Unannehmlichkeiten besser zu ertragen.

Diese Art zu denken ist kein Widerspruch zum traditionellen, der Wissenschaft verpflichteten medizinischen Denken, sondern seine Ergänzung. Diese Ergänzung mit dem Ziel einer Ganzheitsdiagnose wird um o wichtiger, als sich die Medizin immer weiter spezialisiert, immer differenziertere Aspekte des Menschen betrachtet und dabei fast notgedrungen ihn selbst aus dem Auge verliert.

Die «Heilung» des Kalifen

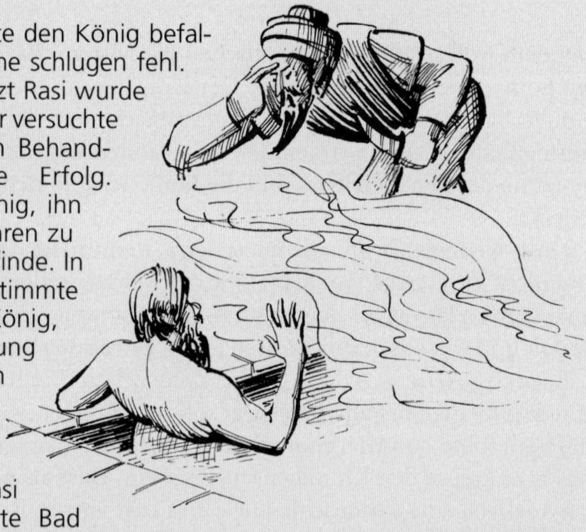

Eine schwere Krankheit hatte den König befallen. Alle Behandlungsversuche schlugen fehl. Der große und bekannte Arzt Rasi wurde schließlich zu Rat gezogen. Er versuchte zu Beginn alle überlieferten Behandlungsformen, doch ohne Erfolg. Schließlich bat Rasi den König, ihn die Behandlung so durchführen zu lassen, wie er es für richtig finde. In seiner Hoffnungslosigkeit stimmte der König zu. Rasi bat den König, ihm zwei Pferde zur Verfügung zu stellen. Die schnellsten und besten Tasipferde wurden herbeigeschafft. Am frühen Morgen des folgenden Tages befahl Rasi den König in das bekannte Bad «Jouze Mullan» in Buchara zu bringen. Da sich der König nicht bewegen konnte, trug man ihn auf einer Sänfte. Im Bad angekommen, hieß Rasi den König, sich zu entkleiden, und befahl, dass alle Diener des Königs sich so weit wie möglich vom Bad entfernen sollten. Die Diener zögerten, zogen sich aber zurück, als der König ihnen zu verstehen gab, dass sie so handeln sollten, wie der Hakim es ihnen befahl. Die Pferde ließ Rasi vor dem Eingang des Bades festbinden. Zusammen mit einem seiner Schüler legte er den König in eine Wanne und übergoss ihn in schneller Folge mit heißem Wasser. Zugleich flößte er ihm heißen Sirup ein, der die Temperatur des Kranken erhöhte. Nachdem dies geschehen war, zogen sich Rasi und sein Schüler an. Rasi stellte sich vor dem König auf und begann plötzlich, diesen auf die übelste Weise zu beschimpfen und zu beleidigen. Der König war schockiert und regte sich in seiner Hilflosigkeit fürchterlich auf über diese Unhöflichkeit und ungerechte Beschuldigung. In seiner ungeheuren Erregung bewegte sich der König. Als Rasi dies sah, zog er sein Messer, trat nahe an den König heran und drohte, ihn umzu-

bringen. In seiner Angst versuchte sich der König zu retten, bis ihm seine Furcht plötzlich die Kraft gab, aufzustehen und zu fliehen. In diesem Augenblick verließ Rasi schnellstens den Raum und floh zusammen mit seinem Schüler auf dem Rücken der Pferde aus den Mauern der Stadt. Der König brach erschöpft zusammen. Als er von seiner Ohnmacht wieder erwachte, fühlte er sich freier und konnte sich bewegen. Noch vom Zorn beladen, schrie er nach seinem Diener, ließ sich ankleiden und ritt zu seinem Palast zurück. Die versammelten Menschen jubelten, als sie ihren König frei von seinen Gebrechen sahen. Acht Tage später erreichte den König ein Brief des Arztes, indem er seine Vorgehensweise erklärte:
«Ich habe zunächst alles gemacht, was ich als Arzt gelernt hatte. Als dies keine Früchte brachte, erhitzte ich deinen Körper künstlich und gab dir über deinen Zorn die Kraft, deine Glieder zu bewegen. Als ich sah, dass deine Heilung begonnen hatte, verließ ich die Stadt, um deinem strafenden Arm zu entfliehen. Ich bitte dich, mich nicht zu dir zu holen, da ich mir der ungerechten und gemeinen Beleidigungen bewusst bin, die ich dir in deiner Hilflosigkeit zugefügt habe und für die ich mich abgrundtief schäme.» Als der König dies vernahm, erfüllte tiefe Dankbarkeit sein Herz, und er bat den Arzt, zu ihm zu kommen, damit er ihm seinen Dank erweisen könne.

Die Aktivierung der emotionalen Beteiligung ist ein sehr altes Verfahren der Medizin. So bei Rhases (Rasi 850–923 n. Chr.), dem bekannten persischen Arzt, dem u.a. zugeschrieben wird, dass er als erster das Wort «Psychotherapie» gebraucht habe.

Seine Behandlung ist nicht im eigentlichen Sinne «kathartisch». Sie erfolgt nicht dadurch, dass ein vorhandener Gefühlsstau ausgetragen wird. Dieser wird erst durch die Beschimpfungen und Drohungen des Rasi wachgerufen und als treibende Kraft der Heilung eingesetzt. Für die notwendigen Voraussetzungen hatte Rasi gesorgt: Der Kalif musste sich nackt und hilflos dem Hakim ausliefern. Ohne diese Maßnahme wäre die Behandlung sicher ein doppelter Misserfolg geworden. Der Herrscher hätte sich nicht in die heilsame Erregung seiner Gefühle gesteigert, da seine Dienerschaft vorzeitig und gewaltsam die therapeutische Entwicklung auf seine Klagen hin abgebrochen hätte; Rasi hätte um sein Leben bangen müssen.

So alt die Geschichte sein mag, sie beschreibt ein Problem unserer heutigen Psychotherapie: So wie der Kalif, so sind auch unsere Patienten von einer Schar Verbündeter umgeben, den Angehörigen, Freunden, ihren Ärzten und Therapeuten, die sich in ihrem Misstrauen nicht scheuen, eine Unterbrechung der Behandlung voranzutreiben, wenn die Entwicklung der Therapie zu Krisen führt oder nicht in ihrem Sinn erfolgt.

Fazit

Die wissenschaftlichen Ansätze, Strömungen und Schulen stehen sich mitunter nicht nur so fremd gegenüber, wie wir es bei unterschiedlichen Kulturen finden. Im Längsschnitt der historischen Entwicklung einer Wissenschaft finden wir auch die eigentliche transkulturelle Auseinandersetzung und Synthese. Ein gutes Beispiel ist die Medizin, die sich in ihrer Entwicklung als «Wanderer zwischen den Welten» erwies. Die frühe orientalische Medizin war ein wesentlicher Impuls für das medizinische Denken im alten Persien und Griechenland, zum Beispiel bei Hippokrates. Im frühen Mittelalter wurde die Medizin von den Arabern und Persern, zum Beispiel Avicena und Rasi weiterentwickelt und erreichte über das maurische Spanien das Abendland. Der nächste wesentliche Fortschritt erfolgte über die Wiederentdeckung der Anatomie in Europa und führte im weiteren, zusammen mit dem allgemein gesellschaftlichen Prozess der Industrialisierung, zur heutigen technischen Medizin, die ihrerseits zum Exportgut in die Dritte Welt wurde.

Literatur

Battegay, R. (2 2000): Psychoanalytische Neurosenlehre. Fischer Taschenbuch, Frankfurt a.M.

Benedetti, G. (5 1998): Todeslandschaft der Seele – Psychpathologie, Psychodynamik und Psychotherapie der Schizophrenie. Vandenhoeck & Ruprecht, Göttingen

Boessmann, U. (2000): Psychoanalytisch und tiefenpsychologisch fundierte Berichte an den Gutachter schnell und sicher schreiben – mit Berücksischtigung der ICD-10 und OPD sowie Anträgen zur Kurzzeittherapie und Anträgen bei Kindern und Jugendlichen. Deutscher Psychologenverlag, Bonn

Boessmann, U. (Hrsg.) (2001): Praktischer Leitfaden für tiefenpsychologisch fundierte Richtlinientherapie. Grundbegriffe, Diagnostik, Techniken und Supervision für psychodynamische Kassenpsychotherapie. Deutscher Psychologenverlag, Bonn

Jork, K., Wilm, S. (2 1997): Gesundheitsselbsthilfe. In: Allhoff, P., Flatten, G., Lasser, U. (Hrsg.): Krankheitsverhütung und Früherkennung – Handbuch der Prävention. Springer, Berlin

Peseschkian, N. (3 1998): Psychosomatik und Positive Psychotherapie. Transkultureller und interdisziplinärer Ansatz am Beispiel von 40 Krankheitsbildern. Fischer Taschenbuch, Frankfurt a.M.

Peseschkian, N. (27 2001): Der Kaufmann und der Papagei. Orientalische Geschichten in der Positiven Psychotherapie. Fischer Taschenbuch, Frankfurt a.M.

Peseschkian.N., Boessmann, U. (4 2001): Angst und Depression im Alltag. Fischer Taschenbuch, Frankfurt a.M.

Peseschkian, N., Deidenbach, H. (1988): Wiesbadener Inventar zur Positiven Psychotherapie und Familientherapie (WIPPF). Springer, Berlin/Heidelberg/New York

Peseschkian, N., Tritt, K., Jork, K., Deidenbach, H., Werner, B., Kick, H. (1999): Wirksamkeitsnachweis der Positiven Psychotherapie. Familiendynamik, 24. Jg., Heft 1, S. 80–99. Klett-Cotta, Stuttgart

Teil II:

Die Positive Psychotherapie und ihr salutogenetischer Ansatz

Wir wissen, was wir sind,
aber wir wissen nicht,
was wir sein könnten.
(Positive Psychotherapie)

«Die von Pesechkian begründete Positive Psychotherapie ist ein tiefenpsychologisches Verfahren, das nicht nur das individuelle Unbewusste, sondern auch das kollektivtypische zur Erklärung der Psychodynamik heranzieht. Mehr noch als in der Jungschen analytischen oder komplexen Psychologie wird das Unbewusste im transkulturellen Vergleich verstanden. Es wird dabei anhand von Märchen und Parabeln aus den orientalischen und anderen Kulturkreisen das Selbsthilfepotenzial eines Menschen zu erkennen und zu fördern gesucht. Anhand der Symbolbedeutung von Sprichwörtern und alten, in verschiedenen Kulturen angesiedelten Lebensweisheiten werden die Angesprochenen in der Psychotherapie zu einer positiveren Sichtweise ihrer selbst geführt. Dabei wird stets versucht, den Menschen nicht nur von seiner Psychopathologie, sondern auch von seinen Fähigkeiten her zu verstehen und ihn zu ermutigen, die in der Behandlung gewonnenen Einsichten in die soziale Realität umzusetzen.

R. Battegay (pers. Mitteilung)

Theorie der Positiven Psychotherapie und Familientherapie

Nossrat Peseschkian, Hermes A. Kick und Helmut Röthke

Was ist Positive Psychotherapie?

Die Situation des Kranken – und nicht nur des psychisch Kranken – gleicht in vielerlei Hinsicht der eines Menschen, der über längere Zeit hinweg nur auf einem Bein steht. Nach einiger Zeit verkrampfen sich die Muskeln, das belastete Bein beginnt zu schmerzen. Er ist kaum mehr in der Lage, das Gleichgewicht zu halten. Doch nicht nur das Bein schmerzt, die gesamte Muskulatur beginnt sich in dieser ungewohnten Haltung zu verspannen und zu verkrampfen. Der Leidensdruck wird unerträglich, der Mensch schreit um Hilfe.

In dieser Situation treffen ihn verschiedene Helfer an. Während er weiter auf dem einen Bein stehen bleibt, beginnt ein Helfer, das belastete und verkrampfte Bein zu massieren. Ein anderer nimmt sich die verkrampfte Nackenpartie vor und walkt sie nach allen Regeln der Kunst durch. Ein dritter Helfer sieht, dass der Mensch sein Gleichgewicht zu verlieren droht, und bietet ihm seinen Arm als Stütze an. Von den Umstehenden kommt der Rat, der Mensch solle vielleicht die beiden Hände zu Hilfe nehmen, damit ihm das Stehen nicht mehr so schwer falle. Ein weiser alter Mann schlägt vor, er solle daran denken, wie gut er es eigentlich hat, wenn er sich mit Menschen vergleicht, die überhaupt keine Beine besitzen. Beschwörend redet einer auf ihn ein, er solle sich vorstellen, er sei nur eine Feder, und je intensiver er sich darauf konzentriere, um so mehr würden seine Leiden nachlassen. Ein abgeklärter Alter setzt wohlmeinend dazu: «Kommt Zeit, kommt Rat.» Schließlich geht ein Zuschauer auf den Leidenden zu und fragt ihn: «Warum stehst du auf einem Bein? Mach doch das andere gerade und stellt dich darauf. Du hast doch ein zweites Bein.»

Genau dies ist Positive Psychotherapie.

Psychotherapie statt Psychopathologie

Die derzeitige Situation in der psychosomatischen Medizin und in der Psychotherapie erfordert die Entwicklung von Verfahren, die ebenso ökonomisch wie effizient sind. Außer den technischen Fragen der therapeutischen Prozedur wird dabei die inhaltliche Frage wichtig, nach welchen Kriterien der bestehende Konflikt beschrieben und durchgearbeitet wird.

Ziel ist es, dass neben der Psychoanalyse als Standardmethode der Psychotherapie mit ihrer «großen Ausbildung» ein kürzerer Weg der Fort- und Weiterbildung gefunden wird, der durch konfliktzentrierte Methoden einen Zugang zur psychischen Dimension des Krankseins bietet. Dieser «kürzere Weg» muss nicht nur mit der Psychoanalyse, sondern auch mit anderen psychotherapeutischen Verfahren kompatibel sein; nur so kann er einen Beitrag zu den Einheitsbeziehungen innerhalb der Psychotherapie leisten. Er setzt voraus, dass Kollegen verschiedener Fachrichtungen bereit sind, andere Denkmodelle einzubeziehen.

Unsere transkulturellen Erfahrungen und Überlegungen führten uns dazu, den Menschen – auch in der Psychotherapie – nicht nur als isoliertes Einzelwesen zu begreifen, sondern seine zwischenmenschlichen Beziehungen und – wie es unserer eigenen Entwicklung entspricht – seine «transkulturelle» Situation zu berücksichtigen, die ihn erst zu dem machen, was er ist.

Der transkulturelle Ansatz durchzieht wie ein roter Faden die gesamte Positive Familientherapie. Wir berücksichtigen ihn deshalb gesondert, weil der transkulturelle Gesichtspunkt auch Material zum Verständnis individueller Konflikte bietet. Darüber hinaus besitzt dieser Aspekt eine außerordentliche soziale Bedeutung: Gastarbeiterprobleme, Probleme der Entwicklungshilfe, Schwierigkeiten, die sich im Umgang mit Mitgliedern anderer kultureller Systeme ergeben, Probleme transkultureller Ehen, Vorurteile und ihre Bewältigung, Alternativmodelle, die einem anderen kulturellen Rahmen entstammen. In diesem Zusammenhang können auch politische Themen angesprochen werden, die sich aus der transkulturellen Situation ergeben.

Das Ziel ist es, ein Modell zu erarbeiten, das als orientierende und strukturierende Hilfe dabei dienen soll, eine Gesamtdiagnose für einen Patienten zu finden, d. h. eine Diagnose, die sowohl das Symptom und seine Ursachen erfasst als auch die mittelbaren Ursachen, die sich aus Lebenssituation, Umwelt, Familie, Subkultur und Kultur ergeben. Darüber hinaus muss dieses Modell die gesunden Anteile aufzeigen können, aus denen die Ressourcen für eine Heilung bzw. die Fähigkeiten und Energien für das Umgehen mit der Krankheit und der veränderten Lebenssituation hervorgehen.

Das Modell der Positiven Psychotherapie in der Psychosomatik beschränkt sich nicht auf psychosomatische Erkrankungen im engeren Sinn, also auf solche Erkrankungen, bei denen eine primäre Reaktion des Körpers auf ein konflikthaftes Erleben vorliegt, aus der sich dann ein organpathologischer Befund ergibt. Es umfasst darüber hinaus alle körperlichen und psychischen Erkrankungen und kann somit als Orientierungshilfe, diagnostisches Werkzeug und therapeutisches Verfahren in allen medizinischen Fachdisziplinen Anwendung finden. Dieser Anspruch mag sich zunächst vermessen anhören; er wird jedoch verständlich, wenn wir uns vor Augen führen, dass wir bei einer wie auch immer gearteten Krankheit letztlich den ganzen Menschen behandeln, auch wenn wir uns nicht immer Rechenschaft darüber ablegen. Ziel ist es, diesen einfachen Gedanken soweit zu verinnerlichen, dass er jedes ärztliche Handeln begleitet.

Was heißt Differenzierungsanalyse (Positive Psychotherapie)?

Differenzierung heißt Unterscheidung und ist eine menschliche Fähigkeit, die sich sowohl körperlich als auch psychisch und sozial gestaltet. Der Mensch entwickelt sich, indem er sich zunächst körperlich differenziert. Auch in der Zeit nach der Geburt vollzieht sich eine weitere körperliche Differenzierung. Es eröffnet sich jedoch in unauffälliger Weise eine zusätzliche Entwicklungsdimension. Sie bezieht sich auf das Erleben, die Erlebnisverarbeitung und das Verhalten.

Einerseits kommen hier, durchaus im körperlichen Sinne, Organe oder Koordinationseinrichtungen wie das Nervensystem zur Funktionsreife. Andererseits entwickeln sich die damit vorgegebenen Fähigkeiten in einer fortwährenden Wechselwirkung mit der Umwelt. Konnte in der vorgeburtlichen Zeit die soziale Umwelt als zweitrangig gegenüber einem biologisch-körperlichen Milieu gelten, geraten jetzt die sozialen Beziehungen in den Vordergrund. Entsprechend nimmt auch die psychische und psychosoziale Differenzierung ihren hervorragenden Platz ein. Neben der bereits angedeuteten körperlichen Reifung bestehen zwei grundsätzliche Differenzierungsmöglichkeiten im psychosozialen Bereich: die emotionale Differenzierung und die Differenzierung des Wahrnehmens, Wissens und der Leistungsfähigkeit.

Allen diesen Funktionen liegt die Fähigkeit zur Differenzierung zugrunde. Ihren Grad der Differenzierung erhielten sie durch Lernerfahrungen. Der therapeutische Eingriff, gleichgültig welche Methode im einzelnen angewandt wird, ist letztlich der Versuch, dem Betroffenen eine verfeinerte, situationsangemessene Unterscheidung zu ermöglichen, die es ihm gestattet, sich den Anforderungen einer Situation im Rahmen seiner Zielvorstellungen angemessen zu verhalten.

Die Positive Psychotherapie (PPT) und die Positive Familientherapie (PFT) ruhen auf drei Säulen: dem positiven Ansatz, dem inhaltlichen Ansatz und dem fünfstufigen Vorgehen.

Der positive Ansatz

Die Psychopathologie bestimmt die Ausrichtung der traditionellen Psychotherapie und Medizin sowie ihr Menschenbild: Im Zentrum der Betrachtung stehen hier die Krankheiten. Ziel einer Behandlung ist es, die Krankheit (Symptome) zu beseitigen. Durch diese Fokussierung werden auch die therapeutischen Möglichkeiten eingeschränkt. Der Begriff des Positiven (lat. Positum, das Tatsächliche, das Vorgegebene), der in der PPT und PFT den Ausgangspunkt darstellt, bezieht sich auf das «tatsächlich» Vorgegebene. Vorgegeben sind sowohl die Störungen, Probleme und Konflikte, die eine Person oder eine Familie mit sich bringen, als auch die Selbsthilfepotenziale und die Fähigkeit, mit diesen Konflikten umzugehen. Diese positiven Anteile und Fähigkeiten werden bei traditionellen Ansätzen gewöhnlich übersehen bzw. als vernachlässigbar betrachtet. In der PPT und in der PFT werden sie zum Ansatzpunkt für einen konstruktiven Zugang zu und Umgang mit den Patienten. Praktisch wird dies mit Hilfe von positiven Deutungen erreicht, in denen die positiven Aspekte der Symptome sowie die Vorteile, die sie für den Patienten und der Familie besitzen, herausgearbeitet werden (z. B. Peseschkian 1977 und 1991a). Beispiele:

- *Adipositas*: Die Fähigkeit, über das Essen Befriedigung und Ersatz für mangelnde Zuwendung zu schaffen. Betonung der Mittel der Sinne, v. a. Geschmack, Ästhetik der Speisen, Großzügigkeit in Bezug auf Nahrungsmittel
- *Aggressivität*: Die Fähigkeit, auf etwas spontan, emotional und hemmungslos zu reagieren.
- *Alkoholismus*: Die Fähigkeit, mit Hilfe des Alkohols Konflikte vorübergehend erträglich zu machen.
- *Ambivalente Haltung*: Die Fähigkeit, sich nicht festzulegen.
- *Angst vor Einsamkeit*: Das Bedürfnis, mit anderen Menschen zusammen zu sein
- *Anorexia nervosa*: Die Fähigkeit, mit wenig Mitteln auszukommen. Die Fähigkeit, am Hunger der Welt teilzuhaben.
- *Bettnässen*: (statt mangelnde Kontrolle über Blasenfunktionen) die Fähigkeit, in schwierigen Situationen auf frühere, nicht vergessene Reaktionsweisen zurückzugreifen, bzw. die Fähigkeit, nach unten zu weinen.
- *Depression*: Die Fähigkeit, mit tiefster Gefühlsbereitschaft auf Konflikte zu reagieren.
- *Eifersucht*: Die Fähigkeit zu lieben, ohne sich so zu verhalten, um geliebt zu werden.
- *Existenzangst*: Die Fähigkeit, für die Zukunft zu sorgen und sich nicht der Illusion der Sicherheit hinzugeben.
- *Faulheit*: (statt: Mangel an Fleiß, Charakterschwäche) die Fähigkeit, speziellen Leistungsanforderungen aus dem Weg zu gehen.
- *Trotz*: (statt: die Unfähigkeit sich einzuordnen) die Fähigkeit, nein zu sagen, sich Autoritäten zu widersetzen.

Die Patienten leiden nicht nur unter ihren Krankheiten und Symptomen, sondern auch unter der Hoffnungslosigkeit, die ihnen mit der Diagnose suggeriert wird (Peseschkian 1980). Diese neue Sichtweise wird dem Symptomträger und seiner Familie in der Therapie nahe gebracht. So gewinnen sie Vertrauen, Sicherheit und ein neues Verständnis ihrer Situation. Dies wird ergänzt durch ein gemeinsames Durchdenken und Überarbeiten ihrer Vorstellungen und Lebensziele.

Ein Weg, die Ressourcen der Klienten zu mobilisieren, besteht in der Verwendung von Geschichten, transkulturellen Beispielen und Spruchweisheiten (Peseschkian 1974, 1977 und 1991b und 2001). Viele Geschichten, Parabeln, Gleichnisse, Weisheiten und Sprichwörter erleichtern den gedanklichen und emotionalen Vollzug eines Standortwechsels. Aber auch im Rahmen einer Therapeut-Patienten-Beziehung bieten sie den Beteiligten wichtige Anstöße. Die Geschichten und Lebensweisheiten werden in der Positiven Psychotherapie nicht willkürlich verwendet, sondern gezielt in allen fünf Stufen – gemäß der jeweiligen Problematik – ausgewählt.

Der transkulturelle, inhaltliche Ansatz: Konfliktinhalt und Konfliktdynamik

Jeder Mensch besitzt, nach Auffassung der PPT und der PFT, zwei Grundfähigkeiten: die Erkenntnisfähigkeit und die Liebesfähigkeit (**Abb. 1**). Je nach den Bedingungen seines Körpers, seiner Umwelt und der Zeit, in der eine Person lebt, werden diese Grundfähigkeiten im Verlaufe der Sozialisation unterschiedlich differenziert und durch die einzigartigen Bedingungen der individuellen Entwicklung geprägt. So entsteht die individuelle, unverwechselbare Struktur von Wesenszügen, die wir Persönlichkeit nennen (Peseschkian 1974, 1980 und 1991). Dies beinhaltet die Grundannahme: Der Mensch ist seinem Wesen nach gut. So wie ein Samenkorn eine Fülle von Fähigkeiten besitzt, die durch die Umwelt, z. B. den Boden, den Regen, den Gärtner usw., entfaltet werden, so entwickelt auch der Mensch seine Fähigkeiten in enger Beziehung zu seiner Umwelt.

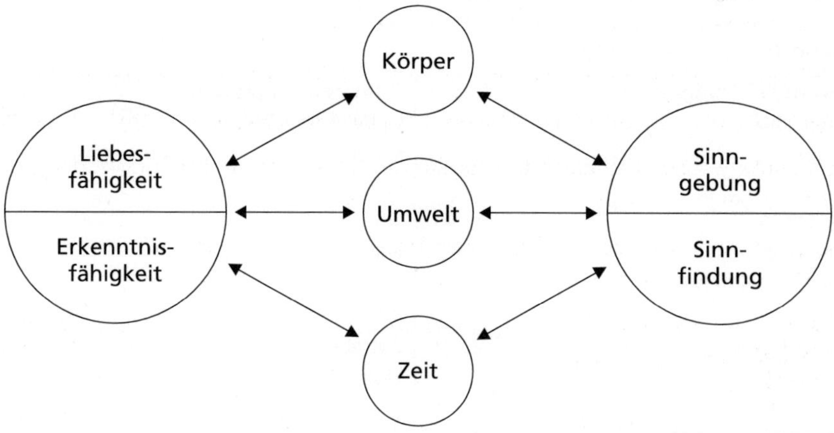

Abbildung 1: Grundfähigkeiten und ihre Entwicklungsbedingungen zur Sinngebung (Religion) und Sinnfindung (Wissenschaft).

Die *Liebesfähigkeit* beinhaltet: die Fähigkeit, zu lieben und geliebt zu werden. Sie führt in ihrer weiteren Differenzierung zu den primären Fähigkeiten wie lieben können, Vorbild sein, Geduld haben, sich Zeit nehmen, Kontakte knüpfen können, Zärtlichkeit und Sexualität geben und nehmen, vertrauen können, Hoffnung haben, glauben können, zweifeln können, zu Gewissheiten gelangen und Einheit herstellen zu können.

Die *Erkenntnisfähigkeit* umfasst: die Fähigkeit zu lernen und zu lehren. Aus der Erkenntnisfähigkeit entwickeln sich die sekundären Fähigkeiten wie Pünktlichkeit, Sauberkeit, Ordnung, Gehorsam, Höflichkeit, Ehrlichkeit/Offenheit, Treue, Gerechtigkeit, Fleiß/Leistung, Sparsamkeit, Zuverlässigkeit, Genauigkeit und Gewissenhaftigkeit.

Die Inhalte der sekundären Fähigkeiten spielen in alltäglichen Beschreibungen eine Rolle. Auf Sekundärfähigkeiten bezogene Erfahrungen können sich folgenreich auf die Stimmung und das körperliche Befinden auswirken. So können beispielsweise Pedanterie, Unordnung, ritualisierte Sauberkeit, Unsauberkeit, übertriebene Pünktlichkeitsanforderungen, Unpünktlichkeit, zwanghafte Gewissenhaftigkeit oder Unzuverlässigkeit außer zu sozialen Konflikten auch zu psychischen und psychosomatischen Verarbeitungen führen – wie z. B. Ängsten, Aggressionen und Depressionen – mit ihren Begleiterscheinung im psychosomatischen Bereich.

Die primären und sekundären Fähigkeiten bezeichnen wir als Aktualfähigkeiten. Diese werden als *Konzepte* in das Selbstbild aufgenommen und bestimmen die Spielregeln dafür, auf welche Weise man sich und seine Umwelt wahrnimmt und wie man Probleme angeht.

Die Aktualfähigkeiten stellen die inhaltlichen Bezüge psychodynamischer Vorgänge dar. Auf der Grundlage seiner umfangreichen transkulturellen Studien und der Fachliteratur erarbeitete Peseschkian (Peseschkian 1994; Peseschkian & Deidenbach 1988) eine Liste von alltagssprachlich formulierten Aktualfähigkeiten, die der systematischen inhaltlichen Erfassung der Persönlichkeit dienen sollen (**Tab. 1**).

Tabelle 1: Inventar der Aktualfähigkeiten.

Sekundäre Fähigkeiten	Primäre Fähigkeiten
Pünktlichkeit	Liebe (Emotionalität)
Sauberkeit	Vorbild
Ordnung	Geduld
Gehorsam	Zeit
Höflichkeit	Kontakt
Ehrlichkeit/Offenheit	Sexualität
Treue	Vertrauen
Gerechtigkeit	Zutrauen
Fleiß/Leistung	Hoffnung
Sparsamkeit	Glaube/Religion
Zuverlässigkeit	Zweifel
Genauigkeit	Gewissheit
Gewissenhaftigkeit	Einheit

Mikrotraumen-Theorie: In der Regel sind es nicht etwa die großen Ereignisse, die zu Störungen führen. Vielmehr führen die immer wiederkehrenden kleinen seelischen Verletzungen zu «empfindlichen» oder «schwachen» Stellen, die sich schließlich zu Konfliktpotenzialen auswachsen. Darum versuche ich, diese Verhaltensbereiche zu sichten und zu einem Inventar zusammenzustellen, mit dessen Hilfe sich die inhaltlichen Komponenten der Konflikte und Fähigkeiten beschreiben lassen. Diese Bereiche, die ich als Aktualfähigkeiten bezeichne, lassen sich in zwei Gruppen einteilen. Zu nennen sind die leistungsorientierten psychosozialen Normen (sekundäre Fähigkeiten): Pünktlichkeit Ordnung, Sauberkeit, Gehorsam, Höflichkeit, Ehrlichkeit, Treue Gerechtigkeit, Fleiß/Leistung, Sparsamkeit, Zuverlässigkeit und Genauigkeit; sowie die emotional orientierten Kategorien (primäre Fähigkeiten): Liebe, Geduld, Zeit, Vorbild, Vertrauen, Kontakt, Sexualität, Hoffnung, Glaube und Einheit (**Abb.** 2).

Die Aktualfähigkeiten besitzen für die Methode der Positiven Psychotherapie eine große Bedeutung. Um die Tragfähigkeit eines Patienten im Hinblick auf mögliche Konfliktbereiche zu prüfen und ihm in der Differenzierung seiner Situation zu helfen, orientieren wir uns an einer Liste der Aktualfähigkeiten, dem Differenzierungsanalytischen Inventar, kurz DAI genannt (siehe Anhang). Wir brauchen dabei nicht mehr allgemein von Stress, Konflikt, Krankheit und Sinnlosigkeit zu reden, sondern können feststellen, wann eine konflikthafte Reaktion auftritt, in welcher Situation, bei welchem Partner und bezüglich welcher Inhalte. Eine Frau, die regelmäßig abends schwere Angstanfälle erleidet, wenn ihr Partner zu spät nach Hause kommt, zeigt nicht nur Angst vor dem Alleinsein, was auf die Aktualfähigkeit «Kontakt» hindeutet, sondern ist auch mit ihrer Angst an die Aktualfähigkeit «Pünktlichkeit» gebunden. Dieses differenzierte Vorgehen ermöglicht es uns, uns gezielter mit den Bedingungen eines Konfliktes auseinander zu setzen.

Von diesem Ansatz aus können Neurosen, Psychosen und psychosomatische Störungen als einseitige Differenzierungen der Aktualfähigkeiten betrachtet werden, die sich als «Störungen im innerseelischen und als Konflikte im zwischenmenschlichen Bereich ausdrücken» (Peseschkian 1974, 1980 und 1990). Ziel der Therapie ist es, die bestehenden Einseitigkeiten durch Relativierung der betroffenen Aktualfähigkeiten zu beseitigen.

Anschließend werden die Ratings aller Familienmitglieder einander gegenübergestellt. Nach dem Konzept der Positiven Psychotherapie ist nicht derjenige Mensch gesund, der keine Konflikte hat, sondern derjenige, der gelernt hat, mit den auftretenden Konflikten angemessen umzugehen. Angemessen bedeutet dabei, keinen der vier Lebensbereiche (Körper, Leistung, Kontakt, Fantasie, **Abb. 3**) zu vernachlässigen, sondern seine Energie (nicht unbedingt die Zeit!) annähernd gleichmäßig auf die vier Bereiche zu verteilen (Salutogenese). Ziel ist die Förderung und Wiederherstellung von Unausgewogenheiten in einem der vier Bereiche.

Das Modell der vier Qualitäten des Lebens stellt auch die Basis zur Erfassung von typischen Konfliktmustern dar: Man flieht in die Krankheit (Somatisierung) oder in exzessive Körperertüchtigungen, in die Aktivität und in die Leistung (Rationalisierung im Sinne von Belastungs- und Anpassungsstörungen) bzw. in die Leistungsverweige-

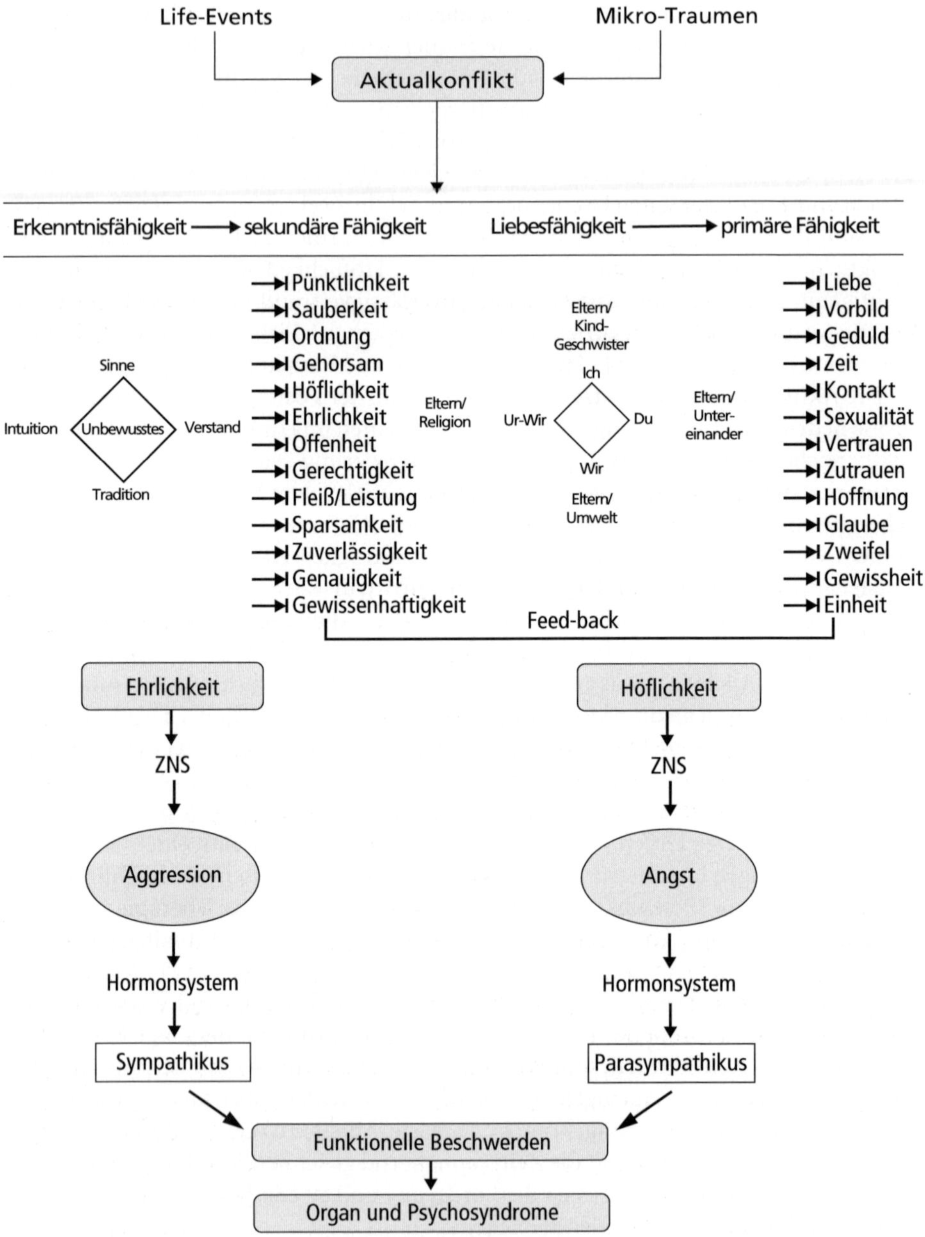

Abbildung 2: Die Aktualfähigkeiten und das Konfliktmodell der Psychosomatischen Psychotherapie.

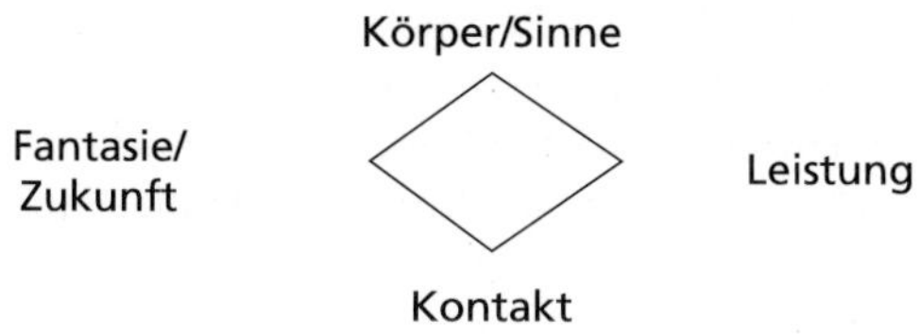

Abbildung 3: Die vier Qualitäten des Lebens.

rung, in die Einsamkeit oder in die Geselligkeit (begleitet von Idealisierung oder Herabsetzung, die zu affektiven Störungen und Veränderungen des Sozialverhaltens führen) und in die Fantasie (Verleugnung im Sinne von Ängsten, Phobien, Panikattacken und wahnhaften Störungen) bzw. in die Fantasielosigkeit.

Grundfähigkeiten und Aktualfähigkeiten in der Literatur

Die Bedeutung der Aktualfähigkeiten

Der Versuch, den Menschen nicht nur negativ von seinen Störungen her, sondern auch positiv, also unter dem Aspekt seiner Fähigkeiten zu sehen, ist alt und findet sich schon bei Platon, der die dem Menschen innewohnenden Fähigkeiten durch vier Tugenden beschreibt: Gerechtigkeit, Einsicht, Kühnheit und Weisheit. Orientalische Philosophen sprechen in ähnlicher Weise von den Tugenden Liebe, Gerechtigkeit, Macht und Weisheit. Die neuere Psychotherapie berücksichtigt ebenfalls verschiedene Bereiche, in denen sich menschliche Eigenschaften und Fähigkeiten entwickeln können.

In der psychotherapeutischen und medizinischen Literatur finden sich besonders bei Verhaltensstörungen, psychosomatischen Störungen, Neurosen und Psychosen genügend Hinweise auf einzelne Aktualfähigkeiten: Nach S. Freud (1942) sind Ordentlichkeit, Sparsamkeit und Eigensinn Dressurprodukte aus der Phase der Sauberkeitserziehung. C.G. Jung (1940), F. Künkel (1962) und V. Frankl (1959) betonen die Bedeutung des Glaubens. E. Fromm (1971) spricht von Hoffnung. A. Mitscherlich (1967) stellt die Leistungsanforderung und Leistungsmotivation heraus. R. Dreikurs (1970) bringt Erfolg, Prestige und Genauigkeit in Verbindung mit Erziehungsproblemen. G. Bach und H. Deutsch (1962) weisen auf die Bedeutung einer offenen Beziehung (Ehrlichkeit) in der Partnerschaft hin. E.H. Erikson (1971) formuliert eine Stufenfolge von Tugenden, welche nach den einzelnen Entwicklungsstadien des Menschen und der Reifung psychischer Funktionen aufgebaut sind. Er nennt Hoffnung, Willen, Zielstrebigkeit und Tüchtigkeit, die in der Kindheit entwickelt werden, Treue als Tugend der Jugend und Liebe, Fürsorge und Weisheit als zentrale Tugenden des Erwachsenenlebens.

In früheren Werken (1966) stellte er ein epigenetisches Diagramm auf, bei dem einzelne Fähigkeiten verschiedenen Entwicklungsphasen zugeordnet sind. Der systematische Zusammenhang dieser inhaltlichen Komponenten erfährt jedoch dabei kaum Berücksichtigung. In der medizinischen, psychologischen, pädagogischen und psychotherapeutischen Literatur kommt man immer wieder auf die Aktualfähigkeiten als Einheit des Verhaltens zurück, jedoch bleiben diese Aktualfähigkeiten isoliert. Er in der Positiven Psychotherapie erfahren die Aktualfähigkeiten als umfassende Verhaltenskategorien ihre systematische Berücksichtigung.

Das Prinzip der Grundfähigkeiten findet sich in der Literatur in vielfacher Gestalt. Alle humanwissenschaftlichen Konzepte beinhalten direkt oder indirekt Basisgrößen oder Grundfähigkeiten, aus denen sich das Verhalten oder das Empfinden ableiten lässt. Bei einigen Richtungen sind dies die Triebe, bei anderen die Lernfähigkeit, bei wieder anderen emotionale Größen wie der «endothyme Grund». Dabei korrespondiert die Art und die Wertung der jeweiligen «Grundfähigkeiten» mit dem ihnen zugrunde liegenden Menschenbild.

S. Freud, der als vorrangige «Grundfähigkeiten» den Sexual- und Aggressionstrieb sieht, formuliert folgendermaßen sein Menschenbild: «Die bisherige Entwicklung des Menschen scheint mir keiner anderen Erklärung zu bedürfen, als die der Tiere» (vgl. Maeder, 1947). Das Menschenbild beinhaltet somit erhebliche Konsequenzen für die Erziehung, für das Verhältnis zum Menschen allgemein, für das Verhältnis der Menschen untereinander und für die Psychotherapie. Die beiden Grundfähigkeiten der Differenzierungsanalyse lassen sich aus dem Verhalten des Menschen, weitgehend erfassbar in den Begriffen der Aktualfähigkeiten, erschließen. Das beobachtete Verhalten gilt dabei als Anzeichen (Guilford, 1965) für universelle Dispositionen oder Wesenszüge (Allport, 1949).

W. Stern (1923) spricht hier von «dauernden potenziellen Ursächlichkeiten», die in ihrer Aktualisierung und Differenzierung der «Konvergenz mit der Welt» bedürfen. Bereits die klassische Psychologie verwendet die grundsätzliche Unterscheidung von Kognition – die Wahrnehmung und das Denken betreffend – und Emotion – das Gefühl und die affektive Resonanz betreffend. Zusammen mit dem Verhalten gelten Kognition und Emotion in der Sozialpsychologie als die wesentlichen Aspekte der Einstellung. In der Psychologiegeschichte findet sich diese Dreiteilung in der Triade: Denken, Fühlen, Wollen wieder. Eine Reihe von Theorien differenzieren zwar nicht Erkenntnis- und Liebesfähigkeit, sondern verwenden ein Konzept, das dem der Grundfähigkeit in vieler Hinsicht ähnelt. *A.P. Weil* (1976) spricht in diesem Sinne von einem «psychischen Urkern», *Charlotte Bühle*r (1969) von einem «seelischen Kern», der von Geburt an vorhanden sei. *H. Ey* (1948) unterscheidet analog dem Verhältnis von Grund- und Aktualfähigkeiten zwischen der «Flugbahn der Persönlichkeit» und dem «oberen Bewusstseinsfeld», belässt allerdings diese Begriffe im Allgemeinen und bezieht sie auf die pathologische Störung. Ähnlich sieht *Weitbracht* den «Untergrund» als einen der Momente, die Neurosen bedingen. *S. Freud* geht in seiner Theorie auf einen Grunddualismus zurück, dessen einen Anteil er in den dynamischen Bereich der Persönlichkeit verlegt, dessen anderen er in den auf das Individuum zukommenden Sachzwängen und gesellschaftlichen Forderungen sieht. Er unterscheidet zwischen Lustprinzip und Realitätsprinzip.

Wenn *E. H. Erikson* (1971a) von einer Stufenfolge der Grundtugenden (basic virtues) spricht und sie als «innewohnende Kraft» oder «aktive Qualität» begreift, stehen diese Tugenden als bestimmte menschliche Qualitäten von Stärke inhaltlich den Aktualfähigkeiten näher als den Grundfähigkeiten in unserem Sinn.

Vier Formen der Konfliktverarbeitung

Auf jeden Konflikt reagiert man irgendwie. Wie man nun tatsächlich reagiert, hängt davon ab, was wir als Reaktionsmöglichkeiten gelernt haben. Von diesen Lernvoraussetzungen her lassen sich gewisse Regeln ableiten, die typische Reaktionen kennzeichnen. Trotz aller kultureller, sozialer Unterschiede und der Einzigartigkeit jedes Menschen können wir beobachten, dass alle Menschen bei der Bewältigung ihrer Probleme auf typische Formen der Konfliktverarbeitung zurückgreifen. Wenn wir ein Problem haben, uns ärgern, uns belastet und unverstanden fühlen, in ständiger Anpassung leben oder in unserem Leben keinen Sinn sehen, können wir diese Schwierigkeiten in den folgenden vier Formen der Konfliktverarbeitung zum Ausdruck bringen, denen analog vier Medien der Erkenntnisfähigkeit zugeordnet werden. Sie lassen erkennen, wie man sich und seine Umwelt wahrnimmt und auf welchem Weg der Erkenntnis die Realitätsprüfung erfolgt.

Vier Reaktionsformen werden in der konkreten Lebenssituation durch typische Konzepte der Aktualfähigkeiten modelliert, in das Selbstbild aufgenommen und bestimmen die Spielregeln dafür, auf welche Weise man sich und seine Umwelt wahrnimmt und mit ihren Problemen fertig wird. Der Einfluss der Aktualfähigkeiten vollzieht sich in folgenden vier Medien:

- Mittel der Sinne (Beziehung zum eigenen Körper)
- Mittel des Verstandes
- Mittel der Tradition
- Mittel der Intuition und Fantasie.

Im persönlichen Bereich führen Einseitigkeiten in den vier Medien außer in offenen Formen in den vier Fluchtreaktionen zum Ausdruck: Man flieht in die Krankheit, in die Aktivität, in die Einsamkeit/Geselligkeit und in die Fantasie.

Körper – Sinne: *Vitale Ängste:* Im Vordergrund steht das Körper-Ich-Gefühl. Wie nimmt man seinen Körper wahr? Wie erlebt man die verschiedenen Sinneseindrücke aus der Umwelt? Die durch die Sinne aufgenommenen Informationen laufen durch die Zensur der erworbenen Wertmaßstäbe. Die einzelnen Sinnesqualitäten können im Zusammenhang mit derartigen Erlebnissen konfliktbesetzt werden. Die Gesamtheit unserer Aktivitäten wird durch die Sinne kontrolliert. So kann beispielsweise der Schlaf-Still-Rhythmus bei einem Säugling bedeutsam für die spätere Entwicklung des Pünktlichkeitsgefühls sein.

Körperliche Reaktionen auf Konflikte sind unter anderem: körperliche Aktivitäten (sportliche Betätigung – «sich hängen lassen»), Schlaf (Konflikte «überschlafen» –

Schlafstörungen), Nahrungsaufnahme (Fresssucht, «Kummerspeck» – Nahrungsverweigerung, Magersucht), Sexualität (Donjuanismus, Nymphomanie – Sexualabwehr), körperliche Funktionsstörungen und psychosomatische Reaktionen.

Psychopathologische Symptome: qualvolles Vitalgefühl der Beengung; Empfindung, an etwas unbestimmbar Drohendes hilflos ausgeliefert zu sein; innere Unruhe und Spannung.

Psychomotorische Symptome: mimische Ausdrucksphänomene; psychomotorische Unruhe.

Vegetative Symptome: Hautblässe im Gesicht, Schweißausbrüche, Pupillenerweiterung, Tachykardie, Mundtrockenheit, Durchfall, Blutdruckanstieg, Blutzuckeranstieg, Reduktion von Libido und Potenz.

Angst um den Körper: «Allein die Vorstellung, dass mein Körper, das Fleisch meiner Hand, meine Brüste, mein Bauch stinkend zerfallen könnten, erregt in mir einen Ekel vor mir selber. Obwohl ich weiß, dass ich das nicht erleben werde, lässt mich der Gedanke nicht los: Ich habe eine schreckliche Angst davor» (24-jähriges gut aussehendes Mannequin: Körper und Sinn).

Leistung – Verstand: *Versagensängste:* Diese Dimension hat in der Industriegesellschaft, vor allem im amerikanisch-europäischen Kulturkreis, ein besonderes Gewicht. Hierzu gehören die Art und Weise, wie Leistungsnormen ausgeprägt sind und wie sie in das Selbstkonzept eingegliedert werden. Denken und Verstand ermöglichen es, systematisch und gezielt Probleme zu lösen und Leistung zu optimieren. Zwei einander entgegengesetzte Konfliktreaktionen sind möglich: a) die Flucht in die Arbeit; b) die Flucht vor Leistungsanforderungen.

Typische Symptome hierfür sind: Selbstwertprobleme, Überforderung, Stressreaktionen, Versagensängste, Konzentrationsstörungen und defizitäre Symptome wie Rentenneurose, Apathie, Leistungshemmungen, Flucht in die Arbeit, Einseitigkeiten, Strebertum und Beschäftigungsdrang, Leistungszwang, Entlastungsdepression, Denkhemmung, Zivilisationsmüdigkeit, Arbeitshemmung, Faulheit, Konkurrenzkampf, Kraftlosigkeit, fehlende Frische, Neigung zu Magenbeschwerden, Schlafstörungen, Neigung zu Alkoholismus und Drogenabhängigkeit, usw.

Kontakt – Tradition: *Soziale Ängste:* Die sozialen Verhaltensweisen werden durch individuelle Lernerfahrungen und die Überlieferung (Tradition) mitgeprägt. So erwartet man von einem Partner zum Beispiel Höflichkeit, Ehrlichkeit, Gerechtigkeit und Ordnungssinn sowie die Beschäftigung mit bestimmten Interessengebieten und sucht sich schließlich denjenigen aus, der in irgendeiner Weise diesen Kriterien entspricht.

Wir können auch auf Konflikte reagieren, indem wir die Beziehung zu unserer Umwelt problematisieren: Ein Extrem ist hierbei die Flucht in die Geselligkeit, wobei in der Geborgenheit und der Aktivität der Gruppe die Probleme entschärft werden sollen. Man versucht durch Gespräche mit anderen, Sympathie zu erwecken und Solidarität zu erzielen: «Wenn ich mich über meine Schwiegermutter aufrege, rufe ich meistens eine Freundin an und spreche mit ihr stundenlang darüber.» Umgekehrt kann man den

Rückzug aus der Gemeinschaft antreten. Man distanziert sich von Menschen, die einen beunruhigen, fühlt sich gehemmt, meidet Geselligkeiten sowie jede Möglichkeit, mit anderen Menschen zusammenzukommen.

Die Symptome hierfür sind: Hemmungen, Ablösungsproblematik, unbewusstes Anklammerungsbedürfnis, Kontaktangst, Vorurteil, Autismus, Kontaktdrang, Kontaktarmut, übertriebene Bindungen, Bindungslosigkeit, Trennungsängste, Objektangst, Über- und Untertreibungen, Versprechungen, Notlügen, Drohungen und Verwünschungen, Gerüchte und positives sowie negatives Nachreden, Hänselei und Witze, Ironie und Zynismus, Zwiesprache mit sich selbst, Schimpfen, Zwangshandlungen, Schwören und Bekräftigungen, Isolierung von Minderheitsgruppen, Diskriminierung, Gewalttätigkeit, Kriminalität und Wohlstandskriminalität, Massengewalttätigkeit, Gruppenegoismus und Kriege.

Fantasie – Intuition: *Existenzielle Ängste:* Die Intuition scheint im Zusammenhang mit den psychischen Prozessen des Traumes oder der Fantasie zu stehen, die gleichfalls eine Form der Problem- und Konfliktverarbeitung darstellen können. Intuition und Fantasie reichen über die unmittelbare Wirklichkeit hinaus und können all das beinhalten, was wir als Sinn einer Tätigkeit, Sinn des Lebens, Wunsch, Zukunftsmalerei oder Utopie bezeichnen. Auf die Fähigkeiten der Intuition und der Fantasie und die sich durch sie entwickelnden Bedürfnisse gehen Weltanschauungen und Religionen ein, die damit die Beziehung auch zu einer ferneren Zukunft (Tod, Leben nach dem Tode) vermitteln.

Man kann auf Konflikte reagieren, indem man die Fantasie aktiviert, Konfliktlösungen fantasiert, sich in Gedanken einen gewünschten Erfolg vorstellt oder Menschen, die man hasst, in der Vorstellung bestraft oder gar tötet. Als «Privatwelt» schirmt die Fantasie gegen verletzende und kränkende Einbrüche aus der Wirklichkeit ab und schafft eine vorläufig angenehme Sphäre (Alkohol- und Drogenmissbrauch). Sie kann eine «böse Tat» oder eine schmerzliche Trennung von einem Partner ungeschehen erscheinen lassen. Sie kann aber auch verängstigen, übermächtig werden und als Projektion der eigenen Ängste die Wirklichkeit unerträglich machen. Fantasie vermischt sich so mit Wahrnehmungen und führt zu Symptomen, wie sie in der Schizophrenie als Wahnvorstellungen anzutreffen sind.

Die Symptome hierfür sind: Einheitsverlust, Zwangsdenken, Angstpsychose, Religion als Lebensziel, Lebensangst, Todesangst, Pessimismus («nach mir die Sintflut»), Stimmungsschwankungen, Ungewissheit, Ratlosigkeit, Haltlosigkeit, passive Erwartungshaltung, Erwartungsangst, Resignation, Aberglaube, Selbstmordgedanken, psychogener Tod.

Beziehung der therapeutischen Modelle zueinander

Da neurotische, psychotische und psychosomatische Störungen als Einschränkung des Realitätsbezuges gesehen werden können, werden die vier Formen der Konfliktverarbeitung zur therapeutischen Leitlinie. Wir können zwischen den Formen der Konfliktverarbeitung und des Realitätsbezuges unterscheiden, die hypertrophiert, hochdifferenziert und zur perfekten Einseitigkeit gebracht worden sind, und den Formen, die dadurch zu Konfliktpotenzialen wurden, dass ihnen die Entwicklungsmöglichkeiten fehlten. Mit

Abbildung 4: Zwei Sichtweisen von Konflikten.

anderen Worten: Man wird nicht nur krank durch das, was man erlebt hat, sondern auch durch das, was man nicht erleben konnte, wenn den im Menschen angelegten Fähigkeiten die notwendigen Entwicklungsbedingungen entzogen wurden. Beide Konfliktdispositionen entwickeln sich kumulativ als fast unmerkliche Anhäufungen der Mikrotraumen, die den bestehenden familiären und familiär verarbeiteten gesellschaftlichen Konzepten entsprechen. Dementsprechend zeichnen wir die vier Formen der Konfliktverarbeitung in zwei einander entsprechenden komplementären Bildern (**Abb. 4**).

Dieses Diagramm beschreibt eine typische Form der Konfliktanfälligkeit, die über die vier Vorbild-Dimensionen lebensgeschichtlich zugänglich und durch das Differenzierungsanalytische Inventar (DAI) inhaltlich beschrieben wird.

Medien der Liebesfähigkeit

Die vier Bereiche der Konfliktverarbeitung korrespondieren mit der Erkenntnisfähigkeit, d. h. mit den Medien, mit deren Hilfe wir uns mit der Realität in Beziehung setzen. Eine weitere wesentliche Dimension menschlichen Lebens wird durch die Liebesfähigkeit umschrieben, die sich durch Beziehungen zur Umwelt entwickelt. Aus diesem Grunde fragen wir auch nach den Beziehungsqualitäten, die einen Zugang zu den Gestaltungsmöglichkeiten der Emotionalität öffnen können.

Wir unterscheiden vier Medien der Liebesfähigkeit (**Abb. 5**). Sie charakterisieren typische Grundbeziehungen, die jeder Mensch in irgendeiner Form eingeht. Diese Grundbeziehungen sind: die Beziehung zum Ich, zum Du, zum Wir und zum Ur-Wir. Auf die Entwicklung jeder dieser Beziehungen nimmt eine charakteristische Vorbild-Dimension Einfluss. Vorbild-Dimension für die Beziehung zum Ich ist das Verhältnis der Eltern und Geschwister zu einem selbst; für das Du die Beziehung der Eltern untereinander, für das Wir die Beziehung der Eltern zur Umwelt und für das Ur-Wir die Beziehung der Eltern zur Religion/Weltanschauung. Die Eltern bzw. Geschwister sind in der Kleinfamilie für das Kind die primären Bezugspersonen und stellen damit Prototypen für Formen der sozialen Beziehungen bereit.

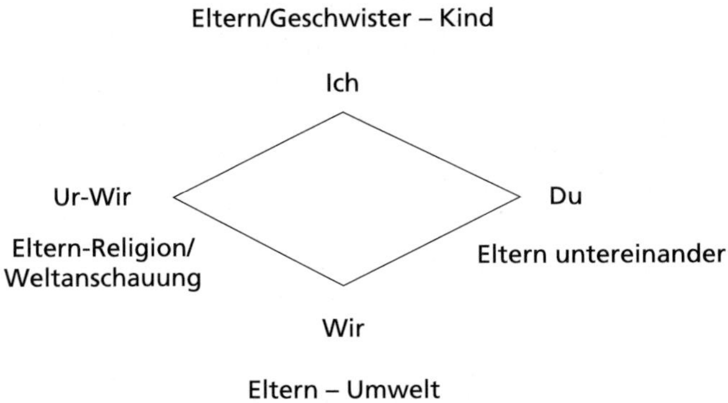

Abbildung 5: Medien der Liebesfähigkeit

Das fünfstufige Vorgehen in Therapie und Selbsthilfe

Im Rahmen der Therapie und der Selbsthilfe steht der Positiven Psychotherapie ein fünfstufiges Verfahren zur Verfügung. Dieses Verfahren bezieht sich auf die beschriebenen Aktualfähigkeiten und Formen der Konfliktverarbeitung, insofern sie zu zwischenmenschlichen Konflikten und Störungen im seelischen Bereich führen.

Stufen der Positiven Psychotherapie im Erstgespräch

1. *Stufe (Beobachtung/Distanzierung)*: Symptomatik, positive Deutung (Beispiel. Anorexie, d. h. die Fähigkeit, mit wenig Mitteln auszukommen; die Fähigkeit, am Hunger der Welt teilzunehmen), transkulturelle Aspekte, Sprachbilder.

2. *Stufe (Inventarisierung)*: «Was ist in den letzten 5 bis 10 Jahren alles auf Sie zugekommen (gesundheitlich, beruflich, familiär usw.)? Nennen Sie bitte 10 Punkte. Wie haben Sie darauf reagiert? Wo haben Sie gelernt, so zu reagieren? Wie reagiert Ihre Familie darauf?»

3. *Stufe (situative Ermutigung)*: «Welche dieser Ereignisse haben Sie bisher bearbeitet? Wie haben Sie das gemacht und was hat es für Sie gebracht?»

4. *Stufe (Verbalisierung)*: «Welche Probleme sind noch übrig geblieben? Welche von ihnen sollen Sie in den nächsten 5 bis 6 Wochen bearbeiten?»

5. *Stufe (Zielerweiterung)*: «Was würden Sie in den nächsten 5 Jahren (Monaten, Wochen, Tagen) gesundheitlich, beruflich, familiär und gesellschaftlich machen, wenn Sie keine Probleme mehr hätten?»

Die fünf Stufen orientieren sich an den fünf Formen der Konfliktverarbeitung und haben eine Erweiterung des Repertoires an Konfliktverarbeitungsmöglichkeiten zum Ziel.

Wenn die «Waage» der vier Formen der Konfliktverarbeitung in der Lebenspraxis durch Flucht in die Krankheit (Körper), Flucht in die Arbeit (Leistung), Flucht in die Geselligkeit oder in die Einsamkeit (Kontakt), aber auch durch Flucht in Träume (Fantasie) aus dem Gleichgewicht gerät, reagiert der Mensch mit physischen oder psychischen Erkrankungen. Man fragt daher nach den Beziehungen eines Menschen zu den folgenden vier Kategorien: Wie ist das Verhältnis eines Menschen zu sich selbst? Wie ist das Verhältnis zum Beruf? Wie ist das Verhältnis zum Partner und zur sozialen Umgebung? Wie ist das Verhältnis zur Zukunft?

Stufen der Selbsthilfe

1. *Beobachtung/Distanzierung*: Der Patient legt möglichst schriftlich Rechenschaft ab, über was oder wen und wann er sich ärgert und welche Anlässe ihm angenehm sind. Auf dieser Stufe beginnt der Prozess des Unterscheidenlernens. Man beginnt den Konflikt einzukreisen und inhaltlich zu beschreiben. Welche Symptome und Beschwerden liegen vor? Erstmaliger Symptombeginn? Beschwerdenauslösende Momente? Wo und wie ist der Patient bisher behandelt worden? Welche Erklärungen wurden für die Krankheit gegeben? Positive Deutungen, transkulturelle Beispiele, Sprachbilder

2. *Inventarisierung*: Anhand eines Inventars der Aktualfähigkeiten (DAI) stellen wir fest, in welchen Verhaltensbereichen man selbst und der Partner «positive», in welchen man «negative» Eigenschaften hat. Mit welchen Ereignissen wurden der Patient und seine Familie in den letzten fünf bis zehn Jahren konfrontiert? Wie wurden sie verarbeitet (vier Formen der Konfliktverarbeitung)? Welchen Einfluss haben die Ereignisse auf das allgemeine Wohlbefinden, den Beruf, die Partnerschaft, die Familie und andere zwischenmenschliche Beziehungen und Zukunftsperspektiven gehabt? Welche der Aktualfähigkeiten wirken mikrotraumatisch?

3. *Situative Ermutigung*: Um ein Vertrauensverhältnis aufzubauen, lernt der Patient, einzelne «positiv» ausgeprägte Eigenschaften seines Partners zu verstärken und auf die damit korrespondierenden eigenen kritisch ausgeprägten Eigenschaften zu achten. Welche positiven Auswirkungen haben die Lebensereignisse und Konzepte auf den Patienten und seine Familie? Positive (konfliktarme) Anteile beim Symptomträger und seiner Familie werden bewusst gemacht und kontinuierlich ermutigt. Medikation? Physikalische Behandlung? Diätmaßnahmen? Entspannungsverfahren? Intervalltraining?

4. *Verbalisierung*: Um aus der Sprachlosigkeit oder der Sprachverzerrung des Konfliktes herauszukommen, wird schrittweise die Kommunikation mit dem Partner nach festgelegten Regeln trainiert. Man spricht sowohl über die angenehmen als auch über die unangenehmen Eigenschaften und Erlebnisse. Welche drei Probleme möchte der Patient und seine Familie in den nächsten drei bis fünf Wochen angehen? Probleme werden verbalisiert, konkretisiert und die Kommunikation und/oder Lösungswege in der Familie (Partner- und Familiengruppe) trainiert.

5. *Zielerweiterung*: Die neurotische Einengung des Gesichtsfeldes wird gezielt abgebaut. Man lernt, den Konflikt nicht auf andere Verhaltensbereiche zu übertragen, sondern neue und bisher noch nicht erlebte Ziele anzusteuern.

Die Behandlung beruht dabei auf zwei gleichzeitig ablaufenden und ineinander verzahnten Prozessen: der Psychotherapie, bei der die Beziehung von Therapeut und Patient im Vordergrund steht, und der Selbsthilfe, bei welcher der Patient innerhalb der Gruppe seiner Bezugspersonen «therapeutische» Aufgaben übernimmt.

Diese fünf Stufen stellen auch ein Rahmenmodell dafür dar, wie verschiedene therapeutische Richtungen miteinander (integrativ bzw. ergänzend) arbeiten können – die PPT und die PFT verstehen sich in diesem Sinne als interdisziplinäre Ansätze.

Literatur

Battegay, R. (1981): Grenzsituationen. Huber, Bern, Stuttgart, Wien

Battegay, R. ([2]2000): Psychoanalytische Neurosenlehre. Fischer Taschenbuch, Frankfurt a.M.

Beck, D. (1970): Das Gallensteinleiden unter psychosomatischem Aspekt. Vandenhoeck & Ruprecht, Göttingen

Benedetti, G. ([5]1998): Todeslandschaft der Seele – Psychpathologie, Psychodynamik und Psychotherapie der Schizophrenie. Vandenhoeck & Ruprecht, Göttingen

Cremerius, J. (1955): Rheumatische Muskel- und Gelenkerkrankungen als funktionelles Geschehen. Psychosomatic Medicine 1: 173–181

Hoffmann, S. O., Hochapfel, G. ([5]1995): Neurosenlehre. Psychotherapeutische und Psychosomatische Medizin. Schattauer, Stuttgart/New York

Kutter, P. (1989): Moderne Psychoanalyse – Eine Einführung in die Psychologie unbewußter Prozesse. Interaktional Verlag, München/Wien

Peseschkian, N. (1974): Schatten auf der Sonnenuhr. Medical Tribune, Wiesbaden

Peseschkian, N. ([10]2000): Positive Familientherapie. Fischer Taschenbuch, Frankfurt a.M.

Peseschkian, N. ([12]2000): Positive Psychotherapie. Fischer Taschenbuch, Frankfurt a.M.

Peseschkian, N. ([7]2001): Psychosomatik und Positive Psychotherapie. Transkultureller und interdisziplinärer Ansatz am Beispiel von 40 Krankheitsbildern. Springer, Berlin/Heidelberg/New York

Peseschkian, N. (1991b): Der Kaufmann und der Papagei. S. Fischer, Frankfurt a.M.

Peseschkian, N., Boessmann, U. ([4]2001): Angst und Depression im Alltag. Fischer Taschenbuch, Frankfurt a.M.

Peseschkian, N., Deidenbach, H. (1988): Wiesbadener Inventar zur Positiven Psychotherapie und Familientherapie (WIPPF). Springer, Berlin/Heidelberg/New York

Selye, H. (1974): Streß-Bewältigung und Lebensgewinn. Piper, München, Zürich

Das salutogenetische Modell unter dem transkulturellen Gesichtspunkt: Konfliktinhalt und Konfliktdynamik

Georg Franzen, Wolfgang Hönmann, Nossrat Peseschkian, Marga Rothe und Helmut Röthke

Es ist sinnvoller, Probleme zu lösen, als mit ihnen zu leben.

Um menschliche Konflikte zu verstehen, fragen wir nach den Inhalten, die in ihnen ausgetragen werden. Im psychosozialen Bereich sind diese Inhalte nicht statisch, sondern entwickeln ihre eigene Dynamik. Die entstandenen Konflikte spielen sich auf mehreren Ebenen zugleich ab: in der Erlebnisverarbeitung, in der Partnerbeziehung, in der Familie und in größeren sozialen Gruppen. Die Inhalte, mit denen wir solche Konflikte beschreiben wollen, müssen – um diesen verschiedenen Aspekten gerecht zu werden – auf allen Beziehungsebenen vorkommen.

Vier Formen der Konfliktverarbeitung in der Positiven Psychotherapie

Trotz aller kultureller, sozialer Unterschiede und der Einzigartigkeit jedes Menschen können wir beobachten, dass alle Menschen bei der Bewältigung ihrer Probleme auf typische Formen der Konfliktverarbeitung zurückgreifen. Wenn wir ein Problem haben, uns ärgern, uns etwas belastet oder wir uns unverstanden fühlen, in ständiger Anspannung leben oder in unserem Leben keinen Sinn sehen, können wir diese Schwierigkeiten in den folgenden vier Formen der Konfliktverarbeitung zum Ausdruck bringen, denen analog die vier *Medien der Erkenntnisfähigkeit* zugeordnet werden (**Abb. 1**). Sie lassen erkennen, wie man sich und seine Umwelt wahrnimmt und auf welchem Weg der Erkenntnis die Realitätsprüfung erfolgt:

1. Körper (Mittel der Sinne)
2. Leistung (Mittel des Verstandes)
3. Kontakt (Mittel der Tradition)
4. Fantasie (Mittel der Intuition).

Körper / Sinne

Die Fähigkeit, den Körper lustvoll zu erleben und damit die Gesundheit zu erhalten: Im Vordergrund steht das Körper-Ich-Gefühl. Wie nimmt man seinen Körper wahr? Wie erlebt man die verschiedenen Sinneindrücke und Informationen aus der Umwelt? Der Schlaf- und Fütterungsrhythmus kann bedeutsam für die Entwicklung der Pünktlichkeit sein. Die Organwahl eines psychosomatisch erkrankten Patienten wird im Hinblick auf die Konzepte verständlich, an die er sich gegenüber dem Körper als Ganzem, einzelnen Organen und Organfunktionen sowie gegenüber Gesundheit und Krankheit verhält.

Fantasie / Zukunft

Die Fähigkeit, von seinen intuitiven und phantasievollen Ressourcen zu nutzen und damit die nahe und ferne Zukunft optimistisch und sinngebend zu entwerfen. Intuition und Phantasie reichen über die unmittelbare Wirklichkeit hinaus und können all das beinhalten, was wir als Sinn einer Tätigkeit, Sinn des Lebens, Wunsch, Zukunftsmalerei oder Utopie bezeichnen. Auf die Fähigkeiten der Intuition/Phantasie und die sich aus ihr entwickelnden Bedürfnisse gehen Weltanschauungen und Religionen ein, die damit die Beziehung auch zu einer fernen Zukunft vermitteln.

Leistung

Die Fähigkeit, von seinen Lernmöglichkeiten Gebrauch zu machen und sie einzusetzen. Die Fähigkeit zu lernen und zu lehren. Hierzu gehört die Art und Weise, wie Leistungsnormen ausgeprägt sind und wie sie in das Selbstkonzept eingegliedert werden. Denken und Verstand ermöglichen es, systematisch und gezielt Probleme zu lösen und Leistungen zu optimieren.

Kontakt

Die Fähigkeit, seine emotionalen Qualitäten umfassend zu gestalten und damit soziale Beziehungen aufzunehmen und zu pflegen. Die Fähigkeit zu lieben und sich so zu verhalten, um geliebt zu werden. Wichtig ist hier die Beziehung zu sich selbst, dem Partner, der Familie; das Verhältnis zu anderen Menschen, Gruppen, sozialen Schichten und fremden Kulturkreisen; die Beziehung zu Tieren, Pflanzen und Dingen. Die sozialen Verhaltensweisen werden durch die individuellen Lernerfahrungen und die Überlieferung (Tradition) mitgeprägt. Unsere Möglichkeiten, Kontakte zu gestalten, und sozial erlernte Auswahlkriterien, die sie steuern, sind beispielsweise: Man erwartet von einem Partner Höflichkeit, Ehrlichkeit, Gerechtigkeit, Ordnung, die Beschäftigung mit bestimmten Interessengebieten usw. und sucht sich die Partner aus, die in irgendeiner Weise diesen Kriterien entsprechen.

Abbildung 1: Salutogenetisches Modell in der Positiven Psychotherapie. Die vier Qualitäten des Lebens als Beschreibung der Ressourcen und Chancen.

Diese Formen der Konfliktverarbeitung sind relativ weite Kategorien, die jeder mit seinen eigenen Vorstellungen, Wünschen und Konflikten füllt. Beispiel: Der Vater reagiert durch Flucht in die Arbeit (Leistung), die Mutter reagiert durch Rückzug, Meidung sozialer Kontakte (Kontakt), das Kind reagiert durch körperliche Beschwerden (Körper). Diese verschiedenen Reaktionsweisen können ihrerseits zu Kommunikationsschwierigkeiten führen.

Symptomatik: Schlafstörungen, Appetitlosigkeit, Organbeschwerden, Reizbarkeit, hemmungsloses Essen, Vitalitätsverlust, Sexualabwehr, Ermüdbarkeit, körperlicher Schmerz, Bewegungsarmut, akustische und optische Halluzinationen, hypochondrische Vorstellungen sowie Wahrnehmungs-, Trieb- und Affektstörungen können als Symptome im Bereich *Körper/Sinne* verstanden werden. Denk- und Intelligenzstörungen, Konzentrations-, Gedächtnis- und Entscheidungsschwäche, Neigung zur Rationalisierung, Grübeln, Zwangsgedanken, fehlender Realitätsbezug usw. beziehen sich auf den *Verstand*. Fixierungen, Vorurteile, Stereotypien, Fanatismus, Urteilsschwäche, Wahrheitsangst, Hassgefühle, Schuldgefühle, Geschichtslosigkeit und Einseitigkeiten stehen in Beziehung zur *Tradition*. Fantasie, Realitätsfremdheit, Suizidfantasien, sexuelle Vorstellungen, Befürchtungen, Zwangsvorstellungen, Beziehungs- und Verfolgungswahn können den Medien der *Fantasie/Intuition* zugerechnet werden.

Minusvarianten im Repertoire der Möglichkeiten, Konflikte zu verarbeiten, sind die Bereiche: Körper, Kontakt und Fantasie. Obwohl sie viel zur Dynamik des Konfliktes beitragen, sind diese dem Patienten nicht bewusst. Sie stehen für ihn am Rande seiner Wirklichkeit und sind nicht mehr lustbesetzt; sie bleiben defizitär und erzeugen ihrerseits Ängste. Verständlich werden sie vor dem Hintergrund der Vorbild-Dimensionen, welche die ursprünglichen erlebten familiären Beziehungen beschreiben. Sie erweisen sich als Angst vor Objektverlust.

Die vier Bereiche entsprechen einem Reiter, der leistungsmotiviert (Leistung) einem Ziel zustrebt (Fantasie). Er braucht dazu ein gutes und gut gepflegtes Pferd (Körper) und für den Fall, dass dieses ihn einmal abwerfen sollte, Helfer, die ihn beim Aufsteigen unterstützen (Kontakt). Dies bedeutet, dass eine Therapie sich nicht nur mit einem Bereich, z. B. dem Reiter, beschäftigen kann, sondern alle beteiligten Bereiche berücksichtigen muss.

Das unbewusste Motiv: Streben nach Verwirklichung

Nur ein Teil der Motive menschlichen Verhaltens gelangt zum Bewusstsein und wird von ihm kontrolliert. Auf dieser Erkenntnis basiert die Psychoanalyse von S. Freud. Er formulierte eine Theorie des Unbewussten. Besondere Bedeutung innerhalb dieser Theorie kommt dem Sexualleben zu.

In der Positiven Psychotherapie ersetzen die beiden Grundfähigkeiten der Erkenntnis- und Liebesfähigkeit die Libido der Freudschen Theorie. Die Libido ist gewissermaßen als energetischer Anteil in den Grundfähigkeiten angelegt. Daneben besitzt das Unbewusste in der Positiven Psychotherapie folgende zwei Funktionen:

Einmal ist es der Ort der noch nicht entwickelten, undifferenzierten Fähigkeiten und der menschlichen Energie. Im Unbewussten ruht somit alles, was im Menschen angelegt, aber noch nicht entfaltet ist, weil die Reifungsbedingungen noch nicht gekommen sind. Die Fähigkeiten sind Energiepotenziale, welche nach Verwirklichung streben.

Zum anderen ist das Unbewusste der Ort verdrängter und unterdrückter Aktualfähigkeiten und Medien. Die einzelnen Fähigkeiten haben bereits eine Auseinandersetzung mit der Umwelt durchgemacht; sie sind entweder von der jeweiligen Umwelt abgelehnt worden oder die Umwelt hat keine hinreichenden Bedingungen für ihre Entwicklung geboten oder andere Aktualfähigkeiten wurden in ihrer Bedeutung so weit herausgehoben, dass für weitere kein Platz zu bestehen schien.

Vor dem Hintergrund der Doppelfunktion des Unbewussten wird verständlich, warum nicht nur Erlebtes zu Störungen und Konflikten führt, sondern auch Nicht-Erlebtes.

Von seinem Wesen her ist das Unbewusste einer direkten Befragung unzugänglich. Es wird vielmehr durch den Therapeuten erschlossen. Der Therapeut versucht, aus den ihm vorliegenden Informationen – Muster der Aktualfähigkeiten und Medien der Liebes- und Erkenntnisfähigkeit – die psychodynamisch wirksamen Zusammenhänge zu erschließen. Die mangelnde Differenzierung blockt einzelne psychodynamische Inhalte gegenüber dem Bewussten ab und entzieht sie seiner Verfügung. Unter dem Aspekt des psychodynamischen Geschehens werden solche Prozesse als Verdrängung, Generalisierung etc. bezeichnet. Diese Aussagen bleiben allgemein und erweisen sich zur Beschreibung des individuellen psychischen Geschehens als unzureichend, sofern ihr inhaltlicher Bezug nicht berücksichtigt wird. In diesem Sinne ist die Durchführung des DAI und das Abtasten der Medien der Liebes- und Erkenntnisfähigkeit bereits Bewusstmachung im therapeutischen Sinn.

Neben der Funktion des Unbewussten wird die Einstellung dem Unbewussten gegenüber diagnostisch und therapeutisch relevant: ob das Unbewusste – weniger in seiner theoretischen als vielmehr in seiner subjektiven Bedeutung – als bedrohlich, beängstigend und erschreckend erlebt wird oder ob es im Erleben positiv als Quelle der Selbsterfahrung, der Bewusstseinserweiterung und der Kreativität realisiert werden kann. Frau Betty formuliert ihr Verhältnis zum Unbewussten:

> Wie soll ich es wissen?
> Ich habe einen Fall in meinem Leben, wo mein Verstand ausgesetzt hat. Das war die Verlobung und die Schwangerschaft. Da habe ich Dinge getan, die ich mir heute nicht erklären kann. Ich war richtig blöd, abhängig wie ein Schaf und empfindlich wie ein Kind. Ich bin hinter meinem damaligen Freund hergelaufen. Nachträglich fand ich das schlimm. Ich habe damals Dinge getan, die ich als bewusster Mensch nie tun würde. Heute versuche ich dagegen, sehr reflektiert zu sein. Wenn ich was mache, dann überlege ich es mir ganz genau. So was wie damals passiert mir nicht mehr. (Mittel des Unbewussten, bezogen auf die Medien und die Aktualfähigkeiten: Sinne, Verstand, Sexualität, Treue, Vertrauen, Ehrlichkeit, Liebe, Zeit, Zweifel, Gewissheit).

Die therapeutische Strategie richtet sich primär auf die nicht erlebten Bereiche, die im Sinne einer Umerziehung neu erarbeitet werden können (Zielerweiterung im Hinblick auf das Körper-Ich, zwischenmenschliche Kontakte und die Aktivitäten der Fantasie). Hand in Hand damit geht die lebensgeschichtliche Analyse des überbetonten Bereiches, dessen Hintergründe dem Patienten transparent werden.

Literatur

Balint, M. (1960) The regressed Patient and his Anaysis. In: Psychiatry, 23, 231–243

Battegay, R. (1981): Angst als Ausdruck des gesunden und gestörten Seelenlebens. Huber, Bern/Stuttgart/Wien

Benedetti, G. (1975): Psychiatrische Aspekte des Schöpferischen. Vandenhoeck & Ruprecht, Göttingen

Peseschkian, N. ([7]2001): Psychosomatik und Positive Psychotherapie. Transkultureller und interdisziplinärer Ansatz am Beispiel von 40 Krankheitsbildern. Springer, Berlin/Heidelberg/New York

Peseschkian, N., Deidenbach, H. (1988): Wiesbadener Inventar zur Positiven Psychotherapie und Familientherapie (WIPPF). Springer, Heidelberg/Berlin/New York

Scharfetter, Ch. (1975): Psychopathologie. Thieme, Stuttgart

Spitz, R. A. (1956): Die Entwicklung des ersten Lebensjahres. Klett, Stuttgart

Die Rolle von Frau und Mann in einer multikulturellen Gesellschaft

Manije Peseschkian und Nossrat Peseschkian

Ihr seid alle die Blätter eines Zweiges und die Früchte eines Baumes.
(Aus den Bahá'í-Schriften)

Der kleine Unterschied: Eine Geschichte für das positive Vorgehen
Ein orientalischer König hatte einen beängstigenden Traum. Ihm träumte, dass ihm alle Zähne, einer nach dem anderen, ausfielen. Beunruhigt rief er seinen Traumdeuter herbei. Dieser hörte sich sorgenvoll den Traum an und eröffnete dem König: «Ich muss dir eine traurige Mitteilung machen. Du wirst genau wie die Zähne alle die Angehörigen, einen nach dem anderen, verlieren.» Die traurige Deutung erregte den Zorn des Königs. Er ließ den Traumdeuter, der ihm nichts Besseres zu sagen hatte, in den Kerker werfen. Dann ließ er einen anderen Traumdeuter kommen. Der hörte sich den Traum an und sagte: «Ich bin glücklich, dir eine freudige Mitteilung machen zu können: Du wirst älter werden als alle deine Angehörigen, du wirst sie alle überleben.» Der König war erfreut und belohnte ihn reich für diese Worte. Die Höflinge wunderten sich sehr darüber. «Du hast doch eigentlich nichts anderes gesagt als dein armer Vorgänger. Aber wieso traf ihn die Strafe, während du belohnt wurdest?» fragten sie. Der Traumdeuter antwortete: «Wir haben beide den Traum gleich gedeutet. Aber es kommt nicht nur darauf an, was man sagt, sondern auch, wie man es sagt.» (Orientalische Geschichte)

Kaum ein Gebiet wird mit größeren Emotionen behandelt als das Verhältnis von Mann und Frau. Dabei scheint kaum ein anderes Gebiet mit solchen Vorurteilen belastet zu sein wie dieses. Das Missverständnis Mann – Frau spielt nicht nur in der aktuellen Auseinandersetzung in Ehe oder Beruf eine Rolle, sondern wirft seine Schatten auch auf die Erziehung. Es ließe sich vermindern, wenn wir bereit wären, andere Denkmodelle einzubeziehen (transkultureller Ansatz).

Der positive Ansatz unter dem transkulturellen Gesichtspunkt

Um ein beobachtbares Verhalten zu verstehen, brauchen wir Hintergrundinformationen, die uns erst Maßstäbe für das spätere Urteil geben. Das bedeutet sowohl die transkulturellen Bedingungen zu berücksichtigen als auch die Bedingungen, die in der persönlichen Lebensgeschichte einem Verhalten erst einen Sinn geben.

Wenn man in Deutschland spazieren geht und Bekannte trifft, kommt es gleich nach der Begrüßung zu einem Frage- und Antwortspiel: «Wie geht es Ihnen?» – «Danke, gut. Wie geht es Ihnen?» Im Orient hört sich dies etwas anders an: «Wie geht es Ihnen, wie geht es Ihrer Familie?» Die Frage nach der Familie gehört einfach dazu und wird selten vergessen.

Es scheint, als verberge sich hinter diesen unterschiedlichen Höflichkeitsritualen ein unterschiedliches Konzept von Identität. Im Abendland gilt das Ich als Bezugspunkt der eigenen Identität. Man nimmt an, wenn das Ich «in Ordnung» ist, müsste es mit der Familie, dem Beruf usw. schon klappen. Das orientalische Konzept setzt einen anderen Schwerpunkt: Wenn es meiner Familie gut geht, geht es auch mir gut. Die Familie gehört unmittelbar zu Identität und Selbstwert.

Wenn sich Massai in Kenia treffen, begrüßen sie sich mit folgenden Worten: «Ich hoffe, deinem Vieh geht es gut!» Das Vieh ist ihre einzige Lebensquelle. Deshalb widmen sich die Massai mit viel Kummer und Sorge der Viehpflege, und von diesen gewinnen sie ihre drei Hauptnahrungsmittel: Milch, Fleisch und Blut.

Die Liebe der Massai zu den Kindern ist groß. Die Mutter trägt das Kind auf den Schultern überall hin, sie stillt es sehr oft und lang, bis zum Alter von zwei oder auch drei Jahren. Der warme, ständige körperliche Kontakt und die sorgfältige mütterliche Pflege sind das erste und grundsätzliche Element des Vertrauens, das ein Kind in seine Eltern setzt. Für die Massai wird hier auch die Basis geschaffen für die spätere bedingungslose Hingabe an die Familie.

Formen der Partnerschaft

Man kann, grob gesprochen, drei Arten von Ehen unterscheiden: Eine hauptsächlich im Nahen und Fernen Osten, wo die ehe nicht nur als eine notwendige gesellschaftliche Verpflichtung der Gemeinschaft gegenüber angesehen wird, sondern auch als eine Familienangelegenheit, die in erster Linie von den Eltern entschieden wird. Eine andere ist die mehr oder weniger europäische Haltung, die die Ehe als eine für das richtige Funktionieren der Gesellschaft notwendige und wesentliche Beziehung ansieht, die zum größtmöglichen Vorteil aller ausgerichtet werden sollte, ohne zu viel persönliche Romantik zu erwarten – eine Romantik, die man auch anderwärts finden kann, wenn es unbedingt notwendig ist. Die dritte Art der Ehe könnte man als die ultra-amerikanische bezeichnen; sie ist ausgesprochen individuell, idealistisch und romantisch und wird geprägt durch das, was man «Liebe» nennt. Man glaubt, dass das höchste Glück nicht nur durch die Ehe zu erreichen sei, sondern dass man auch, wenn es dort nicht zu erlangen ist, die Ehe trennen und unbegrenzt neue Partner suchen könne. Wenn die romantische Seite nicht zufrieden stellend ist, glaubt man, diese Verbindung habe gänzlich ihren Zweck verfehlt und müsse über Bord geworfen werden.

Es gibt drei Grundeinstellungen zur Ehe: Der Orientale, der keine hochfliegenden Erwartungen hegt, vollkommene Liebe oder irgendeine andere Art idealer Beziehung in dieser Gemeinschaft zu finden, und der in der Ehe eine Lebensnotwendigkeit sieht, wodurch er in Ehren seinen Namen verewigen und seinen Beitrag zum Fortleben der Gesellschaft leisten kann.

Der Europäer (ein besserer Ausdruck fehlt mir), der sich ebenfalls wenig Illusionen über ein ideales Lebensglück in der Ehe macht, der in seiner Wahl freier und doch ans Althergebrachte gebunden ist, der eine hohe Achtung vor dem Familienleben als solchem hat, aber der dennoch nicht abgeneigt ist, sein Vergnügen irgendwo anders zu suchen. Der Amerikaner erwartet viel zu viel Gewinn aus der Ehe, wobei er sich seinerseits viel zu wenig Mühe geben will. Er fasst sie viel zu idealistisch auf, beachtet den Rat seiner Eltern zu wenig und lässt sich vorschnell scheiden.

Es zeigt sich erneut, dass keines dieser kulturellen Systeme für sich gut ist. Ihre Qualität erweist sich erst darin, wie sie sich für die Menschen auswirken, die in ihnen leben, und inwieweit ihre Spielregeln eine konstruktive Auseinandersetzung mit anderen soziokulturellen Systemen zulassen und die Angehörigen der verschiedenen kulturellen Systeme voneinander lernen könnten – und wenn es nur das wäre, dass sie einander verstehen lernten.

Einfluss der Erziehung und Umwelt

Der erzieherische Einfluss durch die soziale Umwelt wirkt sich nicht nur hinsichtlich der Lebensfähigkeit, des sozialen Verhaltens, der Aggressivität und der Intelligenz aus. Das soziale Rollenverhalten, insbesondere das Geschlechtsrollenverhalten, kann in seinen wesentlichen Zügen als Folge der Erziehung betrachtet werden. Das Pflegeverhalten gegenüber Kindern ist z. B. ein «typisch weiblicher» Instinkt.

Man setzte ausgewachsene weibliche Ratten vor ein Nest, in dem sich junge Ratten ohne Mutter befanden. Sofort begann das erwachsene Tier, die Kleinen mit Nahrung zu versorgen und zu pflegen. Männliche Ratten, vor das Nest gesetzt, kümmerten sich zunächst nicht um die Jungen. Nachdem jedoch ihre Aufmerksamkeit auf die Kleinen gefallen war, zeigten sie ein ähnliches Verhalten wie die weiblichen Tiere.

Aus den USA wurde folgendes Fallbeispiel berichtet: Ein amerikanisches Ehepaar brachte seinen damals 17 Monate alten Sohn zur üblichen Beschneidung, sie wurde mit einem elektrischen Apparat durchgeführt. Durch falsche Bedienung des Gerätes wurden Glied und Hoden des Jungen abgeschnitten. Die Eltern des Kindes waren ratlos: Welche Zukunft stand ihrem Sohn bevor? Psychiater und Psychologen empfahlen den Eltern, sie sollten ihren Sohn wie ein Mädchen erziehen. Die Eltern nahmen den Rat an und stellten ihre Erziehung um. Sie zogen dem Jungen Mädchenkleider an, ließen seine

Haare wie die eines Mädchens wachsen und sagten den beiden älteren Brüdern, sie hätten sich geirrt: «Sie ist doch ein Mädchen, kein Junge.» Nach drei Jahren stellten die Eltern fest, dass ihr «Mädchen» sich wie ein Mädchen verhielt. Spielten die Brüder mit Autos im Sand und kamen verschmutzt zurück, so spielte das «Mädchen» mit Puppen und hielt sich «ordentlich» und «sauber». Die Brüder zeigten ihrer «Schwester» gegenüber ein beschützendes Verhalten, «sie» versuchte, den Brüdern zu Diensten zu sein. Selten wurden Rivalitäten zwischen «ihr» und den Brüdern beobachtet. Sie benahm sich durchweg wie ein Mädchen.

Das «kulturelle Lernen» beginnt für ein Kind – auf dem Umweg über seine Eltern – am Tag der Geburt. Die experimentell bestätigte Vermutung, dass männliche Babys aktiver und ruheloser als weibliche sind, dass sie leichter in Wut geraten, mehr schreien, weniger schlafen und mehr Aufmerksamkeit von der Mutter fordern, kann verschieden gedeutet werden:

Sie kann das Ergebnis «angeborener Charakterunterschiede» sein; sie kann die Konsequenzen einer verschiedenartigen Behandlung der Babys durch die untersuchenden Psychologen oder – noch eher – durch ihre Eltern sein, die sich aufgrund selbstverständlicher Geschlechtsstereotype vom ersten Tag an unterschiedlich zu männlichen und weiblichen Sprösslingen verhalten; sie kann das Ergebnis einer Wechselwirkung zwischen angeborenen und erlernten Faktoren sein.

Die Erziehung wird in den meisten Fällen zur Domäne der Mutter, während der Vater die Rolle einer bestrafenden oder belohnenden Autorität bekommt. Er tritt oft nur dann in Erscheinung, wenn etwas schief läuft.

Die Tatsache, dass die Mutter in der Erziehung eine zentrale Funktion hat, nutzt der Mann oft als Vorwand, ihr die vollverantwortliche erzieherische Aufgabe zu überlassen. Er schiebt ihr damit den Schwarzen Peter zu. Wenn in der Erziehung alles gut läuft, fühlt sich der Vater bestätigt, klappt etwas nicht, ist die Mutter daran schuld. Dies führt dazu, dass sehr viele Frauen emotional überlastet sind und sich vor solchem Hintergrund körperliche und seelische Störungen entwickeln können. Als Reaktion darauf suchen viele Mütter einen Ausweg in der Flucht in die Arbeit. Sie erwarten dort größere Gerechtigkeit.

Der inhaltliche Ansatz

Pro Tag werden in der Bundesrepublik Deutschland etwa 350 Ehen geschieden. Diese Zahl bezeichnet nur die Spitze eines Eisberges. Nicht gerechnet ist die Unzahl der Menschen, die voneinander getrennt oder nebeneinander her leben. Auch umfasst diese Zahl nicht jene Kinder, die unter der Situation eines «broken home», einer gestörten Familie, leiden. Die Statistiken anderer Länder geben ähnliche Zahlen wieder.

Hinter partnerschaftlichen Konflikten steht eine Vielzahl von Faktoren, unter denen die Unterscheidung zwischen Sex, Sexualität und Liebe eine besondere Rolle einnimmt. Ähnlich, wie sich viele Jugendliche unter dem Begriff Religion Rituale, Dogmen und Vorurteile vorstellen, stellen sich viele ältere Menschen unter Sex einen Angriff auf die guten Sitten, Moralwidrigkeiten und «Schweinereien» vor. Während in dem einen Fall eine mangelnde Unterscheidung zwischen Glauben, Religion und Kirche vorliegt, besteht im anderen Fall eine mangelnde Unterscheidung zwischen Sex, Sexualität und Liebe:

- **Sex** bezieht sich auf den Bereich des Körpers. Er orientiert sich an den körperlichen Funktionen und Merkmalen. Es ist hier wichtig, genaue und sachliche Informationen über die Funktion des Körpers zeitgemäß zu vermitteln. Körperliche Merkmale sind in der partnerschaftlichen Beziehung nicht zu unterschätzen.
- **Sexualität** bezieht sich auf die Eigenschaften und Fähigkeiten eines Menschen, insofern sie die geschlechtlich-partnerschaftlichen Beziehungen betreffen. In sie gehen die sozialen Normen und damit die Aktualfähigkeiten ein.
- **Liebe** ist die globale, jedem Menschen eigene Fähigkeit, mit sich und seiner Umwelt emotionale Beziehungen aufzunehmen. Für die Entwicklung der Liebesfähigkeit, der Fähigkeit zu lieben und geliebt zu werden, spielt das Vorbild der Eltern eine zentrale Rolle. In ihrer Konsequenz führt die Liebesfähigkeit zur Anerkennung der menschlichen Gleichberechtigung und zu Verantwortung.

Sex und Sexualität für sich allein genommen machen den Menschen austauschbar. Er ist in diesem Sinne nur Träger von Eigenschaften, die als wertvoll oder wertlos beurteilt werden. Die Einzigartigkeit der Persönlichkeit wird bei einer Überbetonung von Sex und Sexualität vernachlässigt. Die Liebe aber, in Verbindung mit Sex und Sexualität, bestätigt die Einzigartigkeit eines Menschen.

Liebe besitzt eine andere Qualität als Sex und Sexualität: Mit einem Menschen, den man liebt, identifiziert man sich. Man vertraut ihm und steht ihm so nahe, dass man sogar bereit ist, über gewisse Schwächen hinwegzusehen, oder diese mitunter gar nicht wahrnimmt. Man akzeptiert hier den Partner in seiner Einzigartigkeit und versucht, ihn gewissermaßen idealisierend über alle Vergleiche und Zweifel zu erheben. Liebe wird somit zu einer Kontroll- und Bewertungsinstanz, die Einfluss auf die persönliche Gewichtung von Sex und Sexualität nimmt; sie erfährt dauernd Rückmeldungen aus den Erfahrungen. Treten vermehrt Störungen und Disharmonien auf, entwickeln sich unerwünschte körperliche Merkmale oder bestehen Interaktionsschwierigkeiten, so wiegt sich die Liebe mit diesen Negativfaktoren auf.

Die Fähigkeit zu lieben und geliebt zu werden, erfordert somit eine fortwährende Rückbeziehung auf die körperlichen und Verhaltensmerkmale. Wie der Führerschein nicht von der Verpflichtung entbindet, beim Autofahren ständig auf den Verkehr zu achten, enthebt das Eheversprechen oder das Gefühl, von dem Partner geliebt zu werden, nicht von der Notwendigkeit, sich, sein körperliches Erscheinungsbild und seine Verhaltensformen gerade in bezug zum Partner ständig zu kontrollieren und gegebenenfalls bereit zu sein, Korrekturen und Ergänzungen durchzuführen.

Religiös-weltanschauliche Einflüsse

Im Verlaufe der Lebensgeschichte lernt man zu lieben und sich so zu verhalten, um geliebt zu werden. Eine besondere Rolle spielt hier das Vorbild der Eltern in der Beziehung zu anderen Menschen und zur Religion.

Epochen, in denen sich wissenschaftliche Erkenntnisse und religiöse Überzeugungen wenigstens teilweise decken, vermitteln ein geschlossenes Weltbild. Zeitlich können bei verschiedenen Religionen Entwicklungsstadien hinsichtlich der Rollenverteilung nebeneinander herlaufen, wie heute in unserem Atomzeitalter auch noch Steinzeitkulturen leben.

Pflichten der Papuas

> Du Mann, wenn dir deine Frau nicht folgt oder dir nichts zu essen kocht, dann schlage sie; denn ihr Sinn steht gewiss nach einem anderen Mann.
> Du Frau, folge deinem Mann und koche ihm stets das Essen, sonst schlägt er dich, und es kommt zu Unzufriedenheit und Sippenstreit.

Aus den Zehn Geboten

Der Wert der Familie ist in nahezu allen religiösen und weltanschaulichen Systemen als Norm festgelegt. Als Basis gilt die Ehe. In der römisch-katholischen Lehrmeinung beispielsweise wurde die Sexualität auf die Ehe beschränkt. Im Vordergrund stand die Gemeinschaft von Mann und Frau (*Bonaventura, Duns Scotus*) und deren reproduktive Funktion. So sieht *Augustinus* den Sinn der Ehe in der Nachkommenschaft, der ehelichen Treue und der Unauflöslichkeit der christlichen Ehegemeinschaft (*Lau*). Auch die Eltern-Kind-Beziehung unterlag diesen Regeln. Nach *Augustinus* sollte die Nachkommenschaft «mit Liebe entgegengenommen, mit herzlicher Güte gepflegt und gottesfürchtig erzogen» werden. Den Kindern schreibt das Alte Testament sogar bei Androhung der Todesstrafe vor, Vater und Mutter zu ehren und ihnen gehorsam zu sein.

Vor diesem Hintergrund war nicht die Familie zu behandeln, sondern ihre abweichenden Mitglieder. Da die Ehe – als von Gott zusammengefügt – unter allen Umständen zu erhalten war, ging es vor allem darum, ein Ausbrechen der Ehepartner zu verhindern, selbst auf die Gefahr hin, dass sie in der gestörten Ehe zerbrachen. In Form von Gesprächen, Beratungen, Anordnungen, Identifikationsangeboten und einem Katalog diesseitiger und jenseitiger Strafen wurde eine Verhaltenskorrektur und mitunter eine subjektive Entlastung erzielt.

Pflichten der Muslims

> Wer aber Rechtes tut, sei es Mann oder Frau, und er ist gläubig, jene sollen eingehen ins Paradies. (4. Sure 123)

Zu den religiösen Pflichten: Achtung vor dem Leben des Mitmenschen, damit Einschränkung der Blutrache aus heidnischer Zeit und Verbot des Tötens weiblicher Nachkommenschaft, die dem Araber unerwünscht war; Treue und Anständigkeit im Einhalten von Verträgen und im Handelsleben (in Maß und Gewicht); Einschränkung der Polygamie auf vier Frauen und Besserstellung dieser bei gleichzeitiger Erschwerung der in heidnischer Zeit ganz einfachen Scheidung; Güte und liebevolle Dankbarkeit gegen Eltern und Anverwandte; Hilfestellung für Stammes- und Glaubensgenossen, besonders zu Waisen (und Redlichkeit in deren Vermögensverwaltung); Fürsorge für die eigenen Kinder und Fürsorge für deren Mütter.

Gleichberechtigung von Mann und Frau in der Baha'i Religion

Beim Vergleich mit den anderen Religionen fällt auf, dass die Gleichberechtigung von Mann und Frau zum ersten Mal in der Baha'i Religion ausdrücklich gefordert wird: Zielsetzung der Erziehung der Mädchen ist die «Unterweisung in den verschiedenen Wissensgebieten, gutem Betragen, einer richtigen Lebensweise, der Pflege eines guten Charakters, Keuschheit und Treue, Beständigkeit, Kraft, Entschlossenheit, Festigkeit in der Zielsetzung...»

Allgemein gilt der Grundsatz, dass Mädchen und Jungen denselben Lehrplan haben sollten. Neben einer guten und angemessenen Erziehung spielt auch die Ermutigung der Frauen eine wichtige Rolle. Die Frau muss ein gesundes Selbstbewusstsein und Selbstvertrauen haben, um ihre Fähigkeiten auch wirklich entwickeln zu können. Die Erziehungsaufgabe ist nicht zu vernachlässigen, sie ist von größter Bedeutung.

Die Partnergruppe

Die Partnergruppe ist die Einrichtung in einer Partnerschaft, in der auftretende Probleme und Konflikte behandelt werden. Konflikte haben die Neigung, wie bösartige Geschwüre ihren engen Rahmen zu überschreiten und in die Bereiche, die eigentlich gar nicht davon betroffen sind, einzudringen. Die Partnergruppe soll dieser Tendenz entgegenwirken. Auftretende Konflikte werden zeitlich und örtlich begrenzt zwischen den beteiligten Partnern behandelt. Die Vorgehensweise der Partnergruppe entspricht in ihren Grundzügen der Methodik, die wir in der Familiengruppe bereits kennen gelernt haben.

Ein Weg, die Ressourcen in der Partnerschaft und Familie zu mobilisieren, statt beharrlich altbekannte Probleme zu wälzen, sind Geschichten und Spruchweisheiten, die vom Therapeuten als Gegenkonzepte eingebracht werden können.

Literatur

Abdul-Baha'i (1972): Beantwortete Fragen. Baha'i Verlag, Frankfurt a.M.

Baha'u'llah (1972): Ährenlese. Baha'i Verlag, Frankfurt a.M.

Battegay, R. (1979).: Narzißmus in seiner physiologischen und psychopathologischen Dimension. Zeitschrift für Positive Psychotherapie, Heft 1

Peseschkian, N. (1977): Psychotherapie des Alltagslebens: Training zu Partnerschaftsbeziehung und Selbsthilfe. Fischer Taschenbuch, Frankfurt a.M.

Peseschkian, N. ([12]2000): Positive Psychotherapie. Fischer Taschenbuch, Frankfurt a.M.
Peseschkian, N.(1978): Vom Mut, eine Probe zu wagen. Erfahrungsheilkunde 27, 622–630
Peseschkian, N. ([24]2000): Der Kaufmann und der Papagei: Orientalische Geschichten als Medien in der Psychotherapie. Fischer Taschenbuch, Frankfurt a.M.
Rabbani, R. (1975): Dein Leben, Deine Wahl. Baha'i Verlag, Frankfurt a.M.
Richter, H. E., Strotzka, H., Willi, J. (Hrsg.) (1976): Familie und seelische Krankheit. Hamburg
Rosman, B. L., Minuchin, S., Liehmann, R. (1976): Der «Familine-Lunch». Eine Möglichkeit zur Einleitung einer Familientherapie. Familiendynamik 4: 334–347

Gesundheits- und Krankheitsentstehung: Salutogenese und Pathogenese

Claudia Christ, Gunther Hübner, Michael Katzensteiner, Nossrat Peseschkian und Helmut Röthke

Jede dunkle Nacht hat ein helles Ende.
(Orientalische Lebensweisheit)

Einleitung

Die Positive Psychotherapie widmet sich der Psychologie des Alltagslebens. Das Alltägliche ist nicht das weniger Wichtige. Gerade die sich fast monoton wiederholenden Ereignisse beeinflussen nachhaltig, wie wir uns selbst und unsere Umwelt erleben und wie wir auf sie reagieren können. Vielen erscheint müßig, sich um das zu kümmern, was noch einigermaßen gut funktioniert. Mit dieser Einstellung, die auch in der Medizin und Psychotherapie, vorherrscht, verhält man sich weniger vernünftig als der Autofahrer, der wenigstens von Zeit zu Zeit nach dem Ölstand schaut. Nach der Gesamtkonzeption der Therapie des Menschen baut man sozusagen von Zeit zu Zeit lieber den defekten Motor aus. Konflikte und Störungen treten nicht aus dem Nichts hervor, sie sind vielmehr Antworten des Fähigkeitspotenzials des Menschen auf besondere fördernde oder hemmende Einflüsse der Umwelt. Gesundheit und Krankheit lassen sich nicht in Schwarz und Weiß malen, da beide Zustandsformen letztlich Antworten auf Entwicklungsmöglichkeiten und Fähigkeiten darstellen. Krankheit als Konflikt bedeutet daher Gelegenheit, sich mit dem auseinander zu setzen, was sich unter der Oberfläche an Konfliktpotenzialen angesammelt hat.

Der Mensch ist ein komplexes Wesen, das man nicht einfach durch lineare Funktionen beschreiben kann. Eine Therapie, welche die Konflikte bei allen Menschen auf gleiche Bereiche zurückführt (Sexualität, Beruf, Religion etc.), die nur bestimmte Funktionen als Ursachen von Konflikten begreift, muss, notwendigerweise an den Bedürfnissen der Menschen vorbeigehen. Für einige mögen sie zutreffen, für andere sind sie wie ein falsches Medikament, sind sie Gift. Wir versuchten daher, mit der Positiven Psychotherapie ein Modell zu entwerfen, das die körperliche und seelisch-soziale Komplexität der Persönlichkeit zwar nicht in allen Details, doch in ihren wesentlichen Grundzügen erfasst. Von diesem Modell ausgehend, können wir die im Einzelfall wirksamen Konfliktbereiche herausarbeiten und gezielt zum Gegenstand der Therapie einsetzen.

Auf der Basis dieses Konzepts kann jede Krankheit auf die Inhalte der Differenzierungsanalytischen Theorie zurückgeführt werden. Die Differenzierungsanalyse oder Positive Psychotherapie ist somit nicht nur Therapie einzelner Krankheitsbilder, sondern bietet potenziell ein therapeutisches Grundkonzept für alle Krankheiten an. Die Positive Psychotherapie bietet Modelle zur Beschreibung und zur Erklärung psychosomatischer Störungen und ihrer Zusammenhänge. So können die Hintergrundinformationen zum Verständnis der Situation eines Menschen im Zusammenhang mit einem Magengeschwür oder dem Ausbruch einer Lungentuberkulose mit Hilfe der Aktualfähigkeiten und der Medien der Grundfähigkeiten beschrieben werden, ohne dass ursächliche Zusammenhänge vorausgesetzt werden. Zum Anderen lassen sich Beziehungen und Zusammenhänge zwischen den psychosomatischen Störungen und den Aktual- und Grundfähigkeiten aufzeigen.

In der Entstehung psychosomatischer Krankheiten lassen sich gehäuft Hinweise auf Konfliktbereitschaften erkennen, welche die zwischenmenschliche Beziehung des Patienten betreffen. Diese Problematik stellt sich in ihren Grundzügen als Spannung dar zwischen den eigenen Werthaltungen, eigenen Verhaltensweisen, denen der sozialen Partner und den Normen der Gesellschaft. So finden sich beispielsweise im Zusammenhang mit vegetativen Fehlsteuerungen wie Reizmagen, Magen- und Zwölffingerdarmgeschwür, Begriffe wie ausgeprägter Ehrgeiz, Prestige, überhöhte Rollenforderungen. Bei funktionellen Atemstörungen, Asthma und Dickdarmentzündung zeigen sich typische Verhaltensbereitschaften wie betonte Höflichkeit, Gewissenhaftigkeit, Pedanterie, soziale Distanz, Kontaktarmut, Misstrauen und Angst vor Niederlagen. Bei Patienten mit funktionellen Herzbeschwerden erkennen wir mit auffälliger Häufigkeit ein überhöhtes Anspruchsniveau bei verdeckten Schwäche- und Unzulänglichkeitsgefühlen. Patienten mit Gallenblasenbeschwerden zeigen häufig eine auffällige Friedfertigkeit, Gefälligkeit, Bescheidenheit, Gebefreudigkeit und Bereitschaft, sich für andere zu verausgaben, was Beck (1968) als soziale Helferhaltung charakterisiert. Spiegelberg (1965) beschreibt im Zusammenhang mit Dickdarmgeschwüren (Colitis ulcerosa) ein eigentümliches Bild adynamisch depressiver Prägung mit Passivität, Selbstaufgabe und Hoffnungslosigkeit. Für funktionelle Störungen werden Überbeanspruchungen nervöser und psychischer Art verantwortlich gemacht. Angst, Versagungen und Ärger, abhängig von Umweltfaktoren, aber auch von Temperament und Persönlichkeitsstruktur des Patienten, spielen dabei eine große Rolle. Die nervöse Überbeanspruchung ist zumeist subjektiver Art, d. h. man findet hier nur selten Patienten, die außergewöhnlichen beruflichen oder andersartigen Verpflichtungen unterworfen sind. Häufiger sind es Probleme im Familienkreis, Ärgernisse im Beruf oder einfach Angst vor den trivialen Dingen des täglichen Lebens, die sich bei diesen Patienten äußern in Klagen über Trockenheit im Mund, Globusgefühl, Schluckbeschwerden, Appetitlosigkeit, Blähungen, Luftschlucken, Übelkeit, Erbrechen, Druckgefühle, krampfartige Schmerzen im Oberbauch, Durchfall, Verstopfung, Aufstoßen, Sodbrennen, Widerwillen gegen Nahrungsaufnahme, vermehrten Speichelfluss, Völlegefühl oder Gewichtsverlust (vgl. auch Seemann und Herschl, 1970).

Die Positive Psychotherapie besitzt vier Modelle zur Beschreibung und Erklärung psychosomatischer Erkrankungen und psychischer Störungen.

Das Beschreibungsmodell

Mit Hilfe der Aktualfähigkeiten und der Medien der Grundfähigkeiten können der Hintergrund einer psychosomatischen Störung und deren psychosoziale Auswirkungen beschrieben werden, ohne dass notwendigerweise ein ursächlicher Zusammenhang vorausgesetzt wird. Die berufliche Situation eines Magengeschwür-Patienten wird nicht nur allgemein als berufliche Überforderung oder Stress beschrieben, sondern durch die Ausprägungen der Aktualfähigkeiten und Medien der Grundfähigkeiten und die entsprechenden Einstellungen, z. B. Betonung von Fleiß/Leistung, Sparsamkeit, Ehrlichkeit und mangelndes Vertrauen. Die obigen Beschreibungen erfassen unter diesem Aspekt die Symptome der Aktualfähigkeiten, auf die sie zurückzuführen sind. Die Spielformen der Aktualfähigkeiten finden sich nahezu exemplarisch in den drei, Lebensbereichen Sexualität (Partnerschaft), Beruf (Fleiß/Leistung) und Religion (Weltanschauungen).

Sexualität, Beruf und Religion besitzen dreifache Funktion: Sie sind Dimensionen der Entwicklung und erscheinen in diesem Sinne auch im Inventar der Aktualfähigkeiten. Darüber hinaus können alle drei Bereiche zu Bedingungen und Ursachen von Störungen werden und weiterhin Austragungsort dieser Störungen sein. Dabei besteht keine eindeutige Zuordnung, dass der, der unter sexuellen und partnerschaftlichen Problemen leidet, diese auch wirklich in der Sexualität oder Partnerschaft austrägt, ebenso wenig wie berufliche oder religiöse Schwierigkeiten sich symptomatisch in genau ihren Ursprungsgebieten äußern. Vielmehr stehen diese Bereiche, ebenso wie der körperliche, psychische und soziale Bereich, miteinander innerhalb des Gesamtsystems Mensch in funktionalen Beziehungen. Es können hier im Sinne eines Ausgleichsprozesses, der gewissermaßen die Persönlichkeitsökonomie gewährleisten soll, Umgewichtungen, Verschiebungen und Überkreuzbeziehungen stattfinden, die allerdings Aussagen darüber erschweren, was eigentlich primär oder sekundär ist. In allen drei Bereichen sind die Aktualfähigkeiten vertreten, die übergreifende Kategorien darstellen und sich sowohl auf den sexuellen als auch auf den beruflichen und religiös-weltanschaulichen Bereich beziehen können. Der scheinbare Widerspruch löst sich damit durch die Einbeziehung der Aktualfähigkeiten als übergreifende Prinzipien, auf.

«Sie hält mich für einen Versager!»
«Meine Sexualität ist überhaupt vollkommen durcheinander. Bevor es überhaupt zu einer geschlechtlichen Vereinigung mit meiner Frau kommen kann, geht die Geschichte schon vorher los. Mir ist das so unangenehm. Meine Frau hält mich für einen Versager. Dabei kann ich berufliche Erfolge vorweisen, wie kaum ein Mann in meinem Alter. Ohne mich zu loben, bin ich ein Organisationstalent und kann gut mit den Leuten umgehen. Ich bin von früh morgens um 7 bis abends um 10 Uhr auf den Beinen, um alles zu organisieren und zu kontrollieren. Und in dem bisschen Zeit, das ich für mich und meine Frau habe, erweise ich mich als sexueller Blindgänger. Das war doch früher nicht so …»
(44-jähriger Leiter eines pharmazeutischen Industriebetriebes).

Hier erwies sich die Betonung von Fleiß/Leistung, der Erfolgszwang als durchgängiges Prinzip, das sowohl den partnerschaftlich-sexuellen als auch den beruflichen Bereich betraf. In dem folgenden Beispiel sind Sexualität, Treue und Pünktlichkeit die Leitthemen, die zu einem beruflichen Konflikt führten, der Depressionen und Schlafstörungen als symptomatische Beschwerden auslöste:

«Ich bin nutzlos!»
«Ich bin ein vollkommen nutzloser Mensch. Ich erlebe das jeden Tag im Büro. Meine Kollegen und mein Chef gucken mich schief an. Jetzt ist mir sogar mit Kündigung gedroht worden. Ich möchte am liebsten den Beruf wechseln oder noch besser Schlaftabletten nehmen (...) Ich komme regelmäßig zu spät. Nie gelingt es mir, pünktlich aufzustehen. Allein in der letzten Woche bin ich mehr als dreimal zu spät gekommen (...) Jeden Abend nach Geschäftsschluss warte ich darauf, dass mein Freund kommt. Er kommt manchmal gleich nach Feierabend, manchmal erst um Mitternacht, und in der letzten Zeit kommt er immer häufiger gar nicht. Ich warte dann die ganze Zeit und kann kaum vor drei Uhr nachts einschlafen. Wenn er da ist, dauert es eigentlich ebenso lange. Wir haben doch so wenig Zeit für uns.» (27-jährige Sekretärin, Depressionen).

Zwischen Partnerschaft, Religion und Beruf bestehen ähnliche Zusammenhänge. Dies veranschaulicht folgender Fall: Eine 26-jährige Patientin, die unter Herzbeschwerden, Angstzuständen, Schlaflosigkeit und Magenbeschwerden litt, schildert ihre Situation:

Sinnlosigkeit wegen Untreue
«Ich kann es unmöglich mit meinem Mann länger aushalten Er ist mir abgrundtief widerlich; ich kann es kaum beschreiben. Ich kann es überhaupt nicht verstehen, dass ich einen solchen Menschen heiraten konnte. Ich bin dahinter gekommen, dass er vor unserer Ehe schon andere Frauen hatte. Ich finde das unerträglich. Woher soll ich wissen, dass er jetzt hinter meinem Rücken nicht noch eine Freundin hat. Wenn ich ihn im Betrieb anrufe, ist er oft nicht da. Wenn ich nur wüsste, was er in der Zeit macht. Er besitzt sogar die Frechheit zu sagen, meine Anrufe würden nur stören und ihn und mich vor den Kollegen lächerlich machen. Lächerlich hat er sich gemacht, als er zu den Huren ging.»

Die Eltern der Patientin gehörten zu einer religiösen Gemeinschaft, in der Ehrlichkeit und Treue wesentliche Gebote waren und Untreue mit Ehrverlust und Schande, gerade für den Partner, gleichgesetzt wurde. Von diesem religiösen Konzept aus entstanden partnerschaftliche Probleme, die sich bis auf die berufliche Situation des Ehemannes auswirkten.

Das Mikrotraumen-Modell

Die Ansammlung verletzender Erfahrungen, vor allem hinsichtlich der Aktualfähigkeiten und der Medien der Grundfähigkeiten, führt dazu, dass einzelne Persönlichkeitsbereiche für Konflikte sensibilisiert werden. Das fortwährende Ansprechen dieser empfindlichen Zonen (z. B. Unpünktlichkeit bei einem Partner, für den Pünktlichkeit sehr wichtig ist) führt zu Spannungszuständen, die sich über das vegetative Nervensystem, das Hormonsystem und das Organsystem verselbstständigen können. Der Einfluss spezifischer Reize auf besonders sensibilisierte Persönlichkeitszonen wurde im Zusammenhang mit der Herzfunktion nachgewiesen (Peseschkian, 1999). Dabei gehen wir nicht von einem generellen Stress aus, sondern schlüsseln die Stress-Situation in ihre Besonderheiten auf. Daher sprechen wir nicht allgemein von Stress oder einem stressempfindlichen Menschen, sondern unterscheiden, welche Aktualfähigkeiten besonders stressempfindlich bzw. widerstandsfähig gegen Stress sind. Der Stress ist damit abhängig von den im Verlauf der Lebensgeschichte erlernten psychosozialen Normen, die als Einstellungen, Erwartungen und Verhaltensstile mit dem emotionellen Leben korrespondieren. Ein Patient, der wegen der fortgesetzten Unordnung seiner Familienmitglieder in dauerhafte emotionale Erregung gerät und Stressreaktionen zeigt, kann in Bezug auf Pünktlichkeit, Sparsamkeit, Treue und Höflichkeit erstaunlich stresstolerant sein (Beobachtungen in der eigenen Praxis).

Das Konfliktmodell

Voraussetzung für die Entstehung von Störungen, seien sie psychosomatisch, psychoreaktiv oder psychotisch, ist der Konflikt zwischen einander widersprechenden Einstellungen, Erwartungen, Werthaltungen und Verhaltensweisen. Allgemein spricht man in der Psychotherapie von Konflikten zwischen Wunsch und Angst, Annäherung und Vermeidung, Hass und Liebe, Wollen und Können etc. Die Psychoanalyse beschreibt diesen Zusammenhang mit dem Begriff der Ambivalenz; die Verhaltenstherapie spricht von einander widerstreitenden Lernerfahrungen. Damit wird zwar auf eine Polarität und die damit verbundenen Spannungen hingewiesen, nicht aber auf deren Inhalte, von denen aus die Spannungen erst plausibel werden. Die gelernten psychosozialen Normen, sprich: die Aktualfähigkeiten, werden auf der Grundlage der Erziehung, der Lernerfahrungen und deren innerer Verarbeitung zu Kriterien des Selbstwertgefühls, des Selbstkonzepts und zu Auslösern emotionaler Reaktionen. Treffen einander widersprechende Aktualfähigkeiten aufeinander, kann es zu Konflikten kommen, etwa zwischen innen und außen (jemand erwartet bei großer emotionaler Beteiligung Treue, erfährt bei seinem Partner Kontakt und Untreue).

Der Konflikt kann auch zwischen zwei inneren Werthaltungen ausgetragen werden, wobei die auslösende Konfliktsituation von außen her einwirkt. Der Alkoholiker, der nach einer Entziehungskur genau weiß, dass Alkohol für ihn schädlich, wenn nicht gar tödlich ist, trinkt dennoch mit, nachdem ihn seine Saufkumpanen dazu animiert haben. Er steht in einem Konflikt zwischen Ehrlichkeit (in diesem Fall die Fähigkeit, aus eigenem rationalem Interesse «nein» zu sagen) und Höflichkeit (nachgeben gegenüber den Freunden, die einen nichtalkoholischen Außenseiter nicht dulden wollen).

Es kann sich außerdem ein Konflikt zwischen verschiedenen Werthaltungen ergeben, der im Innern ausgetragen wird und der, wie es scheint, keinen unmittelbaren äußeren Anlass hat. Ein Psychotiker zog sich beispielsweise von allen seinen gewohnten sozialen Bezügen zurück, mit der Begründung, alle wollten nur sein Geld. Hier stehen Kontakt und Sparsamkeit gegenüber.

Die psychosomatischen Reaktionen lassen sich einerseits unter dem Gesichtspunkt der Mikrotraumen verstehen, zum anderen aufgrund der psychisch-funktionellen Überlastung, welche diese Konflikte für den Patienten darstellen.

Das Risikomodell

Die Aktualfähigkeiten und die Medien der Grundfähigkeiten brauchen nicht als unmittelbare Ursachen oder Auslöser somatischer Erkrankungen wirksam zu werden. Störungen können ebenso gut mittelbar über den psychosozialen, gesellschaftlichen und ökologischen Hintergrund eintreten.

«Was hat Muskelschwund mit Gerechtigkeit zu tun?»
In eine nordindische Klinik wurde ein achtjähriger Junge wegen Muskelschwunds eingeliefert. Er sah wie ein Skelett aus, lediglich der Bauch wölbte sich wie ein Ballon nach vorn. Um das Überleben zu sichern, musste das Kind durch eine Magensonde künstlich ernährt werden. Vom medizinischen Modell her gesehen, handelte es sich hier eindeutig um eine Hungererkrankung mit typischen Mangelerscheinungen. Es bestand ein Mangel an Eiweißen, Kohlehydraten, Vitaminen und Aufbaustoffen. Damit ist diese Krankheit jedoch nicht hinreichend begründet, zu ihrem Verständnis gehören die psychosozialen Aspekte: Die Eltern lebten in einer wenig industrialisierten Gegend, in einer Stadt, in der über Drei viertel aller Menschen monatlich umgerechnet mit 40 Mark auskommen müssen. Die Entfaltungsmöglichkeiten waren erheblich durch religiöse Vorschriften vorbestimmt. Ferner spielen Fragen der sozialen Gerechtigkeit, wie beispielsweise die Verteilung des Eigentums, die sozialen Institutionen sowie die Korruption in staatlichen Ämtern eine Rolle. Die Kinderzahl galt als Ausdruck sexueller Leistungsfähigkeit und Fruchtbarkeit. Hinzu kam, dass die Kinder der Familie fast ausschließlich aus Büchsen ernährt wurden, die durch internationale Hilfsaktionen irgendwie in diese Gegend gelangt waren. Alle diese Faktoren waren in irgendeiner Form an der Krankheitsentstehung beteiligt. In ihnen zeigen sich die Aktualfähigkeiten: Gerechtigkeit, Sexualität, Fleiß/Leistung (einmal auf die Religion und Sexualität, zum anderen auf den Beruf bezogen), Glaube/Religion, Hoffnung, Ehrlichkeit und veränderte Konzepte gegenüber der Ernährung (Mittel des Verstandes, Mittel der Sinne).

Diese sozialen und psychosozialen Faktoren bilden den Hintergrund einer körperlichen Erkrankung, deren Verlauf und Symptomatik allerdings nicht gesellschaftlichen und psychosozialen, sondern körperlichen Regeln folgt. Sie können auch Auslöser verdeckter oder offener zwischenmenschlicher und gesellschaftlicher Konflikte werden und zu Aggressionen, Arbeitsniederlegungen, Kriminalität, Gruppenhass, Krieg, Aufständen, Alkohol- und Drogenmissbrauch, Generationskonflikten und Signalverbrechen (wie Flugzeugentführung, Kidnapping, Mord an hochgestellten Persönlichkeiten) führen. So unterschiedlich die ideologischen Überzeugungen sein mögen, so werden auch diese Konflikte vor dem Hintergrund der Aktualfähigkeiten ausgetragen; sie beziehen sich auf bestimmte Vorstellungen von Gerechtigkeit, Treue, Ehrlichkeit, Leistung, Sexualität, Sparsamkeit, Ordnung, Gehorsam etc.

Bei Menschen in Industriestaaten äußert sich dieser somato-psycho-soziale Zusammenhang am prägnantesten in den berühmten Todsünden der Zivilisation, den Risikofaktoren. Folgende fünf Faktoren sind bei der Entstehung und Entwicklung psychischer und psychosomatischer Erkrankungen, vor allem der so genannten Zivilisationskrankheiten, beteiligt:

- Rauchen
- Alkohol, Rauschmittel und Drogen
- Übergewicht
- Bewegungsmangel
- emotioneller Stress (Angst und innere Spannungen).

Rauchen: 70 % der Patienten mit Herzerkrankungen rauchen mehr als 30 Zigaretten täglich. Jährlich werden etwa zehn Milliarden Mark für Tabakwaren ausgegeben. Lungenerkrankungen wie Krebs und asthmatische Beschwerden werden zu einem Großteil auf Rauchen zurückgeführt. Psychosoziale Ursachen sind: Unsicherheit, Bedürfnis nach Prestige, Angst vor Versagen, der Wunsch, Leistungsbereitschaft aufrechtzuerhalten, Nachahmungsbedürfnis, Gewohnheit, Konformismus (sich wie die anderen oder wie bestimmte Vorbilder verhalten).

Alkohol und Drogen: 20 Milliarden Mark werden jährlich für alkoholische Getränke ausgegeben. Folgen sind: Leberschäden, Stoffwechselerkrankungen, aber auch neurologische und psychiatrische Störungen. Psychosoziale Ursachen: Nachahmung, Konformismus (was sagen die Leute, wenn man sich anders verhält als sie), Hemmungen, familiäre und berufliche Probleme.

Über- und Unterernährung: 55% aller Schüler sind übergewichtig. Bei 53% der Patienten mit Herzerkrankungen spielt fettreiche Nahrung eine Rolle. Die Belastung, die das Übergewicht auf das Herz und den Kreislauf ausübt, ist unübersehbar. Psychosoziale Ursachen: Esstradition (schön sein heißt, dick sein; viel Essen ist Maß für Gesundheit), innere Spannung, Kummer, Probleme mit den Eltern, Verlust eines Angehörigen, Langeweile, Essen als Ersatzhandlung, besondere Bewertung des Ess- und Geschmackserlebnisses (Mittel der Sinne).

Bewegungsmangel: 90% der Fernseher sitzen während der Wintermonate drei bis vier Stunden an Wochenenden und Feiertagen vor dem Gerät; die gleichen Nachrichten und Sportreportagen schaut man sich drei- bis viermal an. Sport treibt selbst nur der geringste Teil. Folgen der Bewegungsarmut für das Skelett, den Muskelapparat und die inneren Organe sind bekannt. Psychosoziale Ursachen: Kontaktarmut, Einseitigkeit, passive Beziehung gegenüber dem eigenen Körper, mangelnde Motivation für körperliche Leistungen, Überbewertung intellektueller Leistungen und der Fantasietätigkeit gegenüber den körperlichen Leistungen, mangelnder äußerer Anreiz, mangelnde Gelegenheit für körperliche Betätigung durch berufliche Überforderung, kultur- und religionsabhängige Einschränkungen (körperliche Bewegung gilt prinzipiell oder für bestimmte Altersgruppen als unwürdig), mangelnde Information über geeignete Bewegungs- und Betätigungsmöglichkeiten (Gymnastik für bettlägerige und ältere Menschen, Ausgleichs- und Hochleistungssport, besondere Trainingsprogramme, z. B. Intervall-Training).

Emotioneller Stress (Angst, innere Unruhe): 90% aller Herzkranken litten vor ihrer Erkrankung unter Überforderung und emotionellem Stress. Emotioneller Stress im hier gemeinten Sinne sind alle innerseelischen und zwischenmenschlichen Konflikte, bei denen ein unterschwelliges Missverhältnis zwischen Belastung besteht und Belastbarkeit, beide beschreibbar in Begriffen der Aktualfähigkeiten.

Fazit: Die Aktualfähigkeiten bilden, wie leicht einzusehen ist, den Hintergrund für Risikofaktoren, die ohne individuelle und kulturbezogene Ausprägung der Aktualfähigkeiten und Medien der Grundfähigkeiten nicht als krankheitsbegünstigende Faktoren in Erscheinung getreten wären.

Literatur

Battegay, R. (1977): Narzissmus und Objektbeziehungen. Über das Selbst zum Objekt. Huber, Bern/Stuttgart/Wien

Boessmann, U. (2000): Psychoanalytisch und tiefenpsychologisch fundierte Berichte an den Gutachter schnell und sicher schreiben – mit Berücksichtigung der ICD-10 und OPD sowie Anträgen zur Kurzzeittherapie und Anträgen bei Kindern und Jugendlichen. Deutscher Psychologen Verlag, Bonn

Boessmann, U. (Hrsg.) (2001): Praktischer Leitfaden für tiefenpsychologisch fundierte Richtlinientherapie. Grundbegriffe, Diagnostik, Techniken und Supervision für psychodynamische Kassenpsychotherapie. Deutscher Psychologenverlag, Bonn

Dethlefsen, Th., Dahlke, R. (2001): Krankheit als Weg. Deutung und Be-Deutung der Krankheitsbilder. Orbis Verlag für Publizistik in der Verlagsgruppe Bertelsmann, München

Loew, Th. (1998): Wenn die Seele den Körper leiden läßt. Thieme, Stuttgart

Peseschkian, N., Tritt, K., Jork, K., Deidenbach, H., Werner, B., Kick, H. (1999): Wirksamkeitsnachweis der Positiven Psychotherapie. Familiendynamik, 24. Jg., Heft 1, S. 80–99. Klett-Cotta, Stuttgart

Rothe, M., Pietron, A., Rückemann, G. (Hrsg.) (1992): Wertein der Erziehung – 3. Symposium in Offenburg. Jugendstiftung Baden-Württemberg. Burg, Stuttgart/Bonn

Die Positive Psychotherapie verbietet nichts!

Anas Aziz, Claudia Christ, Maria L. Diaz, Kathrin Fettweiß, Wolfgang Hönmann, Hermes A. Kick, Günther Sachse und Wolfgang Schuck

Der Mensch ist nicht bloß das, was er ist; er ist das Wesen, das sich selber sucht.
(Emil Brunner)

Pathogenetisches Vorgehen

Das krankheitszentrierte Vorgehen der Medizin und der traditionellen Psychotherapie weckt den Widerstand der Patienten. Man erwartet vom Arzt, dass er irgendetwas wegnimmt: den Wurmfortsatz, einige Kubikzentimeter Blut, die Lieblingsspeise. Ähnlich, wie sich der einzelne gegen derartige Eingriffe wehrt, verteidigen sich Patienten und ihre Angehörigen gegen therapeutische Maßnahmen, wenn diese das familiäre Gleichgewicht bedrohen. Dies kann der Fall sein, wenn man vom Therapeuten Vorwürfe erwartet, wenn alte Gewohnheiten und Rollenverteilungen in Frage gestellt oder wenn Werthaltungen der Familie übergangen werden.

Salutogenetisches Vorgehen

Mit unserem positiven Vorgehen «enttäuschen» wir, im ursprünglichen Sinn des Wortes, das Bild, das Patient und Familie vom Therapeuten haben. Wir verbieten nicht und deuten auch nicht an, dass wir etwas wegnehmen wollen. Im Gegenteil, wir akzeptieren das symptomatische Verhalten und versuchen, den Patienten sogar die positiven Züge ihrer Störungen bewusst zu machen. Durch dieses Vorgehen werden Patienten nicht gezwungen, sich gegen den «Angreifer Therapeut» verteidigen zu müssen. Vielmehr tritt dieser als Verbündeter auf und erreicht gemeinsam mit ihnen das, was sie im Kampf gegeneinander nicht erreichen konnten. Dies wird gerade für die große Gruppe potenzieller Patienten wichtig, die sich bisher erfolgreich jedem psychotherapeutischen Zugriff entzogen: den Konfliktverneinern. Obwohl sie mit vielen Konflikten zu tun haben, unter deren Auswirkungen leiden und ihre Mitmenschen leiden lassen, scheuen sie jede Auseinandersetzung mit ihnen. Dieses Verhalten ist in der Lebensgeschichte begründet und gehorcht Konzepten, die eine Auseinandersetzung mit Konflikten verbieten. Die Konfliktverneinung wirkt stabilisierend. Auf diese Eigenschaft richten wir zunächst unser Augenmerk und tadeln den Betroffenen nicht wegen seiner mangelnden Einsicht. Damit machen wir ihm ein glaubwürdiges Angebot, seine defensive Haltung probeweise aufzugeben und – gestützt durch die positive Deutung – eine Konfliktlösung zu versuchen.

Der Patient hat die Fähigkeit zur Krankheit, zum Symptom und zur Gesundheit. Der Therapeut unterstützt primär die regenerativen Fähigkeiten. Die Familie kann die Krankheitsbereitschaft verstärken, aber auch die Fähigkeit zur Gesundheit mobilisieren. Sie in dieser Selbsthilfeaktivität zu unterstützen, ist das Ziel der Positiven Psychotherapie.

Das positive Vorgehen im therapeutischen Prozess

In der therapeutischen Situation berücksichtigt das positive Vorgehen drei Ansatzpunkte:

1. *Beobachtungen der Patientenfamilie und der Symptome.* Dieser Ansatz erlaubt eine diagnostische Orientierung mit der Fragestellung: Welche Persönlichkeits- und Kommunikationsstrukturen liegen vor, und welche differentialdiagnostische Erwägungen sind möglich? Welche Angebote machen die Patienten an den Therapeuten?

2. *Positive Deutung der Symptome.* Wir wissen, dass die Beobachtung, die aus ihr abgeleiteten Befunde und diagnostischen Annahmen nicht objektiv sind. Vielmehr fließen die diagnostischen Bezugssysteme des Therapeuten, dessen subjektive Eindrücke und die Bewertungen der Patienten mit ein. Im Gegensatz zur somatischen Medizin kommt es in der Psycho- und Familientherapie auf eben diese Subjektivität an. Wenn wir andere Bewertungsmöglichkeiten (Umwertung, positive Deutung, Standortwechsel) versuchen, so nicht, weil diese objektiver wären. Wir tun dies mit dem Ziel, unsere eigenen Bezugssysteme, die der Patienten und ihrer Umwelt zu relativieren und alternative Lösungsmöglichkeiten zu initiieren. Damit verlassen wir das ursprüngliche Symptom und bewegen uns in den Bereichen, in denen sich der Patient «positiv», d. h. symptomarm, relativ ich-stark und widerstandsfähig empfindet. Damit sind also zwei Aspekte beteiligt: die Umdeutung des Symptoms und das Eingehen auf die Fähigkeiten des Patienten.

3. *Aufwertung des «Patienten».* Die positive Umdeutung der Symptome und der Ansatz, den Patienten als Therapeuten seiner Situation zu sehen, verbessert dessen familiäre Position. Die familiäre Struktur wird dadurch umgewichtet. Andere Angehörige erhalten Gelegenheit, sich ihrerseits als Patienten einzubringen. Auf diesem Weg können die familiären Mechanismen der «Krankheitsverteilung» aufgedeckt werden, wer also in der Familie die Aufgabe des Symptomträgers erhielt und warum dies geschah.

Gespräch mit dem signalgebenden Organ (G.S.O) nach Nossrat Peseschkian

Bekanntlich gehen wir mit Beschwerden und Konflikten folgendermaßen um:

1. Konfliktverstärkung: die Fähigkeit, Probleme offen und hemmungslos zu artikulieren (Überbetonung von Offenheit/Ehrlichkeit, Mangel an Geduld, Höflichkeit und Rücksichtnahme)

2. Konfliktverneinung: die Fähigkeit, Probleme zu ignorieren (Überbetonung von Höflichkeit und Geduld, Mangel an Offenheit, Spontaneität und Fantasie: «Es ist leichter zu leiden als zu handeln.»)

3. Konfliktverschiebung: die Fähigkeit, mit Höflichkeit und Ehrlichkeit inkonsequent umzugehen (einmal Überbetonung von Offenheit (sadistisch), einmal Überbetonung von Höflichkeit (masochistisch)

4. Konfliktverarbeitung: die Fähigkeit, mit auftretenden Problemen und Überraschungen angemessen umzugehen (Integration von Höflichkeit und Ehrlichkeit).

Ziel ist es, den Konflikt oder die Beschwerden zu verarbeiten, indem man die signalgebende Funktion akzeptiert und daraus für die Zukunft etwas lernt. Verarbeitung bedeutet Integration von pathologischen oder negativen und salutogenetischen oder positiven Anteilen.

Hilfreiches Vorgehen ist dabei der Brief an das kranke signalgebende Organ oder an den Konfliktpartner im Sinne einer Resonanzdämpfung des Affektes. Dieser therapeutische Schritt kann erst in der dritten Stufe der Behandlungsstrategie im Rahmen der situativen Ermutigung durchgeführt werden.

Die Frage lautet: Was will das Symptom oder der Konfliktpartner neben dem Leid und der Krise mir mitteilen, und auf was soll ich aufmerksam gemacht werden?

An dieser Stelle werde ich auf die Lebensbereiche hingewiesen, die bei mir bisher zu kurz gekommen sind, oder salutogenetisch ausgedrückt, welche Lebensqualitäten sind entwicklungsfähig?

Das Schreiben an das Organ besteht aus drei Teilen:

- Welche Gedanken kommen mir in den Sinn über das bisherige Leid und den Konfliktpartner? Worüber ärgere ich mich eigentlich? Was bedeuten mir Angst und Unbehagen?

- Welche Möglichkeiten habe ich, das Problem zu lösen? Welche Entwicklungschance steckt in diesem Erleben? Wie kann ich das Symptom akzeptieren, um mit ihm geduldig umzugehen? Das Signal als schützender Freund, um mich nicht weiter zu überfordern.

- Welche Ziele stehen hinter meinem Handeln? Was würde ich machen, wenn ich keine Probleme und Beschwerden mehr hätte? Wann werde ich mit dem Handeln beginnen?

Das Schreiben wird auf zwei bis drei Seiten beschrieben und täglich drei- bis viermal in verschiedenen Ausdrucksformen gesprochen. Ein Beispiel aus der Praxis soll dies verdeutlichen:

Brief einer Patientin, die an ihre Kopfschmerzen schrieb, unter denen sie seit 38 Jahren litt

«An meinen Kopf, zu Händen der Abteilung ‹chronische Kopfschmerzen›,
betr. fristgerechte Kündigung des Vertragsverhältnisses

Lieber Kopf,
du hast mich nun fast 38 Jahre lang zuverlässig begleitet, und wir haben viel miteinander erlebt. Du bist mein Verwalter so ziemlich aller Informationen, die bei uns eingehen. Alle Sinneseindrücke werden bei dir abgespeichert und verarbeitet. Du beinhaltest alle meine Fähigkeiten, die ich benötige, um mit der Umwelt in Kontakt zu treten – was für mich sehr wichtig ist, wie du weißt. Du beinhaltest auch die Software, die ich benötige, um alleine klarzukommen, was mir auch nicht sonderlich schwer fällt. Du enthältst alle meine Träume und Hoffnungen und Wünsche und innersten Gedanken. Kurz, du bis ungeheuer wichtig für mich. Großen Dank dafür.
Nun sind wir zwei in eine knifflige Situation miteinander geraten. Einerseits bist du fast immer einsatzbereit und läufst in kürzester Zeit auf Hochtouren an. Gerade in den letzten Monaten merke ich, wie ich zunehmend kreativ bin und auch lang gehegte Pläne zu verwirklichen beginne. Andererseits treten doch häufig Schmerzen bei dir auf, die mich oft geradezu außer Gefecht setzen. Nun sind mir deine Schmerzen ja schon lange ein vertrauter Begleiter. Ich erinnere mich noch lebhaft an diese Episode, als wir gerade mal so 14 waren und wegen dieser blöden Schmerzen und dieser Stauungspapille eine grässliche Woche an der Neurologie der Uni Frankfurt verbrachten. War das nicht ätzend? Und nur, um hinterher zu erfahren, ich sei ein «nervöses Huhn!» Das war doch dreist. Ich frage mich nur, warum du so stark wehtun musst in der letzten Zeit und warum sich diese Schmerzen wohl verselbstständigt haben. Ich habe mir den einen oder anderen Gedanken gemacht.
Manchmal habe ich das Gefühl, du wirst mir so lange Schmerzen machen, bis ich den Sinn dieser Schmerzen endlich begreife.
Natürlich habe ich mir schon oft Gedanken über dich und deine fantasievolle Art, mir mitzuteilen, dass du «zum Zerbrechen voll» bist und «nicht noch mehr Input» vertragen kannst. Mir fallen immerhin vier Arten ein, wie du dich zu Wort meldest:
als Spannungskopfschmerzen, vom Nacken ausgehend. Erinnere ich mich da zu Recht an das Thema «Ordnung», «Ambivalenz» oder «Konfliktsituation»?
als migränoide Cephalgie, die meist rasant schnell auftritt und mir kaum je Zeit lässt, Gegenmaßnahmen zu ergreifen. Hier ist natürlich auch mir schon lange der Zusammenhang mit hormonellen Veränderungen und die auffallende Häufung auf der weiblichen Seite meiner Familie aufgefallen. Warum nur, frage ich dich, ging es dir während der Schwangerschaft mit Juliane so glänzend? Und warum von Beginn der Schwangerschaft mit Martin so elend beschissen? Und warum nehmen gerade diese Schmerzen in letzter Zeit so an Intensität zu? Meinst du wirklich, ich kippe das

Kind mit dem Bad aus und identifiziere mich mit unserem Sohn? Und das Juliane jetzt auch eine Option auf dich haben soll, gefällt mir, wenn ich ganz ehrlich bin, mal so überhaupt gar nicht!
Ein dumpfes Gefühl irgendwo zwischen Spannungskopfschmerz und Migräne, was mich alles wie durch einen Nebel erleben lässt.
In letzter Zeit selten gewordene Schmerzen bei Sinusitis.
Wie ich schon oben anmerkte, habe ich mich schon mit der positiven Deutung deiner Symptome beschäftigt, bin aber eigentlich zu keinem befriedigenden Ergebnis gekommen. Kann es sein, dass ich versuche, diese Problematik über dich – der du das Zentrum der Probleme bist – zu lösen, und nicht über das Gefühl?
Bei allen Unannehmlichkeiten, die du mir verursacht, hast du auch positive Auswirkungen:
ob ich will oder nicht, ich MUSS mir gelegentlich eine Aus-Zeit nehmen und mich zurückziehen. Der Körper holt sich also die Ruhe, die er braucht. Ich merke das vor allem, wenn ich mich überfordert habe. Sei es durch emotionale Anspannung, an der es ja weiß Gott in den letzten Monaten nicht fehlte oder ganz banal durch Schlafmangel, der ja auch ein steter Gast bei uns ist.
Ich merke, dass du – wie ich – ganz schön «hartnäckig» im wahrsten Sinne des Wortes bist. Du verfolgst dein Ziel (verrat es mir doch, bitte) und gibst nicht auf. Diese Haltung kenne ich bei mir sehr gut.
Du kommst auch unangemeldet. Einfach so, als Überraschung. Eigentlich liebe ich ja Überraschungen. Aber – haben wir uns da vielleicht missverstanden?
Du sorgst gelegentlich für meinen Rückzug auf eine kindlichere Ebene, gibst mir die Möglichkeit, mich versorgen zu lassen (was doch für mich wirklich ungewöhnlich ist)
Du sorgst dafür, dass ich mich auch für Schmerzpatienten einsetze. Wer weiß, für wen das gut ist?
Du hast erreicht, dass Frank sich verstärkt mit Schmerztherapie auseinander setzt und möglicherweise auch den Kontakt zu Benno verstärkt.
Leider hast du auch einige negative Auswirkungen:
Oft behinderst du mich stundenlang, und es geht mir einfach dreckig dabei. Das ist KEIN Vergnügen!
Du hast in den letzten Monaten überhand genommen, dich gewissermaßen verselbstständigt. Wie du weißt, habe ich wirklich so ziemlich ALLES versucht, um deine Symptome loszuwerden. Ich bin aber zu der Erkenntnis gekommen, dass ich damit wohl nur eine Symptomverschiebung erreichen kann, keine Symptomlösung. Wie so oft. Du weißt, ich habe eine Prophylaxe der Schmerzen versucht mit Amitryptilin, später mit Beta-Blockern, habe aber in beiden Fällen nur massiv zugenommen, die Anfälle sind erträglicher geworden, aber anschließend in voller Wucht wiedergekehrt. Ich habe eine Kirschnerschiene getragen. Hat kurzfristig geholfen. Ich habe physiotherapeutische Hilfe in Anspruch genommen und chiropraktische. Hat beides genauso kurz geholfen wie Neuraltherapie und gelegentliche Akupunktur. Entspannungstraining. Diätversuche. Also, das war es alles nur zum Teil. Auch die medikamentöse Schmerztherapie ist nicht das Ziel. Du kommst inzwischen mit so einer Wucht, dass ich im Anfall eigentlich nur noch mit ASS iv arbeiten kann. Und dass ich mir auch Sorgen um meine Nierenfunktion machen muss, kann ja wohl nicht Sinn deiner Schmerzen sein.
Du siehst, ich habe das Gefühl, dass irgendetwas zwischen uns schief gelaufen ist. Ich scheine deine Signale misszuverstehen, und du scheinst keine andere Hand-

habe zu kennen, als immer stärker zu werden. Ich schlage dir daher einen Kompromiss vor: du weißt, dass ich auf die Dauer wirklich ein Problem mit dir kriege. Warum teilst du mir nicht auf andere Art mit, was dich und mich so drückt und ich gehe dem tatsächlich mal nach. Ich bin bereit, ein wenig mehr Rücksicht auf mich selbst zu nehmen. Dass ich einen etwas regelmäßigeren Tagesablauf einhalte, ein wenig mehr schlafe und immer mal wieder 3 Minuten für mich selbst habe, hast du ja sicher schon gemerkt. Sei doch so lieb und gib mir ein Signal, was drückt, ich versuche es anzugehen. Vielleicht kannst du dich ja dann in absehbarer Zukunft (ich denke da so an die nächsten drei Monate …) doch interessanteren Aufgaben zuwenden.
Einstweilen grüße ich dich.»

Anhand des Fragebogens «Kopfschmerzen und Migräne» (siehe Anhang) wurden die inhaltlichen Aspekte mit der Patientin berücksichtigt und bearbeitet.

Literatur

Bowlby, J. (1951): Material Care and Mental health. World Health Organisation. Monograph, Series n. 2

Freud, A. (1966): The Ego an the Mechanism of Defense. In: The Wiritings of Anna Freud. Vol. II, Intern. University Press, New York

Fromm-Reichmann, F. (1950): Principles of Intensive Psychotherapy. Univ. of Chicago Press, Chicago

Jaspers, K. (1937): Allgemeine Psychopathologie. Springer, Heidelberg

Peseschkian, N. ([8]2001): Psychsomatik und Positive Psychotherapie. Springer, Heidelberg/Berlin/New York

Die Anwendung von Geschichten, Lebensweisheiten und Humor in der Psychotherapie und im Alltagsleben

Thomas Becker, Alfred Drees, Hans Deidenbach, Wolfgang Hönmann, Abbas Jabbarian, Tilmann Jossé, Michael Katzensteiner, Nawid Peseschkian und Nossrat Peseschkian

Peseschkian ist darum bemüht, nicht direkt auf die Widerstände des Patienten zu stoßen. Die Beratung erfolgt in einer liebenswürdigen Weise durch Hinweise auf Dichterzitate, Sprichwörter, orientalische Märchen und Mythen, zu denen Peseschkain als Perser einen unmittelbaren Zugang besitzt. In einem unerschöpflichen Maße kann er seinen Patienten einen großen Schatz überlieferter Weisheit anbieten.

(Prof. Gaetano Benedetti, Basel)

Das Leben hängt oft nur an einem seidenen Faden

Ein isolierter und aggressiver Mann begegnete nach seinem Tod einem Todesengel. Der Engel sagte zu ihm: «Hast du in deinem Leben eine gute Tat vollbracht? Wenn ja, kann diese eine gute Tat dir helfen, ins Paradies zu kommen.» Der Mann antwortete: «Ich kann mich nicht erinnern, jemals in meinem Leben etwas Gutes getan zu haben.» Der Engel sagte: «Denke gut nach, vielleicht fällt dir etwas ein.» Da erinnerte sich der Mann daran, dass er einmal während eines Spaziergangs im Wald einer Spinne ausgewichen ist, anstatt sie zu zertreten. Der Engel lächelte, und der Faden eines Spinnennetzes kam vom Himmel herunter, an dem Mann ins Paradies klettern sollte. Da aber auch andere Menschen an diesem Spinnfaden ins Paradies hinaufsteigen wollte, wehrte der Mann sie mit aller Kraft ab, weil er fürchtete, der Faden könnte reißen. In diesem Augenblick riss der Faden tatsächlich entzwei und der Mann stürzte in die Hölle hinab. Er hörte die Stimme des Todesengels: «Schade, deine Ichhaftigkeit und deine Entfremdung hat das einzig Gute, was du jemals getan hast, in einen Fluch verwandelt.»

Einleitung

Ein wesentliches Merkmal der psychotherapeutischen Arbeit ist der Versuch, nicht nur die Logik der Leser, sondern auch die ihnen innewohnenden Fähigkeiten zur Fantasie anzusprechen: Darum werden die einzelnen Gedankengänge durch Weisheiten, Sprachbilder, Geschichten und Aphorismen veranschaulicht. Sie bieten die Möglichkeit, diese Arbeit nicht nur als Informationsquelle, sondern auch als Oase der Entspannung zu sehen. Orientalische und westliche Mythologien und Weisheiten haben in vielerlei Hinsicht gemeinsame Wurzeln und haben sich erst im geschichtlich politischen Spannungsfeld getrennt.

Die Idee, Faust auf dem Weg durch das Geisterreich der klassischen Walpurgisnacht Helena aufsuchen zu lassen, wurde Goethe eingegeben, wie Mommsen in seinem Buch *Goethe und 1001 Nacht* nachgewiesen hat – durch mehrere orientalische Erzählungen, die 1824–25 in einer neuen Ausgabe von *1001 Nacht* erstmals erschienen waren. Der Verleger hatte die Bändchen dieser Ausgabe in der Reihenfolge ihres Erscheinens an Goethe gesandt. Die Tagebücher des Dichters berichten von ausgiebiger Beschäftigung mit diesen Bändchen in den Jahren 1824 und 1825. Wenn es Goethe möglich war, im Februar 1825 nach vieljähriger Pause die Arbeit am zweiten Teil des *Faust* wiederaufzunehmen, so gab die Wiederbegegnung mit der orientalischen Märchenwelt einen entscheidenden Anstoß. Der Dichter fand dadurch den Weg, zu jener Form eines ganz fessellosen Zauberspiels vorzustoßen, die er benötigte. Nachdem die Konzeption der Helena 50 Jahre alt war – so berichtet der Dichter selbst – fiel es ihm plötzlich «wie Schuppen von den Augen; ich wusste: nur so kann es sein und nicht anders!»

Diese Erkenntnis führte mich dazu, das bildliche Denken und damit mythologische Geschichten und Fabeln als Verständnishilfen in den therapeutischen Prozess einzubeziehen.

Ratlosigkeit und Hoffnung

Nach dem Bericht über die Lage der Psychiatrie in der Bundesrepublik Deutschland hat etwa jeder zweite bis dritte Bundesbürger bereits einmal in seinem Leben eine psychische Krise durchgemacht oder leidet noch daran. In der Bundesrepublik sind demnach rund 20 Millionen Menschen betroffen.

Hier wird deutlich, dass die Psychotherapie im engeren Sinn, die sich auf ein Therapeut-Patient-Verhältnis beschränkt, hoffnungslos überfordert ist. Dies macht es notwendig, andere Quellen erzieherischer und psychotherapeutischer Beeinflussung zu erschließen und sie im Sinne der Selbsthilfe und Psychohygiene einzusetzen.

Wir versuchen bei unserer therapeutischen Arbeit, auf noch ungenutzte, aber psychohygienisch äußerst wertvolle Hilfen hinzuweisen, die unter dem Aspekt der Psychotherapie und Selbsthilfe für den Menschen nutzbar gemacht werden sollten:

«Gibst du jemanden einen Fisch, nährt er sich nur einmal. Lehrst du ihn das Fischen, nährt er sich aber für immer» (orientalische Weisheit).

Die «Volkspsychotherapie» enthält eine unermessliche Anzahl verschiedener «Psychotherapiesysteme». Zu ihr gehören Spruchweisheiten, intuitive Gedanken, Fabeln, Geschichten, witzige Anekdoten, Humor, literarisch oder künstlerisch verarbeitete Modelle des Konfliktlösungsverhaltens. Sprüche und Weisheiten fungieren als Lebenshilfe, auch als Motto, das mancher Konfliktverarbeitung voransteht: «Pass dich in die Welt hinein, denn dein Kopf ist viel zu klein, dass die Welt passt sich hinein!» Dieser Spruch hilft, mit Unverdaulichem fertig zu werden, wird aber in den wenigsten Fällen vom dem Betroffenen selber verarbeitet. «Warum bist du unzufrieden, denk daran, wie kurz du lebst und wie lange du tot bist!» ein Spruch, der allem Anschein nach Lebensfreude vermitteln soll. Die in einer Gesellschaft als richtig anerkannten Normen und Werte werden gleichfalls in Spruchweisheiten gekleidet, sie erschienen in Fabeln oder werden mit Hilfe abschreckender Beispiele um so dringlicher nahe gelegt oder in ein weniger strenges Licht gerückt: «Steter Erfolg ist nur für Feiglinge notwendig» (Hilty). «Man kann es auf zweierlei Art zu etwas bringen: Durch eigenen Können oder durch die Dummheit der anderen» (La Bruyère).

Diese Ausdrucksformen der «Volkspsychotherapie» greifen auf eine Tradition zurück, in der die Psychotherapie noch nicht Institution, sondern allgemeine Lebenshilfe war. Sie beziehen sich meist auf einen als gültig anerkannten Wertmaßstab und sollen die Abweichungen eines Menschen von diesem Leitbild korrigieren oder ihn mit diesem wieder versöhnen. Dieser Psychologie liegt meist eine als gottgegeben gedachte Weltordnung zugrunde, die jedem Menschen seine Position in der Welt zuweist und zugleich das Glück beschert, in seinem Stand Zufriedenheit und Dankbarkeit zu erfahren.

Ist «Volkspsychotherapie» gezielt einsetzbar im Sinne einer vorbeugenden Psychotherapie?

Die therapeutischen Elemente innerhalb der zwischenmenschlichen Beziehungen äußern sich nicht nur in den formulierten Lebensweisheiten, sondern häufig averbal im besonderen Ausdrucksverhalten. Man hört einem anderen zu, der Kummer hat, gibt ihm Rat, wie man es versteht, legt dem Niedergeschlagenen den Arm um die Schulter, versucht ihn aufzumuntern. Zusätzlich werden Redewendungen, deren therapeutisches Konzept zumeist nicht bewusst ist, eingesetzt:

- nimm's leicht, take it easy
- sorge dich nicht, lebe
- sei nicht so sentimental, Kopf hoch
- lass dich nicht unterkriegen
- mach dir nicht so viel Kummer
- was soll's

- Lachen ist besser als Weinen, viel Glück
- ich halte dir die Daumen usw.

So richtig diese Ratschläge im Einzelfall sein mögen, sie sind vertan, wenn sie dem Falschen gegeben werden.

In jede ärztliche Behandlung fließen volkspsychotherapeutische Elemente ein – dabei kommt es oft zu Kuriositäten.

Ein Abkömmling intuitiver «Volkspsychotherapie» ist die «medizinische Psychotherapie». Damit ist nicht die von einem Arzt durchgeführte Psychotherapie gemeint, sondern die volkspsychotherapeutischen Elemente, die in jeder ärztlichen Behandlung mit einfließen. Trotz der fundamentalen Bedeutung gerade für das Arzt-Patienten-Verhältnis überlässt man es im Allgemeinen dem Fingerspitzengefühl, der guten Nase und der Erfahrung des medizinischen Praktikers, wie er den psychotherapeutischen Anteil seines Berufes meistert. Dass hier Projektion, Identifizierung, Verallgemeinerung und Gemeinplätze ins Kraut schießen, ist kaum verwunderlich.

Ein Arzt für innere Medizin, der sich schon seit seiner Kindheit einen Hund gewünscht hatte, empfahl einem nervösen, zu Depressionen neigenden Patienten, sich einen Hund anzuschaffen. Ein Hund sei das beste Mittel, um sich abzulenken. Genau wie jeder Patient auf ein Medikament unterschiedlich reagiert, kann es auch keinen allgemeinverbindlichen Ratschlag geben, der für alle Menschen, ungeachtet ihrer individuellen Besonderheiten, Gültigkeit besäße.

Sensibilisierung von Arzt und Patient für die Möglichkeiten der Selbsthilfe – ein wesentliches Ziel der Psychotherapie

Im Sinne der präventiven Medizin und Psychohygiene – und damit im Sinne der vielen potenziellen Patienten, die psychotherapeutische Versorgung benötigen – wäre es wünschenswert, dass Ärzte, Psychiater, Psychoanalytiker, Tiefenpsychologen, Internisten, praktische Ärzte und Verhaltenstherapeuten für die in der «Volkspsychotherapie» und ihren Abkömmlingen enthaltenen Möglichkeiten der Selbsthilfe und Psychohygiene, die außerhalb ihrer Sprechstunde liegen, sensibilisiert werden. Umgekehrt bedeutete es sicher einen Vorteil, wenn Patienten, aber auch gesellschaftlichen Institutionen, sich ihrer Möglichkeiten zur Selbsthilfe und ihrer krank machenden sowie gesund machenden Funktionen bewusst würden. Die Positive Psychotherapie und Positive Familientherapie haben es sich zum Ziel gesetzt, ein psychotherapeutisches Modell zu entwickeln, das auch diese Möglichkeiten der Selbsthilfe ausdrücklich systematisch berücksichtigt.

Die Geschichten und Parabeln werden in der Positiven Psychotherapie nicht willkürlich verwendet, sondern gezielt im Rahmen der fünfstufigen Behandlung eingesetzt.

Funktionen der Geschichten und Parabeln

In den zwischenmenschlichen Beziehungen sowie im Erleben und der seelischen Verarbeitung laufen bei der Konfrontation mit Geschichten Prozesse ab, die wir als deren Funktionen beschreiben.

Spiegelfunktion: Die bildhaften Darstellungen der Geschichten lassen ihre Inhalte ichnäher erscheinen und erleichtern die Identifikation mit ihnen. Der Hörer kann seine Bedürfnisse auf die Geschichten übertragen und ihre Aussagen in der Weise gliedern, die seinen eigenen momentanen psychischen Strukturen entspricht.

Modellfunktion: Geschichten sind ein Modell. Sie geben Konfliktsituationen wider und legen Lösungsmöglichkeiten nahe bzw. weisen auf die Konsequenzen einzelner Lösungsversuche hin. Sie fördern somit ein Lernen am Modell.

Mediatorfunktion: In der psychotherapeutischen Situation wird die Konfrontation Therapeut-Patient dadurch aufgelockert, dass zwischen diese beiden Fronten das Medium der Geschichte tritt. Es wird nicht über den Patienten gesprochen. So kommt ein Dreier-Prozess in Gang: Patient – Geschichte – Therapeut.

Depotwirkung: Durch ihre Bildhaftigkeit sind Geschichten und Parabeln gut zu behalten und können in anderen Situationen leichter abgerufen werden. Sie sind nicht nur in der Behandlung gegenwärtig, sondern auch im Alltag des Patienten. Die Geschichte hat somit Depotwirkung, d. h. sie wirkt nach und macht und Patienten unabhängiger vom Therapeuten.

Geschichten und Parabeln als Traditionsträger: Wenden wir uns den Inhalten der Geschichten und den darin enthaltenen Konzepten näher zu, können wir Verhaltensweisen und Einstellungen finden, die eine eigene Tradition neurotischen Verhaltens und verschiedener Konfliktanfälligkeiten begründen.

Geschichten und Parabeln als transkulturelle Vermittler: Geschichten aus anderen Kulturen bringen Informationen über die dort für wichtig gehaltenen Spielregeln und Konzepte, zeigen andere Denkmodelle und ermöglichen es, das eigene Repertoire von Konzepten, Werten und Konfliktlösungen zu erweitern.

Geschichten und Parabeln als Regressionshilfen: Sie öffnen das Tor zur Fantasie, zum bildhaften denken, zum Staunen und Wundern. Sie sind gewissermaßen Träger der **Kreativität** und somit ein Mittler zwischen lustbetontem Wollen und der Wirklichkeit. Damit modellieren die Geschichten eine Beziehung zu den persönlichen Wünschen und Zielen der nahen und fernen Zukunft. Geschichten geben Raum für Utopien, den Alternativen zur Wirklichkeit.

Geschichten als Gegenkonzepte: Mit der Geschichte deutet der Therapeut nicht im Sinne einer vorgegebenen Theorie, sondern bietet dem Patienten ein Gegenkonzept an, das er annehmen oder ablehnen kann. Dadurch werden bewusst – allerdings mehrdeutige – Informationen in ein individuelles, familiäres oder ein anderes soziales System eingegeben, die zunächst durchaus parteiisch in einen Konflikt eingreifen können. Geschichten sind damit lediglich ein Sonderfall menschlicher Kommunikation, in der ebenfalls Konzepte ausgetauscht werden.

Standortwechsel: Die meisten unserer Geschichten und Parabeln gehen über die reine Beschreibung hinaus und enthalten ein Umkehr-Erlebnis, wie man es von optischen Täuschungen her kennt: Ohne dass es dem Hörer oder Leser viel Mühe bereitet, vollzieht er einen Standortwechsel, der als Überraschung wahrgenommen und ein Aha-Erlebnis auslöst.

Praxis der Geschichten und Lebensweisheiten

Eisen ist nicht immer hart

Im Zusammenhang mit partnerschaftlichen Konflikten, bei denen häufig die sexuelle Beziehung zu bestimmten Partnern – in der Regel die Beziehung zum Ehepartner – beeinträchtigt ist, höre ich in der Praxis nahezu regelmäßig die Klage «Wir sind ganz andere Typen, wir passen nicht zusammen.» Dieses Konzept hat viel mit derartigen Eheproblemen zu tun. Ihm steht das Erweiterungskonzept gegenüber: *«Das Gleiche bringt uns in Ruhe. Der Widerspruch ist es, der uns produktiv macht.»* (Goethe)

Während die Äußerung: «Wir passen nicht zusammen» bereits das Scheitern der Partnerschaft andeutet, sorgt das Erweiterungskonzept für einen Aufschub: Man versucht, verhärtete Fronten aufzulockern und über Jahre hinweg verfestigte Vorurteile und gegenseitige Einschätzungen in Frage zu stellen.

Gegen diese Offenheit rebelliert die Erfahrung: «Die Probleme bestehen bereits seit Jahren, und daher ist nicht einzusehen, warum sie sich ausgerechnet jetzt auflösen sollten; mein Partner wird sich nie ändern.»

Einer Patientin, die sich in diesem Sinne geäußert hatte, beschrieb ich folgendes Bild, das sie nachdenklich machte und sie dazu veranlasste, ihre Beziehung zu ihrem Partner zu überdenken: «Betrachten Sie dieses Eisen.» Ich zeigte ihr dabei eine gusseiserne Plastik, die auf meinem Schreibtisch stand. «Dieses Eisen ist grau, spröde, kalt und scharfkantig. Wenn es erhitzt wird, verliert es diese Eigenschaften. Es ist nicht mehr grau, spröde und scharfkantig, sondern weiß glühend, zähflüssig, heiß und ohne feste Form. Es hat gewissermaßen die Eigenschaften des Feuers übernommen.» Für die Patientin hieß dies: Die «scharfkantige» Art ihres Mannes ist keine unveränderliche persönliche Eigenschaft, sondern abhängig von seiner Situation und der Patientin selbst. Er hatte aufgrund seines Berufs weniger Zeit für seine Frau, als sie es sich wünschte. Sie reagierte darauf mit Vorwürfen und offener Ablehnung. Als Folge davon suchte der Mann sich vorübergehend andere Partnerinnen, verärgerte seine Frau durch betonte Sparsamkeit und wandte sich zunehmend von ihr ab. Bildlich gesprochen: Das Eisen war kalt geworden. Um es wieder schmieden zu können, müsste es erhitzt werden; eine Aufgabe, die der Patientin innerhalb der partnerschaftlichen Therapie zufiel.

Das Samenkorn

Eine 52-jährige Patientin erlebte die Trennung von ihrem erwachsenen Sohn mit tiefen Ängsten.

Sie klagte, sie habe jetzt den Boden unter den Füßen verloren: «Manchmal überkommt mich der Gedanke, wenn ich an meine jetzige Situation denke, dass ich eigentlich vergeblich gelebt habe. Was habe ich schon in meinem Leben geleistet, und was bin ich für einen Sohn überhaupt noch wert? Er lässt sich ja kaum mehr bei mir blicken.» An dieser Stelle trat das Konzept der Frau deutlich hervor: «Seitdem ich meinen Sohn (meine Kinder) nicht mehr bei mir habe, ist mein Leben sinnlos. Ich selbst bin wertlos.» Als Gegenkonzept erzählte ich der Patientin eine Parabel: Das Geheimnis des Samenkorns: Ein Samenkorn opfert sich selbst auf für den Baum, der aus ihm entsteht. Äußerlich gesehen geht der Samen verloren, aber die gleiche Saat, die geopfert wird, verkörpert sich im Baum, in seinen Zweigen, Blüten und Früchten. Würde das Bestehen jenes Samenkorns nicht vorerst für den Baum geopfert, hätten keine Zweige, Blüten oder Früchte entstehen können (nach Abdu'l Baha). Die Patientin übernahm diese Mythologie gleichsam als Schmeichelei, als Huldigung für ihr Verhalten. Sie war es, die sich aufgeopfert und auf eigene Interessen verzichtet, aber schließlich erreicht hatte, dass ihr Sohn ein eigenständiges und glückliches Leben führen konnte. Es tat der Patientin gut, dass ihre Leistung anerkannt wurde. Erst nachdem ihre persönliche Leistung bestätigt war und sie sich dieser Anerkennung sicher fühlen konnte, war sie in der Lage, Schritt für Schritt die Fixierung an ihren einzigen und dominanten Lebensinhalt, an ihren Sohn aufzugeben. Die Ablösung war für die Patientin nicht mehr nur negativ, der Mutterrolle widersprechend, sondern ein Schritt auf dem Weg zu eigenen Ressourcen.

Das Geheimnis des langen Bartes

Ein Gelehrter, der wegen seines Wissens und seines herrlich langen weißen Bartes bekannt war, ging eines Abends durch die Gassen von Shiraz.

In Gedanken versunken, kam er an einer Schar von Wasserträgern vorbei, die sich über ihn lustig machten. Der Keckste unter Ihnen trat schließlich vor ihn, verbeugte sich tief und sagte: «Großer Meister, meine Kameraden und ich, wir haben eine Wette abgeschlossen. Sag uns doch, wo liegt dein Bart, wenn du nachts schläfst, auf der Bettdecke oder unter ihr?» Der Gelehrte, aus seinen Gedanken aufgeschreckt, schaute verwundert auf und antwortete freundlich, «Ich weiß es selbst nicht. Daran habe ich noch nie gedacht, Ich werde es aber erforschen. Morgen um die gleiche Zeit erwarte ich dich hier. Ich will es dir dann sagen.»

Als die Nacht hereingebrochen war und der Gelehrte sich zur Ruhe gelegt hatte, wollte kein Schlummer über ihn kommen. Mit gerunzelter Stirn dachte er nach, wo denn immer sein Bart gelegen habe. Auf der Decke? Unter ihr? So sehr er nachdachte,

> seine Erinnerung gab ihm keine Antwort. Schließlich ließ er es auf einen Versuch ankommen, legte seinen Bart auf die Decke und wollte schlafen.
> Innere Unruhe ergriff sein Herz: War denn dies wirklich die richtige Lage? Wenn sie es ist, warum war er dann nicht, wie immer, schon längst eingeschlafen? Mit dieser Überlegung strich er seinen Bart unter die Decke. Doch half ihm dies wenig. Der Schlaf war seinen Augen genauso weit entfernt wie zuvor. «So kann es auch nicht gewesen sein», kam es dem Gelehrten in den Sinn, und er legte den Bart wieder auf die Decke.
> Auf diese Weise kämpfte er die ganze Nacht – den Bart auf der Decke, den Bart unter der Decke, ohne dass auch nur ein Augenblick Schlaf ihm seine Frage beantwortet hätte. Am nächsten Abend ging er dem jungen Wasserträger entgegen: «Mein Freund», sagte er, «bisher schlief ich mit der Zierde meines Bartes, und immer konnte ich mich des süßesten Schlummers erfreuen. Seitdem du mich gefragt hast, kann ich nicht mehr schlafen. Eine Antwort auf deine Frage ist mir nicht möglich, und mein Bart, die Zierde meiner Weisheit und Zeichen meines erhabenen Alters, ist mir fremd geworden. Ich weiß nicht, wie ich mit ihm wieder vertraut werden kann.»

Ein 41-jähriger Techniker war wegen Zwangshandlungen und Zwangsgedanken in die psychotherapeutische Behandlung gekommen, nachdem er zuvor zweimal in einer psychiatrisch-psychotherapeutischen Klinik behandelt worden war.

> Ich halte es nicht mehr aus. Ich kann nicht mehr schlafen ... Wenn sich bei mir etwas verändert, bin ich total durcheinander. Alles muss seine Ordnung haben, wie ich es gewöhnt bin. Ich habe selber das Gefühl, dass es etwas eigenartig ist, aber ich kann nicht schlafen, wenn meine Frau das Bett neu bezogen hat. Ich muss aufstehen und mir die alten Bezüge wieder holen. Meine Frau hat mich schon für vollkommen verrückt erklärt. Ich will das ja gar nicht, aber es geht einfach nicht anders.

Der Vater des Patienten war, wie er sich erinnerte, äußerst genau und gewissenhaft und duldete keinerlei Unordnung. Wenn das Zimmer einmal nicht aufgeräumt war, habe er zur Strafe bereits um 19 Uhr ins Bett gehen müssen. Dort habe er sich seiner Fantasie hingegeben und sich vorgestellt, wie er sich an seinem Vater rächen könnte. Zu einer Sitzung erschien der Patient vollkommen verzweifelt. Mit ungewohnt weinerlicher Stimme berichtete er: «Ich bin total verrückt. Ich kann nicht einmal mehr Auto fahren. Vorige Woche habe ich aus Versehen den Fahrersitz verstellt, und jetzt weiß ich nicht mehr, wie das richtig war. Ich schiebe den Sitz hin und her, und nie passt er richtig. Ich fühle mich im Auto so unsicher wie noch nie.»

Die Erfahrung des Zwangs stand bei ihm im Vordergrund. Sie füllte sein Bewusstsein völlig aus. Unmittelbares Ziel des therapeutischen Dialogs war es, eine gewisse Distanz zu seinem Zwang zu schaffen. Aus diesem Grunde erzählte ich ihm die Geschichte vom «Geheimnis des langen Bartes».

Der Patient begann unvermittelt zu lachen und bezog die Geschichte spontan auf sich: «Dem geht es ja so wie mir. Er hat's nicht leicht, auch wenn er ein Weiser ist.» In einer folgenden Sitzung erzählte der Patient, dass er öfters an den Mann mit dem Bart denken musste. Autofahren sei ihm zu seinem eigenen Erstaunen plötzlich wieder sehr leicht gefallen. «Ich habe immer wieder daran gedacht: Sitz vor oder Sitz hinten ist das gleiche wie Bart oben oder Bart unten.» Mit Hilfe der Geschichte konnte sich der Patient eine Szene vorstellen, die seiner eigenen Situation vergleichbar war und die ihm wenigstens beim Autofahren eine merkliche Hilfe bot.

Lebensweisheiten und Humor für Beruf und Partnerschaft

Den Frieden gewinnt man durch Sich-Bescheiden, den Streit gewinnt man durch Sich-Beherrschen. (Lao-tse)

Höflichkeit ist wie ein Luftkissen, es mag wohl nichts drin sein, aber es mildert die Stöße des Lebens. (Schopenhauer)

Man muss den Ernst der Gegner durch Gelächter zunichte machen, ihr Gelächter durch Ernst. (Gorgias)

Der Wert von Menschen und Diamanten lässt sich erst schätzen, wenn man sie aus der Fassung bringt. (Peseschkian)

Dialektik ist die Kunst zu gewinnen ohne zu siegen. (Lay)

Wir verlangen sehr oft nur deshalb Tugenden von anderen, damit unsere Fehler sich bequemer breit machen können. (Ebner-Eschenbach)

Der für die eigenen Schwächen Nachsicht fordert, muss auch Nachsicht üben. (Horaz)

Der sich zu sehr über kleine Dinge ereifert, verliert den Blick für die großen. (La Rochefoucauld)

Sagt jemand zu dir: der oder jener hat dir Übles nachgeredet, so rechtfertige dich nicht erst lange, sondern antworte: Er kennt eben meine andern Fehler nicht, sonst hätte er wohl noch mehr gesagt. (Epiktet)

An kleinen Dingen muss man sich nicht stoßen, wenn man zu großen auf dem Weg ist. (Hebbel)

Den Zornigen meide kurz, den Hasser lange. (Publilius Syrus)

Man sollte die Wahrheit dem anderen wie einen Mantel hinhalten, dass er hineinschlüpfen kann – nicht wie ein nasses Tuch um den Kopf schlagen. (Frisch)

Es gehört manchmal mehr Mut dazu, seine Meinung zu ändern, als ihr treu zu bleiben. (Hebbel)

Es gibt Leute, die nur aus dem Grunde in jeder Suppe ein Haar finden, weil sie, wenn sie davor sitzen, so lange den Kopf schütteln, bis eins hineinfällt. (Hebbel)

«Meine Frau will sich jetzt auch verwirklichen und arbeitet halbtags.» – «Und was macht sie?» – «Sie betreut die Kinder unserer Putzfrau.»

«Hast du den Wagen in die Garage gefahren?» – «Nicht ganz, aber die wichtigsten Teile.»

Patient: «Herr Doktor, mein Mann spricht ununterbrochen im Schlaf. Was soll ich tun?» – Arzt: «Am besten Sie lassen ihn bei Tage öfter zu Wort kommen, gnädige Frau.»

Chef zum Angestellten: «Sie schlafen schon eine halbe Stunde! Mitten in der Dienstzeit.» – Angestellter: «Jawohl, Herr Direktor, aber ich habe die ganze Zeit von meiner Arbeit geträumt.»

Ein Mann kommt ins Behandlungszimmer und nimmt seine Brille ab. «Na wo fehlt's denn?» fragt ihn der Augenarzt. «Ist die Alte nicht mehr scharf genug?» – «Das ist meine Sache, ich brauche eine neue Brille.»

Der Patient sträubt sich erbittert gegen die Operation. «Lieber will ich sterben, als mich operieren lassen.» Da neigt sich der Chefarzt lächelnd über sein Bett: «Aber mein Bester, stellen Sie sich doch nicht so an. Manchmal lässt sich beides miteinander verbinden.»

«Ach lieber Doktor, ich habe solche Angst. Dies ist meine erste Operation.» – «Kann ich Ihnen nachfühlen», sagte der junge Chirurg freundlich, «meine auch.»

Selbsterfahrung

Wie vieles andere, haben wir auch unser Verhältnis zu Geschichten, Lebensweisheiten, Humor, Fabeln und Märchen gelernt. Wir haben gelernt, sie zu lieben, ihnen gegenüber gleichgültig zu sein oder sie abzulehnen. Einige Fragen können uns helfen, den Hintergrund unserer Einstellungen den Geschichten gegenüber durchsichtiger und verständlicher zu machen:

- Wer hat Ihnen Geschichten vorgelesen und erzählt (Vater, Mutter, Geschwister, Großeltern, Tante, Kindergärtnerin usw.)?
- Können Sie sich an Situationen erinnern, in denen Ihnen Geschichten erzählt wurden, wie fühlten Sie sich?
- Was halten Sie von Märchen, welche Parabel, welche Erzählung fällt Ihnen spontan ein?
- Wer ist Ihr Lieblingsautor?
- Welche Sprichwörter und Konzepte haben für Sie die größte Bedeutung?

Literatur

Benedetti, G. (1973): Dialogische Dimensionen in der Psychotherapie der Schizophrenie.
Drees, A. (2001): Intuition im Gespräch. http://www.alfred-drees.de
Drees, A. (2001): Intuition in der Sterbebegleitung in Klinik, Hospiz und Familie. Pabst Science Publishers, Lengerich Berlin/Riga/Rom/Wien/Zagreb
Pohlen, M., Trenkel, A.: Psychotherapie als Dialog. Huber, Stuttgart
Peseschkian, N. ([27]2001): Der Kaufmann und der Papagei. Orientalische Geschichten in der Positiven Psychotherapie. Fischer Taschenbuch, Frankfurt a.M.
Peseschkian, N. (2002): Der nackte Kaiser – oder: Wie man die Seele der Kinder und Jugendlichen versteht und heilt. Fischer Taschenbuch, Frankfurt a.M.
Peseschkian, N. (2001): Vom Glück des Suchens und des Findens. Orientalische Weisheiten. Pattloch, München
Uhlenbruck, G., Skupy, H. H., Kersten, H. H. (1981): Ein gebildeter Kranker. Gustav Fischer, Stuttgart

Wirksamkeitsnachweis in der Positiven Psychotherapie im Rahmen der Qualitätssicherung

Nossrat Peseschkian, Karin Tritt, Thomas Loew, Klaus Jork, Hans Deidenbach, Birgit Werner und Hermes A. Kick

Im Rahmen der Qualitätssicherung der Positiven Psychotherapie wurde von Shida Peseschkian ein anwenderfreundliches Softwareprogramm für Klinik und Praxis entwickelt, welches die Auswertung aller verwendeten Tests ermöglicht und zusätzlich die Option zur Integration weiterer spezifischer Tests bei Bedarf offen lässt. Die Ergebnisse werden als Charts mit integriertem Normbereich präsentiert und verfügen über Interpretationshilfen, die sich inhaltlich an den testeigenen Handanweisungen orientieren.

In dieser Studie (Peseschkian et al., 1999) wurde die Wirksamkeit der Positiven Psychotherapie unter alltäglichen Praxisbedingungen untersucht. Dabei zeigten die mit Positiver Psychotherapie behandelten Patienten im Vergleich zur Kontrollgruppe eine signifikant höhere Reduktion ihrer Symptomatik sowie ein höheres Ausmaß an positiven Veränderungen des Erlebens und Verhaltens (VEV) nach Abschluss ihrer Therapie. Außerdem weist ein Querschnittsvergleich zwischen den prospektiv erfassten PPT-Patienten und den katamnestisch erfassten PPT-Patienten auf eine zeitliche Stabilität der nachgewiesenen Effekte hin. Dieser Befund gilt für die Dauer von 5 Jahren nach Beendigung der Therapie.

Die Positive Psychotherapie ist von der Landesärztekammer in Hessen als eine tiefenpsychologisch fundierte Psychotherapiemethode anerkannt. Sie ist eine Kurzzeitpsychotherapie unter transkulturellen und interdisziplinären Gesichtspunkten und wird seit 1972 an der Akademie für ärztliche Fort- und Weiterbildung der Landesärztekammer Hessen in Bad Nauheim gelehrt.

Der Wirksamkeitsnachweis der Positiven Psychotherapie im Rahmen der Qualitätssicherung (computergestützte Qualitätssicherung) wurde mit dem Richard-Merten-Preis 1997 ausgezeichnet.

Wissenschaftliche Beratung und Projektleitung: Dr. M. Meyer, Institut für medizinische Statistik und Dokumentation der Universität Erlangen-Nürnberg; Prof. Dr. T. Loew, Regensburg & Dr. rer. soc. Karin Tritt, Abteilung für psychosomatische Medizin und Psychotherapie der Universität Erlangen-Nürnberg; Prof. Dr. med. K. Jork, Direktor des Instituts für Allgemeinmedizin der Johann-Wolfgang-Goethe-Universität

Frankfurt a. Main; Prof. Dr. med. G. Sachse, Ärztlicher Direktor der Deutschen Klinik für Diagnostik, Wiesbaden; Dr. med. Hamid Peseschkian, Facharzt für Neurologie und Psychiatrie/Psychotherapie, Geschäftsführer der Wiesbadener Akademie für Psychotherapie, Psychotherapeutische Privatpraxis, Wiesbaden; Dr. med. H. Röthke, Chefarzt der Saaletalklinik für Abhängigkeitserkrankungen, Facharzt für Psychiatrie/Psychoanalyse, Facharzt für Psychotherapeutische Medizin, Bad Neustadt/Saale, Prof. Dr. med. H. A. Kick, Psychiatrische Universitätsklinik, Heidelberg; Birgit Werner, Diplom-Psychologin, Frankfurt a. Main, Shida Peseschkian, Informatikerin MBA, Wiesbaden; Hofrat Dr. phil. R. Larcher, Dipl.-Psychologe, Leiter der psychologischen Studentenberatung, Salzburg; Dr. phil. Michael Katzensteiner, Dipl.-Psychologe, Leiter der psychologischen Studentenberatung Linz; A. Remmers, Facharzt für Allgemeinmedizin/ Psychotherapie, Bulgarien/Deutschland.

Literatur

Peseschkian N. et al.: Wirksamkeitsnachweis in der Positiven Psychotherapie im Rahmen der Qualitätssicherung. Familiendynamik, 24. Jahrgang, Heft 1, Januar 1999, Klett-Cotta Stuttgart.

Teil III
Anwendungen

Es ist nicht genug, zu wissen,
man muss auch anwenden,
es ist nicht genug, zu wollen,
man muss auch tun.
(Johann Wolfgang von Goethe)

Psychosomatischer Therapieansatz bei Diabetes mellitus

Claudia Christ, Hans Deidenbach, Maria L. Diaz, Nossrat Peseschkian, Günther Sachse und Wolfgang Schuck

Im folgenden wird über einen 41-jährigen Patienten mit manifestem Typ-1-Diabetes berichtet, dessen anfänglich instabile Stoffwechsellage unter 45 psychotherapeutischen Sitzungen wesentlich gebessert werden konnte. Es werden außerdem die psychosozialen Aspekte aufgezeigt, die bei der Manifestation des Diabetes mellitus beteiligt gewesen sind.

Bei einem 41-jährigen Patienten mit insulinpflichtigem Diabetes mellitus Typ 1, diabetischer Polyneuropathie und beginnender diabetischer Nephropathie wurde eine psychotherapeutische Behandlung mit begleitender Insulintherapie durchgeführt. Der Patient war seit 1976 wechselweise in ambulanter und stationärer Behandlung, in den letzten 32 Jahren vor Beginn der Psychotherapie permanent stationär. Die rein medikamentöse Therapie hatte zu keiner stabilen Einstellung der Krankheitswerte geführt. Die psychotherapeutische Behandlung erweiterte den Ansatz. Durch das positive Vorgehen ergaben sich neue Denkmuster, die die Emotionalität und dadurch die somatischen Werte beeinflussten. Der Patient lernte mit der Positiven Psychotherapie ein Instrument kennen, mit dessen Hilfe er auf seine Krankheit nicht mehr nur passiv (Insulinspritze) reagieren musste. sondern aktiv psychisch und psychosozial agierte. Die psychotherapeutische Behandlung führte zu einer Angleichung der somatischen Daten an normale Werte.

Methodik

Als Grundlage für die psychosoziale Exploration diente das Erstinterview der Positiven Psychotherapie, welches jetzt als Wiesbadener Inventar für Positive Psychotherapie und Familientherapie (WIPPF) erschienen ist. Das therapeutische Vorgehen der Positiven Psychotherapie sei nachfolgend kurz skizziert. Der positive Ansatz beinhaltet zwei Aspekte: die Umdeutung des Symptoms (Standortwechsel) und das Eingehen auf symptomarme, relativ *Ich-starke* Bereiche. Der inhaltliche Ansatz fragt nach emotional aufgeladenen Ereignissen in den letzten 10 Jahren («life-events»); verletzend wirken sie dann, wenn sie in Form der beteiligten Sozialisationsnormen mikrotraumatisch besetzt sind und kumulieren.

Welche dieser «Aktualfähigkeiten» in dieser Richtung wirksam sind, lässt sich im Differenzierungsanalytischen Inventar (DAI) und im WIPPF explorieren. Speziell zum Diabetes mellitus haben wir den im Anhang abgedruckten Fragebogen entwickelt. Zum inhaltlichen Ansatz gehört weiter die Frage, auf welchen Wegen der Patient die Realitätsprüfung vornimmt. Die Positive Psychotherapie kennt hier vier relativ weite Kategorien, die jeder mit seinen eigenen Vorstellungen, Wünschen und Konflikten füllt.

Das fünfstufige Therapiemodell und der Therapieverlauf

Die fünfstufige Therapie bietet als Rahmenmodell, in dem sich verschiedene Fachrichtungen sinnvoll ergänzen können, eine Vielzahl von Verfahren, Techniken und methodischen Hilfsmitteln, die den vielfältigen Erscheinungsformen von Störungen und der Einzigartigkeit der Patienten Rechnung tragen sollen.

1. Stufe: Beobachtung und Distanzierung

Symptomatik, positive Symptomdeutung, beschwerdenauslösende Momente, erstmaliger Symptombeginn und transkultureller Ansatz (zusätzliche Perspektiven).

Kasuistik und Therapieeinstieg: Der 41-jährige Patient kam mit insulinpflichtigem Diabetes mellitus Typ 1, diabetischer Polyneuropathie und beginnender diabetischer Nephropathie (Begleitsymptomatik: Schweißausbrüche, Erbrechen, Gewichtsverlust, Depressionen, innerer Unruhe, Suizidgedanken) in meine Praxis. Der Patient war seit 1976 wechselweise in ambulanter und stationärer Behandlung, in den letzten 3 Jahren vor Beginn der Psychotherapie permanent stationär. Die rein medikamentöse Therapie hatte zu keiner stabilen Einstellung der Krankheitswerte geführt. Nach der persönlichen Berechnung des Patienten beliefen sich die Kosten seiner Behandlung bis zu diesem Zeitpunkt auf ca. 3 Millionen DM. Die gemeinsam erarbeitete positive Deutung, sein Diabetes sei auch Ausdruck seiner Fähigkeit, sich die fehlende Wärme selbst zu geben, überraschte den Patienten und machte ihn neugierig. Im Verlauf des weiteren Gesprächs übernahm der Patient die Deutung für sich und akzeptierte den skizzierten Weg.

2. Stufe: Inventarisierung (s. Fragebogen im Anhang)

Ereignisse in den letzten 10 Jahren («life-events»-Mikrotraumen-Grundkonflikt); wie wurden Probleme verarbeitet? Konfliktreaktionsmechanismen; welchen Einfluss hat die Symptomatik auf das allgemeine Wohlbefinden, den Beruf, den Partner, Familie und andere zwischenmenschliche Beziehungen, Zukunftsperspektiven?

Therapieverlauf: Für die Entwicklung der Symptomatik spielten folgende Ereignisse eine zentrale Rolle:

«life-events» (Ausbruch der Symptomatik Mai 1976):

- berufliche Ereignisse: Januar 1976 löste der Patient sein bisheriges Angestelltenverhältnis und machte sich selbstständig. Der neue Aufgabenbereich führte zu einer emotionalen Überforderung.
- partnerschaftliche Probleme: Juli 1976; diese entwickelten sich, als der Patient beruflich immer mehr in Anspruch genommen wurde und für seine Frau weniger Zeit hatte. Die Ehefrau war nicht berufstätig und die Ehe war kinderlos. Subjektiv wurde die mangelnde Zeit von der Ehefrau als mangelnde Zuwendung erlebt.
- Hausbau: Februar 1977; das Ehepaar baute gemeinsam ein Haus, das mit erheblichen finanziellen und zeitlichen Belastungen verbunden war.
- März 1979: Der Patient erfuhr erstmals von der Untreue seiner Frau, die er als Vertrauensbruch erlebte. Für ihn war Treue das wesentliche Element seiner Ehe.
- Januar 1981 starb unerwartet der Vater des Patienten, zu dem er eine ambivalente Beziehung hatte.
- April 1982: Die wechselweise ambulanten und stationären Einstellungsversuche seines D. m. führten zu einer emotionalen und zeitlichen Überforderung, zumal zwanghafte Tendenzen hinsichtlich der Leistung und Pünktlichkeit bestanden.
- 1985: In diesem Zeitraum ging die Firma durch die permanenten Krankenhausaufenthalte in Konkurs. Die Gesamtschuld belief sich auf über 2 Millionen DM. Der Patient wurde zum Sozialhilfeempfänger.
- Juni 1985 reichte die Ehefrau die Scheidung ein, noch während der Patient in der Klinik war, was ihn sehr verunsicherte und Ohnmachtsgefühle auslöste.

Mikrotraumen: Diese kumulativ wirkenden Faktoren besaßen für den Patienten traumatisierenden Charakter. Es entwickelte sich, unterstützt durch berufliche Überforderung, den instabilen Krankheitsverlauf, soziale Isolierung und Angst vor der Zukunft eine abnorme Trauerreaktion. Der Patient reagierte mit einer starken emotionalen Erregbarkeit, wobei er seine Wünsche z. T. psychosomatisch verarbeitete. Diese Ansammlung verletzender Ereignisse («steter Tropfen höhlt den Stein») führte dazu, dass einzelne Persönlichkeitsbereiche für Konflikte sensibilisiert wurden. Das fortwährende Ansprechen dieser empfindlichen Zonen (z. B. Leistung, Pünktlichkeit, Vertrauen, Treue, Zuverlässigkeit, Gewissenhaftigkeit) führte zu Spannungszuständen, die sich über das vegetative Nervensystem, das Hormonsystem und das Organsystem verselbstständigten. Über diese alltäglichen Konzepte, die sich in der Regel permanent wiederholten, lernte der Patient inhaltlich sein Verhalten verstehen. In der dynamischen Wechselwirkung seiner Konzepte wurde die Sprache der «Organisierung» seiner Krankheit dechiffriert.

Grundkonflikt: Die aktuelle Konfliktsituation und deren konzeptionelle Bewertung ist abhängig von der Lebensgeschichte des Patienten. Er stammt aus einem Elternhaus, in dem eine emotionsarme und stark auf sekundäre Sozialisationsnormen ausgerichtete Eltern-Kind-Beziehung bestand. Der Vater war sehr dominierend und leistungsbetont; die Ehe der Eltern wurde von dem Patienten als zerrüttet erlebt. Im Alter von 9 und 13 Jahren unternahm der Patient Suizidversuche, die von den Eltern bagatellisiert wurden. Mit 13 Jahren verließ er sein Elternhaus und musste von nun an auf eigenen Beinen stehen. Er arbeitete sich unter extremen Bedingungen hoch, legte nebenbei das Abitur ab, studierte und ging in das Angestelltenverhältnis. Zwischenmenschliche Kontakte, Rücksicht auf seinen Körper und seine Gesundheit sowie Fragen nach dem Sinn seines Handelns wurden vernachlässigt oder als Zeitvergeudung abgetan. Der Patient erkannte über diese Zusammenhänge die Dynamik seines komplexen Sozialisationsprozesses, der auch seine Emotionalität erklärbar machte.

3. Stufe: situative Ermutigung

Positive (kontaktarme) Anteile beim Patienten und seiner Familie werden herausgeholt und kontinuierlich ermutigt: Welche positiven Aspekte haben diese Ereignisse bei Ihnen und Ihrer Umgebung gehabt?

Therapieverlauf: Aufgrund der geleisteten Inventarisierung sah der Patient konkrete Alternativen und Erweiterungsmöglichkeiten bei den defizitären Bereichen (Kontakt, Zukunft), die gleichzeitig als Bedürfnispotenziale erkannt und in sein Handlungsrepertoire aufgenommen wurden. In diesem Zusammenhang lernte er die Entspannungsübung nach Jacobson als passive Form und das Intervalltraining nach Peseschkian als aktive Form anzuwenden. Ferner wurde die Behandlung durch eine medikamentöse Therapie mit Antidepressiva gestützt.

4. Stufe: Verbalisierung

Probleme und nicht erlebte Bereiche werden konkretisiert und verbalisiert; Familiengruppe, Partnergruppe, Berufsgruppe.

Therapieverlauf: Der Patient lernte schrittweise («Höflichkeit/Ehrlichkeit») zu seinen verleugneten Wünschen zu stehen und sich auch Wünsche und Forderungen vorzustellen, die sein altes Leistungskonzept ihm bisher nicht gestattet hatte. Zeitweilig kam es zu Verlustängsten und temporären Rückzugsversuchen, die dem Patienten den inneren Prozess verdeutlichten.

5. Stufe: Zielerweiterung

Ziele und Wünsche in den nächsten fünf Jahren werden anhand der vier Bereiche der Konfliktverarbeitung eruiert und durchgearbeitet.

Therapieverlauf: Die fünfte Stufe bereitete die Ablösung aus der Psychotherapie vor; gleichzeitig ermutigte sie den Patienten, seine Zukunft so zu planen, dass er seine Gesundheit, Leistung, partnerschaftliche Beziehung verbessern und erhalten kann.

Gesamtverlauf

Mit den Änderungen im psychologischen Bereich korrespondieren Veränderungen im somatischen Befund. Die vom Patienten akzeptierte positive Deutung und die daran anknüpfende Psychotherapie brachte bereits nach einem Monat spürbare Entlastung (Februar 1986). Im Verlauf der 14-monatigen Therapie kommt es erstmalig seit Jahren zu einem sichtbaren Absinken der Maximalwerte und in der Endphase zu einer deutlichen Verringerung der Schwankungsbreite der Blutzuckerwerte sowie zu einer signifikanten Verringerung der Insulineinheiten. Der Patient ist zunehmend im Stande, über seine Krankheit hinaus sein Leben wieder aktiv zu planen. Er beobachtete, dass sich seine Blutzuckerwerte immer dann veränderten, wenn er bestimmte Bereiche im Gesamtkonzept nicht beachtete. Als Beispiel nannte er quantitativ oder qualitativ überhöhtes berufliches Engagement auf Kosten der anderen Bereiche oder Konflikte, die auf ihn zukommen und die er nicht adäquat auffangen kann, z. B. die Trennung von der neuen Partnerin, die er nach der Scheidung von seiner Frau hatte.

In dem vorliegenden Fall wird deutlich, dass psychosoziale Faktoren sowohl in der Krankheitsentstehung («life-events», Mikrotraumen, Grundkonflikt) als auch im Krankheitsverlauf eine entscheidende Rolle spielen. Diese Faktoren lassen sich im ärztlichen Gespräch anhand des differenzierungsanalytischen Inventars DAI (Peseschkian 1977) und des WIPPF (Peseschkian u. Deidenbach) konkretisieren.

Der Patient ist seit 1989 verheiratet, hat sein Geschäft wieder aufgebaut und ist bis jetzt (2000) beschwerdefrei. Er berichtete persönlich über den Therapieverlauf auf der Bad Nauheimer Psychotherapie-Woche und vor verschiedenen Ärztegesellschaften (Wiesbaden, Frankfurt a.M., München und Berlin 1997).

Schlussbetrachtung

In zahlreichen Untersuchungen konnte gezeigt werden, dass emotionaler Stress, Furcht und Angst, Bedrohung der Sicherheit und andauernde Auseinandersetzungen im zwischenmenschlichen Bereich über eine sympathikotone Stimulierung zu einer gesteigerten Ausschüttung von Katecholaminen und in der Folge zu einer Steigerung des Blutzuckerspiegels und zur Zuckerausschüttung im Harn führen können. Bei Gesunden gleicht sich jedoch diese Hyperglykämie rasch wieder aus, während es bei Menschen mit Diabetesdisposition zu einem Versagen des Kohlehydratstoffwechsels kommen kann.

Gerade für den Formenkreis der vegetativ-funktionellen Störungen und die mit depressiven Symptomen einhergehenden Krankheitsbilder, die einen erheblichen Stellenwert in der Praxis und Klinik einnehmen, besteht ein offenkundiges therapeutisches Defizit.

Als Alternative und Ergänzung zu den gängigen medikamentösen, physiotherapeutischen und psychagogischen Maßnahmen wird die Positive Psychotherapie, ein tiefenpsychologisch fundiertes Verfahren im Sinne einer konfliktzentrierten und ressourcenorientierten Kurzzeitpsychotherapie vorgeschlagen, die auf transkulturellen Überlegungen mit neuen Techniken beruht. Die fünfstufige Behandlungsstrategie wird zusammen mit diesen Techniken anhand eines Fragebogens und eines Falls beschrieben.

Erfahrungen wurden mit der Methodik der Positiven Psychotherapie bei partnerschaftlichen Konflikten, Erziehungsproblemen, Depressionen, Phobien, Sexualstörungen, psychosomatischen Beschwerden wie Magen-Darm-Beschwerden, Herz- und Kreislaufbeschwerden, rheumatischen Beschwerden und Asthma gesammelt. Auch wurden mehrere Fälle von Psychopathien und Schizophrenien behandelt.

Das Modell der Positiven Psychotherapie in der Psychosomatik macht milieutherapeutische Eingriffe, familien- und psychotherapeutische Interventionen und Selbsthilfeaktivitäten möglich, die sich auf den verschiedenen Ebenen gegenseitig ergänzen. Darüber hinaus eröffnet sich ein Ausblick auf einen Bereich, der nicht mehr nur Domäne der Therapeuten ist, sondern politische und wirtschaftliche Belange betrifft, die die gesellschaftlichen Rahmenbedingungen des menschlichen Zusammenlebens im Sinne einer umfassenden Psychosomatik weitgehend definieren.

Literatur

Balint, M. (1970): Der Arzt, sein Patient und die Krankheit. Fischer, Frankfurt a.M.

Berger, W., Gries, H., Koschinsky, Th., M. Toeller, M. (1984): In: Siegenthaler W., W. Kaufmann, H. Hornbostel, H. D. Waller (Hrsg.) (1984): Lehrbuch der inneren Medizin, Thieme, Stuttgart

Brogesn, C. H., Lenmark, A. (1982): Islet Cell Antibodies in Diabetes. In: Johnston D.C., K. G. M. M. Alberti (Hrsg.): Clinics in endocrinology and Metabolism 11, 409–430

Cannon, W. B. (²1929): Bodily changes in pain, hunger, fear and rage. Appleton, New York

Cobb, S. (1974): Physiologic changes in men where jobs were abolished. Journal of psychosom. Res. 18, S. 245

Croen, J. J., de Loos, W. S. (1973): Psychosomatische aspecten von diabetes mellitus. De Erven Bohn BV Amsterdam

Dunbar, H.F., Eolfe, T. P., Rioch, M. (1936): Psychosomatic aspects of medical problems: The psychic component of the desease process in cardiac, diabetic and fracture patients. Am. J. Psychiatr. 93, 649–679

Hinkle E. E., Wolf, S. (1952): Importance of life stress in course and management of diabetes mellitus. J. Am. med. Ass. 148, S. 513–520

Johnson S. B. (1980): Psychosocial Factors in Juvenile Diabetes: A Review. J. Behav. Med. 3/1,95, S. 116

Langbein K., Martin, H.-P., Siechrovsky, P., Weiss, H. (1983): Bittere Pillen, Kiepenheuer & Witsch, Köln

Luban-Plozza, B., Pödinger, W. (⁴1980): Der psychosomatisch Kranke in der Praxis. Erkenntnisse und Erfahrungen. Springer, Berlin/Heidelberg/New York

Peseschkian N. (¹²2000): Positive Psychotherapie. Fischer Taschenbuch, Frankfurt a.M.

Peseschkian, N. (⁷2000): Psychosomatik und Positive Psychotherapie. Fischer Taschenbuch, Frankfurt a.M.

Peseschkian N., Deidenbach, H. (1988): Wiesbadener Inventar zur Positiven Psychotherapie und Familientherapie (WIPPF), Springer, Berlin/Heidelberg/New York

Peseschkian, N., Sachse, G. (2001): Mit Diabetes komm ich klar – Zurück zum inneren Gleichgewicht mit Positiver Psychotherapie. Thieme, Stuttgart

Rayfield E. J., Yoon, J. W. (1982): The Vital Etiology of Diabetes. In: Brodoff B. N./Bleicher, S. J. (Hrsg.): Diabetes mellitus and Obesity. Williams & Wilkins, Baltimore,London, 381–386

Rotter J. I., Anderson, C. E., /Rimoin, D. L. (1983): Genetics of diabetes mellitus. In: Ellenberg M./ Rifkin, H.(Hrsg.): Diabetes mellitus, Theory and Oractice. Medical Examination Publishing, New York, S. 481–503

Swift C.R., Seidmann, F., Stein, H. (1967): Adjustment problems in juvenile Diabets, Psychosom. Med. 29/6, 555–571

Weiss E., English, O. S. (1950): Psychosomatic medicine. Philadelphia

Rheumatoide Arthritis und Weichteilrheumatismus

Mechthild Gesman, Hans-Jürgen Köttner, Hamid Peseschkian, Arno Remmers, Dieter Schön und Regine Siegel-Trumpp

Definition

Zum rheumatischen Formenkreis rechnet man subjektiv mit Schmerzen und Bewegungseinschränkungen einhergehende Erkrankungen von Muskulatur, Sehnen, Bändern und Gelenken. Im Großen und Ganzen kann man unterscheiden zwischen einerseits rheumatischen Erkrankungen mit Gelenkbeteiligung, wobei entzündliche und degenerative Formen vorliegen können, und andererseits nichtartikulären Rheumatismusformen, v.a. dem Weichteilrheumatismus, auch funktioneller Rheumatismus genannt.

Die *rheumatoide Arthritis* ist eine chronische Systemerkrankung, die sich klinisch im Skelettsystem bzw. in Gelenken manifestiert und bei der sich charakteristische, aber unspezifische Veränderungen an den Gelenken finden. Beim *Weichteilrheumatismus* fehlen objektive Entzündungszeichen.

Symptomatik

Bei rheumatischer Arthritis ist der Krankheitsbeginn im allgemeinen schleichend mit morgendlicher Steifheit und Schmerzhaftigkeit bestimmter Gelenke und der Muskulatur. Gewöhnlich sind die Gelenke symmetrisch befallen, wobei Schwellungen und Druckschmerzempfindlichkeit v.a. an den Fingergelenken, der Hand, den Knien und den Fußgelenken zu beobachten sind. Die Gelenk- und Muskelbeschwerden treten am stärksten nach Ruheperioden auf und bessern sich, wenn der Patient sein Gelenk bewegt. Später kommt es zu einem Schwund der Muskulatur aufgrund der Inaktivität und zu einer spindelförmigen Auftreibung der befallenen Gelenke. Auffallend ist, dass die Patienten gewöhnlich ihre eigenen Beschwerden und Einschränkungen nicht hoch anschlagen und trotz erheblicher Einschränkung ihre Tätigkeit und Aktivität beibehalten.

Formen des Weichteilrheumatismus tauchen in den verschiedenen speziellen Bezeichnungen auf: Myalgie, Schulter-Arm-Beschwerden, Hexenschuss. Im Unterschied zu organischen muskelrheumatischen Erkrankungen liegt gewöhnlich eine wechselnde Lokalisation und eine wechselnde Symptomatik vor. Die Lenden- und die Schulter-Nacken-Gegend sind der Ort der häufigsten Symptomatologie.

Transkultureller Ansatz und Epidemiologie

Die Häufigkeit der rheumatischen Arthritis in der Bevölkerung liegt bei 0,3 bis 3% nach den Ergebnissen verschiedener Erhebungen in unterschiedlichen Ländern. Die Verbreitung nimmt mit dem Alter zu; bevorzugt sind die mittleren und höheren Lebensjahrzehnte und eindeutig bei allen Untersuchungen stets die Frauen.

Die rheumatische Arthritis scheint bei allen Rassen und in allen Ländern vorzukommen, bei Japanern und Eskimos etwas seltener, bei farbigen Bewohnern der USA etwas häufiger als im weltweiten Durchschnitt (**Abb. 1**).

Die Krankheit befällt öfter die städtische Bevölkerung als die ländliche. Menschen, die in einer Veränderung des sozialen Status nach unten oder oben begriffen sind, zeigen einen stärkeren Befall mit rheumatoider Arthritis. Im ganzen kommt sie in den niederen Einkommens- und Bildungsklassen etwas häufiger vor.

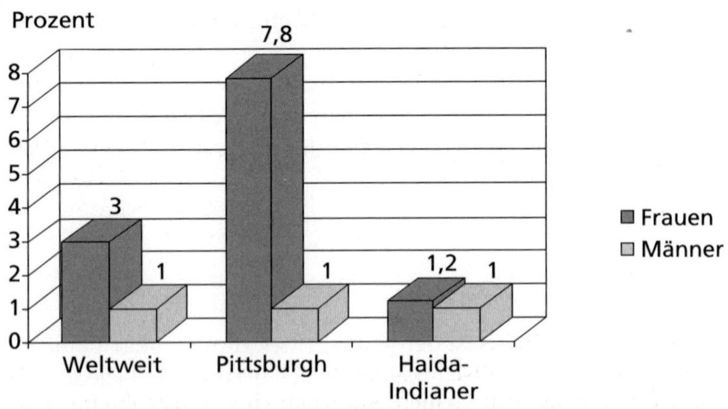

Abbildung 1: Kulturunterschiede und Geschlechtsverteilung bei rheumatoider Arthritis.

Sprachbilder und Volksweisheiten

- Hartnäckigkeit
- Halsstarrigkeit
- Haltung bewahren
- lendenlahm
- nicht mit beiden Beinen auf der Erde stehen
- nicht Fuß fassen
- kniefällig werden
- nicht auf die Beine kommen
- nichts mehr auf die Beine bringen
- sich zusammennehmen
- stillhalten

Selbsthilfeanteil: Entwicklung von rheumatoider Arthritis und Weichteilrheumatismus aus der Sicht der Positiven Psychotherapie

Experimentelle Untersuchungen haben gezeigt, dass emotionale Faktoren einen Einfluss auf die Motorik haben. Patienten wurden in einem konfliktzentrierten Interview, in psychoanalytischen Sitzungen oder bei Leistungstests psychischen Reizen ausgesetzt, die aggressive Gefühle erzeugten. Bei den an rheumatoider Arthritis Erkrankten zeigte sich im Bereich um die erkrankten Gelenke ein deutlich höherer Muskeltonus als bei gesunden Muskeln. Diese Muskelspannung überdauerte gewöhnlich beträchtlich den emotional belastenden Reiz. Vor allen Dingen ging es um psychische Belastungen wie Krisen in zwischenmenschlichen Beziehungen, Tod und Verlust (Trennung, Scheidung, Umzug) wichtiger Bezugspersonen, Autoritäts- und Eheprobleme usw.

Körper: Befunde über den Grundkonflikt entsprechen weitgehend den auf die Motorik bezogenen Geboten «Bleib stehen», «Halt still», «Nimm dich zusammen», «Halt Ruhe», «Was sagen die Leute», von denen Bräutigam und Christian (1973) berichten. Dies mag ein Hinweis auf die Organwahl der psychosomatischen Krankheit Rheumatismus sein.

Beruf/Leistung: Der Ausbruch der rheumatischen Erkrankung steht im Zusammenhang mit beruflicher Unsicherheit, Konkurrenz, Überforderung, Entlassung, Leiden unter einem Vorgesetzten, Geschäfts- oder Berufsaufgabe.

Kontakt: Hier sind v.a. Erziehungsprobleme relevant. In zeitlicher Korrelation mit dem Ausbruch der Symptomatik finden sich schulische Misserfolge des Kindes, Erziehungsprobleme, Krankheit eines Kindes oder Ablösung aus der familiären Gemeinschaft (z.B. Auszug oder Heirat eines Kindes). Permanente Konflikte zwischen den Ehepartnern, Verlust oder Krankheit einer Bezugsperson, Ehescheidung, Ehebruch mit anschließenden Schuldgefühlen, Entscheidungsschwäche sowie sexuelle Misserfolgserlebnisse, die Beziehung zu Mitmenschen, Umzug und Wechsel der sozialen Berufsgruppe, Konflikte mit Nachbarn und Kollegen und unbewältigte Flüchtlingssituationen spielen eine zentrale Rolle.

Fantasie/Zukunft: Auf alle genannten Bereiche der äußeren Konfliktsituation haben die eigenen Zukunftsperspektiven einen besonderen Einfluss. Die Rheumatiker unserer Stichprobe zeigen ein nur geringes Vertrauen in die eigenen Fähigkeiten, jedoch ein großes Vertrauen gegenüber einzelnen Bezugspersonen und dem Arzt. In der Beziehung zu sich selbst herrschen Zweifel und Unsicherheit vor.

Höflichkeit – Ehrlichkeit: Höflichkeit war hier Aggressionshemmung und Unterdrückung der eigenen Wünsche zugunsten der Wünsche anderer. Sie wurde zum sozialen Instrument, um sich die Zuwendung und Anerkennung der anderen zu erhalten und «nicht die freundlichen Blicke zu verlieren». In der Familiensituation fiel v.a. die Höflichkeit gegenüber den Eltern auf, die in ihrer Stilisierung als Hinweis auf eine emotionale Abhängigkeit gewertet werden kann: «Was denken die Leute?»

Gehorsam: In allen beobachteten Fällen ließ sich eine starke Betonung des Gehorsams feststellen. Dieser erscheint jedoch weniger als absolute Unterordnung, sondern bezieht sich eher auf die Einhaltung charakteristischer psychosozialer Normen wie Ordnung, Sparsamkeit, Fleiß, Kontakt, Sexualität, Leistung und – im Zusammenhang mit der Geschwisterrivalität – auf Gerechtigkeit. Das Mittel, diesen Gehorsam zu erzwingen, waren nach Darstellung der untersuchten Patienten in seltenen Fällen Schläge, häufiger Liebesentzug sowie Androhung von Liebesentzug und Bestrafungen, die zumeist zur Folge hatten, dass Aktivitäten und Initiativen eingeschränkt wurden.

Rheumatische Beschwerden nach Auseinandersetzungen im Beruf, als Folge von Erziehungsproblemen und im Zusammenhang mit hartnäckigen Eheproblemen finden sich auffällig häufig. Im allgemeinen Sprachgebrauch fasst man diese Bedingungen unter dem Begriff «psychosozialer Stress» zusammen. Unsere Hypothese lautet: Es gibt neben den generellen, unspezifischen Stressoren spezifische belastende Reizkonstellationen. Diese sind abhängig von den im Verlauf der Lebensgeschichte erlernten psychosozialen Normen, die als Einstellungen, Erwartungen und Verhaltensstile eng mit dem emotionellen Leben korrespondieren. Derartige spezifische Stressoren sind als wesentliche Ursachen von rheumatischen Beschwerden zu sehen.

Praktische Konsequenzen aus diesem Selbsthilfeanteil finden sich im entsprechenden Fragebogen (s. Anhang).

Therapeutischer Anteil: Das fünfstufige Vorgehen der Positiven Psychotherapie bei rheumatoider Arthritis und Weichteilrheumatismus

Stufe 1: Beobachtung/Distanzierung

Fallbeispiel: «Schimpfen ist der Stuhlgang der Seele»
Eine 48-jährige Patientin, verheiratet, eine Tochter (20 Jahre), suchte auf Anraten ihres Hausarztes die Psychotherapie wegen Depression und rheumatischer Beschwerden auf. Sie wirkte angsterfüllt und konnte nur leise und unzusammenhängend erzählen. Hinsichtlich der rheumatischen Beschwerden war die Patientin bereits genügend aktenkundig. Symptomatisch bestanden: Schmerzen im Zervikalbereich, in den Kiefergelenken und schmerzhafte Schwellungen in den Hand- und Schultergelenken. Diagnostiziert wurde eine chronische Polyarthritis, die u.a. durch die Blutsenkung und den Nachweis des Rheumafaktors genügend abgesichert war. Als Basistherapie wurde D-Penicillamin eingesetzt und später die Goldinjektionsbehandlung durchgeführt, allerdings mit nur geringem Erfolg.

Der zweite Teil der Beschwerden, die Depression, war nach Aussagen der Patientin noch nicht berücksichtigt worden, obwohl sie bereits ein Vierteljahr vor Beginn der rheumatischen Beschwerden eingesetzt hatte. Der Weichteilrheumatismus war in diesem Sinne mehr als nur eine äußerst unangenehme körperliche Beschwerde. Er zeigte sich vielmehr darüber hinaus in der Fähigkeit, Spannungen und Konflikte motorisch zu verarbeiten und unter den gegebenen Umständen die Persönlichkeitsökonomie zu erhalten. Ausbaufähig waren: die Unterscheidung zwischen *Höflichkeit* (als Unterdrückung bestehender aggressiver Impulse) und *Ehrlichkeit/Offenheit* (als adäquatem Ausdruck von Gefühlen). Die Frage war: Welche Bereiche führten zu den bestehenden Spannungen (z. B. *Ordnung*, *Sauberkeit*, *Treue*, Verstrickung mit dem Partner oder Ablösung von den Kindern).

Die positive Interpretation, sie habe die Fähigkeit, Spannungen und Konflikte über ihren Körper zu verarbeiten, erleichterte der Patientin einen Standortwechsel bezüglich ihrer Mikrotraumen. Sie eröffnete ihr eine alternative Sichtweise und damit die Möglichkeit, ihre Beschwerden in einem größeren Zusammenhang zu sehen. Sie wurde befähigt, mit größerem Verständnis auf ihre Beschwerden zu reagieren.

Stufe 2: Inventarisierung

Wir fragten hier besonders nach Lebensereignissen in den vergangenen fünf Jahren. Unter anderem ergab sich folgendes:

1. Einige Monate vor Beginn der depressiven Symptomatik war die Patientin in eine andere Stadt umgezogen. Dies bedingte eine weitgehende soziale Isolierung, die sie aus eigenen Kräften nicht überwinden konnte.

2. Verstärkt wurde dies dadurch, dass der Ehemann der Patientin noch in dem damaligen Wohnort arbeitete und nur am Wochenende nach Hause kam.

3. Etwa zur gleichen Zeit verließ die Tochter das Elternhaus, um zu studieren. Da die Patientin eine sehr starke emotionale Beziehung zu ihrer Tochter hatte und einen wesentlichen Teil ihrer Rollenbestätigung aus ihrem überbeschützenden Verhalten ihr gegenüber bezog, führte der Auszug der Tochter zu einer erheblichen Belastung.

4. Ein chronifizierter Konflikt, unter dem die Patientin über Jahre hinweg litt, bezog sich auf die Höflichkeit. Während sie auf Benehmen großen Wert legte und Kraftausdrücke verabscheute, hatte sich ihr Ehemann den *Götz von Berlichingen* als Methode der Selbsthilfe zu Eigen gemacht. Die Patientin berichtete: «Immer, wenn er anfing zu fluchen, hat es sich in mir zusammengezogen. Es ist mir dabei eiskalt den Rücken heruntergelaufen.» Weitere Konfliktbereiche stellten die psychosozialen Normen Ordnung und Sauberkeit dar, welche die Patientin subjektiv hoch bewertete. Die Erfüllung der Sauberkeits- und Ordnungsnormen versetzten sie in eine permanente emotionale Spannung. Unterstützt wurde dies durch die rigide Haltung des Ehemannes, der erst in dem Augenblick begann, auf seine Frau Rücksicht zu nehmen, als sie die rheumatische Symptomatik entwickelte. Für seine «Unhöflichkeiten» entschuldigte er sich damit: «Schimpfen ist der Stuhlgang der Seele.» Im Laufe der Behandlung äußerte sich die Ehefrau, nachdem sie ihre Hemmungen gegenüber derartigen Reizwörtern überwunden hatte: «Jedes Mal, wenn mein Mann so etwas sagte, fühlte ich mich beschissen.»

Stufe 3: Situative Ermutigung

Die Behandlung wurde als konfliktzentrierte Psychotherapie durchgeführt, wobei die progressive Entspannung nach Jacobson (1938) eingesetzt wurde. Die konfliktbesetzten psychosozialen Normen Ordnung und Sauberkeit wurden in Entspannung anhand von Geschichten und Spruchweisheiten durchgearbeitet. Außerdem wurden leichte Antidepressiva verordnet.

Stufe 4: Verbalisierung

Hier wurde der Ehemann in die Therapie einbezogen. Anhand der Geschichte «Der Traum und sein Sinn» versuchte er, seine Meinung in einer Form zu sagen, die seine Frau nicht verletzte, während sie ihr Verharren in ihrem Bravheitsideal (aggressionsgehemmtes Höflichkeitsverhalten) und in einer kindlichen Naivität zugunsten größerer Offenheit reduzierte.

Inhaltlich wurde die Aktualfähigkeit *Höflichkeit* und ihr Bezug zu *Offenheit/Ehrlichkeit* in Form von Rollenspielen in die Familientherapie mit einbezogen. Weiter wurde mit den Ehepartnern die Fähigkeit trainiert, die zwischenmenschlichen Beziehungen zu gestalten.

Die Aktualfähigkeit «Höflichkeit»: *Definition und Entwicklung*: die Fähigkeit, die zwischenmenschlichen Beziehungen zu gestalten. Ihre Erscheinungsformen sind Benehmen, indem gesellschaftliche Verhaltensregeln anerkannt werden; Rücksicht, Achtung vor dem Partner und sich selber sowie Bescheidenheit. Höflichkeit als Hintanstellung der eigenen Interessen und Bedürfnisse ist eine sozial begründete Aggressionshemmung. Für den Erwerb von Höflichkeit spielen das Lernen am Modell (zumeist am Modell der Eltern) und das Lernen am Erfolg (der eigenen Verhaltensweisen) eine Rolle. Die Reaktion der Eltern auf scheinbar unhöfliches Verhalten der Kinder wiegt schwer. Die Art der zu erlernenden Höflichkeit wird zu einem wesentlichen Teil von der Kultur und den Normen der sozialen Schicht bestimmt.

Synonyme und Störungen: Sich anständig benehmen; wissen, was sich schickt; auf Manieren und Umgangsformen achten; die gute Kinderstube. – Heuchelei; ritualisierte Höflichkeit; Unfähigkeit, nein zu sagen; Egoismus; soziale Unsicherheit; Angst; mangelndes Durchsetzungsvermögen.

Verhaltensregulative: Höflichkeit formt nicht selten die Möglichkeit des Kontakts. Statt «Los, gib her!» besser «Würdest du bitte…?» Was würden Sie sagen, wenn Ihr Partner Sie in gleicher Weise behandeln würde, wie Sie es mit ihm tun? In Bezug auf welche Bereiche (Sparsamkeit, Treue, Sexualität, Ordnung) und wem gegenüber sind Sie besonders höflich? Es lohnt sich, sich auf seine Höflichkeitslücken hin zu kontrollieren.

Stufe 5: Zielerweiterung

Auslöser der Beschwerden waren die zuvor genannten «life events» gewesen. Entsprechend lernte die Patientin v.a., Kontakte zu anderen Menschen anzuknüpfen. Das Wochenende ermöglichte beiden Partnern gemeinsame Unternehmungen. Durch die beiden Trennungserlebnisse (Umzug und Wegzug der Tochter) war das Erlebnis des 15 Jahre zurückliegenden Todes ihrer Mutter aktualisiert worden. Während der Therapie berichtete die Patientin u.a.:

> «Da man den Tod ja immer als Hinterbliebener erlebt, bedeutet er für mich größtenteils Verlust eines Mitmenschen. In meinem Elternhaus wurde nach einem Tod möglichst sofort das alltägliche, normale Leben wiederhergestellt. Gedanken dazu wurden mir gegenüber nie geäußert. Tod ist bei mir gleich bedeutend mit aus und vorbei. In den letzten Jahren habe ich mir darüber keine Gedanken gemacht. Eigentlich kann ich mir nach dem Tod nichts mehr vorstellen. Mit dem Tod stirbt auch das menschliche Gehirn, was bleibt dann noch? Die Wissenschaften haben darauf keine Antwort. Zwar schwören die Religionen auf verschiedenen Arten auf das Weiterexistieren, sei es im Himmel oder in der Hölle, als Reinkarnation oder sonst etwas, aber ich glaube, vom Fortschrittszeitalter geprägt zu sein. Es gibt dafür keine Beweise, und somit existiert es nicht oder ist einfach für mich nicht vorstellbar.
> Marx sagte: Religion ist Opium für das Volk. Für mich ist das Hier und Jetzt wichtig. Hoffnungen beziehen sich auf mein Leben (hier und jetzt), eigentlich nie auf das da-

nach. Es wäre sehr schön, wenn ich daran glauben könnte. Dann wäre der Tod nicht das «Aus» für alles, und man könnte über das Leben hinaus noch Hoffnungen haben. Wünschenswert fände ich, wenn wir das, was wir im Leben gemacht haben, irgendwie fortsetzen könnten und einen absoluten Glückszustand erreichen würden. Schön wäre es, wenn ich in irgendeiner Form mit den geliebten Menschen weiterexistieren könnte und alles von weltlichen Problemen losgelöst wäre. Damit wären viele Dinge, die im Leben eine so große Rolle spielen, ohne die es gar nicht geht, weil es eben so ist, einfach nicht mehr relevant, und andere Sachen/Eigenschaften sind das einzig Wahre und Tatsächliche.»

Für die Patientin bekam ihr Gefühl der Niedergeschlagenheit und Hoffnungslosigkeit im Laufe der Therapie eine neue Dimension. Ihre Zukunftsperspektive erweiterte sich dadurch, dass sie ihre naiv-religiösen Vorstellungen differenzieren konnte. Dabei wurden folgende Missverständnisse mit ihr aufgearbeitet: Sie konnte unterscheiden zwischen Glaube, Religion und Kirche und zwischen bestimmtem und bedingtem Schicksal. Sie lernte auch, ihr einseitiges Verständnis von Wissenschaft durch die Aussagen bekannte Nobelpreisträger wie Albert Einstein, Max Planck, Wernher von Braun und Heisenberg zu erweitern (vgl. Peseschkian 1983, S. 74f).

Schon nach relativ kurzer Zeit konnte eine deutliche Besserung der Beschwerden erzielt werden. Diese Besserung bezog sich sowohl auf die reaktive depressive Symptomatik als auch auf den der rheumatischen Erkrankung zugeschriebenen Leidensdruck. Die Behandlung wurde nach 14 Sitzungen erfolgreich abgeschlossen.

Literatur

Battegay, R. (1981): Grenzsituationen. Huber, Bern, Stuttgart, Wien

Battegay, R., Benedetti, G., Rauchfleisch, U. (1977): Grundlagen und Methoden der Sozialpsychiatrie. Vandenhoeck & Ruprecht, Göttingen

Christian, P. (1959): Atmung. In: Frankl, V., Gebsattel, V. E., Schultz, J. H. (Hrsg.): Handbuch der Neurosenlehre und Psychotherapie, Bd. II. 517–530. Urban & Schwarzenberg, München/Berlin

Cremerius, J. (1955): Rheumatische Muskel- und Gelenkerkrankungen als funktionelles Geschehen. Psychosomatic medicine 1: 173–181

Köttner, H.-J. , Everts, B. (2001): Erfahrungen mit dem interdisziplinären Ansatz bei der Behandlung chronischer Schmerzen in der Ernst-Ludwig-Klinik/Breuberg. Reha-Praxis der LVA Hessen

Peseschkian, N. ([8]2001): Psychosomatik und Positive Psychotherapie. Fischer Taschenbuch, Frankfurt a.M.

Rahe, R. H. (1969): Multi-Cultural Correlations of life change Scaling. Journal of Psychosomatic Research 19: 191–195

Wesiack, W. (1984): Grundzüge der psychosomatischen Medizin. Springer, Heidelberg

Die Anwendung der Positiven Psychotherapie bei sexuellen Funktionsstörungen

Anas Aziz, Adelheid Bieger, Gunther Hübner, Nossrat Peseschkian, Sheyda Rafat und Dorothee Teller

Liebe ist wie Glas, das zerbricht, wenn man es zu fest oder zu locker anfasst.
(Orientalische Weisheit)

Ein Beispiel für das positive Vorgehen ist der Umgang mit dem Krankheitsbild der Frigidität, mit dem vor allem der Gynäkologe befasst ist. Es gibt ihm erhebliche Probleme auf, da ein organisches Substrat sich meist nicht finden lässt und eine Korrelation mit hormoneller Dysregulation oder genetischen Störungen eher die Ausnahme als die Regel ist. Übrig bleiben die psychosomatischen Erwägungen, denen der praktische Gynäkologe meist ebenso offen wie hilflos gegenübersteht. Eine Ursache für diese Schwierigkeit besteht in dem Krankheitsbegriff der Frigidität selbst. Er impliziert, dass die Frau die Frigidität ähnlich als gesundheitlichen Defekt mit sich trage wie einen *Uterus myomatosus*. Was positives Vorgehen hier bedeutet, soll an einem Fall veranschaulicht werden.

Eine 32-jährige Patientin war von ihrem Frauenarzt zur Psychotherapie überwiesen worden. Überweisungsgrund war «Frigidität». Nach einem orientierenden Gespräch mit dem behandelnden Arzt lud ich die Patientin und ihren Ehemann zu einem Erstinterview ein (vgl. Fragebogen im Anhang). Auf die Frage, worunter sie leide, antwortete an ihrer Stelle der Ehemann: «Meine Frau hat sexuelle Schwierigkeiten. Sie lehnt mich geschlechtlich ab. Sie ist frigide.» Er übernahm die Diagnose, die vom Fachmann bereits gestellt worden war. Dabei scheint interessant, dass diese Diagnose die Qualität der Vita sexualis beschreibt und die Partei des Mannes ergreift, der seine Frau als abweisend, kalt erlebt und für den dieses Erlebnis einer tiefergreifenden narzisstischen Kränkung gleichkam. Die Patientin war durch diese aggressiv vorgebrachte Klage betroffen. Sie begann im Gegensatz zu ihrem Mann die Schilderung ihres Leides damit, dass sie sich depressiv und niedergeschlagen fühle und das Gefühl habe, dass ihre Beziehung zu ihrem Mann gestört sei. Wegen *Fluor vaginalis* sei sie zum Frauenarzt gegangen, dem sie erzählt habe, dass sie außer Abwehr und Ekel sexuell nichts mehr empfinde.

Die Patientin hatte wohl in ihrer partnerschaflichen Beziehung die «Schuld» für die auftretenden Störungen auf sich genommen. Ihr Mann gab sich alle Mühe; nur sie selbst konnte trotz aller Anstrengungen nicht mithalten. Die verstärkte Bemühung um ein zufriedenstellendes sexuelles Leben bewirkte sogar das Gegenteil, nämlich tiefe Versagenserlebnisse. Die Frigidität wurde in diesem Sinn als Organminderwertigkeit realisiert und führte bei dem Versuch, sie abzubauen, in eine therapeutische Sackgasse.

Eine andere Deutung der Frigidität ist möglich: Wenn wir davon ausgehen, dass die Frigidität in diesem Fall eine reaktive Sexualabwehr bedeutet und den Versuch darstellt, durch Rückzug sexuellen und partnerschaftlichen Konfrontationen aus dem Weg zu gehen, ist sie mehr als nur Geschlechtskälte, nämlich: *Die Fähigkeit, durch den Körper nein zu sagen.*

Als ich dieses Gegenkonzept den Eheleuten vorschlug, schwiegen beide betroffen. Ich meinte schon, sie könnten mit diesem Umdeutungsversuch nichts anfangen, als die Frau begann, aus dieser Sicht das Problem zu besprechen: Sie hätte es längst aufgegeben, bei ihrem Ehemann nein zu sagen. Er habe doch nie Zeit für sie, sei mit seinem Beruf verheiratet, käme nach Hause, wann er wolle, und das schon seit acht Jahren. Sie hätte das Empfinden, ihre Gefühle hätten sich immer mehr verflüchtigt und bei dem Gedanken, die sexuelle Aktivität ihres Mannes ertragen zu müssen, krampfe sich alles in ihr zusammen. Ihren letzten befriedigenden Geschlechtsverkehr habe sie vor sieben oder acht Jahren gehabt.

Die positive Umdeutung der Frigidität bewirkte, dass das Problem auf einer anderen Ebene erschien und andere Aspekte ins Blickfeld kamen:

- die berufliche Aktivität des Ehemannes (Fleiß/Leistung)
- sein Mangel an Zeit
- seine Unzuverlässigkeit und Unpünktlichkeit
- das Gerechtigkeitskonzept der Frau, die dies nicht länger ertragen wollte
- die Schwierigkeit der Patientin, ihr Unbehagen zum Ausdruck zu bringen und sich gegen ihren Mann durchzusetzen (Höflichkeit/Ehrlichkeit).

Die Frigidität war somit nicht nur ein Defekt der Frau, sondern erscheint als Ausdruck der gestörten Emotionalität und Kommunikation in der Partnerschaft. Dadurch, dass wir das traditionelle Krankheitskonzept nicht wiederholten, bekamen wir neue Möglichkeiten an die Hand, das Problem familientherapeutisch anzugehen.

Zum Verständnis des Konfliktes war eine weitere Umdeutung notwendig. Die Patientin lehnte, wie ihren Äußerungen zu entnehmen war, ihren Mann nicht grundsätzlich ab. In diesem Fall hätte sie es leicht gehabt, sich von ihrem Partner zu trennen und sich einen anderen Partner zu suchen. Sie wandte sich gegen ihn, weil er ihr nicht genügend Zeit, Zuwendung und Rücksicht zukommen ließ. Als ich die Patientin darauf hinwies, dass sie ihren Schilderungen zufolge gern mit ihrem Mann zusammen sein wollte und auch gern Kontakt zu anderen Menschen hätte, nahm die Patientin diese Umdeutung sofort an. Sie brauchte nach dieser Umdeutung nicht mehr nach Gründen zu suchen, weshalb sie ihren Mann hassen müsse, zumal ihre Ambivalenz ihm gegenüber eine Lösung des Problems unmöglich machte.

Im Rahmen einer fünfstündigen Familientherapie innerhalb von 15 Sitzungen, die sich auf einen Zeitraum von zehn Monaten verteilten, konnte eine wesentliche Besserung des Gesundheitszustandes der Frau sowie eine merkbare Änderung der Kommunikationsstruktur der Familie erzielt werden. Voraussetzung dafür war allerdings, die ausgetretenen Pfade der konventionellen Diagnose zu verlassen und zusammen mit den Patienten den «Standort zu wechseln», mit dem Ziel, die bestehende Problematik in einem neuen Licht zu sehen.

Die positiven Alternativen sind keine Etikette, die man anstelle der bisherigen Diagnose den Patienten «aufklebt». Sie erhalten ihre Berechtigung aus der Tatsache, dass sie ein Programm anzeigen, das eine Veränderung herbeiführen kann. Nahezu jedes Krankheitsbild kann in diesem Sinne positiv umgedeutet werden, wobei sich allerdings die Zielsetzungen der Umdeutung unterscheiden können. Sie können einerseits eine neue Behandlungsstrategie einleiten wie in dem Beispiel der Frigidität; andererseits können sie die Auffassung des Patienten von seiner Krankheit beeinflussen und auf diesem Wege den sekundären Leidensdruck abbauen helfen.

Die vier Formen der Vorbilddimensionen im familientherapeutischen Prozess

Wie die vier Bereiche der Konfliktverarbeitung, können auch die vier Vorbilddimensionen in die Partner- und Familientherapie einbezogen werden. Ausgehend von unterschiedlichen Bewertungen, können für jedes Familienmitglied die Bereiche herausgearbeitet werden, in denen es seine persönlichen Erlebnis- und Interessenschwerpunkte findet.

Wir alle stehen in einem Spannungsfeld von Beziehungen und Zusammenhängen, das durch die vier Medien der Liebesfähigkeit umschrieben wird. Diese Beziehungen gehören zu unserer Wirklichkeit; sie werden aber, abhängig von unseren Erfahrungen, unterschiedlich bedeutungsvoll erlebt. Der Individualist, der sich mit eigenen Belangen und einem dringlichen «Du» beschäftigt, der auf ein persönliches «Du» oder ein «Wir» verzichten möchte, hat dennoch eine charakteristische Beziehung zu diesen Bereichen, die beispielsweise durch Misstrauen bestimmt ist. Ein Dieb, der sich am Eigentum anderer vergreift, ist unter diesem Aspekt in seinen Beziehungen nicht grundsätzlich gestört. Vielmehr weist er Merkmale auf, die ihn zu seinem den gesellschaftlichen Spielregeln widersprechenden Verhalten veranlassen. Er kann durchaus ein betontes Verhältnis sowohl zum «Ich» als auch zu einem bestimmten «Du», einem ausgewählten «Wir», ja sogar zum «Ur-Wir» haben. Ausgespart ist in diesem Verhältnis das «Du» des Opfers bzw. das gesellschaftliche «Wir», das den Diebstahl missbilligt und mit Strafe belegt.

So kann ein Medium der Liebesfähigkeit, selbst eine Form der Beziehung, zum Rivalen der anderen werden: aus Ich-Bezogenheit den Partner vernachlässigen; angesichts der eigenen Familie die anderen Menschen vergessen; unter dem Eindruck von Verpflichtungen und gesellschaftlichen Engagements die Familie und sich selbst übergehen; durch starke Betonung des «Ur-Wir» die aktuellen Nöte übersehen oder, in Anspruch genommen durch diese Nöte, das Verhältnis zum «Ur-Wir» vernachlässigen. Die Betonung bestimmter Beziehungen kann somit Symptomcharakter annehmen, da sich auf ihrer Grundlage bei entsprechenden äußeren Einflüssen Störungen entwickeln können.

Ein Ehepaar kam wegen Eheschwierigkeiten in die familientherapeutische Behandlung. Der Ehemann wiederholte stereotyp, dass beide nicht zusammenpassten und die Ehe für ihn eine Belastung sei. Seine Frau gab die Schwierigkeiten zu, war aber nicht bereit, die gleichen Konsequenzen zu ziehen. Sie widersetzte sich der möglichen Scheidung. Die Frage nach den vier Vorbilddimensionen führte zu dem in **Tabelle 1** dargestellten Ergebnis.

Die vier Vorbilddimensionen sind Ansätze, Erlebnisinhalte bewusst zu machen. Zugleich sind sie in der Zwei- und Drei-Generationen-Therapie thematische Orientierungshilfen, die für alle Konfliktbeteiligten potenzielle Bedeutung besitzen.

Die vier Bereiche der Liebesfähigkeit und die mit ihnen korrespondierenden vier Vorbild-Dimensionen sind vor allem deshalb für die Positive Familientherapie wichtig, weil sie einen Überblick über die Bezugsmuster geben, nach denen sich ein Mensch in seiner Gruppe bewegt, und über ihre lebensgeschichtlichen Voraussetzungen, die in die Ursprungsfamilie jedes einzelnen zurückreichen.

Für die Psychoanalyse sind die Ich-Stärke und Ich-Reife zentrale Begriffe. Sie werden als Kriterium psychoanalytischer Indikationsstellung und als Behandlungsziel gesehen. Der Begriff der Ich-Stärke wird selber in dem Augenblick problematisch, in dem sich die Stärke nur am Ich festmacht und die anderen Funktionen der sozialen Kompetenz (Beziehung zum Du und zum Wir und die Beziehung zur Fantasie und zur Zukunft) außer acht lässt. Zwar ist anzunehmen, dass ursprünglich diese sozialen und prospektiven Ich-Funktionen mitgedacht waren. Typisch erscheint jedoch, dass sie nicht explizit erscheinen. In diesem Sinne gehorcht der Begriff der Ich-Stärke dem liberalen Willensmodell der bürgerlichen Gesellschaft, in dem soziale Bezüge und Aktivität der Fantasie gegenüber der leistungsgerechten Bewältigung der Wirklichkeit im Hintergrund standen. Es besteht Grund anzunehmen, dass sich hier eine Ursache dafür findet, dass die Psychotherapie sich bis in die jüngste Zeit primär mit dem Individuum beschäftigte und sich auf eine Stärkung seiner Ich-Funktionen ausrichtete, demgegenüber die Beziehungsqualitäten in der Familie und der unmittelbar relevanten sozialen Umwelt ausgeklammert bleiben: wozu musste man sich mit ihr beschäftigen, wenn es doch gelungen war, das Ich des Patienten zu stärken? Die sozialen Folgen dieser Vorgehensweisen, die interpersonale Symptomverschiebung wurden verdrängt. Die Behandlung richtete sich an einer nibelungenhaften Bündnistreue gegenüber dem einzelnen Patienten aus.

Dies bedeutet auch, dass in einer Familientherapie die Übertragung anders in die Therapie einbezogen werden muss, als dies bei der Psychoanalyse möglich war. Die fokale und thematische Orientierung der Positiven Familientherapie und die damit verbundene Betonung der Selbsthilfe versucht, die Übertragungsneurose in der Bezie-

Tabelle 1: Aussagen eines Ehepaares zu den vier Vorbilddimensionen.

	Ehemann	**Ehefrau**
Beziehung zum Ich:	Die Eltern hätten genügend Zeit für ihn gehabt, seien aber nicht immer geduldig gewesen. Um anerkannt zu werden, habe er schulische und sportliche Leistungen erbringen müssen. Keine Geschwister.	Wegen des Geschäftes hätten die Eltern kaum Zeit gehabt. In den ersten Lebensjahren sei sie von einem Hausmädchen versorgt worden. Für sie sei sehr wichtig, dass der Partner viel Zeit für sie habe. Älteste von drei Geschwistern.
Beziehung zum Du:	Als er zwölf Jahre alt war, ließen sich seine Eltern scheiden. Die Jahre davor hatte der Vater schon mehrmals andere Freundinnen gehabt. Auch seine Mutter habe sich öfters mit Bekannten getröstet.	Die Eltern waren ihr Leben lang zusammen: im Geschäft, beim Essen, im Bett. Zärtlichkeiten seien vor ihr nur sparsam ausgetauscht worden, jedoch sei die Ehe ihrer Eltern für sie vorbildlich.
Beziehung zum Wir:	Beide Elternteile seien sehr kontaktfreudig gewesen. Wenn gefeiert wurde, habe er immer mitfeiern dürfen. Auch heute sei er gern unter Menschen. Sein Beruf als Generalvertreter sei deshalb für ihn der Richtige.	Die Eltern hätten nur sparsame Kontakte gehabt, geschäftlich mit den Kunden, privat fast nur mit den engeren Verwandten. Bei Familienfeiern habe sie sich als Kind zurückhalten müssen. In der Schulzeit habe sie nur eine einzige gute Freundin gehabt. Jetzt fühle sie sich recht einsam.
Beziehung zum Ur-Wir:	Die Eltern seien politisch recht liberal eingestellt gewesen. Sie hätten der protestantischen Kirche angehört. Er sei konfirmiert. Trotzdem habe man Religion nur pro forma behandelt. Für ihn sei die Kirche nebensächlich. Er selbst betrachte sich als Optimist; beruflich jedenfalls ginge es voran.	Die Eltern seien konservativ gewesen. Als katholische Christen hätten sie jeden Sonntag die Kirche besucht. Sie selbst habe auch öfters den Wunsch, in die Kirche zu gehen. Sie werde aber von ihrem Mann deswegen nicht ernst genommen. Sie sei mehr pessimisisch, vor allem, weil sie sich sehr einsam fühle.

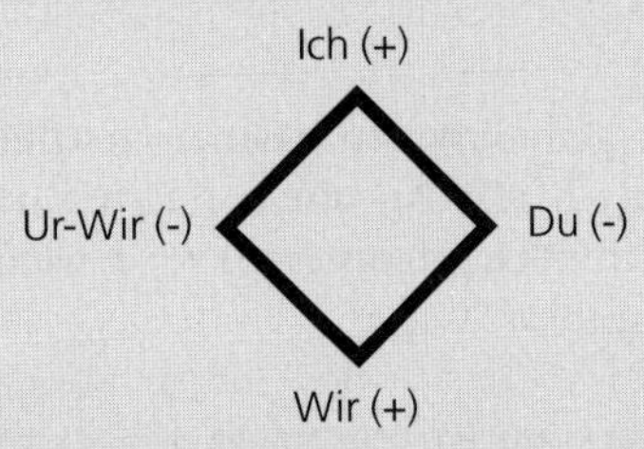

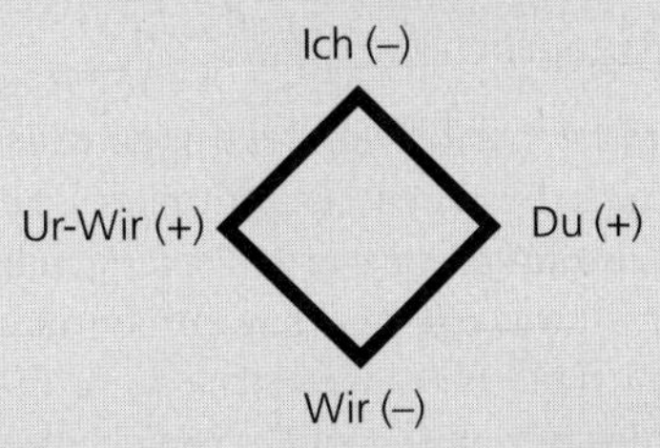

	Vater	**Mutter**
Zeit	+	+
Geduld	–	+
Vorbild	++	+

	Vater	**Mutter**
Zeit	–	–
Geduld	–	+
Vorbild	+	+

hung zwischen Therapeut und Patient als Mittel der Behandlung zu vermeiden. Die Übertragung erfolgt dagegen vielseitig gegenüber der sozialen Umgebung des Patienten, zu der – für die Zeit der Behandlung – auch der Therapeut gehört. Diesem kommt es zu, die vielfältigen Übertragungsbeziehungen zu registrieren und sie auf die beteiligten Konzepte zu hinterfragen.

Partnerschaft im engeren, weiteren und umfassenden Sinn

Jeder Mensch besitzt mit seinen Grundfähigkeiten auch die Fähigkeit, Beziehungen zu anderen Menschen aufzunehmen. Der erste Schritt zur Partnerschaft ist die Entscheidung, mit einem anderen Menschen zusammenleben zu wollen. Zuerst ist es notwendig, diese Entscheidung für sich selbst zu treffen und sich mit dem Wesen des Partners vertraut zu machen.

Ich: Die Fähigkeit, eine Partnerschaft einzugehen und zu erhalten, die Fähigkeit zu lieben und sich so zu verhalten, um geliebt zu werden, wächst in der Lebensgeschichte des einzelnen Menschen auf der Grundlage der Einzigartigkeit seiner Fähigkeiten und den Erfahrungen seiner bisherigen zwischenmenschlichen Beziehungen. Diese lehren ihn, was er von einer Partnerschaft erwarten kann, wieviel an Vertrauen er investieren darf, wie schnell er seine Gefühle von einem Partner abziehen muss, um seine Ich-Stabilität nicht zu gefährden, wie intensiv er auf den anderen eingehen kann oder muss. In der konkreten Partnerschaftssituation spielen die folgenden Lebensbereiche eine zentrale Rolle:

- *Körper*: wie gesund oder krank jemand ist, wie sein Körper beschaffen ist, welchen Geruch er hat usw.
- *Leistung*: welchen Beruf er hat, wieweit er sich für seinen Beruf einsetzt usw.
- *Kontakt*: wieweit man mit Einsamkeit umgehen kann, wieweit man auf andere Menschen zugehen kann usw.
- *Fantasie:* welche Vorstellungen hinsichtlich der gemeinsamen partnerschaftlichen Zukunft bestehen; der Sinn des Lebens; traue ich mir zu, mit meinem Partner gemeinsam alt zu werden; meine ich, dass er mich noch interessieren wird, wenn er älter ist; was mache ich, wenn er nicht mehr bei mir ist?

Du: In der Beziehung zu Du verdichtet sich all das, was zur Partnerschaft gesagt wurde. Hier ereignet sich das miteinander Leben in den vielen Einzelheiten und Kleinigkeiten des Alltags. Zugleich kommen die Wünsche und Bedürfnisse der Beteiligten zum Tragen. Dabei wird gesellschaftlich ein Großteil der körperlichen, sexuellen und sozialen Bedürfnisbefriedigung auf den Bereich der Partnerschaft delegiert. In ihr müssen zumindest annähernd die Partner zueinander «passen», das heißt, eine der Schloss- und

Schlüsselfunktion ähnliche Beziehung entwickeln. Das Schloss sind die Erwartungen, die dem Partner entgegen gebracht werden, der Schlüssel seine Fähigkeiten, Einstellungen und Verhaltensweisen, Inhalte dieser besonderen Form der Beziehung und die Aktualfähigkeiten wie Treue, Gerechtigkeit, Höflichkeit, Ehrlichkeit, Ordnung, Sauberkeit, Sparsamkeit, Leistung, Zeit, Geduld, Kontakt, Vertrauen usw.

Die Weise, in der die derart beschriebenen Erwartungen und Verhaltensweisen zueinander passen, entscheidet nicht selten über die Zufriedenheit mit dem Partner und die Existenz der Partnerschaft.

Wir: Im menschlichen Zusammenleben bestehen neben den religiös-weltanschaulichen Wertsystemen die gelebten Regeln. Es sind dies die Spielregeln des Zusammenlebens, die unausgesprochen und selten hinterfragt das Verhalten der Menschen untereinander bestimmen: Wen darf ich als Partner wählen, welche Nationalität, gibt es Einschränkungen der Partnerwahl bezüglich Nationalität, Rassenzugehörigkeit, sozialer Klasse und ökonomischen Besitzstand? Abhängig von dem sozio-kulturellen Hintergrund gibt es feste Regeln und Rituale der Partnerwahl, von denen die Anerkennung einer Partnerschaft durch die jeweilige Gruppe abhängt. Ob man selbst den Partner aussuchen kann oder ob die Großfamilie den Partner vorbestimmt.

Ur-Wir: Die Grundsatzentscheidung geschieht vor dem Hintergrund der eigenen Lebensgeschichte, der soziokulturellen Gegebenheiten und ganz konkreten fördernden und hemmenden Einflüssen, denen jeder Mensch ausgesetzt ist. Je nach dem, ob man in einer industriell oder landwirtschaftlich orientierten Gesellschaft, in einem sozialistischen oder kapitalistischen System lebt, ob man als Deutscher, Amerikaner, Australier, Japaner, Perser, Italiener, Spanier etc. geboren wurde und ob man sich als Buddhist, Hindu, Moslem, als evangelischer oder römisch-katholischer Christ, Pietist, Baptist, Calvinist, Jude, Bahá'ì usw. erlebt. Welche Freiheitsgrade der Partnerschaft und welche Auswahlmöglichkeit ihrer Formen zur Verfügung stehen, ist, unabhängig von dem einzelnen, vorgegeben in den Regeln, Ritualen, Normen, Geboten und Verboten der Weltanschauungen, Lebensphilosophien und Religionen, die einen Menschen geprägt haben. Unabhängig von seiner individuellen Existenz bestehen diese Regeln und Wertsysteme in der zwischenmenschlichen Wirklichkeit. Sie sind, obwohl mittlerweile pluralistisch und relativiert, allgegenwärtig und unausweichlich. Hier entstehen Vorwegentscheidungen, die sich zumeist dem Einfluss unserer Willkür entziehen: So ist festgelegt, wer in welcher Rolle mit wem Partnerschaft eingehen darf oder nicht.

Für Priester oder Mitglieder religiöser Ordensgemeinschaften ist in einzelnen Religionen, zum Beispiel auch in der katholischen Kirche, die Eheschließung und damit verbundene sexuelle Partnerschaft untersagt. Viel subtiler wird der Kanon der Gebote und Verbote in unserer pluralistischen Gesellschaft, in der derartige Regeln bestehen, von ihren Mitgliedern vertreten, ohne dass sie im Einzelnen belegen können, warum sie diese Konzepte übernommen haben. Die Ablehnung fester Partnerschaften und insbesondere des Ehebegriffs beispielsweise ist bei der überwiegenden Zahl keine «freie Entscheidung», sondern bestimmt durch die Reaktion auf die bisher als verpflichtend vorgeschriebenen Normen partnerschaftlichen Zusammenlebens.

Der weltanschaulich-religiöse Hintergrund füllt sich für den Einzelnen mit gefühlsnahen Vorstellungen und Fantasie: Die Ehe als Gotteswille; ohne Ehe kein ganzer Mensch; Ehe als generative Aufgabe, die Pflicht zum Kind; Ehe und Partnerschaft als Bedrohung der Freiheit und Selbstständigkeit.

Literatur

Alanen, Y. O. (1956): On the Personality of the Mother-Child Relationship. In: Acta Psychiatr. K'bvn, Supp. 106, 227–234

Peseschkian, N. ([12]2000): 33 und eine Form der Partnerschaft. Fischer Taschenbuch, Frankfurt a.M.

Rachel, B. (2000): die Kunst des Hoffens – Begegnung mit G. Benedetti. Vandenhoeck & Ruprecht, Göttingen

Uexküll, T. v. ([5]1999): Psychosomatische Medizin. Urban & Schwarzenberg, München

Der positive Umgang mit Angst, Depression, Verlust, Tod und Trauer

Udo Boessmann, Hermes A. Kick, Hans-Jürgen Köttner, Nawid Peseschkian und Helmut Woelk

Fallbeispiel: «Ich verliere den Boden unter den Füßen»

Die Signale des Todesengels
Ein Mann hatte mit dem Todesengel Freundschaft geschlossen. Eines Tages sagte er zu dem Todesengel: «Du Erfolgreichster aller Zeiten: wohin du auch gehst, du kommst immer zum Ziel. Ich habe eine Bitte an dich: Sage mir rechtzeitig Bescheid, bevor du mich abholst.» Der Todesengel stimmte zu. Eines Tages kam er zu seinem Freund und sagte: «Morgen werde ich dich abholen.» –»Das kann nicht dein Ernst sein», sagte der Mann, «du hast mir doch versprochen, mir rechtzeitig Bescheid zu geben.» Da antwortete der Todesengel: «Ich habe dir sehr viele Zeichen gegeben, aber du hast nie meine Signale verstanden: Als dein Vater starb, wusstest du es nicht zu deuten; als deine Mutter starb, hörtest du nicht auf diese Botschaft; als ich deinen Schwager, deinen Nachbarn und deinen Freund nacheinander abholte, hast du die Augen verschlossen. Komm morgen mit mir!» Als der Engel den Freund am nächsten Tag abholte und in den Himmel führte, zeigte er ihm Scharen von verstorbenen Menschen, die laut riefen: «Warum hast du uns nicht rechtzeitig Bescheid gesagt? Wir hätten vorher doch noch so viel erledigen können!» – «Du siehst nun», sagte der Todesengel, «wie die Menschen mit meinen Signalen umgehen!» (Persische Geschichte)

Die goldblonde 45-jährige Frau U. mit leuchtend blauen Augen trug ein einfaches Kleid und begegnete mir mit rotem Gesicht. Auch während sie später über ihre Schwierigkeiten sprach, errötete sie konstant. Frau U. sprach mit gedämpfter Stimme, ihre großen Augen wirkten wässrig, auch wenn sie keine Tränen zeigte.

Zum Erstinterview vgl. den Fragebogen im Anhang.

Das erste Gespräch

Frau U.: «Ich bin nervlich sehr angespannt, mein Gedächtnis lässt in beängstigendem Maße nach, ich leide an starken Kopfschmerzen, Schlafstörungen und sehr starken Rückenschmerzen. Deswegen war ich schon zweimal zur Kur. Ich habe Depressionen und Ängste, ich traue mir nichts mehr zu. Abends und an Wochenenden fühle ich mich so schlecht, dass ich mich kaum zu Freizeitaktivitäten aufraffen kann, worunter ich auch wieder leide, denn mir fehlt der Gedankenaustausch mit anderen Menschen.»

Therapeut: «Sie haben ihre Situation und ihre vielfältigen Beschwerden sehr gut dargestellt. Sie wissen wohl, dass alles eine bestimmte Bedeutung und einen Sinn hat. Versuchen wir, Ihre Beschwerden unter diesem Aspekt zu sehen. Sie sprechen von Ihrer Nervosität, über das Nachlassen des Gedächtnisses, über Kopfschmerzen, Schlafstörungen, Rückenschmerzen, Depressionen und Ängste.

Ihre Nervosität könnte als die Fähigkeit, auf bestimmte Lebenssituationen spontan motorisch zu reagieren, angesehen werden. Das Nachlassen ihres Gedächtnisses ist die Fähigkeit, nicht alles, was geschieht, um jeden Preis zu behalten.

Kopfschmerzen sind die Fähigkeit, sich Spannungen und Konflikte durch den Kopf gehen zu lassen. Kennen Sie die Sprichworte wie: «sich den Kopf zerbrechen», «den Kopf verlieren», «das macht mir Kopfschmerzen» oder «sich den Kopf um ungelegte Eier zu zerbrechen»?

Ihre Schlafstörung zeigt, dass Sie sehr wachsam sind, und Ihre Rückenschmerzen sind Ausdruck Ihrer Fähigkeit, sich zusammenzunehmen, Haltung zu bewahren und sich den gegebenen Umständen anzupassen. Ihre Ängste besagen, dass Sie die Fähigkeit haben, viel Energie aufzuwenden, also klare Zielvorstellungen haben.

Ihre Depressionen zeigen, dass Sie mit tiefster Emotionalität auf Probleme und Konflikte reagieren. Gleichzeitig bringen Sie zum Ausdruck, dass Sie das Bedürfnis haben, mit anderen Menschen zusammen zu sein nach dem Spruch: «Alle Trauer der Erde ist Einsamkeit.»

Frau U.: «Das ist traurig, aber wahr.»

Diese Erklärungen waren für Frau U. ein Gegenkonzept, um auf die eigenen typischen Reaktionsweisen aufmerksam zu werden, sie differenzierter zu sehen und sich mit ihnen auseinander zu setzen. Sie waren der Ausgangspunkt, um den Teufelskreis, in dem sich Frau U. befand, aufzubrechen.

Therapieverlauf

Frau U. berichtete in der nächsten Sitzung: «Ich war stark mit mir und meinen Beschwerden und Problemen beschäftigt und konnte oft an nichts anderes denken. Durch die Geschichten und Beispiele fiel es mir wie Schuppen von den Augen. Ich sah plötzlich, dass ich auch so frei sein kann, und dass es nun an mir liegt, dieses Bewusstsein zu entwickeln. Mir ist jetzt überhaupt erst klar, unter welchem Druck ich in all den Jahren gestanden habe.»

Therapeut: «Was haben Sie bisher dafür oder dagegen gemacht?»

Frau U.: «Nichts, außer hausärztlicher Betreuung, aber jetzt überrollt mich das Ganze wie eine Lawine.»

Therapeut: «Überlegen Sie einmal, was in den letzten fünf Jahren alles auf Sie zugekommen ist, körperlich, gesundheitlich, beruflich, familiär und gesellschaftlich.»

Frau U.: «Meine körperlichen Beschwerden habe ich geschildert. Ich leide darunter schon länger, aber ich spüre, dass die Symptome seit den letzten drei Jahren kräftig zunehmen. Beruflich bin ich sehr angespannt und fühle mich an meinem Arbeitsplatz nicht so recht wohl, nachdem es vor zwei Jahren zu einem innerbetrieblichen Arbeitsplatzwechsel kam. Mein Chef behandelt mich zynisch und arrogant, informiert mich nicht über wichtige Dinge und macht mir keine Vorgaben. Besprechungen sind selten, und ich habe keine klare Aufgabendefinition. Er akzeptiert dann zwar das Ergebnis, aber meine Unsicherheit und Anspannung nehmen zu. Ich habe Angst, den Boden unter den Füßen zu verlieren.»

Therapeut: «Und wie war die familiäre Situation?»

Frau U.: «Ich habe mich vor sechs Jahren nach 17-jährigem Zusammenleben von meinem Partner getrennt. Wir waren nicht verheiratet, hatten aber ein Haus zusammen gebaut. Unsere Beziehung war für mich so unbefriedigend geworden, dass ich ausgezogen bin, nachdem ich erfahren habe, dass er Beziehungen zu anderen Frauen hat. Ein Jahr später erkrankte mein Vater schwer an Krebs. Er wurde operiert und musste danach noch lange im Krankenhaus bleiben. Im Jahr darauf wurde meine Schwester an Brustkrebs operiert, im nächsten Jahr starb meine Mutter ganz plötzlich, während ich in Urlaub war. Ein Jahr später kam es zu dem schon erwähnten internen Arbeitsplatzwechsel, und vor einem Jahr hatte ich einen Autounfall mit Totalschaden.»

Therapeut: «Zählen Sie selbst einmal, wie viele Verluste Sie verkraften mussten, oder mit wie viel drohenden Verlusten Sie sich auseinander setzen mussten. Gab es in Ihrer Kindheit auch Verlustsituationen?»

Frau U.: «Ja, wenn ich zurückdenke, fing das kurz nach der Geburt meiner Schwester an, die ein Jahr jünger ist. Sie begann, bereits im Alter von wenigen Wochen so zu kränkeln, dass meine Oma, die mit im Haus lebte, mich zu sich nahm und ganz für mich sorgte, als ob ich ihr Kind wäre. Diese Oma starb, als ich etwa dreieinhalb Jahre alt war. Dann fand ich in der Person eines Kriegskameraden meines Vaters, der keine Angehörigen mehr hatte und bei uns wohnte, einen zweiten Vater. Nach Berichten meiner Mutter hätte ich auch immer stolz erzählt, zwei Väter zu haben, meine Schwester aber nicht. Dann gab es noch meine andere Großmutter, die ebenfalls mit im Haus lebte, eine liebe sanfte Frau, die sehr viel Geduld hatte. Ich lebte nach dem Tod der Oma bei ihr, und ich erinnere mich, dass ab dem Zeitpunkt, als meine Schwester in die Schule kam, wir beide im Zimmer der Großmutter schliefen. Meine Großmutter starb, als ich 12 Jahre alt war, und mein Zweitvater, als ich 17 Jahre alt war. Im Alter von 21 Jahren bin ich von zu Hause weggezogen und musste mich in einer fremden Umgebung zurechtfinden. Und als ich erkannte, dass es in meinem erlernten Beruf keine Möglichkeiten mehr gab, begann ich eine neue Ausbildung und habe es durch viele Fachlehrgänge und Seminare bis zu meiner heutigen Position gebracht.»

Therapeut: «Sehen Sie, Sie mussten von frühester Kindheit an Verluste und Trauer verkraften. Wie sind Sie damit umgegangen?»

Frau U.: «Jetzt, da Sie mich direkt fragen, stelle ich fest, dass es mir gar nicht bewusst war. Ich habe das bisher so weggesteckt. Ich fühlte mich all die Jahre stabil und sagte mir immer, dass ich das aushalten könnte. Ich hatte meinen Beruf, in dem ich mich wohl fühlte und der mir Trost und Halt gab.»

Therapeut: «Denken Sie jetzt noch einmal an die Ereignisse der letzten sechs Jahre und Ihre berufliche Situation, so wie Sie sie geschildert haben. Wie beurteilen Sie dann Ihre Situation?»

Frau U.: «Jetzt erkenne ich, woraus die Lawine besteht, von der ich mich überrollt fühle, aber ehrlich gesagt, bisher habe ich mich mit dem Thema Tod und Trauer überhaupt nicht beschäftigt. Ich habe fürchterliche Angst, mich mit solchen Themen zu befassen. Die Vorstellung, dass mein Körper, meine Brüste, mein Bauch stinkend zerfallen können, erregt in mir eine furchtbare Angst vor mir selbst.»

In dieser Situation erzählte ich ihr die Geschichte *Die Signale des Todesengels*, die sie als Hausaufgabe mitnahm. Diese Geschichte stand symbolisch für die Neigung von Frau U., an ihrer Wirklichkeit vorbeizuleben und sich unrealistischen Bestätigungen hinzugeben. Frau U. konnte sich später mit dem Helden der Geschichte identifizieren. Sie benutzte fortan nicht mehr das stereotype «mir geht es unverändert und schlecht», sondern versuchte, ihr tatsächliches Befinden differenzierter zu beschreiben.

Trauer und Angst vor dem Tod aus der Sicht der Positiven Psychotherapie

Trauer entsteht unter dem Eindruck der Wirklichkeit, die unausweichlich verlangt, dass man sich von einer Person, einer Beziehung, einer Vorstellung oder einer Erwartung trennt, weil diese nicht mehr besteht. Trauern ist ein sehr schmerzlicher Vorgang, der von einer unerfüllbaren Sehnsucht begleitet ist.

Gerade für den Angstpatienten ist es ein sehr mühsamer Weg. Sehnsucht und Trauer sowie ambivalente Gefühlsregungen wahrnehmen und empfinden zu lernen, ohne zugleich in hoffnungslose und panische Verzweiflungen zu verfallen.

In der heftigen Trauerreaktion versucht ein Überlebender, den Tod einer geliebten Bezugsperson zunächst nicht wahrhaben zu wollen, ihn zu überspielen oder rückgängig zu machen. Während die normale Trauerarbeit nach einer gewissen Zeit beendet ist, setzt sich die abnorme Trauerreaktion aus eigenen Kräften bis zur Erschöpfung fort.

Der Tod ist etwas, das uns alle trifft und betrifft. Er ist unser gemeinsames Schicksal, und er ist uns bestimmt wie unsere Geburt. Geburt und Tod sind also das bestimmte Schicksal jedes Menschen. Zu unterscheiden ist unsere Einstellung zum Tod als ein bedingtes Schicksal, die durch unsere Erziehung , unsere Erfahrungen und unser kulturelles Umfeld bestimmt ist. Alle Religionen, so verschieden sie sind, beschäftigen sich inhaltlich mit dem Geheimnis unserer Herkunft – also mit Schöpfung und Geburt, mit dem Geheimnis von Gut und Böse, mit Leid und Gerechtigkeit und mit dem Geheimnis unserer Zukunft: mit dem Tod und der Frage, ob es ein Leben danach gibt.

Die heutigen technischen Möglichkeiten scheinen uns allmächtig gemacht zu haben. Technische Geräte funktionieren auf Knopfdruck, und Mängel lassen sich reparieren. Ähnliches erwartet der Mensch im Krankheitsfall von der Medizin; wird in der Erziehung die Selbstständigkeit überbetont, werden Krankheiten kaum mehr ertragen.

Alle diejenigen, die gesellschaftlich nicht funktionieren, also beispielsweise Kranke und Behinderte, leben oft am Rand der Gesellschaft und ziehen sich von sich aus zurück. Das Thema Tod, vordergründig nicht mehr Bestandteil des täglichen Lebens, wird beiseite geschoben. Als Folge davon treten vermehrt Todesängste, Weltanschauungskrisen, existentielle Ängste und Flucht in Leistung, Sport und Krankheit auf.

So verschieden die Menschen sind, so unterschiedlich reagieren sie, wenn sie erfahren, dass ihr Leben auf absehbare Zeit begrenzt ist. Einige können angemessen mit den aufkommenden Gefühlen von Angst, Wut und Depressionen umgehen, sodass sie letztlich mit innerer Ruhe ihre letzten Tage und Wochen erleben. Andere wirken unfähig, damit umzugehen, und ihre Unzufriedenheit kann sich als starke emotionale Belastung für die umgebenden Angehörigen und das Pflegepersonal auswirken.

Die Todesangst eines Menschen hat, entsprechend den vier Qualitäten des Lebens, vier Dimensionen:

- Angst vor Schmerzen und Leiden
- Angst vor Verlust des Berufs und der Selbstständigkeit
- Angst vor der Trennung von geliebten Menschen
- Angst davor, der Familie und den Angehörigen zur Last zu fallen
- Angst vor der eigenen Zukunft.

Jeder Patient durchläuft entsprechend den vier Konfliktverarbeitungsmöglichkeiten vier Phasen. Diese Phasen gehen fließend ineinander über, aber nicht für jeden Patienten haben diese Phasen die gleiche Gewichtung. Sie sollen helfen, den Patienten mit seinen Reaktionen im Rahmen der Therapie und Selbsthilfe besser zu verstehen.

Verleugnungsphase

Die Zeit, in der Patienten am intensivsten Rat und Beistand bedürfen, ist der Zeitraum, in dem ihnen bewusst wird, dass eine unheilbare Krankheit vorliegt und der Tod in nicht allzu ferner Zukunft möglich, ja wahrscheinlich ist. Es kommt zu einer intensiven emotionalen Beschäftigung mit dem Tod und der Angst vor dem Sterben.

Oft verleugnen die Menschen die Schwere der Erkrankung, fühlen sich hoffnungslos und sinnlos.

Wut und Verärgerung

Daran schließt sich die zweite Phase mit stark aufkommenden Gefühlen von Zorn und Ärger an: «Warum gerade ich?», «Was habe ich falsch gemacht?» Der Patient entwickelt Wut gegenüber anderen Menschen, die gesund sind. Einige setzen sich in dieser Phase mit Gott und der Schöpfung auseinander.

Einsamkeit und Schuldgefühle

In der dritten Phase ist der Patient Einsamkeits- und Schuldgefühlen ausgesetzt. Depressionen treten auf.

Heftige Trauer

In der vierten Phase trauert der Patient mit aller Kraft um alle früheren Verluste, um Dinge, die getan und nicht getan wurden, um Fehler, die gemacht wurden, um die Zukunft des Berufs und der Familie. Die Frage, wie es ohne ihn weiter geht, beschäftigt ihn, und er nimmt Abschied von allen geliebten Dingen. Der Patient versucht, das eigene Schicksal anzunehmen.

Nach dem Modell der Positiven Psychotherapie verfügt jeder Mensch über vier Bereiche, die bei der Konfliktbewältigung eingesetzt werden können. Bezieht man sie auf den Umgang mit Sterbenden, erscheinen folgende Aspekte wichtig:

- körperliche Beschwerden, unter denen der Patient leidet, sowie das Alter des Patienten
- Sorgen um die Familie, deren Zukunft und finanzieller Sicherheit
- die eigene Erfahrung im Umgang mit Sterbenden
- die religiösen Vorstellungen und Glaubensinhalte.

Problembewältigung im dargestellten Fallbeispiel

Problembewältigung aus der Sicht von Frau U.

«Ich war überrascht, dass alle meine Beschwerden eine Bedeutung und einen Sinn haben. Wie oft habe ich schlaflose Nächte verbracht und all die vielen Medikamente genommen, ohne dass es mir besser ging. Mit der Bedeutung meiner Beschwerden haben Sie mich zunächst ziemlich überrascht, aber ich denke, die anfängliche Verblüffung hat einen Denkprozess in Gang gesetzt.»

«Für mich war die Unterscheidung von bestimmtem und bedingtem Schicksal ganz wichtig und überhaupt, dass das Thema Tod von so vielen verschiedenen Seiten her angesprochen wurde. Ich habe alle Stufen des Verlusts oft mitgemacht und kann jetzt damit umgehen. Besonders die Geschichte hat mir geholfen. Sie brachte mir ein echtes Aha-Erlebnis und hat mir gezeigt, wie sehr ich in meinem eigenen Leid gefangen war.»

«Als ich Ihnen von meiner Angst vor dem Tod und dem körperlichen Verfall berichtete, haben Sie mir mit Ihrem Vergleich sehr geholfen. Ihre Worte begleiten mich ständig. Sie fragten mich damals, ob ich abends mit Kleidern ins Bett gehe. Ich staunte darüber, dass Sie so etwas von mir annehmen konnten, und darüber, was Sie mit der Frage bezweckten. Ich sagte Ihnen, dass ich meine Kleider abends sehr ordentlich in meinen Schrank hänge. Ihre Antwort war, dass ich mich wohl fühlen würde, obwohl ich meine Alltagshülle im Schrank aufgehängt hatte. Wir haben viele Hüllen um uns. Können wir uns vorstellen, dass im Sarg nur unsere Hülle liegt – analog zu dem Kleid im Schrank – und wir uns trotzdem genauso wohl fühlen können?»

«Dieser Vergleich hat mich sehr angesprochen und gefühlsmäßig fühlte ich mich beruhigt. Auf diese Idee bin ich nie gekommen. Jetzt habe ich erkannt, wie wichtig es ist, gesund, aktiv und glücklich zu leben auch auf die Gefahr hin, vom Todesengel abgeholt zu werden, als ein langes Leben voller Leid, Schmerz, Kummer und Trauer zu führen.»

Problembewältigung aus der Sicht des Therapeuten

Bei Frau U. trat eine depressive Entwicklung auf der Grundlage einer heftigen Trauerreaktion mit erheblichem Leidensdruck zu Tage. Der zentrale Konflikt von Frau U. bestand im Bedürfnis nach Sicherheit einerseits und einem ständigen Fluchtverhalten andererseits. Sie wollte ohne Krankheit, Verlust und Tod glücklich sein und flüchtete daher ständig in Arbeit, Fantasie und Krankheit.

Der Partner, die Eltern und ihre Freundinnen waren in diesem Sinne keine Stütze. Frau U. stand an der Schwelle zur eigenen Berufstätigkeit und befürchtete, indem sie sich festlegte, zu werden wie ihre Eltern, mit denen sie sich wenig identifizieren wollte.

Die Behandlung wurde im Rahmen der fünfstufigen Psychotherapie und Selbsthilfe durchgeführt. Indem Frau U. neurophysiologische Zusammenhänge erklärt und die Todesnähe angesprochen wurde, fühlte sich Frau U. verstanden und wusste, in welche Richtung die Therapie verlaufen würde. Sie erkannte, wie wichtig es für sie war, sich mit dem Tod auseinander zu setzen. Nachdem sie zwischen «bedingtem Schicksal», also der Einstellung zu Tod und Verlust, und «bestimmten Schicksal», also dem Tod selbst, zu unterscheiden gelernt hatte, konnte ich sie fragen, wie sie sich ihren eigenen Tod vorstellen würde. Als Beispiel nannte ich Krankheiten wie Herzinfarkt, Schlaganfall und Unfall oder längere Bettlägerigkeit bei Krebs oder Multipler Sklerose. Frau U., die mit solchen Fragen nicht gerechnet hatte, reagierte zunächst schockiert und dann interessiert. Sie fertigte bis zur nächsten Sitzung eine Liste mit etwa fünfzehn Krankheiten an und beschrieb kurz ihre Einstellung zu jeder Einzelnen.

Sie kam zu dem Schluss, dass sie von sich aus nicht festlegen könne, wie sie sterben möchte, und dass sie das den höheren Kräften überlassen müsse. Da sie die Verluste durch die Todesfälle als Ungerechtigkeiten empfunden hatte, wurden die Aktualfähigkeiten Gerechtigkeit und Glaube im Zusammenhang mit dem Thema Tod thematisiert und bearbeitet. Zusätzlich wurden ihr leicht antidepressiv wirkende Medikamente verordnet. Aussagen über den Tod und das Leben nach dem Tod von bekannten Nobelpreisträgern wirkten als Mediatoren zwischen Therapeut und Frau U. Außerdem wurden ihre Kontaktprobleme bearbeitet. Denn Kontakte waren aufgrund ihrer überbetonten Ordnungseinstellung kaum zustande gekommen. Sie waren dann in der Lage, Ziele für die nächsten drei bis fünf Tage, Wochen, Monate und Jahre zu formulieren. Nach 25 Sitzungen verstand sie den Sinn ihrer Krankheit. «Lieber sinnvoll leben, dienen und sterben, als ein Leben lang mit Angst leben, um vom Todesengel fern zu bleiben.»

Literatur

Peseschkian, N. (1999): Das Geheimnis des Samenkorns. Positive Streßbewältigung. Fischer Taschenbuch, Frankfurt a.M.

Peseschkian, N. ([12]1999): Psychotherapie des Alltagslebens. Fischer Taschenbuch, Frankfurt a.M.

Ruhnan, E., Kridlo, S., Busch, B., Roessler, K. (Hrsg.) (2000): Ethik und Heuchelei. Forschungszentrum Jülich. Dumont, Köln

Schäfer, H. (Hrsg.) (1983): Was bedeutet der Tod für Sie? Prominente antworten. Ariston, Genf

Scharfetter, Ch. (2000): Was weiß der Psychiater vom Menschen? Huber, Bern

Satir, V., Stachowik, J., Taschmann, H. (2000): Familienkurs – Familientherapie. Junfermannsche Verlagsbuchhandlung, Paderborn

Psychodynamisch orientierte Stresstherapie mit innovativen Techniken

Hamid Peseschkian

Erfahrungen vererben sich nicht, jeder muss sie allein machen.
(Kurt Tucholsky)

Das Phänomen Stress stellt eine besondere Herausforderung für den salutogenetischen Ansatz dar. Obwohl meist vom beruflichen Stress gesprochen wird («Leistungsgesellschaft!»), gibt es keinen Lebensbereich, der gegen Stress «immun» ist. Eine der jüngsten Formen ist der sog. Technostress mit seinen Facetten der ständigen Erreichbarkeit, des technischen Fortschrittes oder des «Up-to-date-Sein-Müssens» verbunden mit finanziellen Ausgaben.

Der bekannte Stressforscher Hans Selye (1980) definiert Stress in einem sehr breiten Sinne: «Stress ist die unspezifische Reaktion des Körpers auf irgendeine Anforderung.» Er räumt zwar ein, dass die genannten Anforderungen spezifisch sind, «alle diese Anforderungen jedoch haben eines gemeinsam, sie erhöhen die Notwendigkeit für eine Wiederanpassung, für die Leistung adaptativer Funktionen, die Normalität wieder herstellen.» Er unterscheidet weiter zwischen «Eustress» und «Distress», d. h. zwischen angenehmem oder heilsamem Stress und solchem, der unangenehm ist und zur Krankheit führen kann. Als Konsequenz der Allgemeinheit dieser Definition folgert er: «... Stress ist nicht etwas, das vermieden werden muss. Tatsächlich kann er per definitionem nicht vermieden werden ... Komplette Freiheit von Stress ist Tod.» Wenn wir heute von Stress sprechen, dann in der Bedeutung, die von Selye dem Begriff Distress zuerkannt wird. Unter Stress wird dann nicht eine Reaktion, sondern eine belastende Bedingung verstanden, die im wissenschaftlichen Gebrauch eher als Stressor bezeichnet wird. Andererseits wird Stress auch nicht einheitlich zur Bezeichnung einer Reaktion auf einen Stressor verwendet, häufig wird dann von Stressreaktion gesprochen.

Die *sozial-wirtschaftlichen Folgen* von Stress sind nicht weniger belastend als die gesundheitlichen: Die Langzeitwirkung von beruflichem Stress auf die Produktivität eines Unternehmens geht weit über die bloße Abwesenheit eines Mitarbeiters hinaus. Untersuchungen haben gezeigt, dass 40 % des Mitarbeiterwechsels auf Stress zurückzuführen sind. In den USA, so schätzt man, kommt es durch beruflich bedingten Stress und damit verbundenen Verdienstausfällen, Krankheiten, Unfällen, Abwesenheit und

Gerichtsverfahren zu Kosten in Höhe von 200 bis 300 Milliarden Dollar jährlich. Das amerikanische Bundesarbeitsamt bezeichnet «neurotische Reaktion auf Stress» als die viertgrößte berufsbedingte Traumatisierung. Jeder unter Stress leidende Angestellte fehlt im Durchschnitt jährlich 25 Tage bei der Arbeit (1993; zit. nach G. Archer, 1999).

Es gibt nun verschiedene wissenschaftliche Ansätze, mit denen versucht wird, das *psychophysiologische* Phänomen Stress näher zu spezifizieren. Von Selye (1956, 1980) wurde Stress als biologisches Phänomen betrachtet, ähnlich wie von Henry und Stephens (1977), Ely und Henry (1980), jedoch mit Schwerpunkt auf der Erforschung allgemeiner körperlicher Anpassungs- und Reaktionsmuster. Henry und Mitarbeiter gehen von einem mehr ethologisch orientierten Standpunkt aus und betrachten Stress zwar ebenfalls als ein biologisches Phänomen, das jedoch bei sozial lebenden Organismen auch durch soziale Verhältnisse bedingt sein kann. Für beide Ansätze sind endokrine Funktionssysteme wichtig, hauptsächlich das des Hypophysen-Nebenrinden-Systems, dessen Beteiligung an Stressprozessen vor allem von Selye in den Vordergrund gestellt wurde. Ebenfalls mit hormonellen Reaktionsanteilen haben sich Mason (1975) und Frankenhauser (1971) beschäftigt. Der Schwerpunkt des Interesses dieser Autoren liegt auf den physiologisch-endokrinen Mechanismen.

Andere Autoren sind eher an der Art der belastenden Bedingungen, den «Stressoren», interessiert. In diesem Zusammenhang ist vor allem der Ansatz zu nennen, der den Beginn von Erkrankungen in Zusammenhang mit belastenden Lebensereignissen gesehen hat (Hinkle und Wolff, 1957; Holmes und Rahe, 1967). Andere Ansätze sehen die Art der «Bewältigung» (coping) von Belastungen als wesentliche Bedingung für Stress. Ob eine Bedingung schädigend ist, hängt von der Art und Weise des Umgangs damit ab. Die Rolle psychologischer Prozesse der Informationsverarbeitung wurde vor allem von der Arbeitsgruppe um Lazarus (1980) untersucht. Die Bedeutung derartiger Prozesse wurde aber auch zunehmend in den anderen Ansätzen erkannt, zum Beispiel im Bereich der Erforschung belastender Lebensereignisse (Siegrist u. Dittmann, 1981).

Konzepte zur Stressbehandlung

Die Stressbehandlungsansätze sind fast ausschließlich an der Praxis orientiert und haben nicht unbedingt viel mit den Theorien gemeinsam. Unter dem Begriff «Stress-Management-Programm» oder «Stressbewältigung» werden, meist in Form von Seminaren oder Selbsthilfebüchern, Techniken, praktische Tipps und Lebenseinstellungen vermittelt, die meist recht wirksam sind (zumindest kurzzeitig). Inhaltlich geht es um verschiedene Aspekte einer besseren Arbeits- und Zeitorganisation, Entspannungsübungen, gesunde Ernährung, körperlicher Fitness und Akzeptanz eigener Grenzen. (Vgl. P. J. Vaccaro: Tips for Life Balance and Time Management. Family Practice Management, March 1999, S. 66; K. Evoy: The bottom line on Stress. camagazine, June/July 1998, S. 28–33)

Der unter Stress leidende Mensch sieht sich einer kaum überschaubaren Vielfalt von Antistressprogrammen, Kursen, Stress-Management-Techniken und Selbsthilfebüchern gegenüber (was auch wiederum zu Stress führen kann!). Eine genaue Betrachtung dieser Ansätze zeigt, dass sie sich vor allem mit der Verringerung des (beruflichen) Stresses im Sinne eines «symptomorientierten Ansatzes» und einer besseren Organisation (Management) der Zeit und der zu erledigenden Aufgaben beschäftigen. In Anlehnung an die Psychotherapie könnten wir hier von «verhaltenstherapeutischen» und «kognitiven» Ansätzen sprechen, die durchaus erfolgreich sind.

In der therapeutischen Arbeit mit unter Stress leidenden Menschen wurde mir jedoch deutlich, dass weder ein pragmatisches, ergebnisorientiertes Antistressprogramm mit ansprechenden Techniken, noch ein biologisches Denkmodell über die Entstehungsmechanismen von Stress, noch ein rein psychodynamischer (tiefenpsychologischer) Ansatz, der sich mit den Kindheitserfahrungen des Patienten beschäftigt, der Komplexität des Phänomens Stress gerecht wird. So hat sich in unserer Arbeit während der letzten Jahre ein Konzept herauskristallisiert, welches sich zunächst mit psychodynamischen Anteilen beschäftigt und dann auf dieser Grundlage gezielt Techniken einsetzt. Diese Vorgehensweise versucht im Sinne eines ganzheitlichen Ansatzes, den Stress zu erkennen, ihn bewusst zu machen, die Einstellung zu ihm zu ändern und dadurch sowohl eine Verringerung als auch eine Prävention von Stress-Symptomen herbeizuführen. In der Arbeit mit Stress erlebenden Menschen haben sich einige meist unbewusste Faktoren als stressfördernd gezeigt, ohne deren Bewusstmachung und Bearbeitung eine effektive und langanhaltende Stresstherapie unmöglich ist.

Stressbewältigungsstrategien wurden vom Autor vor allem während seiner Arbeit am American Medical Center in Moskau entwickelt, wo er von 1995 bis 1999 die neuropsychiatrische-psychotherapeutische Poliklinik leitete. Das Hauptklientel des Zentrums setzte sich jeweils zur Hälfte aus russischen und aus westlichen, und hier vor allem amerikanischen Patienten zusammen. Es handelte sich vorwiegend um jüngere Patienten im Alter zwischen 25 und 45 Jahren, die meist aus beruflichen Gründen nach Moskau gekommen waren und unter einer großen Belastung standen. Neben langen Arbeitszeiten bis zu 16 Stunden, einer 6-Tage-Woche, einem hohem Gehalt und damit verbundenen entsprechenden Erwartungen der Vorgesetzten, kamen fehlende Sprach- und Landeskenntnisse, soziale Isolierung, transkulturelle Missverständnisse und der russische Alltag mit seinen facettenreichen Herausforderungen hinzu. In diesem Umfeld hat sich die nachfolgend beschriebene Strategie als durchaus erfolgreich gezeigt. Sie hat sich aber auch auf Seminaren und in Therapiesitzungen in Deutschland bewährt. Es kann bei diesem Setting von durchschnittlich ca. 10 Sitzungen ausgegangen werden (Peseschkian, H., 1998).

Psychodynamisch orientierte Stresstherapie mit innovativen Techniken auf der Grundlage der Positiven Psychotherapie (POST-MIT-PP)

Bei unserer Stresstherapie bildet das psychotherapeutische Erstinterview der Positiven Psychotherapie den Einstieg (N. Peseschkian, H. Deidenbach, 1988). Es geht darin neben der Symptomerfassung vor allem um die Erfassung belastender Lebensereignisse («life-events») der letzten Jahre und um die derzeitige Lebenssituation («lifestyle»), dargestellt anhand der Energieverteilung im «Balance-Modell». Weiterhin ist es wichtig, ob körperliche oder psychiatrische Erkrankungen ursächlich eine Rolle spielen und deshalb primär behandelt werden müssen.

In der zweiten Sitzung wird das Interview, falls nötig, fortgesetzt und mit Hilfe der im «Stressfragebogen» (s. Anhang) aufgeführten Themen nähert sich die Behandlung langsam den zugrundeliegenden Konflikten. Als wirksam hat es sich erwiesen, in jeder Sitzung einen der zugrundeliegenden Konflikte mit Hilfe des Fragebogens anzusprechen und dem Patienten eine hierzu passende Technik zu vermitteln.

Die Schaulustigen und der Elefant
Man hatte einen Elefanten zur Ausstellung bei Nacht in einen dunklen Raum gebracht. Die Menschen strömten in Scharen herbei. Da es dunkel war, konnten die Besucher den Elefanten nicht sehen, und so versuchten sie, seine Gestalt durch Betasten zu erfassen. Da der Elefant groß war, konnte jeder Besucher nur einen Teil des Tieres greifen und es nach seinem Tastbefund beschreiben. Einer der Besucher, der ein Bein des Elefanten erwischt hatte, erklärte, dass der Elefant wie eine starke Säule sei; ein zweiter, der die Stoßzähne berührte, beschrieb den Elefanten als spitzen Gegenstand; ein dritter, der das Ohr des Tieres ergriff, meinte, er sei einem Fächer nicht unähnlich; der vierte, der über den Rücken des Elefanten strich, behauptete, dass der Elefant so gerade und flach sei wie eine Liege. (Nach Mowlana, persischer Dichter)

Jeder Besucher sieht richtig, doch sieht nicht jeder alles. Auf Stressmanagement übertragen heißt das: jede Fachrichtung bietet zu diesem Thema unterschiedliche Konzepte an, die zum Teil ohne Kommunikationsmöglichkeit nebeneinander bestehen.

Praktische Stress-Management-Techniken

Basierend auf einem tiefenpsychologischen Krankheitsverständnis haben sich folgende Techniken und Ansätze als hilfreich erwiesen:

Das Himalaja-Phänomen

Konzept: Wenn man nach bestimmter Anstrengung einen Berg erstiegen hat, dann sieht man zweierlei: wenn man zurückschaut das bisher Erreichte, wenn man nach vorne schaut den nächst höheren Berg. Viele Menschen steigen mühsam wieder ab – manchmal ganz runter bis ins Tal, manchmal weniger – und ersteigen mit erneuter Anstrengung den nächst höheren Berg. Oben angelangt, sehen sie wieder einen etwas höheren Berg und der Vorgang wiederholt sich – man könnte sagen im Sinne eines Teufelskreises oder – psychodynamisch ausgedrückt – im Sinne eines neurotischen Wiederholungszwanges. Der Mensch kommt nicht zur Ruhe, da er immer meint, jetzt kommt der höchste Berg, dann habe ich es geschafft. Der Name «Himalaja» soll dagegen veranschaulichen, dass es immer einen etwas höheren Berg gibt; man kann nie den letzten, höchsten Gipfel erreichen.

Übertragung auf Stress: Auf den Beruf übertragen bedeutet dies, dass immer eine höhere Position möglich ist; man kann nie den letztmöglichen Posten erreichen. Es gibt immer noch ein Projekt, ein Gutachten, einen Vortrag, ein zu schreibendes Buch – «nur noch diese Sache, dann habe ich wieder Zeit für dich und die Kinder». In Bezug auf finanzielle Absicherung: wann hat man genug Geld, sodass man voll abgesichert ist und sich beschützt fühlen kann? Man kann immer etwas abgesicherter sein bzw. werden, wenn man etwas mehr Geld hat. Auf Beziehungen übertragen: es gibt immer einen Partner (oder eine Partnerin), der/die besser aussieht, erfolgreicher ist und besser zu mir passt etc.

Mögliche Interpretationen: Aufgrund eines Selbstwertgefühls und Selbstvertrauens, die direkt vom Erbringen einer Leistung oder ihrer Anerkennung durch andere abhängig sind, springe ich von Gipfel zu Gipfel, ohne es vielleicht zu wollen. Unbewusst versuche ich durch diese Strategie mehr an Selbstwert und Liebe zu erreichen. Deshalb kann ich nicht nein sagen, ich kann anderen keine Bitte abschlagen, nehme jede neue Aufgabe an – denn Selbstvertrauen und Zuwendung kann man nie genug bekommen.

Gleichzeitig kann ich nur dann auf einem Gipfel «ein Haus bauen», wenn ich mich bewusst entschließe – zumindest für eine gewisse Zeit – zu bleiben wo ich bin. Ich kann nur dann eine tiefe Beziehung zu einem Partner aufbauen, wenn ich mich bewusst für diesen entschließe – obwohl es noch eine Vielzahl «besserer» Partner geben kann – und mich auf diese Beziehung einlassen. Solange ich von einem Partner zum anderen wechsle – nach dem Motto: «Mit dem nächsten Partner wird alles besser.» –, kann ich keine tiefere (und erfüllende) Beziehung eingehen.

Entscheidend hierbei ist, dass obwohl ich weitergehen und den nächsten Gipfel ersteigen kann, ich mich *bewusst* entscheide, nicht weiterzugehen – oft gegen den Widerstand von Umwelt und Familie.

Psychodynamisch sind meist Menschen hiervon betroffen, die die elterliche Liebe als bedingt – an Leistung oder guten Benehmen gebunden – erlebt haben.

Das Titanic-Syndrom – oder «erkennen, wenn die Zeit gekommen ist zu gehen»

In Anlehnung an den Untergang der Titanic mit entsprechender psychodynamischer Modifizierung, geht es hier um das Erkennen des richtigen Zeitpunkts, etwas zu verlassen, zu verändern, loszulassen oder Konsequenzen zu ziehen.

Konzept: In Anlehnung an aktuelle politische Ereignisse in Deutschland könnte man dieses Syndrom auch als «Helmut-Kohl-Syndrom» bezeichnen. In der Tat bieten Politiker, wie z. B. Bill Clinton, Boris Jelzin oder Helmut Kohl, ein gutes Anschauungsbeispiel für dieses Phänomen. Jemand hat viel erreicht, aber den richtigen Zeitpunkt verpasst abzutreten und stellt dadurch alles in Frage, was er oder sie bisher erreicht hat. Am Ende muss man doch gehen, aber das Boot ist dann schon weg. Es ist sehr schwer, selbst zu erkennen, wann der richtige Zeitpunkt des Abganges gekommen ist, da man meistens gerade dann am sog. Höhepunkt einer Leistung oder seines Lebens steht. Und besonders für narzisstische Persönlichkeiten, die ja häufig in Leitungspositionen zu finden sind und seit Jahren oder Jahrzehnten kein Feedback mehr über ihre Leistung erhalten oder zugelassen haben, ist es kaum möglich, diesen Schritt zu tun. Hier geht es also darum, zu gehen, solange noch der rote Teppich ausliegt. Nach dem Motto: «Lieber eine Stunde zu früh (gehen), als eine Minute zu spät.» In Anlehnung an die Titanic geht es darum, a) noch rechtzeitig in ein Rettungsboot zu springen, b) nicht zu früh zu springen, nur weil man einen «Eisberg» gesehen hat, d. h. schon bei einer kleineren Belastung oder dem geringsten Widerstand das Handtuch zu werfen, und c) nicht die Signale des Unterganges herunterspielen im Sinne der Konfliktverneinung, und solange zu warten, bis das Schiff untergeht.

Übertragung auf Stress: Obwohl sich von allen Seiten die Zeichen dafür mehren, dass die Zeit für den Abgang von dieser Aufgabe gekommen ist, werden diese nicht erkannt. Die Folge ist Stress bei sich und bei anderen. Die Widerstände erhöhen sich und es muss mehr Energie aufgewandt werden, um sich durchzusetzen und die Arbeit zu vollbringen.

Psychodynamisch geht es hier um Konzepte, wie «was sagen die Leute, wenn ich gehe; andere werden mich als Versager ansehen; ich fühle mich meinem Chef und den Mitarbeitern gegenüber verantwortlich; Schuldgefühle; das Gefühl, ein Schwächling zu sein».

Zeitmanagement- und Arbeitsanalyse-Techniken

Besonders verständlich und effektiv sind folgende zwei Techniken:

Wichtigkeit versus Dringlichkeit: Diese Technik ist besonders geeignet für Menschen, die unter Zeitmangel leiden und sich dadurch gestresst fühlen, aber auch für Menschen, die frustriert sind und – obwohl sie täglich viel arbeiten – aber das Gefühl haben, nichts erledigt zu haben, was wiederum zu Stress führt. Der Patient oder Klient wird gebeten, einige Tage lang eine Analyse der anfallenden und zu erledigenden Arbeiten vorzunehmen. Er soll die Aufgaben bzw. den dafür nötigen Zeitaufwand in vier Kategorien einteilen (mit Prozentangaben): wichtig und dringlich (eilig); wichtig und nicht eilig; eilig und unwichtig; weder eilig noch wichtig. Entgegen der eigenen Erwartung verwenden wir häufig bis zu 60 % für Aufgaben, die weder wichtig noch eilig sind, oder die nur eilig sind – insbesondere für jemand anderen. Der Frust entsteht dadurch, dass die wichtigen Aufgaben unbearbeitet bleiben, obwohl man den ganzen Tag beschäftigt war. Der Ratschlag der Zeitmanager ist klar: «Von Aufgaben, die sowohl von geringer Dringlichkeit als auch geringer Wichtigkeit sind, sollte Abstand genommen werden! Haben Sie ein wenig mehr Mut zum Risiko und entscheiden Sie sich öfters für den Papierkorb (Ablage P)!» (zit. nach L. Siewert, 1989)

Psychodynamisch geht es hier um Themen wie Grenzen ziehen, nein sagen und das Bedürfnis, von allen akzeptiert und geliebt zu werden. Alltagsbeispiele sind z. B. die Zeitschriftenstapel, die man anhäuft und sammelt, obwohl von vorne herein klar ist, dass man diese Zeitschriften nie lesen wird; Aufgaben, die man für andere erledigt, da sie auf der emotionalen Ebene an uns appellieren («Ich bräuchte dies so dringend, könnten Sie bitte diese Sache bis morgen früh für mich erledigen»; «Könnten Sie nicht einen kleinen Beitrag für unsere Zeitschrift schreiben» etc.

Das Masern-Phänomen (modifiziert nach P. Forsyth, 1997): Hier geht es um die Selbstanalyse und das Erkennen der eigenen Ineffektivität. die Aufgabenstellung ist recht einfach: «Wählen Sie ungefähr zehn Schriftstücke, die Sie heute zu bearbeiten haben. Markieren Sie die Papiere mit einem roten Punkt in der rechten oberen Ecke. Dann arbeiten Sie einfach normal weiter. Jedes Mal, wenn Sie eines der Dokumente danach wieder in die Hand nehmen, setzen Sie einen weiteren roten Punkt in die rechte obere Ecke. Im Laufe der Zeit ergibt sich ein Bild darüber («Masern-Test!»), wie häufig Sie die Unterlagen zur Hand nehmen, bis Sie sie erledigen.

Erstellung einer Liste bisher erreichter Leistungen

Häufig klagen Menschen darüber, dass sie nichts erreicht haben; alles sei unbedeutend gewesen: «Was habe ich schon gemacht? Das könnte doch jeder tun.» Eine erfolgreiche Technik hier ist das Erstellen einer Liste bisheriger Leistungen, Errungenschaften, überstandenen Krisen usw. Begonnen wird diese Liste gemeinsam mit dem Therapeuten. Zuhause soll der Patient sie dann selbstständig ergänzen und beim nächsten Mal mitbringen.

Psychodynamisch geht es hier neben den Aspekten des Himalaja-Phänomens um die Fähigkeit, Komplimente anzunehmen, sich an persönlichen Erfolgen zu freuen und dies anderen mitzuteilen, sich selbst zu loben, auf sich selbst stolz sein zu können – all jenes, wovon wir gelernt haben, dass es sich nicht schickt und von Egoismus zeugt.

Fallbeispiele

Eine 45-jährige Mutter dreier Kinder, deren Ehemann Chefredakteur einer großen amerikanischen Tageszeitung ist, kommt wegen Ängste und Depressionen in die Sprechstunde. Neben vielen frühkindlichen und aktuellen Problemen geht es auch um das Thema, dass sie doch nichts tue, ihr Mann verdiene das Geld etc. Wir haben dann gemeinsam versucht, eine «Erfolgsliste» zu erstellen, wobei der Schlüssel zum Erfolg im Aufschlüsseln der einzelnen Ereignisse liegt. Die drei Kinder haben wir aufgeschlüsselt in: drei Mal schwanger werden (über 25% aller Ehepaare bleiben heute ungewollt kinderlos, daher ist es schon ein Erfolg, überhaupt schwanger zu werden); drei Schwangerschaften «ausgetragen», drei Geburten gut überstanden, Kinderkrankheiten, Kindergarten, Schule, etc.

Mit einem erfolgreichen 28-jährigen Geschäftsmann mit Schlafstörungen und Versagensängsten wurde ebenfalls eine Liste erstellt, und er empfand es als sehr ermutigend und entlastend festzustellen, was er bisher erreicht hatte. Ein Beispiel möge dies aufzeigen: wir sprachen lange über die Tatsache, dass er als junger Mann direkt nach Studienabschluss nach Moskau gekommen war. Er fand das völlig normal und es kam auf seiner Liste als ein kleiner Punkt vor («jeder könnte das tun»). Als wir dann aber gemeinsam analysierten, wie viele seiner Studienkollegen dies getan haben oder hätten tun können, wie viele Ausländer es in Russland nicht aushalten können und in einigen Fällen bereits nach 48 Stunden (!) das Land für immer wieder verlassen, und dass er bereits vier Jahre hier sei, konnte er nicht nur seine Leistungen erkennen und anerkennen, sondern sich vom «Himalaja-Phänomen» (vergleiche dort) befreien. Er hatte für seine 28 Jahre Einzigartiges erlebt und erreicht und lernte schließlich auch, auf das Erreichte zu schauen.

Der Weg ist das Ziel – Ergebnisorientiertheit versus Prozessorientiertheit

In der Geschäftswelt wird heute zunehmend zwischen Ergebnissen und Prozessen getrennt. Während es früher ausschließlich um Ergebnisse (Umsatzsteigerung etc.) ging, treten heute immer mehr Prozesse (Teamarbeit, Beziehungen innerhalb der Gruppe etc.) in dem Vordergrund. Diese Begriffe aus der Unternehmenswelt lassen sich sehr gut auf die Psychotherapie und die Stresstherapie übertragen. Viele Menschen sind durch ihre Erziehung auf Ergebnisse konditioniert worden, d.h. was alleine zählt sind die konkreten Ergebnisse, wie z.B. gute Noten, eine höherer Umsatz, mehr Kunden, die Scheinzahl im Quartal etc. Weitere Elemente der Ergebnisebene sind Zeit, Effektivität. Die Prozessebene umfasst Kontakte, Beziehungen – Zeit und Effektivität sind sekundär, es geht darum, beziehungserhaltend vorzugehen. Aus transkultureller Sicht sind individualistische Völker, wie Westeuropa und Nordamerika, eher ergebnisorientiert, während kollektivistische Völker, wie im Vorderen Orient, eher prozessorientiert sind. Der Individualist versucht in einer Konfliktsituation, noch härter an sich zu arbeiten, bis er den Konflikt lösen kann; der Kollektivist passt sich an die Situation an. Prozessorientiertheit kann sehr gut mit dem bekannten chinesischen Spruch «Der Weg ist das Ziel» beschrieben werden: es kommt in erster Linie auf das Bemühen an. Erfolge sind von einer Vielzahl von Faktoren abhängig, nur einer davon ist das eigene Bemühen.

Ein gutes Anschauungsbeispiel ist eine Städtereise: Aus ergebnisorientierter Sicht ist die Reise dann gelungen, wenn ich möglichst viele Sehenswürdigkeiten gesehen habe. Ich bin zwar danach totmüde und abgekämpft, aber kann zu Hause auflisten, wo ich innerhalb von 3 Tagen überall gewesen bin. Der Maßstab für den Prozessorientierten ist das Ausmaß der eigenen Erholung und Freude, nach dem Motto «Dabei sein ist alles.» Kindererziehung ist ein weiteres Beispiel: Eltern planen an Wochenenden oft ein volles Programm für die Kinder und hetzen mit diesen von einem Termin zum anderen. Was die Kinder im Grunde wollen ist Kontakt mit den Eltern, und den hätte man zu Hause bei einem Gesellschaftsspiel vielleicht viel mehr haben können.

Psychodynamisch geht es hier um Leistungskonzepte der Eltern, die auf die Kinder übertragen wurden. Häufig wurde die elterliche Liebe als bedingt in Bezug auf Leistung erlebt («conditional love»), d. h. ich wurde geliebt, wenn ich gute Noten nach Hause brachte. Um geliebt zu werden, entwickelt das Kind dann die unbewusste Strategie: bessere Noten – mehr Liebe. Dies setzt sich bis ins Berufsleben fort.

Stress entsteht nun, wenn für einen ergebnisorientierten Menschen eine Diskrepanz zwischen Input und Output entsteht, d. h. die eingesetzte Energie und Zeit in keinem Verhältnis zum Ergebnis steht. Viele Dinge im Leben können nicht auf der Ergebnisebene verstanden und beurteilt werden. Das beste Beispiel sind Beziehungen. Wo ist das fassbare «Ergebnis» einer Ehe oder der Kindererziehung? Vielleicht, dass man nach 20 Jahre noch zusammen lebt oder aus den Kindern nach 25 Jahren etwas geworden ist? Auch hier ist die Bemühung das Entscheidende, und wie oft «scheitern» Beziehungen, vom Ergebnis her gesehen, trotzdem. Beziehungen sind häufig völlig ineffektiv, trotzdem leben wir in ihnen und möchten sie nicht missen.

Konsequenz: Das Ziel ist es, beide Ebenen zu entwickeln und einzubringen, denn nur dann können wir ganzheitlich vorgehen. Die besten Ergebnisse kann nur der auf lange Sicht erbringen, der in seinem Tun beide Aspekte vereint. In dem Ausmaß, wie ich die Prozessebene zulasse, erkenne ich, wie mich Situationen weniger stressen und ich mehr auf meine Verantwortung konzentriert bin, anstatt auf das Verhalten anderer.

Grenzen

Das Thema Grenzen und Grenzziehung ist ein aktuelles Thema nicht nur in der Psychotherapie. Kaum ein Selbsthilfeseminar, welches sich nicht mit dem Setzen innerer und äußerer Grenzen beschäftigt. Psychodynamisch geht es darum, seine eigenen Grenzen zu erkennen und diese zu akzeptieren. Ansonsten sind Stress und Überforderung die Folge.

Das Balance-Modell der Positiven Psychotherapie zwischen Wunsch und Wirklichkeit

Das Modell der Energieverteilung nach Nossrat Peseschkian geht nach dem salutogenetischen Prinzip der Harmonie und des Gleichgewichtes der Energieverteilung auf die vier Hauptlebensbereiche Körper – Arbeit – Beziehungen – Sinn aus. Es gibt zahlreiche Anwendungs- und Variationsmöglichkeiten dieses Konzeptes. Nachfolgend sollen drei Techniken kurz beschrieben werden:

1. **Energie:** Der Patient wird gebeten seine heutige Energieverteilung auf die vier Bereiche schematisch aufzuzeichnen. Die einzige Vorgabe ist, dass er insgesamt auf nicht mehr als 100 % Lebensenergie kommen darf. Hier geht es um die rein subjektive Selbsteinschätzung des Patienten.

2. **Zeit:** Jetzt soll der Patient seine heutige Zeitverteilung auf die vier Bereiche angeben. Wie viel Zeit investiert er täglich in jeden der einzelnen Bereiche? Auch hier geht es wiederum um die subjektive Selbsteinschätzung des Patienten.

3. **Wunsch:** Wie sollte mein Leben aussehen? Wie viel Energie würde ich gerne in jeden der vier Bereiche investieren, wenn ich es entscheiden könnte?

Dieses Modell lässt sich auch sehr gut in der Familientherapie anwenden. Alle Familienmitglieder werden gebeten, ihre «Modelle» aufzuzeichnen, diese werden dann gemeinsam besprochen und «Familienziele» im Sinne des Gleichgewichts werden gesetzt. Dies ist einmal wöchentlich, zum Beispiel im Rahmen der Familiengruppe (Familienrat) sehr gut möglich.

Erkennen Sie Ihre Bedürfnisse

Diese Technik kann am besten anhand eines Fallbeispieles erläutert werden: eine 43-jährige Ehefrau kommt mit depressiver Verstimmung in die Therapie. Ihr Mann ist beruflich bedingt vor einem Jahr mit ihr ins Ausland gezogen, und sie müssen noch zwei Jahre bleiben. Sie hält es hier nicht mehr aus und nichts ist so, wie sie es möchte.

«Was brauchen Sie, um hier glücklich zu werden (zu sein)?» Diese Frage überrascht die Patientin, da sie sich noch nie damit auseinander gesetzt hat. Es ging ihr immer nur um «Wie komme ich hier heraus?», obwohl dies objektiv in den nächsten zwei Jahren nicht möglich ist. Gemeinsam wurde eine Liste ihrer Wünsche erstellt und sie wunderte sich, dass «Kleinigkeiten» ausreichten, um ihr das Leben lebenswerter zu machen.

Diese Technik hilft dem Patienten, aus der passiven Rolle des Leidenden herauszukommen und sich nicht mehr als hilflos und ausgeliefert anzusehen, sondern sich aktiv mit Veränderungsmöglichkeiten auseinanderzusetzen und sich für das eigene Leben verantwortlich zu fühlen.

Die praktische Erfahrung hat interessanterweise gezeigt, dass die meisten Menschen relativ wenig zum Glücklichsein benötigen. Bei den im Ausland lebenden Patienten standen häufig Sachen wie E-Mail-Anschluss zulegen, Satellitenfernsehen, Tageszeitung in der Heimatsprache oder Autokauf auf der Liste, und schon hierdurch veränderte sich das Leben zum Positiven. In der Positiven Psychotherapie wird diese Technik in einer leicht modifizierten Art angewandt: «Was würden Sie tun, wenn Sie keine Probleme mehr hätten?»

Identifizieren Sie die «Psycho-Vampire» in Ihrer Umgebung/ in Ihrem Leben

Fallbeispiel
Eine 32-jährige Amerikanerin arbeitet als Office-Managerin in einer großen Anwaltskanzlei und kommt wegen Insomnie, Depression und Somatisierungsstörungen in die Praxis. Sie fühlt sich völlig erschöpft, ausgelaugt und unmotiviert. Als sie nach den «Psycho-Vampiren» in Ihrer Umgebung gefragt wird, spricht sie sofort darauf an. Die monatliche Telefonrechnung im Büro sei wieder einmal zu hoch gewesen, und es besteht der Verdacht, dass die Anwälte Privatgespräche ins Ausland geführt haben. Der Chef beauftragt sie, dies den Mitarbeitern mitzuteilen. Sie schreibt ein bürointernes Memorandum, welches mit den Worten «Liebe Mitarbeiter» beginnt. In diesem Memo entschuldigt sie sich mehrere Male, appelliert an die Vernunft der Anwälte und bittet diese nicht mehr ins Ausland zu telefonieren. Das Ergebnis: keiner hat ihr Memo gelesen, keiner nimmt sie ernst, und sie hat sehr viel Energie investiert.

Mit der Patientin wurde die **Technik der «zwei Ebenen der Kommunikation»** besprochen. Man kann von zwei Kommunikationsebenen oder -stilen ausgehen: von der emotionalen und der rationalen. Die emotionale Ebene ist die verständnisvolle, auf den anderen eingehende und gefühlsreiche Ebene. Die rationale ist eher die sachliche und emotional distanzierte Ebene. Die Patientin hat hier versucht, auf der emotionalen Ebene mit den Kollegen zu kommunizieren und hat dadurch viel Energie verloren.

Psychodynamisch geht es hierbei häufig um den zugrunde liegenden Konflikt des «Von-allen-geliebt-werden-Wollens», nicht «Nein-sagen» zu können, andere nicht verletzen und es allen recht machen zu wollen. Dieser Konflikt wurde mit ihr in mehreren Sitzungen angesprochen und zum Teil bearbeitet. Sie gewann dabei die «schmerzliche» Einsicht, dass man es nie allen recht machen kann und egal wie sie sich verhalten würde, nie würden alle sie «lieben». Sie lernte, u.a. durch einige psychodramatische Techniken, die rationale Ebene bei der Arbeit vermehrt einzusetzen und wunderte sich, wie sie weniger Energie investierte, aber gleichzeitig ihre Anordnungen von den Mitarbeitern ausgeführt wurden und sie zunehmend mehr respektiert wurde.

«Psycho-Vampire» schlagen immer auf der emotionalen Ebene zu, denn hier ist man verletzbar. Indem man lernt, sich nicht auf die emotionale Ebene «herunterziehen zu lassen» und die o.g. Konflikte für sich bearbeitet hat, kann man erfolgreich gegen sie ankämpfen und sich verteidigen. Hilfreich ist auch die Aufgabe an den Patienten, eine

Liste aller «Vampire» aufzustellen, um dann gemeinsam die Angriffstechniken dieser zu analysieren und herauszufinden, weshalb die so eine Macht über den Patienten haben. Eine weitere Möglichkeit besteht darin, dem Patienten zu helfen, die beiden Ebenen bewusst einzusetzen, um auch manchmal seine Ziele durchsetzen zu können.

Literatur

Archer, G. (1999): A quiet, creeping enemy: Job-related Stress. The Career Forum, Moskau, Nr. 19–20, 29. Mai bis 11. Juni 1999)

Ely, D. L., Henry, J.P. (1980): Ethological and physiological theories. In: Kutash, I. L., L. B. Schlesinger u.a. (Hrsg.): Handbook on stress and anxiety. Jossey Bass, San Francisco

Evoy, K. (1998): The bottom line on Stress. camagazine, June/July, S. 28–33

Frankenhaeuser, M. (1971): Experimental approaches to the study of human behavior as related to neuroendocrine functions. In: Levi, L. (Hrsg.): Society, stress and disease, Bd. I. Oxford Press, London

Forsyth, P. (1997): Erfolgreiches Zeitmanagement. Falken Verlag, Niedernhausen

Henry, J. P., Stephens, P. M. (1977): Stress, health, and the social environment. Springer, New York

Hinkle, L. E., Wolff, H. G. (1957): The nature of men's adaptation to his total environment and the relation of this to illness. Arch. Intern. Med.

Holmes, T. H./Rahe, R. H. (1967): The social readjustment rating scale. J. Psychosom. Res. 11, S. 213–218

Lazarus, S./Kanner, A. D./Folkman, S. (1980): A cognitive-phenomenological analysis. In: Plutchik, R., H. Kellerman (Hrsg.): Emotion – Theory, Research and Experience. Bd. 1, Theories of Emotions. Acad. Press, New York

Mason, J.W. (1975): Emotions as reflected in patterns of endocrine integration. In: Levi, L. (Hrsg.): Emotions: Their parameters and measurement. Raven Press, New York

Peseschkian, H. (1998): Positive Psychotherapie als transkultureller Ansatz in der russischen Psychotherapie. Habilitationsschrift. Bechterew-Institut, St. Petersburg

Peseschkian, N. (1980): Positive Familientherapie. Fischer, Frankfurt a. M.

Peseschkian, N./Deidenbach, H. (1988): Wiesbadener Inventar zur Positiven Psychotherapie und Familientherapie (WIPF). Springer, Heidelberg

Peseschkian, N. ([10]2001): Psychosomatik und Positive Psychotherapie. Springer, Heidelberg

Peseschkian, N. (2001): Das Geheimnis des Samenkorns – Positive Stressbewältigung. Fischer Taschenbuch, Frankfurt a.M.

Schonecke, O.W./Herrmann, J. M. (1986): Stress. In: Th. von Uexküll u.a. (Hrsg.) Psychosomatische Medizin. 3. Auflage, Urban und Schwarzenberg, München

Selye, H. (1956): The stress of life. McGraw-Hill, New York

Selye, H. (1980): The stress concept today. In: Kutash, I. L., L. B. Schlesinger et al. (Hrsg.): Handbook on stress and anxiety. Jossey Bass, San Francisco

Siegrist, J., Dittmann, J. (1981): Lebensveränderungen und Krankheitsausbruch: Methodik und Ergebnisse einer medizin-soziologischen Studie. Kölner Zschr. f. Soziol. u. Sozialpsychol. 1, S. 132–147

Vaccaro, P. J. (1999): Tips for Life Balance and Time Management. Family Practice Management, 66

Depressivität und depressive Angst im integrativen Ansatz der Positiven Psychotherapie

Hermes A. Kick und Helmut Woelk

Man muss eine Aufgabe vor sich sehen, und nicht ein geruhsames Leben.
(Tolstoi)

Der enge Zusammenhang von Angst und Depression bzw. Melancholie wurde bereits von Griesinger («psychischer Schmerz») hervorgehoben. Die seit der 8. Auflage (1913) des Lehrbuchs Kraepelins für Jahrzehnte bestimmende nosologische Grundannahme, die das melancholische Angstsyndrom in den Bereich des manisch-depressiven Irreseins verwies, blieb rahmengebend für die meisten der in der Folgezeit unternommenen phänomenologisch-anthropologischen Studien zum Stellenwert von Angst in der Depression. Kurt Schneider hat die Auffassung vertreten, dass durch die in der Depression thematisch dominierenden Wahnformen Urängste des Menschen aufgedeckt, nicht aber positiv produziert würden. Von Gebsattel dagegen betonte umgekehrt, dass die depressive «Lähmung des Daseinsaktes» zu einem Nicht-vollziehen-Können von Zukunftsgerichtetheit führe und darin der Grund der als Ausdruck einer Hemmung des Werdens aufzufassenden Todesangst zu sehen sei. Psychopathologisch war insofern sowohl umstritten, welcher Stellenwert der Angst im Rahmen der depressiven Syndromentwicklung zukomme, wie auch, ob es sich hinsichtlich der melancholischen Angst im Rahmen der Depression lediglich um eine Freilegung oder um etwas von der «endogenen Störstelle» her «Neues» (Tellenbach) handele. Zu wenig berücksichtigt blieb hierbei, dass Angst im Rahmen depressiver Erkrankungen kontextuell different und in ganz unterschiedlichen Erlebensvarianten erscheint. Häufig vermieden wird zudem die Frage, ob die im Rahmen einer Depression auftretenden Spannungszustände phänomenologisch überhaupt mit normaler bzw. normvarianter Angst vergleichbar seien bzw. worin sie sich unterscheiden.

Die klinische Argumentationsbasis ist des weiteren gekennzeichnet und auch kompliziert dadurch, dass der Ansatz, Angst und Depression im Rahmen eines zustandsbildlichen, Konzepts biochemisch zu differenzieren, bisher keine allzu ermutigenden Resultate brachte. Dagegen konnten unter Einbeziehung der Verlaufsstruktur einige pharmakologische Differenzen von klinischer Relevanz aufgezeigt werden: Tritt Angst attackenartig auf (Panikattacken), so liegen transmitterbiologisch sowie pharmakotherapeutisch häufig Kongruenzen mit der Major-Depression vor: Beide sprechen auf Thymoleptika bekanntlich günstiger an als auf Benzodiazepine. Angstsyndrome ohne Angstanfälle dagegen zeigen biochemisch im Blick auf die depressive Erkrankung Unterschiede, wobei hier nach heutigem Kenntnisstand die selektive Therapie mit Benzodiazepinen erfolgreicher ist als mit Thymoleptika. Welche theoretischen Konsequenzen allerdings aus den tatsächlich gegebenen breiten transmitterbiologischen und pharmakotherapeutischen Überlappungen gezogen werden sollen, bleibt bislang offen. Nosologische Zweifel, die darin gipfeln, ob eine Differenzierung von Angstkrankheit und Depression, klinisch-praktisch gesehen, überhaupt noch sinnvoll und notwendig sei, wenn sich die Indikationsbereiche dermaßen überschneiden, werden durch neue epidemiologische Studien, die die hohe Quote an Komorbidität im Längsschnitt betonen, eher noch bestärkt.

Unter Zurückstellung dieser sollten im Folgenden diese klinisch-nosologischen Fragen zurückgestellt werden zugunsten einer syndrombezogenen **Analyse** der jeweils bestimmenden strukturellen und energetischen Charakteristika. Die daraus sich ergebende Synthese der Behandlungskonzepte soll in den Vordergrund gestellt werden. Dieser Ansatz soll verfügbares empirisches Wissen des klinischen, biologischen und psychotherapeutischen Bereichs vor dem Hintergrund begründeter ethischer und menschenbildlicher Prämissen in einer Weise ordnen, dass dieses für ein klinisches und therapeutisches Handlungsmodell relevant wird.

Fallbeispiel

Die Persönlichkeitsstruktur des einige Jahre vor Beginn der Erkrankung pensionierten Lehrers war wesentlich gekennzeichnet durch eine auf Harmonie und Übereinstimmung mit der familiären und extrafamiliären sozialen Umwelt bedachten Einstellung. Sozialisation und langjähriger Lebensstil waren neben beruflichem und familiärem Engagement durch einen religiös geprägten Werthorizont bestimmt. Über viele Jahre war er ein aktiver und initiativereicher Mensch gewesen. Er hatte ein fast durchweg zufriedenes Leben geführt, dies auch im Blick darauf, dass er mit der Vorstellung lebte, auch seine nahen Angehörigen akzeptierten dieselben Wertvorstellungen wie er selbst, woran ihm im Blick auf seine harmonische Weltauffassung viel lag. Im Vorfeld der ersten Phase einer typischen Depression (DSM III) war für den Patienten belastend gewesen, dass seine Tochter – für ihn unerwartet – aus ihrer «Ehe ausgebrochen» war, d. h. sie lebte mit einem anderen Partner zusammen und strebte die Scheidung an. In der beginnenden Depression machte sich der Patient Vorwürfe, er habe seine Tochter nicht richtig erzogen und er sei ihr kein richtiger Vater gewesen. Hinzu kamen Kontaktverlust und zunehmende Menschenscheu, die schroff zu dem sonst offenen und kontaktfreudigen Wesen kontrastierten. Es erfolgte die stationäre Aufnahme unter Fortführung der thymo- und neuroleptischen Medikation. In der Folge verstärkte sich, und zwar nach vorübergehender Reduzierung der neuroleptischen Medikation unter Fortsetzung der thymoleptischen Medikation, die innere Spannung.

Der Patient machte sich zunehmend Vorwürfe dahingehend, dass er einen Zeitungsbeitrag veröffentlicht habe, in dem er sich mit der Rolle der Kirche während des Nationalsozialismus kritisch auseinandergesetzt habe. Zu Beginn äußerte der Patient, man habe ihm dies seitens der Kirche, wie er jetzt merke, übel genommen. Man habe ihm jedoch nie etwas diesbezüglich gesagt. In der Folge verlagerte sich das Schwergewicht der Vorwürfe zunehmend nach innen und nahm die Gestalt von Selbstvorwürfen und Schuldvorstellungen an. So äußerte der Patient, er habe sich nicht nur von der Kirche entfernt, sondern damit auch von Gott. Schließlich kulminierten seine Vorstellungen in einem religiösen Schuldwahn mit der Überzeugung, wegen seiner die Kirche kritisierenden Äußerungen sein Seelenheil verloren zu haben.

Nach alsbaldiger Wiedereinleitung der neuroleptischen Medikation kam es zu einem Rückgang der Symptomatik, die Ausdruck der dynamisch aktivierten beurteilenden Instanzen war. Die Symptomatik von leibnaher Enge, Freudlosigkeit, allgemeinen Selbstzweifeln und Vorstellungen der eigenen Wertlosigkeit dauerte indes fort. Während die depressive Restriktion noch weiterbestand – die thymoleptische Medikation hatte noch nicht zu einer Besserung geführt –, kam es zu einer erneuten Aktualisierung des Wahns nach einem Besuch des Gottesdienstes. War es zuletzt also durch eine Reduzierung der neuroleptischen Medikation zu einer Zunahme des Drucks seitens der beurteilenden Instanzen gekommen, war die jetzige Verschlechterung als situative Aktualisierung der beurteilenden Instanzen aufzufassen. Offensichtlich hatte sich erneut, diesmal situativ bedingt, eine forcierte depressive Restriktion eingestellt. Bemerkenswert war, dass der Patient selbst seinen Zustand nach dem Kirchenbesuch zunächst als «ängstlich» bezeichnete. Vertiefende Abklärung des Erlebens ergab jedoch, dass der Patient hiermit einen Spannungszustand zwischen Sollen und Sein meinte, weniger ein erlebtes Angstgefühl.

Die in der Folge durchgeführte verstärkte thymoleptische Therapie brachte schließlich eine völlige Remission. Während des Bestehens und des Abklingens der Depression war allerdings eine Aktualisierung der beurteilenden Instanzen sorgfältig und durch entsprechende ärztliche und psychagogische Beratung und situative Entlastung zu vermeiden. Erst nach völliger Lösung der Depression wurden die von früher gewohnten Kirchenbesuche toleriert bzw. als hilfreich und entlastend empfunden.

Betrachten wir zunächst den strukturellen und energetischen Aspekt, sodann den pathogenetischen, schließlich den salutogenetischen Zirkel, der im vorliegenden Fallbeispiel sehr deutlich erscheint. Vor Beginn der Depression, lebte Herr H. P. lange Jahre in harmonischer Übereinstimmung mit seiner Umwelt. Strukturell waren seine Konzepte (Aktualfähigkeiten) gegenüber den situativen Anforderungen adäquat. Er zeichnete sich durch Pünktlichkeit, Sauberkeit und Ordnungsliebe, Gehorsam und Höflichkeit, Treue und Gerechtigkeit sowie Fleiß und Sparsamkeit aus. Im Hinblick auf die primären Aktualfähigkeiten allerdings bestand strukturell eine gewisse Verleugnungstendenz bezüglich der Unterschiede der eigenen Persönlichkeit zu den anderen. Auslösend für die Depression war die strukturelle Empfindlichkeit gegenüber dem «life event Scheidung der Tochter». Diesbezüglich hatte sich bei Herrn H. P. zwischen ihm und der erwachsenen Tochter die Unterscheidung keine hinreichende Form gefunden. Dadurch wurde das Verhalten

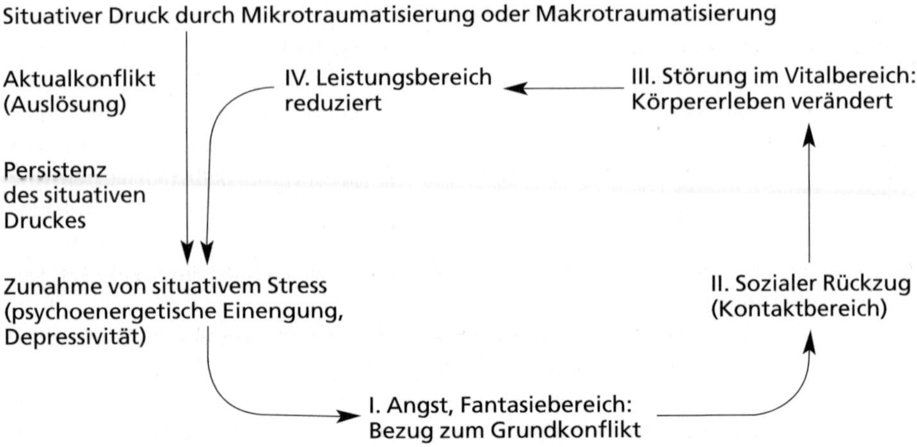

Abbildung 1: Pathogenetischer Zirkel von Angst und Depressivität unter sinngemäßer Einbeziehung der vier Bereiche der Positiven Psychotherapie: Fantasiebereich (1), Kontaktbereich (II), Vitalbereich, Körperbereich (III) und Leistungsbereich (IV).

der Tochter zur eigenen Gewissensbelastung (struktureller Wert der Treue wurde nach dem Makrotrauma («life event») ständig mikrotraumatisiert). Vor dem eigentlichen Ausbruch der Krankheit war, nach allem, was wir wissen, eine ausgeglichene energetische Besetzung der anthropologisch grundlegenden Bereiche anzunehmen, also des Leistungsbereichs, des körperlichen Bereichs, des Kontaktbereichs und auch des Geistigen und Wertbereichs. Dennoch kam es nunmehr durch die beschriebene situative Veränderung über die Wertkrise zu einem energetischen Ungleichgewicht. Da die bisherigen Werte nicht mehr entsprechend energetisch besetzt werden konnten, kam es zu einem energetischen Überschuss, einem energetischen Freilauf, der sich in der Form frei flottierender Angst niederschlug, nachfolgend in einer kompensierenden energetischen Besetzung der beurteilenden Instanzen. Es kam, charakteristisch für Major-Depressionen, zu verstärkten Selbstvorwürfen, Selbstwertlosigkeitsvorstellungen, später zu Schuldwahn, körperlich zu leibnaher Enge und vitaler Freudlosigkeit, anschließend zu sozialem Rückzug, Menschenscheu sowie zu Rückgang der Leistungsfähigkeit. Da er immer mehr hinter seinen Vorstellungen zurückblieb, kam es zu verstärktem Stress mit zusätzlicher depressiver Verarbeitung und Einengung (pathogenetischer Zirkel, vgl. **Abb. 1**).

Der integrative therapeutische Ansatz, die Auflösung des depressiven Zustands stellt sich im salutogenetischen (therapeutischen) Zirkel (**Abb. 2**) wie folgt dar: Hohe Priorität hat in einem ersten Schritt die Minderung des inneren energetischen Druckes, über die ja die Fehlbesetzung der strengen beurteilenden Instanzen sich vollzog. Diese Minderung des energetischen Drucks ist meist am schnellsten durch eine Reduzierung des situativen Drucks, also durch situative Entlastung und ein entsprechendes situatives Angebot, herzustellen. Hierzu gehört auch gegebenenfalls eine Entlastung durch Verlegung

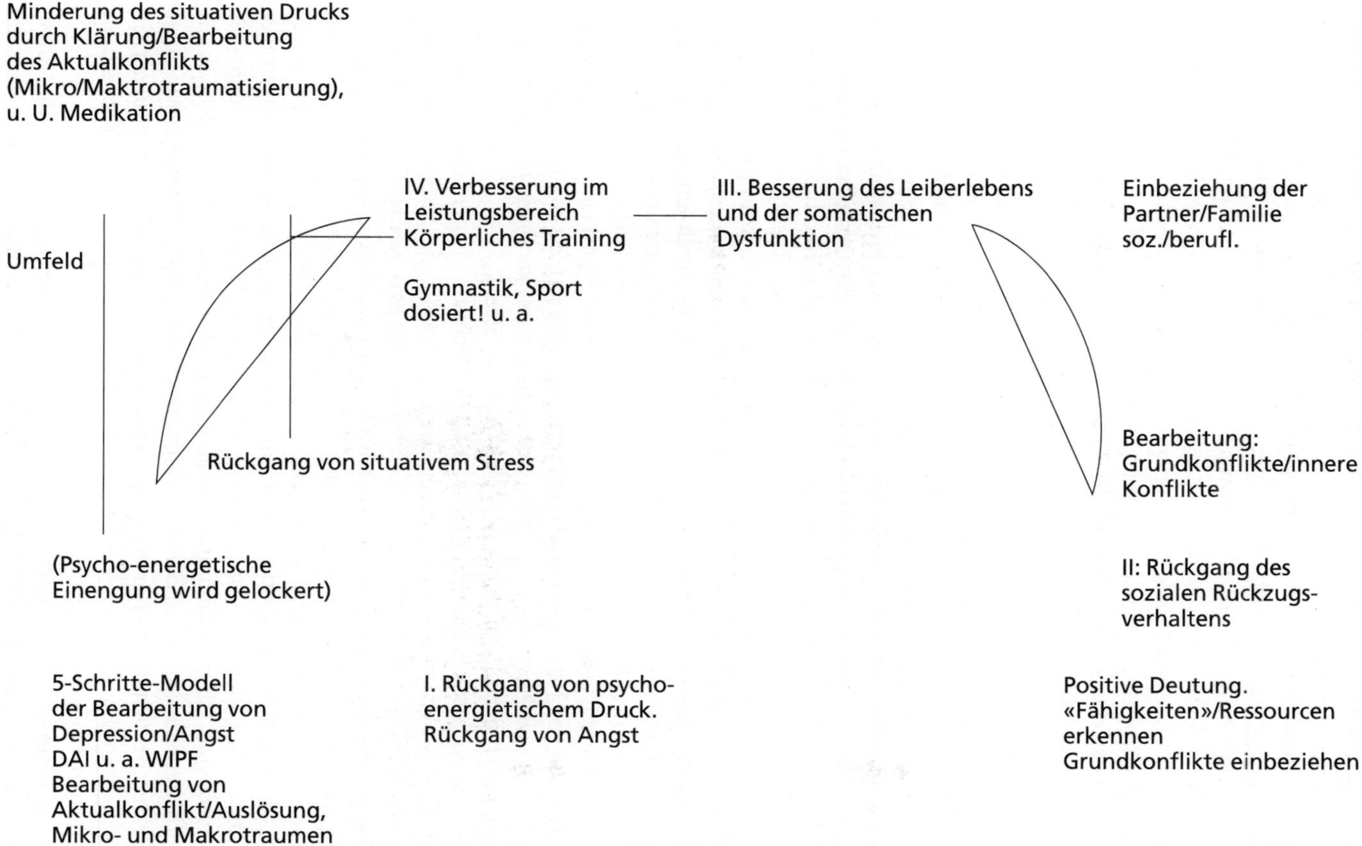

Abbildung 2: Salutogenetischer (therapeutischer Zirkel) von Angst und Depressivität unter (singgemäßer) Einbeziehung der vier Bereiche der Positiven Psychotherapie.

in ein Schonklima einer Klinik mit dadurch demonstrativer reduzierter Leistungsanforderung, reduzierten sozialen Anforderungen sowie Entlastung auf der Wert- bzw. Gewissensebene durch Abgabe von Verantwortung. Soll es zu einer weiteren Auflösung im Sinne des salutogenetischen Zirkels kommen, so darf es dabei nicht bleiben. Vielmehr darf jetzt das fünfstufige Modell der Positiven Psychotherapie zur Anwendung kommen. Wichtig dabei ist, dieses bei so schwer depressiv kranken und angstgefährdeten Patienten dosiert, d. h. ohne inadäquate Leistungsanforderung, einzusetzen; vielmehr steht im Vordergrund eine Würdigung der schweren Symptombildung (Nähe, Empathie), eine Würdigung der Lebensereignisse sowie der Mikrotraumen, was häufig als Schlüsselerlebnis in der therapeutischen Interaktion in Erscheinung tritt. Wesentlich ist darüber hinaus eine von vornherein einsetzende positive Würdigung der verbliebenen Fähigkeiten sowie eine Erfassung der potenziellen Fähigkeiten als spätere Ressourcen im Heilungsprozess durch den Therapeuten (auch wenn diese der Patient selbst noch nicht so anzuerkennen vermag). Situative Ermutigung (3. Stufe) sowie nachfolgende Gelegenheit zur Verbalisierung der nächsten, wenn auch noch so kleinen Schritte (solange die Depression noch besteht) wie schließlich auch eine dem Zustand adäquate (nicht überfordernde) Zielerweiterung runden den psychotherapeutischen Arbeitsansatz ab.

Wird diese das Einzelgespräch kennzeichnende Fünfstufigkeit durchlaufen, so kann dieser Ansatz den salutogenetischen Zirkel in Gang halten, der ja eben dann Schritt um Schritt zu einer Reduzierung der Depressivität, also zu einer Auflösung der Einengung führt. Wichtig dabei ist zu sehen, dass der Einstieg in den salutogenetischen Zirkel über einen Rückgang des inneren psychoenergetischen Drucks durch eine entsprechende entlastende Gestaltung der situativen Offerte führen muss, die sodann erst zu einer Besserung des leiblichen Empfindens, zu einem Rückgang von Angst, innerer Unruhe sowie körperlicher Dysfunktionen führt. Daraus ergibt sich dann eine Chance zur positiven Deutung von Fähigkeiten und erkennbaren Ressourcen. Es kommt zu einer Verbesserung des Sozialverhaltens, der Menschenscheu, dann zu einer Verbesserung im Leistungsbereich und einem Rückgang von situativem Stress.

Die medikamentöse Behandlung stellt aus dieser Sicht *ein* Element der Behandlung dar. Sie dient insbesondere zur vorübergehenden Dämpfung energetischer Überschüsse (solange es noch nicht zu neuer Konzeptbildung bzw. Konzeptbearbeitung gekommen ist), wie auch in unterschiedlichem Maße als spezifischer Beitrag zur Aufhellung der depressiven Verstimmung. Dadurch ergeben sich zum Zweiten günstigere Voraussetzungen für eine Bearbeitung der dispositionellen Bereitschaften der Persönlichkeit, die durch ihre Empfindlichkeit zur Auslösung der Depression beigetragen haben. Im vorliegenden Fall wurde dies vor allem für den Bereich der ungenügenden Abgrenzung vom Ich und dem anderen aufgezeigt, der dann über den Bereich des Treueverhaltens zur Mikro- und Makrotraumatisierung wurde. Dasselbe könnte man auch für den Bereich des Gehorsams nachweisen. Hier müsste die Bearbeitungsrichtung ebenfalls in einer Differenzierung bzw. Trennung und dadurch einer Vermeidung der Verabsolutierung dieses Wertes bestehen.

Dem Fallbeispiel ist des Weiteren zu entnehmen, dass durch eine vorzeitige Rücknahme medikamentöser Dämpfung ein energetischer Überschuss wirksam wird, der sich in depressiver Unruhe und Angst bis hin zum Suizid äußern kann. Aber auch eine (gut gemeinte) situative Anforderung (die nach Besserung der Depression durchaus adäquat sein kann) führt zu einer unter Umständen gefährlichen depressiven Reaktualisierung, während zu späteren Zeiten (nach Rückgang der Depression) dieselben Vorgänge zu einer Konsolidierung beitragen können (vgl. Kirchenbesuche des Patienten). Therapeutisch vorrangig ist somit immer eine dosierte Lösung der depressiven Einengung (Restriktion) durch den adäquaten Einsatz der uns zur Verfügung stehenden medikamentösen und situativen Instrumente. Die Beachtung der unterschiedlichen strukturellen und energetischen Gegebenheiten der im Rahmen einer Depression auftretenden Befindlichkeiten erscheint in klinisch-praktischer Hinsicht von Bedeutung sowohl für den phasengerechten Einsatz der zur Verfügung stehenden funktionalen Therapiemethoden als auch für den ganzheitlich denkenden Psychotherapeuten als personaler Verstehenszugang therapeutischen Handelns im salutogenetischen Zirkel.

Literatur

Angst, J./Vollrath, M, (1989): Beziehungen zwischen Angst und Depression. In: Kielholz P./Adams, C. (Hrsg.): Die Vielfalt von Angstzuständen. Deutscher Ärzteverlag, Köln

Binswanger, L.: (1960): Melancholie und Manie. Neske, Pfullingen

Gastpar, M. (1986): Unterschiedliche Pharmakoneffekte bei Angst und Depression. In: Helmchen, H./Linden, M. (Hrsg.): Die Differenzierung von Angst und Depression. Springer, Berlin/Heidelberg/New York, S. 167–176

Gebsattel, V. E. von (1928): Zeitbezogenes Zwangsdenken in der Melancholie (Versuch einer konstruktiv-genetischen Betrachtung der Melancholiesymptome). Nervenarzt 1, S. 171–287

Gebsattel, V. E. von (1954): Anthropologie der Angst. In: Prolegomena einer medizinischen Anthropologie. Springer, Berlin/Göttingen/Heidelberg, S. 378–389

Griesinger, W. (1861): Die Pathologie und Therapie der psychischen Krankheiten. 2. Auflage, Krabbe, Stuttgart

Helmchen, H./Linden, M. (1986): Entwicklungen im Verständnis von Angst und Depression. In: Helmchen H, Linden M (Hrsg.): Die Differenzierung von Angst und Depression. Springer, Berlin/Heidelberg/New York, S. 187–196

Kraepelin, E. (1913–1915): Psychiatrie, 8. Auflage. Barth, Leipzig

Krüger, F. (1924): Der Strukturbegriff in der Psychologie. Fischer, Jena

Müller, W. E. (1986): Biochemische Differenzierung von Angst und Depression. In: Helmchen H, Linden M (Hrsg.): Die Differenzierung von Angst und Depression. Springer, Berlin/Heidelberg/New York

Peseschkian, N. ([12]2000): Positive Familientherapie. Fischer Taschenbuch, Frankfurt

Peseschkian, N. ([10]2001): Psychosomatik und Positive Psychotherapie. Fischer Taschenbuch, Frankfurt a.M.

Peseschkian, N., Boessmann, U. ([4]2001): Angst und Depression im Alltag. Fischer Taschenbuch, Frankfurt a.M.

Schmidt-Degenhard, M. (1986): Zur Begriffsgeschichte von Angst und Depression in der Psychiatrie. In: Helmchen H, Linden M (Hrsg.): Die Differenzierung von Angst und Depression. Springer, Berlin/Heidelberg/New York, S. 33–43

Schneider, K. (1950): Die Aufdeckung des Daseins durch die cyclothyme Depression. Nervenarzt 21, S. 193f.

Schneider, K. (1966): Klinische Psychopathologie. 7. Aufl. Anhang: Pathopsychologie der Triebe und Gefühle im Grundriß. Thieme, Stuttgart

Tellenbach, H. (1983): Melancholie. Problemgeschichte, Endogenität, Typologie, Pathogenese, Klinik, 4. Aufl. Springer, Berlin/Heidelberg/New York

Sucht und Sehnsucht

Helmut Röthke

Bisherige Modelle einer Suchttheorie und Suchttherapie gingen größenteils von der Annahme von Defiziten aus. So postuliert die tiefenpsychologische Suchttheorie eine so genannte frühe Störung der Persönlichkeitsentwicklung. Lerntheoretische Modelle gehen von Defiziten im Verhaltensaufbau aus. Lösungsorientierte Ansätze nehmen zwischenmenschliche Konflikte an, für die neue Lösungsmöglichkeiten gesucht werden.

Keiner der genannten Ansätze berücksichtigt die Möglichkeit, dass bereits der Gebrauch psychotroper Substanzen oder ein bestimmtes Essverhalten den Versuch darstellen könnte, belastende Lebenssituationen als verstehbar, handhabbar und sinnvoll zu erleben.

Der Autor geht vom anthropologischen Modell der differenzierungsanalytischen (positiven) Psychotherapie (nach N. Peseschkian) aus, welches in einigen Aspekten eine Weiterentwicklung des existenzialontologisch-integrativen Modells (nach D. Wyss) darstellt.

Die Positive Psychotherapie nimmt an, dass sich menschliches Leben und damit auch beobachtbares menschliches Verhalten innerhalb der vier Kategorien Körper, Leistung, Kontakt und Zukunft abspielt.

Der **Körper** steht für den gesamten Bereich des sinnlichen Erlebens, die **Leistung** für den Bereich der gezielten Veränderungsbereitschaft und -fähigkeit. Der **Kontakt** stellt den Bereich der familiären, freundschaftlichen und gesellschaftlichen Beziehungen dar, die **Zukunft** den Bereich von Fantasie, Wertvorstellungen und Weltanschauung.

Methodik

Die differenzierungsanalytische Methode betont den Zukunftsaspekt der Zeit und damit die Entwicklungsfähigkeit des Individuums, seiner intrapsychischen sowie seiner sozialen Bezüge. Strukturierte psychometrische Verfahren ermöglichen eine systematische Ausdifferenzierung individueller, familiärer und gesellschaftlicher Normenkonzepte nach inhaltlichen Gesichtspunkten. Die Inhalte dieser Normenkonzepte, die so genannten **Aktualfähigkeiten**, beschreiben Programme und Qualitäten zwischenmenschlicher Beziehungen, die sich im Laufe der Zeit zu Werthaltungen, Einstellungen und Normen entwickelt haben.

Mit Hilfe eines standardisierten Fragenkatalogs, des Wiesbadener Inventars für Positive Psychotherapie und Familientherapie (WIPPF), können Veränderungen innerhalb dieser Normenkonzepte registriert werden.

Das salutogenetische Modell ist nach meiner Erfahrung in der Behandlung Abhängigkeitskranker vorteilhaft einzusetzen. Es werden ausdrücklich die Fähigkeiten des Gegenüber betont, nicht seine Defizite im Erleben und Verhalten.

Der Therapieansatz ist lösungsorientiert. Symptome werden zunächst als konstruktive Lösungsversuche positiv gedeutet (entsprechend der positiven Konnotation nach P. Fürstenau). Auf diese Weise wird das Symptom als «Brücke zum Patienten» genutzt.

Das **Balance-Modell** der Differenzierungsanalyse beschreibt die jeweilige Wertigkeit und Besetzung der Lebensbereiche **Körper, Leistung, Kontakt** und **Zukunft.** Es ist offensichtlich, dass stark einseitige Besetzungen dieser Lebensbereiche längerfristig Fehlentwicklungen zur Folge haben.

Wenn wir den Prozess der Gewöhnung an Suchtmittel betrachten, so zeigt sich oft folgendes Grundmuster:

- Im Bereich **Körper** erzeugen viele Suchtmittel ein gesteigertes Wohlbefinden, sei es durch beruhigende und relaxierende Wirkung (Alkohol, Tranquilizer, Opiate, Schmerzmittel), sei es durch Erhöhung des Aktivitätsniveaus, der Vigilanz und der Wahrnehmungsfähigkeit (Amphetamine, Kokain, LSD, Nikotin). Es wird deutlich, dass der Konsum des Suchtmittels im Stadium der Gewöhnung vergleichbar ist mit einer Medikamenteneinnahme mit dem Ziel eines verbesserten körperlichen Befindens.

- Für den Bereich **Leistung** ist die reale oder fantasierte Fähigkeit wichtig, mit Hilfe eines nach dem obigen Muster verbesserten körperlichen Befindens größere Anstrengungen auszuhalten und höher gesteckte Ziele zu erreichen, als dies unter Alltagsbedingungen ohne Hilfsmittel möglich wäre. Oft dient das Hilfsmittel auch dazu, durch länger dauernde berufliche Überlastung oder Unterforderung entstehende psychische Konflikte oder psychosomatische Beschwerden zu beeinflussen. Hier spielen sowohl sedierende als auch aktivitätssteigernde Substanzen eine Rolle.

- Der Bereich **Kontakt** beschreibt die Gesamtheit der partnerschaftlichen, familiären, freundschaftlichen und gesellschaftlichen Beziehungen. Hier ist die Beeinflussung der Kontaktfähigkeit durch psychotrope Substanzen von besonderer Bedeutung. Insbesondere für das Erlernen von Nikotinkonsum und Alkoholkonsum in der Peer-Group von Jugendlichen spielen Gruppennormen und Gruppendruck eine erhebliche Rolle. Auch die Werbung spricht diesen Bereich in besonderer Weise an. Über das Suchtmittel wird eine höhere Akzeptanz in und eine Verbundenheit mit der Gruppe hergestellt. Das Wir-Gefühl wird gesteigert erlebt.

- Der Bereich **Zukunft** beschreibt die Wertvorstellungen und die weltanschaulichen Bindungen eines Menschen. Traditionell spielte und spielt in vielen Religionen der kultisch-rituelle Gebrauch psychotroper Substanzen eine wichtige Rolle. Als Beispiel sei hier der rituelle Konsum von Wein im Dionysos-Kult oder auch in der christlichen Religion genannt. Grundmuster des Substanzkonsums ist das Aufgehen des individuellen Selbst in einer höheren Einheit. Über die Teilnahme am Ritus wird ein überindividueller Sinnzusammenhang erlebt.

Bei der Betrachtung der Folgen eines längerfristigen Suchtmittelgebrauchs zeigt sich folgendes Bild:

- Im Bereich des **Körpers** sind nach längerem Suchtmittelkonsum oft Funktionsstörungen und krankhafte Organveränderungen eingetreten. Längerer Nikotinkonsum bedingt eine chronische Raucherbronchitis, Herz-Kreislauf-Erkrankungen sowie ein stark erhöhtes Risiko für Karzinome des Nasen-Rachen-Raumes und des Bronchialsystems. Häufige Folgen eines längeren Alkoholkonsums sind Schädigungen der Leber, des zentralen und peripheren Nervensystems, der Bauchspeicheldrüse sowie des Herz-Kreislauf-Systems. Kokain und Amphetamine führen längerfristig häufig zu Herz-Kreislauf-Erkrankungen bis hin zum Herzinfarkt. Die Abhängigkeit von intravenös verabreichten illegalen Drogen bringt häufig eine Hepatitis B oder C Infektion oder eine HIV-Infektion mit sich.
- Für den Bereich der **Leistung** bedeutet längerfristiger Suchtmittelkonsum oft zunehmende Leistungseinschränkungen. Die unerwünschten Wirkungen des Suchtmittels nehmen zu, es kommt zu gehäuften Arbeitsunfähigkeitszeiten, Mängel in der Arbeitsqualität häufen sich. In der Folge treten Konflikte mit Vorgesetzten bis hin zu Abmahnungen und Arbeitsplatzverlust auf. Die Leistungsfähigkeit im Erwerbsleben ist gefährdet oder schon reduziert, rehabilitierende Maßnahmen werden erforderlich. Oft wird durch langfristigen Suchtmittelkonsum die materielle Lebensgrundlage in Frage gestellt. Arbeitsplatzverlust und nachlassende psychophysische Leistungsfähigkeit bedingen ein Abhängigwerden von Fürsorgeleistungen.
- Für den Bereich der **Kontakte** bedeutet ein längerfristiger Suchtmittelkonsum oft erhebliche Belastungen. In der Partnerschaft kommt es zunehmend zu Konflikten bis hin zur Trennung und Scheidung. Durch suchtmittelbedingten Rückzug oder auch unkontrollierte Gewaltbereitschaft kommt es zu erheblichen Belastungen des gesamten familiären Umfelds. Die sich aus einer Trennungssituation ergebenden emotionalen und materiellen Belastungen verstärken die Intensität des Suchtmittelkonsums, häufig bis zum psychophysischen Zusammenbruch, welcher dann eine Beratungs- und Behandlungsphase und damit eine Wende einleitet.
- Auf die Beziehung zur **Zukunft** hat der Konsum von Suchtmitteln unterschiedliche Auswirkungen. Wenn der Substanzgebrauch anfänglich oft als «antidepressive Medikation» stattfand, so ändert sich mit zunehmenden Entzugserscheinungen diese Wirkung des Suchtstoffes als «Zukunftsaufheller». Der bei morgendlichem Stimmungstief konsumierte Sekt wirkt nicht mehr, vielmehr muss zum Abmildern einer Entzugsdepression eine größere Menge des Suchtmittels konsumiert werden. Im Zusammenhang mit eigenen Versuchen, die Einnahme des Suchtmittels zu beenden, kommt es vielfach zu Misserfolgserlebnissen und damit verbundenen Schuldgefüh-

len. Der Bezug zur Zukunft wird zunehmend negativer besetzt, das Vertrauen in die eigene Veränderungsfähigkeit wird immer geringer. Im Zusammenhang mit Schuldgefühlen und Hoffnungslosigkeit kommt es in Verbindung mit Suchtmittelkonsum oft zu depressiven Krisen, die dann eine problemverändernde Behandlung einleiten.

Eine Abhängigkeitserkrankung im engeren Sinn ist nach diesem Modell zu verstehen als ein Versuch, das bedrohte Gleichgewicht zwischen den Bereichen Körper, Leistung, Kontakt und Zukunft wiederherzustellen bzw. aufrechtzuerhalten.

In dem oben beschriebenen fortgeschrittenen Stadium der Suchterkrankung sind die drei salutogenetischen Faktoren *Verstehbarkeit*, *Handhabbarkeit* und *Sinnhaftigkeit* kaum noch gegeben. Das Gefühl von Kohärenz ist nur noch unter Einwirkung eines Suchtmittels erlebbar.

Anwendung

Für die Behandlung von Abhängigkeitskranken ergeben sich aus dem Modell folgende Annahmen:

- Der Konsum eines Suchtmittels oder eine andere abhängige Verhaltensweise hat zu einem früheren Zeitpunkt ein sinnvolles Verhalten dargestellt. Probleme ergaben sich dann mit zunehmenden Nebenwirkungen der Substanz oder der wiederholten Handlung.
- Zu Beginn der Behandlung ist es wichtig, eine positive Konnotation (Umdeutung) für eine problematisch erlebte Verhaltensweise zu finden. Auf diese Weise wird ein Perspektivwechsel ermöglicht und gleichzeitig Verbundenheit im Sinne eines therapeutischen Bündnisses hergestellt.
- Es sollte frühzeitig geklärt werden, für welchen Lebensbereich der Suchtmittelkonsum oder das Suchtverhalten überwiegend kompensatorisch bedeutsam gewesen ist, um die Möglichkeiten in diesem Bereich erweitern zu können.
- Es ist sinnvoll, über Normenkonzepte des Patienten zu sprechen und sich mit deren Herkunft zu beschäftigen. Insbesondere für die Bearbeitung von Normenkonflikten in Partnerschaften oder Arbeitsbeziehungen spielt dies eine wichtige Rolle. Das Erleben von Sinnhaftigkeit und Kohärenz des Lebensentwurfes sollten fokussiert werden.

Es ist einleuchtend, dass sich die Behandlung Abhängigkeitskranker auch auf die vier Lebensbereiche **Körper**, **Leistung**, **Kontakte** und **Zukunft** bezieht:

- **Körper**: Körperliche Suchtfolgeerkrankungen werden medikamentös oder mit physikalischen Maßnahmen behandelt. Die Aufmerksamkeit für psychosomatische Zusammenhänge in Bezug auf den eigenen Körper ist beim Patienten zu wecken. Eine

Regulierung des Schlaf-Wach-Rhythmus und des Essverhaltens sollte Beachtung finden. Ein Empfinden für ausreichende Bewegung sollte geweckt werden, ebenso für Körperpflege und Körperhygiene.

- **Leistung:** Der Leistungsbereich hat für viele Abhängigkeitskranke eine herausragende Bedeutung. Häufig ist primärpersönlich eine starke Normenorientierung und ein hohes Leistungsideal gegeben. Es ergibt sich im Krankheitsverlauf eine zunehmende Lücke zwischen Erwartung und Realität. Die Abhängigkeitserkrankung hat vor Therapiebeginn oftmals zu Arbeitsplatzproblemen geführt. Bisweilen sind auch kognitive oder körperliche Leistungseinbußen eingetreten, welche eine berufliche Neuorientierung erfordern. Im Rehabilitationsgeschehen spielt der Aspekt der Leistungsfähigkeit im Erwerbsleben eine herausragende Rolle. Therapieziel aus Sicht des Leistungsträgers einer Reha-Behandlung ist die Wiederherstellung der (geminderten oder gefährdeten) Leistungsfähigkeit. Eine Verbesserung der sozialen Kompetenz im Rahmen der Gruppentherapie und eine Verbesserung des körperlichen Allgemeinbefindens sind geeignet, das Leistungsvermögen zu bessern. Im Rahmen der stationären Suchtrehabilitation kommt hier der Ergotherapie eine besondere Bedeutung zu.

- **Kontakt:** Vor allem im Rahmen von Gruppenpsychotherapien wird der Umgang mit dem Kontaktbereich eingeübt. Sowohl die Aufnahme emotionaler Beziehungen als auch die Fähigkeit zur Abgrenzung sind hier gefragt. Die Belastung familiärer Beziehungen durch eine Suchterkrankung sollte Beachtung finden. Durch die Einbeziehung naher Angehöriger in die Behandlung kann eine Veränderung im System für Betroffene und Mitbetroffene wirksam werden. Viele stoffgebundene Suchtmittel sind im Kontaktbereich wirksam («drinking for socialising»), einige süchtige Verhaltensweisen beziehen sich auf Kontakte. Ein wichtiger Therapiebestandteil ist die Förderung echter emotionaler Kontaktfähigkeit ohne Hilfsmittel, aber auch die Förderung von echter Abgrenzungsfähigkeit.

- **Zukunft:** Bei vielen Abhängigkeitskranken haben sich die Lebensperspektiven zunehmend eingeengt und zuletzt nur noch den Blick auf das Suchtmittel freigelassen. Im Lauf einer auf Balance abzielenden Behandlung ist die Auseinandersetzung mit eigenen Wertvorstellungen und die Entwicklung neuer Wertbezüge für den Betroffenen von großer Bedeutung. Mit der Suchterkrankung einhergehende depressive Störungen sollten auch unter dem Gesichtspunkt neu zu erarbeitender Lebensperspektiven gesehen werden, nicht nur unter dem biologischen Aspekt der verschobenen Neurotransmittersysteme. Für die meisten Abhängigkeitskranken ist es wichtig, Ziele für die Zeit nach der Überwindung ihrer Krankheit zu entwickeln, sich nicht ausschließlich als «krank» zu definieren. Herausragendes Behandlungsziel ist die Fähigkeit den eigenen Lebensentwurf und Lebensablauf wieder als kohärent zu erleben.

Literatur

Battegay, R. (1982): Die Hungerkrankheiten. Huber, Bern
Battegay, R. (1994): Süchtigkeit, Sucht und Sehnsucht. Zsch. Pos. Psychoth. 14, S. 6–37
Fichter, M.M. (1992): Therapie und Verlauf von Alkoholabhängigkeit. Berlin
Fürstenau, P. (1992): Entwicklungsförderung durch Therapie. Grundlagen psychoanalytisch-systematischer Therapie. München
Meyer, G., Bachmann, M. (1993): Glücksspiel. Berlin
Peseschkian, N. ([27]2001): Der Kaufmann und der Papagei. Fischer Taschenbuch, Frankfurt a.M.
Peseschkian, N., Deidenbach, H. (1988): Wiesbadener Inventar für Positive Psychotherapie und Familientherapie. Springer, Heidelberg/Berlin
Peseschkian, N. ([8]2000): Psychosomatik und Positive Psychotherapie. Fischer Taschenbuch, Frankfurt a.M.
Wyss, D. (1973): Beziehung und Gestalt. Göttingen
Wyss, D. (1970): Strukturen der Moral. Göttingen

Umwelt und Rauchen in der Sichtweise der Positiven Psychotherapie

Arno Remmers

Drei Wochen war der Frosch so krank, jetzt raucht er wieder, Gott sei Dank!
(Wilhelm Busch)

Wieso Psychotherapie, Umwelt und Rauchen in einem Atemzug? Die Charta gegen Tabak der WHO von 1988 formuliert: «Vom Tabakrauch freie Luft ist wesentlicher Bestandteil unseres Grundrechts auf gesunde und unverschmutzte Luft» (Schäfer).

Rauchen stellt nicht nur tägliches Vergnügen, Gewohnheit oder Laster für mehr als 1 Milliarde Menschen dar, sondern auch die zur Zeit größte bewusst von Menschen verursachte Umweltverschmutzung, im Vergleich beispielsweise mit Radioaktivität, Verkehr, Heizabgasen oder Wasserverschmutzung, bezogen auf die aktuellen Folgen für die menschliche Gesundheit. Allein in Deutschland sterben jährlich 100.000 Menschen an Folgeerkrankungen des Rauchens – davon 30.000 an Lungenkrebs, viermal so viel wie im Straßenverkehr. 50 Millionen Menschen in den USA «genießen» 570 Milliarden Zigaretten jährlich, dort sterben jährlich 139.000 Menschen an Lungenkrebs durch Nikotinmissbrauch (1988). Untergewichtige und krankheitsanfällige Babys, frühe Invalidität durch Infarkt, Durchblutungsstörungen und Hirn-Apoplex sind weitere typische Auswirkungen. In vielen Ländern wie in Bulgarien ist das Einstiegsalter immer früher und damit die Aussicht auf frühe Invalidität größer. Das Rauchverhalten änderte sich in Europa und Amerika im frühen 20. Jahrhundert erheblich, als Raucher mehr als 1000 Zigaretten jährlich zu rauchen begannen, zunehmend führte Emanzipation zu ähnlichem Suchtverhalten auch bei Frauen.

In der Psychotherapie ist Rauchen häufig als typische **Konfliktreaktion und Abwehrmechanismus** zu beobachten. Rauchen stellt für Ärzte eine große Herausforderung in der Beratung dar – auch im Umgang mit sich selbst. Die Hilfe bei der Entwöhnung von der mittlerweile nachgewiesenen Nikotinsucht erfordert von Seiten der Therapeuten nicht nur medizinisches, sondern auch psychologisches, pädagogisches und psychotherapeutisches Wissen.

Positive Psychotherapie nach Prof. Dr. med. Nossrat Peseschkian (im folgenden PPT genannt), eine psychotherapeutische Konfliktlösungs- und Krankheitsbehandlungsmethode, kann im Umgang mit Rauchen als Problem eine Hilfe sein. Systematisch ist eine *individuelle und Gruppenbehandlung mit Hilfe von Standortwechsel, gezielten Fragen und fünfstufiger Selbsthilfe* möglich. Die Patienten und ihre Umgebung werden dabei aktiv einbezogen. Hier sei die Anwendung der PPT auf das Rauchen stellvertretend genannt für therapeutische und präventive Möglichkeiten bei süchtigem Verhalten.

Positive Psychotherapie besteht wie die anderen tiefenpsychologisch fundierten und verhaltenstherapeutischen Verfahren im Wesentlichen aus drei Teilen.

1. Sie bietet eine **Theorie der Störungsentstehung** mit dem Mikrotraumenmodell als Konflikttheorie, der dazugehörigen inhaltlichen Differenzierungsanalyse als Basis einer individuellen Psychodynamik. Das Lernen am Vorbild und an erlebten Beziehungssystemen in inhaltlich differenzierten Konzepten beschreibt eine systemisch orientierte Soziogenese von Verhalten und Störungen. Suchtverhalten bedeutet nach *Battegay* «das unwiderstehliche und unersättliche Verlangen nach Überwindung der dem Individuum in der Realität gesetzten Schranken durch äußere Mittel». Er wies nach, dass der Anteil konflikthafter Elternehen bei späteren Rauchern signifikant höher war: Multiple Mikrokonflikte und einseitige Lösungsversuche sind mögliche Ursachen für das Verhalten, welches später Mikrotraumen mit unmittelbarer taktil-oraler Befriedigung beantwortet.

2. Positive Psychotherapie beinhaltet ein **Beschreibungsmodell:** Vier Bereiche der Lebensenergie, der Konfliktreaktion, der Vorbilddimensionen und die primären und sekundären Aktualfähigkeiten lassen eine methodenübergreifende Verständigung zu, die den Patienten aktiv einbezieht. *Vier Bereiche der Erkenntnisfähigkeit* sind beim Rauchen betroffen und als kurzfristig geförderte oder als Bereiche der Konfliktreaktion deutlich: Die *körperliche* Befindlichkeit bessert sich kurzfristig, langfristig leidet sie, ebenso die *Leistungsfähigkeit*; als traditionelles Mittel zur Gestaltung *sozialer Kontakte* ist Rauchen ambivalent besetzt und wird von den einen in einer sozialen Gruppe als Zugehörigkeitsmerkmal gesehen, von anderen als Ausgrenzungsmerkmal definiert; der «blaue Dunst» symbolisiert die *Fantasie*-betonte meditative harmonisierende Stimmung, die beim Rauchen suggeriert wird (siehe W. Buschs Karikaturen). Beschreibbar sind mit dem Differenzierungsanalytischen Inventar der PPT (DAI) die *Inhalte* der Konflikte und der hinter dem Rauchen stehenden Konzepte. Die *Vorbilddimensionen* beschreiben differenzierter die Vergleichskonzepte der Vergangenheit im Verhalten der Bezugspersonen gegenüber dem Kind, der Eltern untereinander, der Reaktion der Eltern auf rauchende Menschen und ihre Lebensziele. Sie lassen sich jedoch auch als *Beziehungsdimensionen* des Rauchers und als solche seiner *Verantwortung* zur Beschreibung heranziehen.

3. Die PPT stellt **therapeutische Mittel und Methoden** für die Praxis zur Verfügung, die sich empirisch bewährt haben: Positive Konnotation, Sprachbild, Spruchweisheit, Geschichten und transkulturelle Vergleiche zum Standortwechsel, inhaltliche Differenzierung und andere. Diese werden im fünfstufigen Vorgehen therapeutisch eingesetzt.

Die therapeutischen Mittel sind im ersten Schritt solche zur Veränderung der Sichtweise einer bislang subkortikalen Gewohnheit oder Sucht. Sie dienen zuerst der Motivation des Patienten. Fragen zur Funktion des Rauchverhaltens und kulturelle Vergleiche leiten die Behandlung ein.

Jedes Schlechte dient etwas Gutem. *(Bulgarisches Sprichwort)*

Erster Schritt: Die Funktion des Rauchens – tiefenpsychologische Sicht, «positive Deutung» und transkulturelle Bedeutung

Rauchen wirkt kompensatorisch befriedigend in Situationen der Unruhe, Ungeduld, der inneren Konfliktsituation. Es ist im tiefenpsychologischen Sinne taktil-orale Sublimation von aggressiven und libidinösen Impulsen. Es kann gesehen werden als kompensatorische Verlagerung von Lebensenergie in einer Situation der Frustration oder Handlungsbehinderung in eine rasch umsetzbare Beschäftigung und Sinnesbefriedigung.

Rauchen ist in diesem Sinne die Fähigkeit,

- eigene Bedürfnisse in gesellschaftlich akzeptierter Weise öffentlich zu befriedigen,
- mit Ungeduld, Arbeitsanforderungen, Unsicherheit aktiv umzugehen,
- Vorbilder anzunehmen und eine in vielen Kulturen als friedensstiftend und verbindend angesehene Kommunikationsform zu wählen,
- Erwachsen zu wirken und Selbstständigkeit zu zeigen,
- Selbstheilungsversuch, Wunsch nach Leistungssteigerung, Unlustverhütung (Battegay),
- durch die Lockerung von Hemmungen und Ängsten das Akzeptieren der eigenen Persönlichkeit zu erleichtern (Peseschkian).

In der Beratung sind **Fragen** zur Funktion des Rauchens als Fähigkeit:

- Welche Vorbilder haben Sie selbst, wie haben Sie mit dem Rauchen begonnen? *(Motto, Konzept und Vorbilder)*
- Was verändert die angesteckte Zigarette in diesem Moment? *(Frage nach der Funktion)*
- Welches Gefühl haben Sie vor und nach dem Griff zur Zigarette? *(Emotionale Befriedigung)*
- Was geht leichter mit Hilfe der Zigarette? *(Positive Deutung)*

- Was fällt Ihnen spontan ein, wenn Sie an Rauchen denken? *(assoziative Frage)*
- Was meinen Sie, welche Bedeutung Rauchen in anderen Kulturen hat, wie z. B. bei amerikanischen Indianern, im Orient, oder in Europa zu früheren Zeiten? *(transkultureller Vergleich)*
- Welche Bedeutung hat die Zigarette im Kontakt mit Anderen? *(kommunikative Dimension)*

Transkulturelle Beispiele, Literatur, Geschichte, Sprache

In *Emil und die Detektive* von Erich Kästner trifft sich die rauchende Jugend im «Nichtraucher», einem ausgedienten Eisenbahnwaggon, der von ihrem rauchenden Vorbild bewohnt wird.

Indianer rauchen rituell die «Friedenspfeife», Schamanen und Naturvölker erreichen durch Rauchen von Pflanzen Rauschzustände, um damit spirituelle Halluzinationen oder veränderte Empfindung und Affekte hervorzurufen. Im Orient ist die Wasserpfeife gesellschaftlicher Treffpunkt der Männer und Anregung für Gespräche, auch Inhalt von Märchen. Im Abendland gilt – seit Mitte des Jahrhunderts verstärkt auch für die Frauen – Rauchen als Zeichen der Emanzipation und individuellen Freiheit, symbolisiert z. B. durch den unabhängigen Cowboy der Reklame wie bei *Marlboro* oder *Camel* oder selbstbewusst wirkende Frauen. Die Zigarettenmarke wird mit einem spezifischen Lebensgefühl verbunden, welches ersehnte Werte wie unabhängige freie Verhaltensweise, Individualität, Erotischen Reiz und Glücksgefühl verkörpert *(Gauloise, Rothhändle, West, American Blend, Orienttabake, Light)*. Verstärkt wurde in Zeiten härteren Wettbewerbs der erotisch-sexuelle Anteil in der Werbung *(Camel, West)*, der auf den direkten Bezug zwischen Rauchen und rasche Befriedigung von unbewussten, auch verdrängten Sehnsüchten hinweist. Tiefenpsychologisch werden hier in der Vermarktung Triebabfuhr und Sublimation hervorgehoben.

Junge Menschen erproben mit dem Rauchen das Erwachsensein. Es dient auch als Mutprobe, als Zugehörigkeitsritual einer Gruppe, als Merkmal beginnender Selbstständigkeit, eine bestimmte Zigarettenmarke als Ausdruck eines ersehnten Lebensgefühls.

Ältere Menschen des Westens erleichtern sich durch Rauchmittel die Einsamkeit und ersetzen fehlende körperliche Zuwendung durch den «Griff zur Zigarette». Sie genießen die Zeit der Untätigkeit. Wechselnde Gerüche und der anregende Geschmack sind Abwechslung im oft eintönig gewordenen Leben. In armen Ländern ebenso wie im Krieg gilt die Zigarette als Ersatz für andere Arten der Zufriedenheit. Man hat etwas, woran man sich festhalten kann, man hat etwas «in den Händen», an dem man sich erwärmen kann.

In den fünfziger Jahren gab es in Deutschland das «Herrenzimmer», durch entsprechend wuchtige Aschenbecher, Zigarrenabschneider und -anzünder auf Rauchtischchen gekennzeichnet, den Herren der Schöpfung vorbehalten. Dort zelebrierten gemäß früheren herrschaftlichen Vorbildern jetzt auch die «einfacheren Schichten» mit «der Zigarre» den Aufstieg in die Bürgerlichkeit. Dies bot als emotionale Erfahrung in der

Kindheit genug unterbewusste Grundlage für den Einsatz des Rauchens als Emanzipationsmerkmal der Frau der siebziger und achtziger Jahre in Westeuropa. Der Hausfrau als Pflegerin des Herrenzimmers war das Rauchen durch verstärkte Vergilbung der Wohnung vielleicht eher unangenehm. – Familiär lässt sich oft ein kurzzeitiges lustbesetztes Absondern aus dem Familienkreis beobachten: Hinausgehen auf den Balkon oder «an die frische Luft, um eine zu rauchen».

Finanzielle Interessen spielen eine größere Rolle für Fluggesellschaften (die Innenausstattung der Flugzeuge muss häufiger erneuert werden), Finanz- und Gesundheitsminister (Steuereinnahmen versus Krankheitskosten), Krankenkassen, die Landwirtschaften subtropischer und die Volkswirtschaften mittlerweile aller Länder, in denen Tabak angebaut, verarbeitet, vermarktet und besteuert oder geschmuggelt wird.

Über 1000 verschiedene Stoffe wurden bisher im Zigarettenrauch beschrieben, einige wie Nikotin als Hauptstoff mit anregender, nervenstimulierender Wirkung. Ähnlich wie bei Pheromonen, den «Geruchshormonen» zur zwischenmenschlichen Kommunikation, wirken bestimmte Gerüche wie Parfüme, Räucherstäbchen oder Tabak stimmungsvermittelnd. Das sensorische System wird mit seiner direkten Verbindung vom Riechhirn zum limbischen System, dem «Stimmungsmacher», durch Rauchinhaltsstoffe direkter unbewusster Vermittler eines «positiv besetzten Gefühls». Bei manchen Menschen entsteht eine körperliche, häufiger eine Verhaltensabhängigkeit, bei vielen bleibt Rauchen auch eine einfache Gewohnheit. Andererseits wird eine extrapyramidale Bahnung des Verhaltens deutlich, eine Automatisierung.

Verhaltensrituale sind auf soziale Normen bezogen und in ein traditionelles Muster eingebettet. Kultureller Einfluss der Sublimierung von Triebverhalten, hier besonders oraler taktiler Reize, erlaubt den sofortigen Griff zur Zigarette in Versagungssituationen, jedoch in zivilisierten Kulturen nicht die akute Triebbefriedigung auf andere Weise.

Religiöse Aspekte des Rauchens finden sich bei den Ritualen der Naturvölker, in der katholischen Kirche im Weihrauch, sowie in anderen Religionsgemeinschaften beim kollektiven Einatmen von Räucherwerk, bei Schamanen zur Tranceerzeugung. Erwähnung findet das Rauchen bei den religiösen Fastenregeln von Bahá'u'lláh in der Gleichsetzung mit der Aufnahme von Getränken.

Geschichtlich gab es zeitweise Strafen wie «der Verlust der Nase oder gar die Todesstrafe» nach der Einführung des Tabaks zunächst als Zierpflanze und Heilmittel nach Europa. Goethe sah im Rauchen sowohl ein Mittel zur «Verteidigung» gegen jeden «honetten Menschen» als auch, «wenn es so fortgehen sollte», den kulturellen Niedergang Deutschlands durch «Bierbäuche und Schmauchlümmel ...»

1988 formuliert die WHO eine *Charta gegen Tabak*, in der es heißt: «Vom Tabakrauch freie Luft ist wesentlicher Bestandteil unseres Grundrechts auf gesunde und unverschmutzte Luft.» (Schäfer, U)

Was man besonders gerne tut, ist selten ganz besonders gut. *(Wilhelm Busch)*

Zweiter Schritt: Inhaltliche Aspekte

Körperaspekte, kontaktbezogene oder abgrenzende Rituale stehen im Vordergrund des beobachtbaren Verhaltens. Sexualität und taktile Reizung im Sinne der Saugbewegung und Lippenberührung wird besonders in der Reklame deutlich als wesentlicher Antrieb zum Rauchen. Der Lustgewinn kompensiert die nachteiligen körperlichen Auswirkungen wie Beißen auf der Zunge, Speichelfluss, Husten oder Augen-Nasensymptome.

Kurzfristige Belohnung durch eine Zigarre oder gute Zigarette, sich «eine dicke Havanna leisten», sind deutlich auf **Leistung** hin orientierte Normen. Stress oder Nervosität – zurückzuführen auf Ungeduld, mangelndes Zeitmanagement – werden durch Rauchen als Ersatzhandlung kupiert. Handlungsrituale und Nikotin, aber auch Kaugummikauen, fördern über 20 bis 40 Minuten die Konzentration auf wesentliche Tätigkeiten.

Kontakte: «Eine zusammen rauchen» – wie bei der Friedenspfeife und einer gemeinsamen Mahlzeit ein Akt der Friedenserhaltung und Kommunikationsbereitschaft; «einem anderen eine Zigarette anstecken» – Zeichen der Annahme, Hilfsbereitschaft und des Vertrauens. Gastfreundschaft erfordert das Anbieten der Zigarette. Rauchen wird als Initiationsritus des Schon-vertragen-Könnens in Peer-Groups Heranwachsender ausgeübt, Zugehörigkeit vermittelnd.

Der Bereich der **Fantasie** erweckt Assoziationen zu früheren unbewusst einwirkenden Ritualen des Kontakts mit Mutter und Nächsten («sich eine Lulle anstecken, sich eine in den Mund stecken, tiefe Züge nehmen»), die Vorstellung, sich zu kräftigen, aber auch meditative Entspannung (Rauchringe genüsslich in die Luft blasen, im blauen Dunst sitzen), Beruhigung, auch Anregung zu Gedanken und Fantasien, die Vorstellung der individuellen Freiheit, des abenteuerlichen, lustvollen, aufregenden, sexuellen oder genießenden Verhaltens mögen in diesen Bereich gehören.

Zeit und Geduld: Die «Zigarettenpause» ist gesellschaftlich sanktionierte Entspannung und Ruhephase. Das Ritual des Zigarettenanzündens oder noch viel mehr der Zigarre oder Pfeife verdeutlichen den Aspekt der gewonnenen Zeit und Geduld. Andere Tätigkeit wird aufgeschoben – vielleicht nur für Sekunden, aber genügend für das Gefühl des Konfliktverschiebens auf später.

Offenheit und Höflichkeit spielen zwischen Rauchern und auch gegenüber Nichtrauchern eine zentrale Rolle als Ausdruck der Qualitäten der Akzeptanz, der Liebe, des Kontakts, der Einigkeit oder Differenz. Traditionelle Konzepte verschiedener Art im Sinne konservativer Sicherheit, Treue der Gewohnheit gegenüber, werden von Rauchern gewöhnlich in Bezug auf die Gewohnheit nicht geändert. Früher mit körperlicher Harmonisierung assoziiertes Erleben ist der Grund dafür, dass solch ein Ritual schwerer zu verändern ist als ein in Bezug auf Hände, Mund, Reaktion und Kontaktaufnahme freies Verhalten, in welchem die Lerninhalte ein größeres Handlungsrepertoire integrierten.

Gerade Arme haben eher Zigaretten als Reiche. Die hohe Bedeutung der Rauchutensilien in existentiellen Krisenzeiten lässt sich vielleicht nur durch frühkindliche Erfahrung der Verbindung von Saugen und Befriedigung nach Unruhe erklären. Dies würde begründen, wieso Arme selten und erst zuletzt auf ihre Zigaretten zugunsten von Ernährung oder Kindern verzichten. Der Wert der Zigarette ist im Krieg oft gleich dem Brotwert gewesen. Entwöhnung von Zigaretten wird sehr selten mit dem hohen finanziellen Aufwand fürs Rauchen begründet.

Vorbildern zu folgen gehört zum Einstieg in die beschriebene Verhaltensweise und wird in Filmen, Zeitschriften und Reklame vermarktet. Ablösungsrituale der Jugendlichen mit Annahme anderer Vorbilder als der Eltern werden durch demonstratives oder heimliches Rauchen unterstützt.

Häufig besteht eine eklatante Differenz zwischen dem Verhalten rauchender Eltern und den Erziehungszielen für ihre eigenen Kinder, die solches Verhalten verboten bekommen. Deutlich wird das Konfliktpotenzial im Bereich Gehorsam und Disziplin, später deutlich im trotzigen Rauchen in Nichtraucherzonen, die definitiv ein kollektives Verhalten vorschreiben. Vehementes Auflehnen gilt hier als Verteidigung der eigenen Freiheit. Die Reklame für Zigaretten stellt die Verkörperung individueller Freiheit und Unabhängigkeit in den Vordergrund (*Marlboro, Camel* u.a.).

Verallgemeinert, sind Sauberkeit, Rücksichtnahme auf andere (vorzugsweise Kinder, auch Ungeborene), Vertrauen zu eigenen Fähigkeiten oder zum eigenen Körper, Gerechtigkeitskonzepte («Emanzipation») und Geldverwendung oft konfliktinhaltliche Aspekte des Rauchers. Offenheit ist oft im Sinne der Durchsetzung eigener Interessen ausgebildet, es fehlt jedoch tendenziell der direkte Ausdruck wahrer innerer Wünsche, die im Rauchen kompensatorisch ausgedrückt werden.

Inhaltliche Fragen in der Therapie zur Inventarisierung (Beispiele):

- Was bedeutet für Sie Rauchen? Wie reagieren Ihre Angehörigen? *(Frage nach assoziierten Inhalten)*
- Legen Sie Wert auf Ihr Recht zu rauchen? (Gerechtigkeit, Gehorsam)
- Wenn Ihnen jemand eine Zigarette anbietet, wie reagieren Sie? (Vertrauen, Kontakt)
- Nehmen Sie eher Rücksicht auf andere beim Rauchen, oder können Sie sich auch einmal durchsetzen? (Offenheit, Höflichkeit)
- Macht es Ihnen etwas aus, dass die Zigaretten so teuer geworden sind? (Sparsamkeit, Leistung)
- Legen Sie Wert darauf, dass die Zigaretten immer am gleichen Platz griffbereit sind? (Ordnung, Zuverlässigkeit)
- Wann fühlen Sie sich gut, wann haben Sie ein schlechtes Gewissen? (Glaube, Gewissen)
- Wie ist Ihr Alltag, welchen Platz nimmt darin das Rauchen ein? (Zeit, Sinn)
- Wie haben Sie mit dem Rauchen begonnen? (Motto, Konzept und Vorbilder)

  Ach, des Menschen größte Freud, ist doch die Zufriedenheit! *(Wilhelm Busch)*

Dritter Schritt: Auswege durch Ermutigung

Das Wissen um die Funktion, die das Rauchen im Leben bisher hatte, ermöglicht über die Ergänzung durch andere Verhaltensweisen nachzudenken und diese in den täglichen Ablauf der Gewohnheiten zunächst zusätzlich einzubeziehen, d. h. Sehn-Süchte aktiv anzugehen. Geduld und Zeitverwendung lassen sich durch klare Zielsetzung, Zeitmanagement, bisher unterlassene Tätigkeiten und Verhaltensweisen ausbauen. Die Frage nach dem Sinn des eigenen Lebens, den erreichbaren Zielen und den vermeidbaren Risiken des Schicksals gibt dazu die Motivation.

Emanzipation heißt nicht nur, die Trotzphasen der Kindheit symbolisch zu verlassen. Ablösung von Eltern oder anderen Gruppen muss nicht länger durch Rauchen ausgedrückt werden. Training differenzierter Offenheit hilft in der notwendigen Abgrenzung. Das Selbstvertrauen, bisher durch den Halt an der Zigarette zwischen den Fingern gestärkt, kann ich durch Erkenntnis ausbaufähiger Fähigkeiten erreichen. Bedürfnisse von Zuwendung, taktilen Reizen, Genuss, sind nur zeitweise auf Ersatz durch Suchtmittel angewiesen. Den Körper durch Entspannung (z. B. nach Jacobson) zu beruhigen und zu entspannen, durch Sport anzuregen, macht unabhängiger von den chemisch-verhaltenstherapeutischen Funktionen der Rauchmittel.

Für Kontakte und Gastfreundschaft auf fantasievolle Weise zu sorgen, erübrigt das Ritual der Kontaktanbahnung über die Zigarette und erweitert die Handlungskonzepte. Geld für bisher nicht erlebte Bereiche auszugeben, fördert die Zufriedenheit und löst so auch Stressprobleme.

Fragen zur Ermutigung:

- Was kam bisher zu kurz, was Sie mehr tun möchten?
- Womit können Sie sich und Ihren Körper kurz- und langfristig belohnen?
- Was können Ihre Angehörigen und Freunde dazu beitragen?
- In welchen Bereichen haben Sie Zutrauen zu sich selbst – Vertrauen in die Körperfunktionen, in die eigene Leistungsfähigkeit, Sicherheit im Umgang mit anderen Menschen und Partnern, Vertrauen in das Schicksal oder Gott? Mit wem können Sie über Unsicherheiten sprechen?
- Möchten Sie Entspannungsmethoden und Intervalltraining erlernen?
- Welchen Sport treiben Sie gerne?

Ermutigung stellt vorhandene, aber bisher wenig eingesetzte Handlungsressourcen neben das bisherige einseitige Verhaltensmuster. Rasch wirksame Belohnungsstrategien, Stärkung des Selbstvertrauens, Entspannungsmethoden wie progressive Muskelrelaxation und körperlicher Ausgleich, gesunde Genüsse stehen im Vordergrund, bevor die eigentliche Problembearbeitung im folgenden Schritt möglich ist.

Bedenk: Man liebt den Käse wohl, indessen man deckt ihn zu. *(Wilhelm Busch)*

Vierter Schritt: Problembereiche

Die Problembereiche, die nicht alleine gelöst werden können, lassen sich individuell durch Fragen eingrenzen und in Zielsetzungen verwandeln:

- Was will ich ändern und auf welche Weise, was muss ich ertragen lernen, weil ich es nicht ändern kann?
- Wofür will ich mein Geld verwenden – für Körper, Beruf, Familie, Zukunft?
- Wie kann ich mein Alltagsverhalten konkret verändern, welche Hilfsmittel verwenden?
- Welche Erwartungen an andere muss ich ändern, mit wem will ich mich beraten?
- Wie kann ich differenziert auf mich selbst und andere Rücksicht nehmen?
- Wie stehe ich zum Bereich Sauberkeit, was ist mein Konzept aus der Vergangenheit, was will ich ändern?
- Empfinde ich meinen Körper als Freund oder Feind?
- Wie kann ich meinem eigenen Körper, dem Werkzeug meiner Seele, etwas Gutes tun?
- Was kann ich alleine anpacken von dem, was mir jetzt schon klarer ist?

Als kollektive Fragestellung ist das Problem des Konsums von Rauchmitteln von der Bewertung durch die Menschheit und die ihr zugrunde gelegten ethischen Bedingungen abhängig. Erst daraus lassen sich Regeln für die Vorbildfunktion der Reklame, Filme usw. für Kinder und Erwachsene ableiten. Letztlich ist auch die individuelle Betreuung Entwöhnungswilliger hiervon abhängig.

Mit Hilfe des Strohhalms lassen sich Ängste oft besser «in den Griff» bekommen, die Zigarette hilft, Hemmungen zu überwinden. «Hemmungen sind die Fähigkeit, sich bescheiden zurückzuhalten.»(N. Peseschkian) Der persönliche Plan, Hemmungen zu überwinden, ist wesentliche Aufgabe im vierten Schritt. Inhaltlich steht die Balance zwischen Höflichkeit/Anpassung und Offenheit/Durchsetzungsvermögen im Mittelpunkt.

Fünfter Schritt: Erweiterung der Fragestellung und Zielsetzung

Die individuelle Frage: «Was tue ich, wenn ich kein Problem mit dem Rauchen habe?» lässt sich wiederum erweitern um körperliche, wirtschaftliche, ethische, familiäre, freundschaftliche Aspekte, Zukunftsplanung, eine andere Sicht der Medien. Die Antwort ist individuell, die Aufgabe des Therapeuten ist es nur noch, Fragestellungen zu vermitteln:

- Welche Funktionen hatte der Tabakkonsum bisher, die ersetzt werden können?
- Was würde ich anders machen, wenn ich ohne Zigarette mir geduldig Zeit für etwas nehme, mich konzentrieren kann, höflich und ehrlich gastfreundlich sein kann sowie auf mir Wichtiges Wert lege?

- Was kann ich tun, um individuell und in der Welt die Ersatzfunktionen der Zigarette anders zu gestalten? Welche Auswirkungen ergeben sich durch ein verändertes Verhalten für die armen Länder?
- Wie hilft uns als Menschheit die Erfahrung mit mehr als 2000 Jahren Rauchen, wo war und wo ist heute seine Funktion?
- Was tun Staat und Wirtschaft ohne Konsum von Zigaretten?
- Wohin mit Geld und Energie, die bisher für Zigaretten verwendet wurden?

Literatur

Battegay, R. (1993): Vom Hintergrund der Süchte. Huber, Bern
Peseschkian, N. ([8]2000): Psychosomatik und Positive Psychotherapie. Fischer Taschenbuch, Frankfurt
Remmers, A. (1994): Rauchen – psychotherapeutische Aspekte, in: Zschr. f. Pos. Psychoth., Heft 16, Wiesbaden
Schäfer, U. (1990): Rauchen. Bahá'í-Verlag, Hofheim/Taunus

Selbsthilfegruppen

Cornelia Krause-Girth

Leben heißt, es mit etwas zu tun haben: mit der Welt und mit sich selbst.
(Lebensweisheit)

Selbsthilfegruppen fördern Lebensqualität und Eigenverantwortung

Selbsthilfegruppen bilden eine der bedeutendsten sozialen Bewegungen des vergangenen Jahrhunderts. Etwa 3 Millionen Menschen in Deutschland sind Mitglied in knapp 70.000 Selbsthilfegruppen und Initiativen. 289 Selbsthilfekontaktstellen stehen Interessierten vor Ort zur Beratung und Vermittlung zur Verfügung. Seit 1983 informiert die nationale Kontaktstelle für Selbsthilfegruppen in Berlin (NAKOS) telefonisch, per Fax oder über örtliche bundesweite und internationale Selbsthilfegruppen und vermittelt Kontakte zu gleich Betroffenen, inzwischen auch per Internet (www.nakos.de). Mit Inkrafttreten des Gesundheitsreformgesetzes 2000 sind die Krankenkassen verpflichtet, Selbsthilfe zu fördern und gesundheitsbezogene Aktivitäten, vor allem Information und Öffentlichkeitsarbeit zu finanzieren (im Jahr 2000 sollen die Kassen eine Mark pro Versicherten zur Selbsthilfeförderung verwenden). Nachdem einzelne Kassenärztlichen Vereinigungen jahrelang erfolgreich regionale Kooperationsberatungsstellen für Ärzte und Selbsthilfegruppen betrieben, gründete im Jahr 2000 nun auch die Kassenärztliche Bundesvereinigung eine Kooperationsstelle (KOSA) mit dem Ziel, die Kooperation von Ärzten mit Selbsthilfegruppen bundesweit zu verbessern.

Die in den letzten Jahren zunehmende Anerkennung der Leistungen von Selbsthilfegruppen bezieht sich vor allem auf den Bereich chronischer Erkrankungen, Süchte und Behinderungen. Selbsthilfegruppen sind immer dann eine notwendige Ergänzung des professionellen Angebots, wenn es um Prävention und Rehabilitation, um Krankheitsbewältigung, die Förderung von Lebensqualität und Wohlbefinden, um aktive Teilnahme von Betroffenen geht. Der volkswirtschaftliche Nutzen wird auf ca. vier Milliarden Mark jährlich geschätzt.

Die Nationale Kontaktstelle beschreibt Selbsthilfegruppen als Chance, einander Beistand zu leisten und Probleme zu bewältigen. Die Gruppe ermögliche Anteilnahme, Verständnis, Unterstützung und Solidarität. Die Betroffenen versuchen, ihre Lebenssituation zu verbessern (NAKOS 2000). Spätestens seit die Weltgesundheitsorganisation

1986 in der *Ottawa-Charta zur Gesundheitsförderung* gefordert hat, allen Menschen ein höheres Maß an Selbstbestimmung über ihre zur Gesundheit zu ermöglichen, unter anderem durch Unterstützung gesundheitsbezogener Gemeinschaftsaktionen und die Förderung persönlicher Kompetenzen zu gesunden Lebensweisen, seither ist Selbsthilfeförderung Bestandteil aller Programme zur Gesundheitsförderung.

Selbsthilfegruppen chronisch kranker Menschen dienen nicht der Heilung, sondern der Verbesserung des Lebens mit der Krankheit. Vielen Gruppen geht es nicht um das bloße Akzeptieren der Krankheit und die Anwendung der besten Behandlungsmethoden, sondern darum, Hoffnung und Zuversicht auf ein positives Leben mit und trotz der Krankheit zu vermitteln, neue Formen der Selbstwahrnehmung und Selbstverwirklichung zu finden und die Lebensqualität zu verbessern. Gesundheitsförderung bei Kranken zielt darauf, ein gesunder kranker Mensch zu werden (BZGA 1987).

So folgen Selbsthilfegruppen meist nicht einem pathogenetischen, sondern einem salutogenetischen Modell und haben dadurch andere Grundsätze als Professionelle. Das könnte ein Grund für das Desinteresse vieler Professioneller an Selbsthilfegruppen und die Schwierigkeit zu kooperieren, sein.

Das geringe Interesse der Professionellen

Häufige Vorbehalte von Ärzten gegenüber Selbsthilfegruppenmitgliedern betreffen die aus ärztlicher Sicht überhöhte Anspruchshaltung der Patienten, weil sie oft eine maximale Diagnostik fordern, zeitaufwendig sind, da sie häufiger Rückfragen stellen und schnell mit Vorwürfen zur Hand sind (Filz u.a. 2000, S. 454). Tatsächlich nehmen Selbsthilfegruppenmitglieder professionelle Dienste nicht seltener, sondern gezielter, kritischer und selbstbewusster in Anspruch. Andererseits können gerade Ärzte Selbsthilfegruppen gut gebrauchen, weil Patienten durch sie laiengerecht informiert werden, und die *compliance* durch Förderung der Motivation und Eigenverantwortung erheblich gebessert wird.

Selbsthilfegruppen folgen meist nicht einem pathogenetischen, sondern einem salutogenetischen Modell. Ihre Grundsätze sind nicht die der Professionellen in Medizin und Gesundheitsversorgung, sondern die der Gesundheitsförderung.

Es geht ihnen:

- um die Herstellung von Wohlbefinden und Glück, weniger nur um die Beseitigung krank machender Bedingungen oder die Vermeidung von Risikofaktoren. So versuchen sie «von einer asketischen zur hedonistischen Haltung» zu gelangen (Keupp 1994, 159f.),
- um die Entdeckung und Entwicklung positiver Gesundheitsressourcen, statt bei einer Defizitorientierung stehen zu bleiben, d. h. von der Patho- zur Salutogenese zu gelangen, und
- um das Empowerment der Betroffenen, d. h. von der Expertenorientierung weg zu einer Stärkung der Betroffenen und der Anerkennung ihres Expertentums.

Genau diese drei von Keupp (1994) beschriebenen Grundsätze charakterisieren die Arbeit vieler Gesprächsselbsthilfegruppen und sind für ihre Erfolge, aber auch für die Ressentiments der Professionellen, die andere Prinzipien vertreten, mitverantwortlich. Wenn sie zusammenarbeiten, können sie feststellen: «Patienten wissen oft viel mehr über ihre Krankheit als mancher Arzt», so der Hessische Ärztekammerpräsident Möhrle, in einem Erfahrungsaustausch zwischen Ärzten und Selbsthilfegruppen (Ärztliche Praxis 25. Februar 1995).

Formen der Selbsthilfe

Selbsthilfegruppe im eigentlichen Sinne bedeutet die gegenseitige Unterstützung in einer Gruppe von Gleichbetroffenen (NAKOS 2000). Daneben gibt es jedoch vielfältige Initiativen, die sich lokal oder überregional für die Veränderung gesundheitlich oder sozial belastender Lebensbedingungen einsetzen und keineswegs nur von Betroffenen unterstützt werden. Am bekanntesten schließlich sind die großen Selbsthilfeorganisationen wie etwa Multiple-Sklerose-Gesellschaft oder Rheuma-Liga, die oft bundesweit tätig sind, arbeitsteilige Strukturen mit haupt- und ehrenamtlichen, aktiven und passiven Mitgliedern haben sowie Schirmherren und -frauen und eine überregionale sozialpolitische Interessenvertretung bilden, die auch Gesetzesänderungen durchzusetzen in der Lage sind. Sie dienen dem Informationsaustausch, der Aufklärung, der Organisation von Hilfen und helfen so, die Lebensqualität insbesondere chronisch kranker Menschen zu verbessern. Sie leisten sehr viel äußere Selbsthilfe, regen jedoch nicht überall auch zu innerer Selbsthilfe an, im Sinne einer individuellen Entwicklung neuer Fähigkeiten und Einsichten. Das passiert in kleinen, kontinuierlich vor Ort arbeitenden Gesprächsselbsthilfegruppen.

Da das therapeutische Potenzial vergleichbar dem professionell geleiteter Gruppen ist, sind diese insbesondere für Psychotherapeuten und Fachkräfte in der psychosozialen Versorgung von Interesse. Dabei stellt sich immer wieder die Frage, für wen diese Gruppen in Frage kommen.

Die Fähigkeit zur Gruppenselbsthilfe

Beim Vergleich von Selbsthilfegruppenmitgliedern mit anderen Betroffenen stellen die bisherigen Untersuchungen drei Merkmale fest, die die Gruppenselbstbehandlungsfähigkeit charakterisieren:

Eine aktivere Einstellung zum eigenen Leiden und der Wunsch, sich selbst zu entdecken,

Beziehungsfähigkeit, d. h. auch die Vorstellung, in einer Gruppe mitzuwirken und die Fähigkeit oder das Bedürfnis, eigene Gefühle ausdrücken und mit anderen teilen zu können, d. h. eine gewisse emotionale Ausdrucksfähigkeit (Moeller 1996, 169).

Im Vergleich zu Gruppentherapiepatienten beschreiben Selbsthilfegruppenmitglieder ihr Verhalten in der Gruppe sehr viel ähnlicher ihrem üblichen Verhalten (alltagsnäher). Außerdem geben sie sich aufgeschlossener, offener, aktiver als die Gruppentherapiepatienten, vertrauen der Gruppe mehr, fühlen sich geborgener, von der Gruppe stärker ermutigt, empfinden sich selbst als hilfreicher für andere und haben eine engere Beziehung zu den anderen Gruppenmitgliedern als die Therapiepatienten (Stübinger 1977). Diese sehr viel positivere Selbstwahrnehmung in Selbsthilfegruppen kann auf ihre spezifischen Werte zurückgeführt werden: Selbstbestimmung versus Fremdbestimmung, Authentizität, Hoffnung, Solidarisierung (Moeller 1996).

Prinzipien und Werte der Selbsthilfegruppen

Selbstbestimmung

Ähnlich wie in einer professionellen Therapie ist das Erleben einer neuen positiven Beziehung zu anderen und zu sich selbst die Grundlage der Bearbeitung und Überwindung eigener Konflikte. In der Selbsthilfegruppe bestimmt jedoch jedes Mitglied selbst, ob und welcher Gruppe es beitritt, wie lange, wie oft es teilnimmt, wann es aufhört. Damit konstituiert sich die Gruppe immer wieder neu aus der eigenen selbst verantwortlichen Entscheidung ihrer Mitglieder. Die regelmäßige Teilnahme drückt auch eine wechselseitige Anerkennung und freie Entscheidung für die Gruppe aus.

Echtheit

Während kranke und problembelastete Menschen im Alltag oft die Neigung haben, ihr Problem zu verleugnen oder nicht zu zeigen, weil sie negative Reaktionen fürchten, ist das Zeigen dieses Problems so etwas wie die Eintrittskarte in die Selbsthilfegruppe. Es ist das konstituierende Element der Gruppe und das Gemeinsame aller Gruppenmitglieder und hat dadurch eine positive Bedeutung (positive Symptombewertung). Die anfangs oft nicht vorhandene Fähigkeit, verpönte oder beschämende Dinge von sich zu offenbaren, wächst durch die Erfahrung, dass andere Gruppenmitglieder ähnliche Probleme haben und die Gruppe verständnisvoll mit ihren Eingeständnissen umgeht.

Hoffnung

Durch die Erfahrung von Verständnis, Anteilnahme, Anerkennung entwickelt sich eine vertrauensvolle Beziehung zu den Mitgliedern und zur Gruppe insgesamt, die wiederum Hoffnung macht, dort selbst Hilfe zu finden. Diese Hoffnung ist das wesentliche Motiv, regelmäßig zu kommen und Konflikte auch durchzuarbeiten.

Solidarisierung

Das Leiden, die Krankheit, die Sucht bewirkt nicht nur das Gefühl, einsam und hilflos zu sein, sondern oft auch eine innere und äußere Isolation. Die Angst, von niemandem wirklich verstanden werden zu können, verhindert ja auch oft die Aufnahme einer professionellen Behandlung oder Therapie. In der Selbsthilfegruppe sind dagegen nur Leidensgenossen zugelassen. Das ermöglicht die Entwicklung gleichberechtigter, von Verständnis und Nähegefühlen getragener Beziehungen und ein großes Interesse, sich wechselseitig kennen zu lernen. Die Gruppe vermittelt ihnen das Gefühl, dass es ihnen mit Hilfe der Gruppe besser gehen kann. «Du allein schaffst es, aber du schaffst es nicht allein.» (Evans 1979)

Der therapeutische Prozess

Das therapeutische Potenzial liegt in der Integration aller gesunden, heilenden Anteile (Ressourcen) der Gruppenmitglieder. Die Selbstheilungskräfte des Einzelnen werden durch die Kombination mit anderen im Gruppenprozess potenziert, denn jeder ist zugleich Patient und Co-Therapeut. Die therapeutischen Fähigkeiten der Mitglieder liegen jeweils in anderen Bereichen. Dadurch kann jedes Mitglied Modell sein für andere, die in diesem Gebiet weniger, in anderen mehr zu bieten haben. So gewinnen alle Mitglieder Einblick in ihre Konfliktfähigkeiten und -unfähigkeiten und können von den jeweils fortgeschritteneren profitieren. Der Wunsch nach Entlastung und Veränderung führt zum Aussprechen oder unbewussten Inszenieren der eigenen Probleme in der Gruppe. Das Handeln, aber auch das Nichthandeln, z. B. das Schweigen der Mitglieder, löst Reaktionen bei den anderen aus. Diese aktive und passive Resonanz ergänzt das eigene Erleben um und durch das Erleben der Anderen. Vielfach gewinnen die Mitglieder dadurch Einblick in unbewusste Aspekte ihres eigenen Handelns, aber auch Sensibilität für die sozialen Auswirkungen. Da das therapeutische Potenzial von den Ressourcen aller Mitglieder und ihrem Zusammenwirken bestimmt wird, ist es auch von Gruppe zu Gruppe verschieden. So kann der Widerstand eines Mitglieds die ganze Gruppe lähmen, ebenso wie die Fähigkeit, Probleme offen auszusprechen, eine ganze Gruppe öffnen kann.

Die positive Symptombewertung, die vielfältigen Erscheinungsformen der Erkrankung und verschiedener Ansätze der Problembewältigung der Gruppe helfen den Mitgliedern, andere Lösungen zu finden als in professionellen Therapien. Professionelle können dies bei der Begleitung von Gruppen im Rahmen von Gesamttreffen (Moeller, 1996) erfahren, wenn mehrere Selbsthilfegruppen auf Einladung professioneller Selbsthilfegruppenberater zum Erfahrungsaustausch und zur wechselseitigen Beratung zusammenkommen.

Aufgabe der Professionellen: zur Gruppenselbsthilfe ermutigen und befähigen

Die Mitglieder einer Gesprächsselbsthilfegruppe sind selbst Experten für ihre Gesundheit. Gemeinsam entwickeln sie das Vertrauen und die Hoffnung, ihre Krankheit oder ihr Problem bewältigen und ihr Wohlbefinden vergrößern zu können und begreifen dies zugleich als eine gemeinsame Herausforderung. Sie entdecken Zusammenhänge zwischen ihren Problemen und ihrer Lebensgeschichte und entwickeln Verständnis und ein positives aktives Verhältnis zu ihren Symptomen. In der Gruppe entwickeln sie neue Einsichten und Fähigkeiten, die ihnen helfen, sich bewusst mit den Schwierigkeiten in ihrer Lebenssituation auseinander zu setzen in der Hoffnung, diese meistern zu können. Sie erleben damit das Gefühl der Verstehbarkeit, Bewältigbarkeit und Bedeutsamkeit ihrer Probleme und entwickeln zunehmendes Selbstvertrauen und ein größeres Wohlbefinden. Damit helfen Selbsthilfegruppen Menschen, aus dem Zustand der Hilflosigkeit und «Demoralisierung» herauszufinden und Kohärenzsinn zu entwickeln. Allerdings ist der Zugang gerade für die Bevölkerungsgruppen am schwierigsten, die am meisten unter Macht- und Hoffnungslosigkeit, unbestimmten Zukunftsängsten und an einem niedrigen Selbstwertgefühl leiden – dem was Frank 1973 als «Demoralisierung» beschrieb– die benachteiligten sozial schwachen Schichten. Für die USA trifft dies nach Schätzungen (von Dohrenwend u.a., 1980) auf ein Drittel der Bevölkerung, die Hälfte der Angehörigen unterer sozialer Schichten und mehr Frauen als Männer zu. Sie können in Krisen und Krankheitssituationen in der Regel keine Ressourcen mobilisieren, die sie zur Selbsthilfe befähigen. Ihnen den Weg in die Selbsthilfegruppe zu ebnen, sie zu ermutigen und befähigen, ihnen zu helfen, dass sie Selbsthilfe wollen können, ist die wichtige Aufgabe von Professionellen. Denn anders als Antonovsky vermutete, lässt sich der Kohärenzsinn auch bei Erwachsenen noch entwickeln und verstärken. Das haben Selbsthilfegruppenmitglieder unzählige Male bewiesen.

Literatur

Bruch, H. (1973): Eating disorders. Basic Books, New York

Bundeszentrale für gesundheitliche Aufklärung (1987): Health Promotion and

Evans, G. (1979): The Family-Circle – Guide to Selfhelp. Ballantine Books, New York

Fils, H.-P./Huep, W.-W./Halter, F./Grün, E. (2000): Erfolgreiche Kooperation am Beispiel der Diabetologie. Deutsches Ärzteblatt 97, B 455–457

Krause-Girth, C. (1991): Selbsthilfe – Fremdhilfe. Warum professionelle und Selbsthilfegruppen sich gegenseitig brauchen. Gruppenpsychotherapie, Gruppendynamik. 27, S. 45–59

Löcherbach, P. (1996): Welchen Sinn hat die Sucht? Gesundheitsförderung und Qualitätssicherung durch Selbsthilfegruppen. Suchtreport 3, S. 29–36

Moeller, M. L (1996): Selbsthilfegruppen. Anleitungen und Hintergründe. Rowohlt, Reinbek

Stock, R. (1999): Gemeinsam stark. In: Frankfurt, gesunde Stadt am Main. S. 19

Tübinger, K. (1977). Psychotherapeutische Selbsthilfegruppen in der BRD. Gießen, medizinische Dissertation

Anhang

Fragebogen

Diese Zusammenstellung wichtiger Fragen regt den Therapeuten an, orientiert am Modell der vier Formen der Konfliktverarbeitung, dem Patienten ein ganzheitliches Verständnis des beschriebenen Krankheitsbildes zu vermitteln.

Damit werden neue Möglichkeiten erschlossen, um im Sinne der Salutogenese die Selbsthilfekapazitäten von Menschen freizusetzen, sodass der Therapeut in vieler Hinsicht «menschlicher» auf den Patienten und seine Familie eingehen kann.

Vielleicht ergeben sich daraus neue Perspektiven dafür, wie Menschen mit sich selbst und ihren Mitmenschen umgehen. Der Fragebogen dient dem Therapeuten auch zur Dokumentation seiner Leistungen, die eigenständig oder in Kombination mit der Therapie abgerechnet werden können (vgl. Peseschkian & Deidenbach 1988). Die diagnostischen Leitfragen sollten systematisch «bearbeitet» werden. Die Antworten können ggf. statistisch ausgewertet werden; Hauptzweck ist jedoch die Verbesserung der therapeutischen Voraussetzungen.

Fragebogen zur Lebensorientierung*

Die folgenden Fragen beziehen sich auf verschiedene Aspekte Ihres Lebens. Auf jede Frage gibt es sieben mögliche Antworten. Bitte kreuzen Sie jeweils die Zahl an, die Ihre Antwort ausdrückt. Geben Sie auf jede Frage nur eine Antwort.

1. Wenn Sie mit anderen Leuten sprechen, haben Sie das Gefühl, dass diese Sie nicht verstehen?

habe nie dieses Gefühl	1	2	3	4	5	6	7	habe immer das Gefühl

2. Wenn Sie in der Vergangenheit etwas machen mussten, das von der Zusammenarbeit mit anderen abhing, hatten Sie das Gefühl, dass die Sache

keinesfalls erledigt werden würde	1	2	3	4	5	6	7	sicher erledigt werden würde

3. Abgesehen von denjenigen, denen Sie sich am nächsten fühlen – wie gut kennen Sie die meisten Menschen, mit denen Sie täglich zu tun haben?

sie sind Ihnen völlig fremd	1	2	3	4	5	6	7	Sie kennen sie sehr gut

4. Haben Sie das Gefühl, dass es Ihnen ziemlich gleichgültig ist, was um Sie herum passiert?

äußerst selten oder nie	1	2	3	4	5	6	7	sehr oft

* Nach: Antonovsky, A. (1997): Salutogenese. Zur Entmystifizierung der Gesundheit. Dt. erweiterte Herausgabe von A. Franke. Tübingen: dgvt-Verlag.

5. Waren Sie schon überrascht vom Verhalten von Menschen, die Sie gut zu kennen glaubten?

das ist nie passiert	1	2	3	4	5	6	7	das kommt immer wieder vor

6. Haben Menschen, auf die Sie gezählt haben, Sie enttäuscht?

das ist nie passiert	1	2	3	4	5	6	7	das kommt immer wieder vor

7. Das Leben ist

ausgesprochen interessant	1	2	3	4	5	6	7	reine Routine

8. Bis jetzt hatte Ihr Leben

überhaupt keine klaren Ziele oder einen Zweck	1	2	3	4	5	6	7	sehr klare Ziele und einen Zweck

9. Haben Sie das Gefühl, ungerecht behandelt zu werden?

sehr oft	1	2	3	4	5	6	7	sehr selten oder nie

10. In den letzten zehn Jahren war Ihr Leben

voller Veränderungen, ohne dass Sie wussten, was als nächstes passiert	1	2	3	4	5	6	7	ganz beständig und klar

11. Das meiste, was Sie in Zukunft tun werden, wird wahrscheinlich

völlig faszinierend sein	1	2	3	4	5	6	7	todlangweilig sein

12. Haben Sie das Gefühl, in einer ungewohnten Situation zu sein und nicht zu wissen, was Sie tun sollen?

sehr oft	1	2	3	4	5	6	7	sehr selten oder nie

13. Was beschreibt am besten, wie Sie das Leben sehen?

man kann für schmerzliche Dinge im Leben immer eine Lösung finden	1	2	3	4	5	6	7	es gibt keine Lösung für schmerzliche Dinge im Leben

14. Wenn Sie über Ihr Leben nachdenken, passiert es häufig, dass Sie

fühlen, wie schön es ist zu leben	1	2	3	4	5	6	7	sich fragen, warum Sie überhaupt da sind

15. Wenn Sie vor einem schwierigen Problem stehen, ist die Wahl einer Lösung

immer verwirrend und schwierig	1	2	3	4	5	6	7	immer völlig klar

16. Das, was Sie täglich tun, ist für Sie eine Quelle

tiefer Freude und Zufriedenheit	1	2	3	4	5	6	7	von Schmerz und Langeweile

17. Ihr Leben wird in Zukunft wahrscheinlich

voller Veränderungen sein, ohne dass Sie wissen, was als nächstes passiert	1	2	3	4	5	6	7	ganz beständig und klar sein

18. Wenn in der Vergangenheit etwas Unangenehmes geschah, neigten Sie dazu,

sich daran zu verzehren	1	2	3	4	5	6	7	zu sagen: «Nun gut, sei's drum, ich muss damit leben» und weiterzumachen

19. Wie oft sind Ihre Gefühle und Ideen ganz durcheinander?

sehr oft	1	2	3	4	5	6	7	selten oder nie

20. Wenn Sie etwas machen, das Ihnen ein gutes Gefühl gibt,

werden Sie sich sicher auch weiterhin gut fühlen	1	2	3	4	5	6	7	wird sicher etwas geschehen, das das Gefühl verdirbt

21. Kommt es vor, dass Sie Gefühle haben, die Sie lieber nicht hätten?

sehr oft	1	2	3	4	5	6	7	sehr selten oder nie

22. Sie nehmen an, dass Ihr zukünftiges Leben

ohne jeden Sinn und Zweck sein wird	1	2	3	4	5	6	7	voller Sinn und Zweck sein wird

23. Glauben Sie, dass es in Zukunft *immer* Personen geben wird, auf die Sie zählen können?

Sie sind sich dessen ganz sicher	1	2	3	4	5	6	7	Sie zweifeln daran

24. Kommt es vor, dass Sie das Gefühl haben, nicht genau zu wissen, was gerade passiert?

sehr oft	1	2	3	4	5	6	7	sehr selten oder nie

25. Viele Menschen – auch solche mit einem starken Charakter – fühlen sich in bestimmten Situationen wie ein Pechvogel oder Unglücksrabe. Wie oft haben Sie sich in der Vergangenheit so gefühlt?

nie	1	2	3	4	5	6	7	sehr oft

26. Wenn etwas passiert, fanden Sie im allgemeinen, dass Sie dessen Bedeutung

über- oder unterschätzten	1	2	3	4	5	6	7	richtig einschätzten

27. Wenn Sie an Schwierigkeiten denken, mit denen Sie in wichtigen Lebensbereichen wahrscheinlich konfrontiert werden, haben Sie das Gefühl, dass

es Ihnen immer gelingen wird, die Schwierigkeiten zu meistern	1	2	3	4	5	6	7	Sie die Schwierigkeiten nicht werden meistern können

28. Wie oft haben Sie das Gefühl, dass die Dinge, die Sie täglich tun, wenig Sinn haben?

sehr oft	1	2	3	4	5	6	7	sehr selten oder nie

29. Wie oft haben Sie das Gefühl, bei denen Sie nicht sicher sind, ob Sie sie kontrollieren können?

sehr oft	1	2	3	4	5	6	7	sehr selten oder nie

Literatur

Antonovsky, A. (1997): Salutogenese. Zur Entmystifizierung der Gesundheit. Dt. erweiterte Herausgabe von A. Franke. Tübingen: dgvt.

Kodifizierung der Items

Die Tabelle zeigt für jedes Item die Zuordnung zu den drei Komponenten des SOC: V = Verstehbarkeit, H = Handhabbarkeit, B = Bedeutsamkeit.

Die Werte in den einzelnen Komponenten des SOC und der SOC-Gesamtwert ergeben sich durch Addition der Skalenwerte, wobei die in der Spalte «Polung» gekennzeichnete Richtung (positiv/negativ) berücksichtigt werden muss: Bei positiv gepolten Items geht der jeweilige Skalenwert ein; wurde z. B. eine 2 angekreuzt, so beträgt der zu addierende Wert 2. Bei negativ gepolten Items dagegen erhält der niedrigste Skalenwert (also 1) den höchsten zu addierenden Wert (also 7); wurde auf einer negativ gepolten Skala eine 2 angekreuzt, so beträgt der zu addierende Wert somit 6, bei einer 3 wäre es 5 usw.

Item. Nr.	SOC-Komponente	Polung	Kurzform
1	V	negativ	
2	H	positiv	
3	V	positiv	
4	B	negativ	K
5	V	negativ	K
6	H	negativ	K
7	B	negativ	
8	B	positiv	K
9	H	positiv	K
10	V	positiv	
11	B	negativ	
12	V	positiv	K
13	H	negativ	
14	B	negativ	
15	V	positiv	
16	B	negativ	K
17	V	positiv	
18	H	positiv	
19	V	positiv	K
20	H	negativ	
21	V	positiv	K
22	B	positiv	
23	H	negativ	
24	V	positiv	
25	H	negativ	K
26	V	positiv	K
27	H	negativ	
28	B	positiv	K
29	H	positiv	K

Salutogenese-Screening (SALUS)

1. In der letzten Zeit habe ich mich behaglich gefühlt …

   trifft gar nicht zu ______________________ trifft völlig zu

2. Es gibt Menschen, die mich ohne Einschränkung so nehmen wie ich bin …

   trifft gar nicht zu ______________________ trifft völlig zu

3. Ich gönne mir häufiger etwas Gutes …

   trifft gar nicht zu ______________________ trifft völlig zu

4. In der letzten Zeit war ich mit meinem körperlichen Zustand einverstanden …

   trifft gar nicht zu ______________________ trifft völlig zu

5. Ich habe einen sehr vertrauten Menschen, mit dessen Hilfe ich immer rechnen kann …

   trifft gar nicht zu ______________________ trifft völlig zu

6. Ich sehe stets die guten Seiten der Dinge …

   trifft gar nicht zu ______________________ trifft völlig zu

7. Es ist mir gleichgültig, was andere Leute über mich denken …

   trifft gar nicht zu ______________________ trifft völlig zu

8. Ich bin der Ansicht, dass Krankheit einen höheren Sinn hat, auch wenn man ihn nicht unmittelbar versteht …

trifft gar nicht zu ______________________ trifft völlig zu

9. Ich verlasse mich im Allgemeinen auf mein eigenes Urteil …

trifft gar nicht zu ______________________ trifft völlig zu

10. Auch bei überraschenden Ereignissen glaube ich, dass ich gut damit zurechtkommen werde …

trifft gar nicht zu ______________________ trifft völlig zu

11. Ich nehme mir Zeit für mich selbst …

trifft gar nicht zu ______________________ trifft völlig zu

12. In unsicheren Zeiten erwarte ich gewöhnlich das Beste …

trifft gar nicht zu ______________________ trifft völlig zu

13. Die Lösung schwieriger Probleme gelingt mir immer, wenn ich mich darum bemühe …

trifft gar nicht zu ______________________ trifft völlig zu

14. Ich bin der Ansicht, dass man Krankheit als Chance sehen kann …

trifft gar nicht zu ______________________ trifft völlig zu

Literatur

Jork, K./B. Hoidn (2000): Vergleichende Untersuchung zweier Ressourcen-Fragebögen gegenüber einer Selbstbeurteilungs-Skala zur Depression bei älteren Menschen. Z.Allg.Med. 2000; 75 (Kongress-Abstracts) 14.

Das Salutogenese-Screening SALUS erfasst generelle gesundheitserhaltende Ressourcen. Darunter werden individuelle Fähigkeiten, Voraussetzungen und soziale Gegebenheiten verstanden, welche die Möglichkeit bieten, destabilisierenden Einflüssen auf Gesundheit angemessen begegnen zu können.

Jede Analogskala der Items 1–14 mit der Länge von 6 cm entspricht 60 Punkten, so dass insgesamt 840 Punkte erreicht werden können. Der Proband kennzeichnet mit einem senkrechten Strich seine Einschätzung zwischen den Skalenenden «trifft gar nicht zu» und «trifft völlig zu» zu jedem Item. Die Summe der Millimeter jedes Items gemessen vom linken Skalenende ergibt die individuelle Gesamtpunktzahl.

Bei der pragmatischen Umsetzung der Ergebnisse des Salutogenese-Screening SALUS wird davon ausgegangen, dass sich drei Gruppen von Probanden bilden lassen. Solche mit überdurchschnittlich hohen SALUS-Werten bedürfen keiner Maßnahmen. Sie verfügen aufgrund ihres Kohärenzgefühls, der Lebenserfahrung und von Widerstandsressourcen über sehr gute Fähigkeiten, innere und äußere Ressourcen für den Erhalt bzw. die Wiederherstellung von Gesundheit einsetzen zu können.

Eine große Population mit durchschnittlichen Werten bei SALUS sollte auf ihre generellen gesundheitserhaltenden Ressourcen angesprochen werden. Formen der Gesprächsführung können sich z. B. am Balance- und Konfliktmodell von Nossrat Peseschkian orientieren. Probanden mit niedrigen Werten beim Salutogenese-Screening sollten Hilfen angeboten werden. Diese können in Gesprächen, in Psychotherapie bei Angst und Depression, sozialer Unterstützung oder medikamentöser Therapie bestehen.

Depressions-Selbstbeurteilungsskala

(von Zerssen)*

Lesen Sie bitte die folgenden Sätze. Entscheiden Sie bei jeder Feststellung, ob sie für Sie zutrifft oder nicht. Machen Sie ein Kreuz **in eines der vier Kästchen** rechts entsprechend der Stärke Ihrer Zustimmung bzw. Ablehnung. Füllen Sie den Bogen sorgfältig und möglichst schnell **selbstständig** aus. Lassen Sie keinen Satz aus!

	trifft ausgesprochen zu	trifft überwiegend zu	trifft etwas zu	trifft gar nicht zu
1. Ich habe keine Freude an den verschiedensten Spielen und Freizeitbeschäftigungen	☐	☐	☐	☐
2. Kritik verletzt mich stärker als früher	☐	☐	☐	☐
3. In letzter Zeit bin ich sehr ängstlich und schreckhaft	☐	☐	☐	☐
4. Ich weine leicht	☐	☐	☐	☐
5. Ich habe Angst, den Verstand zu verlieren	☐	☐	☐	☐
6. Ich fühle mich niedergeschlagen und schwermütig	☐	☐	☐	☐
7. Ich kann das, was ich lese, nicht mehr so gut verstehen wie früher	☐	☐	☐	☐
8. Am liebsten würde ich mir das Leben nehmen	☐	☐	☐	☐

	trifft ausgesprochen zu	trifft überwiegend zu	trifft etwas zu	trifft gar nicht zu
9. Morgens fühle ich mich besonders schlecht	☐	☐	☐	☐
10. Ich habe zu anderen Menschen keine innere Beziehung mehr	☐	☐	☐	☐
11. Ich fühle, dass ich nahe daran bin zusammenzubrechen	☐	☐	☐	☐
12. Ich habe ständig Angst, dass ich etwas Falsches sagen oder tun könnte	☐	☐	☐	☐
13. Ich bin jetzt viel weniger am Liebesleben interessiert	☐	☐	☐	☐
14. Oft fühle ich mich einfach miserabel	☐	☐	☐	☐
15. Ich komme beim besten Willen nicht mit den kleinsten Gedankenschritten voran	☐	☐	☐	☐
16. Ich habe keine Gefühle mehr	☐	☐	☐	☐

Bitte prüfen Sie, ob Sie alle Feststellungen beantwortet haben!

Summenwert: ____________________

Ermittlung des Summenwertes durch Addierung der Antworten zu den einzelnen Fragen (trifft ausgesprochen zu = 3, / trifft überwiegend zu = 2, / trifft etwas zu = 1, / trifft gar nicht zu = 0)

Maximaler Summenwert:	48
Leicht erhöhter Summenwert:	11–15
Deutlich erhöhter Summenwert:	16–24
Stark erhöhter Summenwert:	≥ 25

Literatur

Kasper, S./H. J. Möller-Spahn (1997): Depression – Diagnose und Pharmakotherapie. Thieme, Stuttgart, S. 90–91

Differenzierungsanalytisches Inventar (DAI)

«Wer legt mehr Wert auf folgende «Aktualfähigkeiten»?

Aktualfähigkeit	Du	Ich	Spontanaussagen
Pünktlichkeit			
Sauberkeit			
Ordnung			
Zuhören			
Höflichkeit			
Offenheit			
Gerechtigkeit			
Treue			
Fleiß/Leistung			
Sparsamkeit			
Zuverlässigkeit			
Genauigkeit			
Geduld			
Zeit			
Kontakt			
Zärtlichkeit/Sexualität			
Vertrauen/Zutrauen			
Hoffnung			
Glaube/Religion			

++ legt sehr viel Wert auf …
\+ legt viel Wert auf …
+/– «neutral»
– legt wenig Wert auf …
–– legt sehr wenig oder keinen Wert auf …

Fragebogen zu den vier Qualitäten des Lebens unter dem pathogenetischen und salutogenetischen Gesichtspunkt

Fragen zum ersten Bereich der Konfliktverarbeitung: Körper

Pathogenetisch: Die Fähigkeit, die Körpersprache nicht wahrzunehmen

- Welche körperlichen Beschwerden haben Sie, welche Organe sind betroffen?
- Wie beurteilen Sie Ihr Aussehen?
- Empfinden Sie Ihren Körper als Freund oder Feind?
- Ist es für Sie wichtig, dass ihr Partner gut aussieht?
- Welche der fünf Sinne haben für Sie größere Bedeutung?
- Auf welches Organ schlägt sich bei Ihnen der Ärger?
- Wie reagiert Ihr Partner (Ihre Familie), wenn Sie krank sind?
- Wie verhalten Sie sich, wenn Ihr Partner krank ist?
- Brauchen Sie viel oder wenig Schlaf?
- Welchen Einfluss haben Krankheiten auf Ihr Lebensgefühl und Ihre Beziehungen zur Zukunft?
- Legt man in Ihrer Familie Wert auf gutes Aussehen, sportliche Betätigung und körperliche Gesundheit?
- Wer hat Sie gestreichelt, geküsst oder war zärtlich zu Ihnen?
- Wurde bei Ihnen zu Hause auf gutes und reichhaltiges Essen großen Wert gelegt? Was war das Motto?
- Wie reagierten Ihre Eltern, wenn Sie mit Ihrem eigenen Körper spielten (z. B. Daumenlutschen, Selbstbefriedigung usw.)?

- Wie wurden Sie bestraft (Schläge, Schimpfen, Beängstigung, Schreien, Essensentzug, Liebesentzug usw.)?
- Mussten Sie trotz Krankheit lange auf den Beinen bleiben?
- Wenn Sie krank waren, mussten Sie sich sofort ins Bett legen?
- Wer hat Sie gepflegt?
- Nennen Sie Beispiele und Situationen.

Salutogenetisch: Die Fähigkeit, den Körper lustvoll zu erleben

- Legen Sie Wert auf Körperpflege, auf Ihre Kleidung, Ihre Frisur?
- Halten Sie sich durch Gymnastik, Wandern, Schwimmen oder eine andere Sportart fit?
- Atmen Sie öfter einmal tief durch?
- Können Sie sich durch autogenes Training, Yoga oder andere Übungen lockern und entspannen?
- Achten Sie auf Art und Menge Ihrer Ernährung?
- Ist das Essen für Sie eine Gelegenheit, Kontakte zu pflegen oder anzuknüpfen?
- Halten Sie sich an Ihre Diätvorschriften?
- Wie ist Ihre Verdauung?
- Haben Sie einen bestimmten Rhythmus bezüglich des Schlafens (Zeit des Zu-Bett-Gehens, Aufstehens)?
- Legen Sie Wert auf Körperkontakt und Zärtlichkeit? Mit wem haben Sie diese Art von Kontakten?
- Haben Sie noch sexuelle Kontakte, oder haben Sie keine Gelegenheit oder Neigung mehr dazu?
- Was tun Sie, wenn Sie Schmerzen haben? Nehmen Sie Medikamente? Entspannen Sie sich? Verhalten Sie sich eher aktiv oder passiv?

Fragen zum zweiten Bereich der Konfliktverarbeitung: Leistung

Pathogenetisch: Die Fähigkeit, durch Über- oder Unterforderung im Beruf sich in Stress zu bringen

- Welche Tätigkeiten würden Sie gerne ausüben? Sind Sie mit Ihrem Beruf zufrieden?
- Welche Tätigkeiten bereiten Ihnen Schwierigkeiten?
- Ist es für Sie sehr wichtig, in Ihren Leistungen immer gut abzuschneiden?
- Wo liegen Ihre Interessenschwerpunkte (körperliche, intellektuelle, künstlerische Tätigkeiten, Verwaltungsaufgaben usw.)?
- Fällt es Ihnen leicht, die Leistungen Ihres Partners, Ihrer Kinder anzuerkennen (z. B. gefällt Ihnen seine Tätigkeit nicht oder die Tatsache, dass er Sie dadurch vernachlässigt)?
- Halten Sie sich (Ihren Partner) für intelligent?
- Wenn Sie einen Menschen beurteilen: wie wichtig ist für Sie seine Intelligenz und sein soziales Prestige?
- Fällt es Ihnen manchmal schwer, Entscheidungen zu treffen?
- Worin engagieren Sie sich mehr: im Beruf oder in der Familie?
- Fühlen Sie sich auch wohl, wenn Sie einmal nichts zu tun haben?
- Wer von Ihren Eltern legte mehr Wert auf Leistung?
- Wer von Ihren Angehörigen hat mit Ihnen gespielt?
- Wer hat sich um Ihre Schularbeiten gekümmert?
- Wenn Sie Fehler machten, wie wurden Sie bestraft?
- Haben Ihre Eltern Ihnen gesagt, *warum* Sie etwas tun sollten?
- Hatten Ihre Eltern Verständnis für Ihre Interessengebiete?
- Welche Erlebnisse sind typisch für Ihre Schulzeit?
- Wie wurden Sie für guten Leistungen belohnt?
- Belegen Sie Ihre Antworten durch Beispiele.

Salutogenetisch: Die Fähigkeit, seine Leistungsgrenzen zu steuern

- Womit beschäftigen Sie sich in Ihrer Freizeit?
- Haben Sie ein Hobby?
- Fühlen Sie sich noch in der Lage, eine «nützliche» Tätigkeit auszuüben?
- Haben Sie Lust, etwas Neues anzufangen (z. B. eine Sprache zu erlernen, eine handwerkliche Kunst wie Töpfern, Emaillieren, Batiken)?
- Könnten Sie anderen bei ihren schulischen oder beruflichen Problemen aus Ihrer Erfahrung beratend oder helfend zu Seite stehen (z. B. Kindern bei den Schulaufgaben helfen)?
- Können Sie etwas «organisieren» (z. B. eine Reise, eine Ausstellung, einen Diavortrag)?

Fragen zum dritten Bereich der Konfliktverarbeitung: Kontakte

Pathogenetisch: Die Fähigkeit, durch zu viel oder zu wenig emotionales Engagement depressiv zu reagieren

- Wer von Ihnen ist kontaktfreudiger?
- Wer von Ihnen möchte lieber Gäste im Haus haben?
- Was könnte Sie eher davon abhalten, Gäste einzuladen: dass man zu wenig Zeit hat, dass Gäste Geld kosten; dass Gäste Unordnung machen; dass man auf manche Gäste warten muss; dass man meint, Gästen nicht genügend bieten zu können usw.?
- Wie fühlen Sie sich, wenn Sie in einer Gesellschaft unter vielen Menschen sind?
- Bei welchen Menschen fällt es Ihnen schwer, Kontakt aufzunehmen?
- Was fällt Ihnen leichter: Kontakte aufzunehmen oder aufrechtzuerhalten?
- Fällt es Ihnen schwer, lieb gewonnene Gewohnheiten aufzugeben?
- Welche Bedeutung hat für Sie die Tradition?
- Halten Sie an familiären (religiösen, politischen) Traditionen fest?
- Nehmen Sie besondere Rücksicht darauf, was die anderen Leute sagen könnten?
- Wer von Ihren Eltern war kontaktfreudiger?
- Hatten Sie als Kind viele Freunde oder waren Sie eher isoliert?
- Wenn Ihre Eltern Gäste hatten, durften Sie dabei sein und mitsprechen?
- An wen konnten Sie sich wenden, wenn Sie Probleme hatten?

- Halten Sie den Kontakt zu Verwandten für wichtig?
- Hatten Sie viele Spielkameraden oder spielten Sie eher allein?
- Legten Ihre Eltern viel Wert auf gutes Benehmen und Höflichkeit?
- Welche Erlebnisse verbinden Sie mit diesen Fragen?

Salutogenetisch: Die Fähigkeit, Beziehungen aufzunehmen und zu pflegen

- Auf welche «Aktualfähigkeiten» legen Sie bei Menschen, zu denen Sie Kontakt haben oder aufbauen möchten, besonderen Wert: Ordnung, Sauberkeit, Pünktlichkeit, Höflichkeit, Ehrlichkeit, Fleiß, Zuverlässigkeit, Sparsamkeit, Gehorsam, Gerechtigkeit, Treue, Geduld, Zeit, Kontakt, Vertrauen, Hoffnung, Zärtlichkeit, Sexualität, Religion?
- Welche dieser Aktualfähigkeiten sind für Sie «allergische Punkte», die Kontakte erschweren oder verhindern?
- Wo haben Sie diese Einstellungen «gelernt», wer hat sie Ihnen vermittelt?
- Wie sind Ihre Kontakte zu Ihren Angehörigen?
- Können Sie alte Kontakte wieder aufleben lassen, indem Sie selbst die Initiative ergreifen?
- Können Sie sich mit anderen Menschen zusammentun, die einsam sind, und etwas zusammen unternehmen oder ins Leben rufen (einen Klub für gemeinsame Hobbys)?
- Können Sie durch Kontaktangebote etwas für andere Menschen tun (z. B. Schulaufgaben von Kindern berufstätiger Eltern betreuen, Babysitten usw.)?
- Beteiligen Sie sich am Vereinsleben, an Bürgerinitiativen, in einer Kirchengemeinde, in einer Partei usw.?

Fragen zum vierten Bereich der Konfliktverarbeitung: Fantasie

Pathogenetisch: Die Fähigkeit, die Gefahren des Lebens durch ein Vergrößerungsglas zu betrachten

- Wer von Ihnen legt mehr Wert auf Fantasie?
- Haben Sie oft gute Einfälle?
- Ist Ihnen manchmal die Fantasie lieber als die Wirklichkeit?

- Womit beschäftigen Sie sich in Ihren Fantasien: mit dem Körper (Sexualität, Schlaf, Sport), dem Beruf (Erfolge, Misserfolge), dem Kontakt mit anderen Menschen, der Zukunft (Wunschvorstellungen, Utopien, Weltanschauung, Religion)?
- Hängen Sie gern der Vergangenheit nach?
- Denken Sie manchmal daran, wie das Leben mit einem anderen Partner wäre, wie es wäre, einen anderen Beruf zu haben usw.?
- Welche Eigenschaften Ihres Partners haben in Ihren Fantasien die größte Bedeutung?
- Befassen Sie sich gern mit der Zukunft? Lesen Sie gern utopische Literatur?
- Haben sie schon einmal mit dem Gedanken, Selbstmord zu begehen, gespielt?
- Wenn Sie eine Woche lang mit jemandem den Platz tauschen könnten, mit wem würden Sie tauschen? Warum?
- Wenn Sie einen Tag lang unsichtbar wären, wie würden Sie diese Zeit nutzen?
- Welchen Menschen würden Sie zu Ihrem Vorbild wählen?
- Können Sie sich noch an Fantasien erinnern, die Sie in Ihrer Kindheit hatten?
- Wer von Ihren Angehörigen hatte mehr Verständnis für Fantasien und Träumereien?
- Mit wem können (konnten) Sie am besten Ihre Träume ausspinnen?
- Welche Beziehung haben Sie zur Kunst (Malerei, Musik, Literatur)? Malen Sie selber? Was drücken Ihre Bilder aus?
- Wie stellen Sie sich das Leben nach dem Tod vor?
- Welche Situationen fallen Ihnen zu den gestellten Fragen ein?
- Salutogenetisch: Die Fähigkeit, sich die nahe und ferne Zukunft hoffnungsvoll zu gestalten
- Womit beschäftigen Sie sich vorwiegend in Ihrer Fantasie: mit Ihrem Körper, Ihrem (ehemaligen) Beruf, Möglichkeiten des Kontakts, philosophisch-weltanschaulichen Fragen?
- Haben Sie Pläne für Ihre Gegenwart und Zukunft, die Sie in Angriff nehmen können?
- Beschäftigen Sie sich – aktiv oder passiv – mit Musik, Malerei, Plastik, Literatur? Wer ist Ihr Lieblingsautor?
- Welche Rolle spielt die Religion in Ihrem Leben?
- Was ist der Sinn Ihres Lebens? Der Sinn von Gesundheit und Krankheit?
- Setzen Sie sich mit der Frage des Todes auseinander?

- Gibt es für Sie ein Leben nach dem Tod?
- Tun Sie etwas für Ihre Umwelt (Luft, Boden, Pflanzen, Tiere) oder können Sie sich für Ihre Umwelt engagieren?
- Beschäftigen Sie sich mit Fragen der Politik?
- Ist für Sie der Weltfrieden ein erreichbares Ziel? Was können Sie dafür tun?
- Wie denken Sie über die Frage der Einheit der Menschheit? Ist sie für Sie ein Ziel? Wie kann sie realisiert werden?
- Akzeptieren Sie Ihre Beschwerden auch als Chance, bisher nicht erlernte Bereiche (Körper/Sinne, Leistung, Kontakt, Fantasie/Zukunft) zu entwickeln?

Spezielle Fragen zu unbewussten Motiven: pathogenetisch und salutogenetisch

- Kommt es öfter vor, dass Sie sich im Nachhinein ärgern, wenn Sie etwas getan haben (Situationen)?
- Wenn jemand Sie enttäuscht, ziehen Sie sich dann ganz und gar von ihm zurück (Situationen)?
- Kommt es manchmal vor, dass Sie bei sich Eigenschaften finden, die Sie von Ihrem Partner oder von Ihren Eltern kennen?
- Machen Sie die Probleme und Schwierigkeiten Ihres Partners zu Ihren eigenen Problemen?
- Kommt es vor, dass Sie Ihren Ärger auf die Kinder oder einen unbeteiligten Partner übertragen (Situation und Inhalt)?
- Wie fühlen Sie sich, wenn Sie von Unfällen, Katastrophen oder Todesfällen hören?
- Träumen Sie häufig, wenn ja, wovon, und wie fühlen Sie sich dabei?
- Geschieht es öfter, dass Sie etwas vergessen oder etwas sagen, was Sie eigentlich nicht wollten?
- Passiert es Ihnen häufig, dass Sie denselben Fehler immer wieder machen (Situationen und Inhalte)?
- Können Sie sich gut konzentrieren oder haben Sie damit Schwierigkeiten (Situationen)?
- Meinen Sie, dass Unbewusstes Einfluss auf Ihr Verhalten und Erleben nimmt (Situationen)?

Fragebogen zu Schlaganfall und Arterienverkalkung

- Glauben Sie, dass Sie «verkalkt» oder «verknöchert» sind? Was hat Sie «umgehauen»? Fallen Ihnen noch andere Sprichwörter zu Ihrer Erkrankung ein? Was sagen Ihnen diese Volksweisheiten?
- Wer hat Sie wann über Ihre Krankheit informiert?
- Praktizieren Sie das Intervalltraining, autogene Training oder andere Entspannungsmethoden?
- Versuchen Sie, durch täglich mindestens 15-minütiges «Gehirnjogging» Ihre geistige Leistungsfähigkeit zu erhalten?
- Nehmen Sie regelmäßig die verordneten Medikamente? Wissen Sie, wie die Medikamente wirken, was Sie von ihnen erwarten können und welche Nebenwirkungen möglich sind?
- Welchen Einfluss hat Ihr Beruf/Ihre Arbeit auf Ihre Erkrankung und umgekehrt?
- Sind Sie mit Ihrem Beruf zufrieden?
- Haben Sie in den letzten fünf Jahren größere berufliche Veränderungen erlebt?
- Welche sekundären Fähigkeiten können Sie ausbauen, um den Rückzug aus Leistungsanforderungen zu bremsen?
- Stärken Sie Ihre «rechte Hirnhälfte», indem Sie primäre Fähigkeiten wie Zeit, Vertrauen und Hoffnung durch Geschichten und Spruchweisheiten ausbauen? Können Sie dadurch Ihre Kontakte intensivieren?
- Welche Bedeutung haben soziale Kontakte für Sie und Ihren Partner, für Freunde, Gäste, Verwandte, Nachbarn, Kollegen? Welche Gemeinsamkeiten oder Unterschiede beobachten Sie?
- Wie gehen Ihrer Meinung nach Angehörige anderer Kulturen mit Kontakten um?
- Haben Sie eher eine gute Beziehung zur Vergangenheit, zur Gegenwart oder zur Zukunft?

- Haben Sie Lust, von kreativen Fähigkeiten (Musizieren, Malen, Töpfern, Schriftstellern usw.) Gebrauch zu machen?
- Was ist für Sie der Sinn des Lebens (Antrieb, Ziele, Motivation, Lebensplan, Sinn von Krankheit und Tod, Leben nach dem Tod)?
- Akzeptieren Sie Ihre Erkrankung auch als Chance, bisher nicht erlebte Bereiche (Körper/Sinne, Beruf/Leistung, Kontakt, Fantasie/Zukunft) zu entwickeln?

Fragebogen zu Herzinfarkt und funktionellen Herzrhythmusstörungen

- Haben Sie «das Herz auf dem rechten Fleck»? Machen Sie aus «Ihrem Herzen keine Mördergrube»? Fallen Ihnen noch andere Sprichwörter zu Ihrer Erkrankung ein? Was sagen Ihnen diese Volksweisheiten?
- Wer hat Sie wann über Ihre Krankheit informiert?
- Treiben Sie Sport? Kennen Sie das Intervalltraining?
- Nehmen Sie regelmäßig die verordneten Medikamente? Wie stehen Sie zur Einnahme von Medikamenten? Wissen Sie, wie die Medikamente wirken, was Sie von ihnen erwarten können und welche Nebenwirkungen möglich sind?
- Interessiert Ihre berufliche Tätigkeit Sie? Bedeutet sie für Sie Erfüllung oder ein inneres Bedürfnis?
- Haben Sie öfter Auseinandersetzungen im Beruf? Hat dies einen Einfluss auf Ihren Herzrhythmus oder auf Ihre Angst?
- Fühlen Sie sich überfordert? Oder unterfordert?
- Schonen Sie Ihren Körper übermäßig?
- Kontrollieren Sie häufig Ihre Herztätigkeit?
- Sprechen Sie mit Ihrem Partner vorwiegend über Gesundheit und Angst? Gibt es auch andere Gesprächsthemen? (Welche?)
- Haben Sie Probleme in Ihrer Partnerschaft? Kreisen diese um «Kleinigkeiten» des Alltags? Geht es um Beziehungsprobleme wie Zeit haben, Geduld, Vertrauen, Hoffnung, Zärtlichkeit, Sexualität?
- Pflegen Sie Kontakte zu Menschen außerhalb Ihrer Familie?
- Kreisen Ihre Gedanken um den eigenen Körper?
- Reizt Neues und Unbekanntes Sie, das Problem zu lösen? Oder sind Vorstellungen, die die Zukunft betreffen, eher von Ängsten geprägt? Beschäftigt sich Ihre Fantasie eher mit der Vergangenheit?

- Was ist für Sie der Sinn des Lebens (Antrieb, Ziele, Motivation, Lebensplan, Sinn von Krankheit und Tod, Leben nach dem Tod)?
- Akzeptieren Sie Ihre Beschwerden auch als Chance, bisher nicht erlebte Bereiche (Körper/Sinne, Beruf/Leistung, Kontakt, Fantasie/Zukunft) zu entwickeln?
- Hat Ihr Partner Trennungswünsche geäußert?
- Neigen Sie zu Einstellungen wie «Die Welt ist schlecht!», «Das Leben hat keinen Sinn!»?

Fragebogen zu Asthma bronchiale und nervösem Atmungssyndrom

- Können Sie «Ihrem Ärger Luft machen» oder «jemandem etwas pfeifen»? Fallen Ihnen noch andere Sprichwörter zu Ihrer Erkrankung ein? Was sagen Ihnen diese Volksweisheiten?
- Wer hat Sie wann über Ihre Krankheit informiert?
- Treiben Sie Sport, oder meinen Sie, sich wegen Ihrer Krankheit schonen zu müssen?
- Nehmen Sie regelmäßig die verordneten Medikamente? Wissen Sie, wie die Medikamente wirken, was Sie von diesen erwarten können und welche Nebenwirkungen möglich sind?
- «Reißen Sie sich zusammen», weil es für Sie wichtig ist, «was die Leute denken»?
- Können Sie in Ihrem Beruf zum Ausdruck bringen, dass Sie sich eingeengt, bedrückt, belastet fühlen?
- Welche Verhaltensweisen (Aktualfähigkeiten) von Kollegen, Mitarbeitern, Chef gehen Ihnen «auf die Nerven»? Wie reagieren Sie? Können Sie offen darüber sprechen? Oder «halten Sie die Luft an»?
- Passen Sie sich in Ihrer Familie/Partnerschaft immer oder häufig an, obwohl Sie den Wunsch nach mehr Eigenständigkeit haben? Fühlen Sie sich ungerecht behandelt?
- Fühlen Sie sich von anderen Menschen (Eltern, Partner, Kinder, Geschwister) abhängig? Fühlen Sie sich hilfsbedürftig?
- Ist Ihre Beziehung zu Mitmenschen von einer «schlechten Atmosphäre» von «geladener» oder «dicker Luft» gekennzeichnet, was Ihnen «den Atem verschlägt»? Sind bestimmte Menschen «Luft für Sie» oder «atemberaubend»?
- Können Sie jemanden «an die frische Luft setzen», «in die Luft gehen»?
- Sind Ihnen Wünsche, vielleicht Kindheitsträume, bewusst oder in Erinnerung, die Sie nie verwirklichen konnten? Was steht ihrer Verwirklichung im Wege? Was würden Sie tun, und wie würden Sie leben, wenn Sie keine Probleme hätten?

- Was ist der Sinn des Lebens (Antrieb, Ziele, Motivation, Lebensplan, Sinn von Krankheit und Tod, Leben nach dem Tod) für Sie?
- Akzeptieren Sie Ihre Erkrankung auch als Chance, bisher nicht erlebte Bereiche (Körper/Sinne, Beruf/Leistung, Kontakt, Fantasie/Zukunft) zu entwickeln?

Fragebogen zu Magen- und Zwölffingerdarmgeschwüren

- Liegt Ihnen etwas «schwer im Magen»? Können Sie etwas «nicht verdauen»? Fallen Ihnen noch andere Sprichwörter zu Ihrer Erkrankung ein? Was sagen Ihnen diese Volksweisheiten?
- Wer hat Sie wann über Ihre Krankheit informiert?
- Praktizieren Sie das Intervalltraining, autogene Training oder andere Verfahren?
- Nehmen Sie regelmäßig die verordneten Medikamente? Wissen Sie, wie die Medikamente wirken, was Sie von ihnen erwarten können und welche Nebenwirkungen möglich sind?
- «Ärgern Sie sich ein Loch in den Bauch» über Kollegen, Vorgesetzte, Mitarbeiter? Was sind die Anlässe?
- «Frisst» eine berufliche Enttäuschung an Ihnen, z. B. eine Zurücksetzung oder eine als ungerecht empfundene Nichtbeförderung?
- Finden Sie das Betriebsklima «beschissen» oder «zum Kotzen», wagen aber nicht, etwas zu sagen?
- «Kommt es Ihnen hoch», wenn Sie einen bestimmten Menschen (Partner/in, Kollege/in, Mitarbeiter/in, Chef/in) sehen? Wie gehen Sie damit um? Lassen Sie sich «von Ihrem Ehrgeiz auffressen»?
- Können Sie «etwas nicht verdauen», was Ihr Partner oder andere Ihnen nahe stehende Menschen Ihnen angetan haben?
- Nehmen Sie sich Zeit zum Essen und Trinken, oder muss es «schnell gehen»?
- Stellt Essen für Sie auch eine Möglichkeit zu Kontakt und Gespräch dar, oder «schlingen Sie alles alleine hinunter»?
- Können Sie Gefühle offen äußern? Oder «fressen Sie sie in sich hinein» oder «schlucken Sie sie herunter»?
- Sehen Sie Ihrer Zukunft mit großer Sorge und Zweifel entgegen?

- Was ist für Sie der Sinn des Lebens (Antrieb, Ziele, Motivation, Lebensplan, Sinn von Krankheit und Tod, Leben nach dem Tod)?
- Akzeptieren Sie Ihre Beschwerden auch als Chance, bisher nicht erlebte Bereiche (Körper/Sinne, Beruf/Leistung, Kontakt, Fantasie/Zukunft) zu entwickeln?

Fragebogen zu Colitis ulcerosa und Morbus Crohn

- Machen Sie sich ab und zu «vor Angst in die Hosen»? Lassen Sie «den Dingen ihren Lauf»? Fallen Ihnen noch andere Sprichwörter zu Ihrer Erkrankung ein? Was sagen Ihnen diese Volksweisheiten?
- Wer hat Sie wann über Ihre Krankheit informiert?
- Nehmen Sie regelmäßig die verordneten Medikamente? Wissen Sie, wie die Medikamente wirken, was Sie von ihnen erwarten können, und welche Nebenwirkungen möglich sind?
- Ernähren Sie sich so, dass die Speisen die Darmökologie wiederherstellen, die Darmflora erhalten und die Immunreaktion des Darmes stimulieren?
- Nehmen Sie sich Zeit zum Kauen? Ist das Essen für Sie eine Gelegenheit zu Kontakten?
- Nehmen Sie sich im Kontakt mit Kollegen, Mitarbeitern, Vorgesetzten genügend Zeit zuzuhören, in Ruhe aufzunehmen und zu «verdauen», bevor Sie «analysieren»?
- Gibt es Kollegen, die nicht nach Ihrem «Geschmack» sind?
- Sind berufliche Probleme für Sie «schwer verdaulich» oder liegen sie Ihnen «wie ein Stein im Magen»? Welcher Art sind diese Probleme? Auf welche Aktualfähigkeiten (Mikrotraumen) beziehen sie sich?
- Welchen Einfluss hat Ihre Erkrankung auf Ihren Partner, Ihre Familie und andere zwischenmenschliche Kontakte? Welchen Einfluss haben Ihr Partner und Ihre Familie auf Ihre Erkrankung?
- Sind Sie mit Ihrer partnerschaftlichen Beziehung zufrieden?
- Sind Sie in Ihrer Partnerschaft öfter «sauer» (Magensäure)?
- Fühlen Sie sich ausgenutzt?
- Gehen Sie Auseinandersetzungen aus Angst vor möglichen Nachteilen aus dem Weg (Höflichkeit), oder versuchen Sie, angemessen Ihre Meinung zu sagen?

- Gab es in den letzten 5 Jahren Trennungserlebnisse durch Scheidung, Umzug, Tod? Haben Sie Angst, wichtige Bezugspersonen zu verlieren?
- Was ist für Sie der Sinn des Lebens (Antrieb, Ziele, Motivation, Lebensplan, Sinn von Krankheit und Tod, Leben nach dem Tod)?
- Akzeptieren Sie Ihre Erkrankung auch als Chance, bisher nicht erlebte Bereiche (Körper/Sinne, Beruf/Leistung, Kontakt, Fantasie/Zukunft) zu entwickeln?
- Welche dieser Fragen/Themen haben Sie besonders angesprochen?

Fragebogen zu Diabetes mellitus

- Sind Sie in Ihren Beziehungen «aus der Balance geraten»? Haben Sie das Gefühl, sich die «fehlende Wärme» selbst geben zu müssen? Fallen Ihnen noch andere Sprichworte zu Ihrer Erkrankung ein?
- Wer hat Sie wann über Ihre Krankheit informiert?
- Fürchten Sie, aus der Rolle zu fallen, wenn Sie nicht mitmachen (Höflichkeit), wenn – wie oft in unserer Gesellschaft üblich – Frustrationen durch Essen und Trinken kompensiert werden?
- Verwöhnen Sie sich in Zeiten der Ruhe mit Essen? Reagieren Sie bei Spannungen mit Hunger?
- Nehmen Sie regelmäßig die verordneten Medikamente? Wissen Sie, wie die Medikamente wirken, was Sie von ihnen erwarten können und welche Nebenwirkungen möglich sind?
- Sind Sie mit Ihrem Beruf zufrieden? Sind bei Ihnen Entschlussfreudigkeit, Ehrgeiz und expansive Strebungen stark ausgeprägt?
- Können Sie Wünsche und Forderungen offen (Ehrlichkeit) und in angemessener Weise (Höflichkeit) zum Ausdruck bringen?
- Leiden Sie unter Einsamkeitsgefühlen? «Frieren» Sie in Gegenwart Ihres Partners oder anderer Menschen? Erleben Sie mangelnde Zeit, Unordnung, Unpünktlichkeit, Unhöflichkeit usw. Ihres Partners als mangelnde Zuwendung?
- Geben Sie anderen Menschen Wärme und Liebe?
- Bekommen Sie in Ihren Beziehungen «Zuckerbrot und Peitsche», werden Sie abwechselnd verwöhnt und frustriert?
- Möchten Sie von Ihrem Partner gerne «gefüttert» werden?
- Akzeptieren Sie im Hinblick auf Ihren Diabetes Ihre Eigenverantwortung?
- Haben Sie die Erwartung, dass Ihr Lebensstil flexibler werden kann?
- Haben Sie häufig das Gefühl, dass Ihre körperliche und seelische (berufliche und private) Sicherheit bedroht ist?

- Empfinden Sie Ihre Krankheit als große Ungerechtigkeit («Warum gerade ich?»)?
- Was ist der Sinn des Lebens für Sie (Antrieb, Ziele, Motivation, Lebensplan, Sinn von Krankheit und Tod, Leben nach dem Tod)?
- Akzeptieren Sie Ihre Erkrankung auch als Chance, bisher nicht erlebte Bereiche (Körper/Sinne, Beruf/Leistung, Kontakt, Fantasie/Zukunft) zu entwickeln?

Fragebogen zu Weichteilrheumatismus und Bandscheibenvorfall

- Fühlen Sie sich «vom Schicksal gebeugt»? Halten Sie sich eher für einen «ungebrochenen Menschen» oder meinen Sie, dass Ihr «Rückgrat gebrochen» ist? Fallen Ihnen noch andere Sprichworte zu Ihrer Erkrankung ein? Was sagen Ihnen diese Volksweisheiten?
- Wer hat Sie wann über Ihre Krankheit informiert?
- Kennen und praktizieren Sie Entspannungsmethoden und das Intervalltraining?
- Nehmen Sie regelmäßig die verordneten Medikamente? Wissen Sie, wie die Medikamente wirken, was Sie von ihnen erwarten können und welche Nebenwirkungen möglich sind?
- Engagieren Sie sich im Beruf? Welche Bedeutung haben Fleiß und Arbeit in Ihrem Leben?
- Machen Sie sich Sorgen um Ihre weitere berufliche Zukunft, um Rente, Entlassung, Umschulung? Was bedeutet für Sie das Leben, wenn Sie nicht mehr berufstätig sind?
- Ziehen Sie sich selbst zurück, brechen Sie Kontakte ab oder reduzieren Sie sie?
- Werden andere durch Ihre Erkrankung zeitlich, finanziell, kräftemäßig belastet? Wie verarbeiten Sie das gefühlsmäßig?
- Sprechen Sie mit Ihren Angehörigen offen über Ihre Gefühle, Befürchtungen und Hoffnungen?
- Gibt es «allergische Punkte» wie Ordnung, Sauberkeit, Pünktlichkeit, Fleiß, Gehorsam, Sparsamkeit, Zuverlässigkeit usw., bei denen Sie öfter «weich werden» oder einen «breiten Rücken» haben? Fühlen Sie sich «aufs Kreuz gelegt», oder «halten Sie den Kopf hoch» und versuchen, «Haltung zu bewahren»?
- Gab es in den letzten 5 Jahren Trennungserlebnisse durch Scheidung, Umzug, Tod?
- Welchen Einfluss hat Ihre Erkrankung auf Ihre Einstellung zur eigenen Zukunft und auf Ihre Zukunftsperspektiven? Hoffen Sie auf Ihre körperliche Wiederherstellung?

- Was ist für Sie der Sinn des Lebens (Antrieb, Ziele, Motivation, Lebensplan, Sinn von Krankheit und Tod, Leben nach dem Tod)?
- Akzeptieren Sie Ihre Beschwerden auch als Chance, bisher nicht erlebte Bereiche (Körper, Beruf/Leistung, Kontakt, Fantasie/Zukunft) zu entwickeln?

Fragebogen zu Hauterkrankungen und Allergien

- Reagieren Sie «gereizt»? «Juckt es Sie», Ihre Meinung zu sagen? Was «juckt» Sie in Wirklichkeit? Was «geht Ihnen unter die Haut»? Fallen Ihnen noch andere Sprichwörter zu Ihrer Erkrankung ein? Was sagen Ihnen diese Volksweisheiten?
- Haben Sie sich «ein dickes Fell zugelegt»? Schützen Sie sich damit vor seelischen Verletzungen?
- Wer hat Sie wann über Ihre Krankheit informiert?
- Legen Sie und Ihr Partner viel Wert auf Äußeres? Spielen Make-up und Kosmetik bei Ihnen eine große Rolle?
- Nehmen Sie regelmäßig die verordneten Medikamente? Wissen Sie, wie die Medikamente wirken, was Sie von ihnen erwarten können und welche Nebenwirkungen möglich sind?
- Welchen Einfluss hat Ihre Erkrankung auf Ihren Beruf/Ihre Arbeit? Welchen Einfluss hat Ihr Beruf/Ihre Arbeit auf Ihre Erkrankung?
- Welche Kleinigkeiten des Alltagslebens (Gerechtigkeit, Sauberkeit, Pünktlichkeit, Sparsamkeit, Kontakt usw.) gehen Ihnen «unter die Haut»?
- Wollen Sie sich jemand «vom Leibe halten»? Sucht jemand eine Beziehung zu Ihnen, die Sie nicht wünschen oder zu der Sie sich nicht in der Lage fühlen?
- Mögen Sie Zärtlichkeit und Körperkontakt?
- Möchten Sie manchmal «aus der Haut fahren» und können doch nicht «aus Ihrer Haut heraus»?
- Welche Bedeutung haben soziale Kontakte für Sie und Ihren Partner (Gäste, Freunde, Verwandte, Nachbarn, Kollegen)? Welche Gemeinsamkeiten oder Unterschiede beobachten Sie?
- Akzeptieren Sie Ihre Haut «als Spiegel der Seele»?
- Beherrschen einseitige, negative Vorstellungen Ihre Gedankenwelt?

- Was ist für Sie der Sinn des Lebens (Antrieb, Ziele, Motivation, Lebensplan, Sinn von Krankheit und Tod, Leben nach dem Tod)?
- Akzeptieren Sie Ihre Erkrankung auch als Chance, bisher nicht erlebte Bereiche (Körper/Sinne, Beruf/Leistung, Kontakt, Fantasie/Zukunft) zu entwickeln?

Fragebogen zu Krebs

- Wer hat Sie wann über Ihre Krankheit informiert?
- Fürchten Sie um Ihre körperliche Leistungs- und Funktionsfähigkeit?
- Fühlen Sie sich in Ihrem Aussehen beeinträchtigt?
- Wie weit sind Sie über die Art Ihrer Erkrankung und den möglichen Verlauf einschließlich der Heilungschancen klar informiert?
- Welche Bedeutung hat für Sie die Tatsache, dass das Herz und die Milz die einzigen Organe sind, die nicht von Krebszellen befallen werden?
- Nehmen Sie regelmäßig die verordneten Medikamente? Wissen Sie, wie die Medikamente wirken, was Sie von ihnen erwarten können und welche Nebenwirkungen möglich sind? Kennen Sie das Intervalltraining?
- Wirken einige «Kleinigkeiten» im beruflichen Alltag auf Sie unterschwellig oder offen verletzend? Haben Sie das Gefühl, dass «das Maß voll» ist? Wie gehen Sie mit diesen Belastungen um?
- Auf welche Aktualfähigkeiten (Ordnung, Pünktlichkeit, Sauberkeit, Höflichkeit, Ehrlichkeit, Fleiß, Sparsamkeit, Gerechtigkeit) legen Sie bei sich oder bei Ihren Kollegen, Mitarbeitern und Vorgesetzten besonderen Wert?
- Welche Einstellungen und Verhaltensweisen werden in Ihrem Beruf von Ihnen erwartet?
- Können Sie mit Ihren Angehörigen unbefangen über Ihre Erkrankung sprechen?
- Ist das Wort «Krebs» für Sie mit einem Tabu belegt?
- Fühlen Sie sich allein gelassen?
- Können Sie Gefühle äußern?
- Nehmen Sie eigene Bedürfnisse wahr oder stellen Sie sie zurück? Opfern Sie sich für andere auf?
- Meinen Sie, es habe doch alles keinen Sinn, man müsse es nehmen, wie es kommt?
- Erscheint Ihnen die Zukunft als versperrt und hoffnungslos?

- Ist für Sie Gesundheit alles, ein Leben ohne Gesundheit nichts?
- Was ist für Sie der Sinn des Lebens (Antrieb, Ziele, Motivation, Lebensplan, Sinn von Krankheit und Tod, Leben nach dem Tod)?
- Akzeptieren Sie Ihre Erkrankung auch als Chance, bisher nicht erlebte Bereiche (Körper/Sinne, Beruf/Leistung, Kontakt, Fantasie/Zukunft) zu entwickeln?

Fragebogen zu Adipositas

- Haben Sie den Eindruck, dass Sie öfter «etwas in sich hineinfressen» oder dass «Liebe durch den Magen geht»? Sammeln Sie «Kummerspeck» an oder meinen Sie «Was auf den Tisch kommt, wird gegessen»? Fallen Ihnen noch andere Sprichwörter zu Ihrer Erkrankung ein? Was sagen Ihnen diese Volksweisheiten?
- Welche Bedeutung hat für Sie die Tatsache, dass jeder Mensch sein ihm eigenes «Gleichgewicht» hat, das sich trotz aller Diäten immer wieder einpendelt?
- Dass ständiges «Diäten» sogar ein Grund für folgendes Übergewicht sein kann, weil bei normalem Essen die Fettzellen sich nicht nur wieder füllen, sondern sich auch noch vermehren?
- Dass Gewichtsprobleme nicht mit Diäten allein zu lösen sind, wenn man sich nicht gleichzeitig auch um andere Ursachen kümmert?
- Nehmen Sie regelmäßig Medikamente? Wissen Sie, wie die Medikamente wirken, was Sie von ihnen erwarten können und welche Nebenwirkungen möglich sind?
- Gibt es berufliche Probleme, deren «Frust» Sie durch Essen kompensieren? Welche Aktualfähigkeiten sind betroffen?
- Was müsste Ihr Partner tun, damit Sie abnehmen?
- Hält für Sie/Ihren Partner «Essen hält Leib und Seele zusammen»?
- Sind Sie imstande, Essen auf Ihrem Teller stehen zu lassen?
- Geht es beim Essen um ein «Stillen» von Bedürfnissen und ein «Abstillen» (Abstellen) von Unlustgefühlen wie beim Kleinkind?
- Essen Sie in Gesellschaft dasselbe wie alle anderen, weil es Ihnen peinlich ist, um Dinge zu bitten, die Ihnen besser bekommen (Höflichkeit)?
- Was würden Sie tun, wenn bei uns eine Hungersnot auftritt?
- Haben Sie die Hoffnung, dass die Hungerprobleme in der Welt in absehbarer Zeit gelöst werden können? Was können Sie dazu tun?
- Könnten Sie mit einem Teil des Geldes, das Sie für Essen ausgeben, andere Bedürfnisse für sich oder andere Menschen erfüllen (z. B. Ausbildung, Wohnungseinrichtung, Freizeitgestaltung, Reisen, Gäste einladen, Spenden)?

Fragebogen zu Anorexia nervosa und Bulimie

- Haben Sie «ein Loch im Magen» oder «vergeht Ihnen der Appetit»? Ist etwas «zum Kotzen» oder haben Sie «alles satt»? Fallen Ihnen noch andere Sprichwörter ein? Was sagen Ihnen diese Volksweisheiten?
- Wer hat Sie wann über Ihre Beschwerden informiert?
- Wissen Sie, dass ständiges «Diäten» auf Dauer sogar ein Grund für späteres Übergewicht sein kann, weil sich nach der Diät bei normalem Essen die Fettzellen nicht nur füllen, sondern auch vermehren?
- Nehmen Sie regelmäßig die verordneten Medikamente? Wissen Sie, wie die Medikamente wirken, was Sie von ihnen erwarten können und welche Nebenwirkungen möglich sind?
- Wissen Sie, wie Menschen in anderen Kulturen mit dem Essen umgehen?
- Welchen Stellenwert haben Schule, Beruf, Leistung für Sie?
- Werden andere Themen als berufliche in Ihrer Umgebung diskutiert?
- Ist es für Sie wichtig, was «die Leute» denken?
- Legen Sie beruflich großen Wert auf Ordnung, Sauberkeit, Leistung, Gehorsam, Sparsamkeit, Zuverlässigkeit?
- Wird Anerkennung nur für Wohlverhalten und Leistung gewährt? Werden Konflikte unter den Teppich gekehrt?
- Vergeht Ihnen der Appetit, wenn Sie mit Ihrer Familie zusammen sind? Hat Ihre Familie Freude an sinnlichen Genüssen und Zärtlichkeit? Handelt es sich um eine «asketische» Familie?
- Ist es für Sie wichtig, wie Ihr Partner aussieht? Welche Vorstellungen haben Sie von einem Partner? Welche Merkmale muss er besitzen, damit Sie ihn akzeptieren?
- Beschäftigen Sie sich mit Fragen wie dem Hunger der Welt?
- Welche geistigen oder kulturellen Bedürfnisse haben Sie? Können Sie sich eine Integration von geistigen und materiellen Bedürfnissen in Ihrem Alltag vorstellen?

- Machen Sie sich Gedanken um die globale Zukunft der Menschheit (Krieg, Frieden, ökologische Krise)?
- Was ist der Sinn des Lebens (Antrieb, Ziele, Motivation, Lebensplan, Sinn von Krankheit und Tod, Leben nach dem Tod) für Sie?
- Akzeptieren Sie Ihre Beschwerden auch als Chance, bisher nicht erlebte Bereiche (Körper/Sinne, Beruf/Leistung, Kontakt, Fantasie/Zukunft) zu entwickeln?

Fragebogen zu Kopfschmerzen und Migräne

- Haben Sie schon einmal überlegt, worüber Sie sich «den Kopf zerbrechen» oder «das Gehirn zermartern»? Fallen Ihnen noch andere Sprichwörter zu Ihrer Erkrankung ein? Was sagen Ihnen diese Volksweisheiten?
- Wer hat Sie wann über Ihre Krankheit informiert?
- Wie sind Sie bisher behandelt worden? Welche Erklärungen wurden Ihnen für Ihre Beschwerden gegeben?
- Praktizieren Sie das autogene Training, progressive Muskelentspannung nach Jacobson oder ähnliche Übungen? Halten Sie Diät?
- Nehmen Sie regelmäßig die verordneten Medikamente? Wissen Sie, wie die Medikamente wirken, was Sie von Ihnen erwarten können und welche Nebenwirkungen möglich sind?
- Wie stehen Sie zu den Konzepten «Der Beruf geht vor!», «Ich mache es lieber selbst!», «Bei mir gibt es keine halben Sachen!», «Was man nicht im Kopf hat, muss man in den Beinen haben!»?
- Warum verkrampfen sich die Blutgefäße im Kopf? Hat sich jemand «über Ihren Kopf hinweggesetzt»? Meinen Sie, für eine Sache, «den Kopf hinhalten zu müssen»? Haben Sie sich «Hals über Kopf in etwas hineingestürzt»?
- Halten Sie sich für einen «klugen Kopf», für einen «Dummkopf»? Zeigen Sie sich oft «kopflos», wenn Ihnen die rationale Kontrolle fehlt?
- Können Sie Ihren Gefühlen offenen Ausdruck geben?
- Wehren Sie Bereiche in Ihrem Leben (z. B. das Zulassen von Gefühlen, Kontakt, Sexualität, Sinnfragen) intellektuell ab? Können Sie aggressive Triebe bei sich akzeptieren? Suchen Sie den Grund dafür bei anderen?
- Sind Kontakte mit Freunden, Bekannten, Gästen für Sie entlastend und entspannend oder erzeugen sie schon im Vorfeld als Mikrotraumen Druck («Ob die wohl zufrieden sein werden? … Die anderen haben mehr geboten! … Gäste kosten Geld, machen Unordnung! … Dann muss ich wieder alles putzen!»)?

- Denken Sie über die Zukunft eher pessimistisch? Was empfinden Sie bei dem Ausdruck «intellektueller Pessimismus»? Ist Ihre Einstellung durch ständiges Sich-Sorgen-Machen gekennzeichnet?
- Was ist für Sie der Sinn des Lebens (Antrieb, Ziele, Motivation, Lebensplan, Sinn von Krankheit und Tod, Leben nach dem Tod)?
- Akzeptieren Sie Ihre Beschwerden auch als Chance, bisher nicht erlebte Bereiche (Körper/Sinne, Beruf/Leistung, Kontakt, Fantasie/Zukunft) zu entwickeln?

Fragebogen zu Seh- und Hörstörungen

- Sehen Sie privat oder beruflich «schwarz»? Lassen Sie sich durch Erfahrungen «den Blick für etwas trüben»? Sind Sie «blind und taub» für etwas? Fallen Ihnen noch andere Sprichwörter zu Ihrer Erkrankung ein? Was sagen Ihnen diese Volksweisheiten?
- Betrachten Sie die Welt nur unter einem bestimmten Blickwinkel? Sehen Sie Ihre Vergangenheit, Gegenwart und Zukunft eher durch eine «rosarote Brille»?
- Nehmen Sie regelmäßig die verordneten Medikamente? Wissen Sie, wie die Medikamente wirken, was Sie von ihnen erwarten können und welche Nebenwirkungen möglich sind?
- Praktizieren Sie das Intervalltraining, autogene Training oder andere Entspannungsmethoden?
- Haben Sie Angst, beruflichen Anforderungen nicht gewachsen zu sein? Fühlen Sie sich gestresst?
- Müssen Sie Mitarbeitern, Kollegen, dem Chef «in den Ohren liegen», um sich «Gehör zu verschaffen»?
- Sind Sie besonders «hellhörig», wenn es um Fehler anderer geht?
- Wie stehen Sie zu Konzepten wie «Mach die Augen und Ohren auf!», «Sieh dir alles erst mal genau an!», «Wer nicht hören will, muss fühlen»?
- Gibt es Ereignisse in Ihrem Alltag, die bei Ihnen oder Ihrem Partner (Ehepartner, Eltern, Kindern, Freunden, Bekannten) «ins Auge gehen»? Welche Aktualfähigkeiten sind beteiligt.
- Glauben Sie nur das, was Sie «mit eigenen Augen gesehen» haben?
- Welche Ereignisse sind in den letzten 5 Jahren auf Sie zugekommen, dass Ihnen «Hören und Sehen vergangen ist»? Nennen Sie mindestens 10 Erlebnisse. Übersehen/überhören Sie das, was Sie nicht (mehr) sehen/hören wollen?
- Welche Wünsche, von denen Sie schon lange «geträumt» haben, möchten Sie sich erfüllen? Sehen Sie dafür Chancen?
- Was ist für Sie der Sinn des Lebens (Antrieb, Ziele, Motivation, Lebensplan, Sinn von Krankheit und Tod, Leben nach dem Tod)?

- Akzeptieren Sie Ihre Beschwerden auch als Chance, bisher nicht erlebte Bereiche (Körper/Sinne, Beruf/Leistung, Kontakt, Fantasie/Zukunft) zu entwickeln?

Fragebogen zu Schlafstörungen

- Haben Sie abends das Gefühl «Nach getaner Arbeit ist gut ruhen!» Was halten Sie von dem Spruch «Ein gutes Gewissen ist ein sanftes Ruhekissen»? Fallen Ihnen noch andere Sprichwörter zu Ihren Beschwerden ein? Was sagen Ihnen diese Volksweisheiten?
- Mussten Sie als Kind immer zu einer ganz bestimmten Zeit im Bett liegen, auch wenn Sie noch nicht müde waren? Wurden Sie zur Strafe ins Bett geschickt? Mussten Sie selbst bei kleinen Unpässlichkeiten «strikte Bettruhe» einhalten?
- Nehmen Sie Aufputsch- oder Beruhigungsmittel als «Sonnenbrillen der Seele», Drogen, Alkohol, Nikotin?
- Geben Sie Ihrem persönlichen Schlafrhythmus (wenn möglich) nach?
- Können Sie vor dem Einschlafen von der «linken» auf die «rechte» Hirnhälfte umschalten, indem Sie an positive Ereignisse der letzten Zeit denken und sich daran freuen?
- Haben Sie Angst, sich selbst zu verlieren, wenn Sie sich in den Schlaf fallen lassen?
- Sind Ihre Schlafstörungen vorwiegend situativ, d. h., durch berufliche Überlastung oder zwischenmenschliche Konflikte bedingt?
- Haben Sie am Tag mikrotraumatische Erfahrungen im Umgang mit Vorgesetzten, Kollegen, Mitarbeitern gemacht, die gefühlsmäßig noch nicht «erledigt» sind (Tagesreste)?
- Grübeln Sie nachts darüber nach, was Sie falsch machen, aus Angst, nicht perfekt zu sein?
- Können Sie Ihre Kontakte erweitern, Gäste einladen, sich mit Freunden beraten, statt Ihre Probleme allein zu «bebrüten»?
- Gab es in den letzten 5 Jahren Trennungserlebnisse durch Scheidung, Umzug, Tod?
- Welchen Sinn, welche positiven Aspekte sehen Sie in Ihren Schlafstörungen?
- Was ist für Sie der Sinn des Lebens (Antrieb, Ziele, Motivation, Lebensplan, Sinn von Krankheit und Tod, Leben nach dem Tod)?
- Akzeptieren Sie Ihre Beschwerden auch als Chance, bisher nicht erlebte Bereiche (Körper/Sinne, Beruf/Leistung, Kontakt, Fantasie/Zukunft) zu entwickeln?

Fragebogen zu sexuellen Funktionsstörungen

- Haben Sie das Gefühl, «nicht zum Ziel zu kommen», «am Ziel vorbeizuschießen», ein «Schlappschwanz» zu sein, «zugeknöpft» zu sein? Fallen Ihnen noch andere Sprichworte zu Ihren Beschwerden ein? Was sagen sie Ihnen?
- Durch wen oder was sind Sie «aufgeklärt» worden? Wie haben Sie das empfunden?
- Haben bei Ihnen sexuelle Erregungs- und Empfindungsfähigkeit schon von klein auf gefehlt, oder waren sie schwach, oder ging Ihre sexuelle Ansprechbarkeit erst später verloren? Seit wann? Aus welchem Grund?
- Machen Sie einen Unterschied zwischen Sex, Sexualität und Liebe?
- Sehen Sie die Beziehung zu Ihrem Partner vorwiegend unter dem Gesichtspunkt körperlicher Funktionen und Merkmale (Körperbau, Größe, Hautfarbe, Geruch, Größe des Busens, des Gliedes, Häufigkeit des Orgasmus usw.)? Wie empfinden Sie es, wenn körperliche Funktionen und Merkmale Ihres Partners sich ändern (z. B. altersbedingt)?
- Ist Ihr Partner für Sie «austauschbar», oder sind Sie für Ihren Partner «austauschbar»?
- Können Sie mit Ihrem Partner auch ohne sexuellen Kontakt zärtlich sein?
- Praktizieren Sie das Intervalltraining, autogene Training oder andere Entspannungsmethoden?
- Nehmen Sie regelmäßig die verordneten Medikamente? Wissen Sie, wie die Medikamente wirken, was Sie von ihnen erwarten können und welche Nebenwirkungen möglich sind?
- Welchen Einfluss hat Ihr Beruf/Ihre Arbeit auf Ihre sexuellen Probleme?
- Gehen Sie beruflichen Konflikten nach Möglichkeit aus dem Wege? Welche Aktualfähigkeiten sind mikrotraumatisch Anlass oder Ursache der Konflikte? Kennen Sie das differenzierungsanalytische Inventar (DAI)?

- Sehen Sie sexuelle Erregung und Empfindung als «Leistung an, die Sie nach Ihrem eigenen Selbstverständnis oder nach dem Ihres Partners erbringen müssen (z. B. eine bestimmte Zahl von Orgasmen)?
- Geht Ihr Partner genügend auf Ihre Bedürfnisse ein (Vorspiel, Zärtlichkeit, Stellungen, Eindringen des Gliedes usw.)?
- Kann Ihr Partner seine Probleme und Wünsche für Sie angemessen zum Ausdruck bringen? Argumentiert er, brüllt er, stellt er Fragen, hört er zu, zieht er sich zurück? Fühlen Sie sich von ihm angenommen?
- Tolerieren oder begrüßen Sie Beziehungen Ihres Partners zu einem anderen, oder bereitet Ihnen das Unbehagen?
- Was empfinden Sie, wenn Ihr Partner mit jemand anderem flirtet?
- Wie stehen Sie zu einem tatsächlichen oder vermuteten «Seitensprung» Ihres Partners? Sprechen Sie darüber?
- Haben Sie die Fähigkeit entwickelt, «Nein» zu sagen, wenn Sie etwas nicht möchten?
- Spielen Eltern und Verwandte (Ihre eigenen oder die Ihres Partners) und Ihre Kinder eine Rolle für Ihre partnerschaftlichen Probleme?
- Spielen Eigenschaften und Fähigkeiten (Aktualfähigkeiten) Ihres Partners in Ihrer Beziehung eine wichtige Rolle?
- Wie stehen Sie zu folgenden Aussagen: Die Religion (Weltanschauung), der ich angehöre, legt großen Wert auf die Einhaltung sexueller Treue. Ich akzeptiere die Einzigartigkeit meines Partners, die sich in seinen Eigenarten und Fähigkeiten ausdrückt. Ich habe Angst, mich fallen zu lassen, mich zu verlieren, außer Kontrolle zu geraten. Meine sexuellen Probleme lösen Minderwertigkeitsgefühle in mir aus?
- Was ist für Sie der Sinn des Lebens (Antrieb, Ziele, Motivation, Lebensplan, Sinn von Krankheit und Tod, Leben nach dem Tod)?
- Akzeptieren Sie Ihre Problematik auch als Chance, bisher nicht erlebte Bereiche (Körper/Sinne, Beruf/Leistung, Kontakt, Fantasie/Zukunft) zu entwickeln?

Fragebogen zu Ängsten und Depressionen

- Was halten Sie von folgenden Sprichwörtern: «Furcht gibt Sicherheit» (Shakespeare); «Die Furcht hat ihren besonderen Sinn» (Lessing); «Wer zu sterben gelernt hat, hört auf, Knecht zu sein» (Seneca); «Sorge macht alt vor der Zeit»? Kennen Sie noch andere Spruchweisheiten oder Sprachbilder?
- Antworten Sie mit körperlichen Symptomen auf Angst, Ärger, Unruhe und Konflikte?
- Haben Sie Schwierigkeiten, sich zu entspannen?
- Wann gehen Sie abends ins Bett? Können Sie nur schwer einschlafen? Schlafen Sie durch.
- Wachen Sie morgens sehr früh auf? Welche Bedeutung hat für Sie der Spruch «Morgenstund hat Gold im Mund»? Neigen Sie dazu, sich morgens schlechter zu fühlen?
- Leiden Sie unter Kopf- oder Nackenschmerzen? Haben Sie eines der folgenden Symptome beobachtet: Zittern, Prickeln, Schwindelattacken, Schweißausbrüche, Herzrasen, Durchfall?
- Fühlen Sie sich verlangsamt, wie abgebremst?
- Haben Sie an Gewicht abgenommen, weil Sie an Appetitlosigkeit leiden?
- Basiert Ihre Depression auf körperlichen Krankheiten oder auf der Art und Weise, wie Sie gelernt haben, mit solchen umzugehen?
- Wurden Sie körperlich bestraft?
- Wie haben Ihre Eltern sich Ihnen gegenüber verhalten, wenn Sie krank waren? Wurde Ihre Krankheit ignoriert? Wurden Sie gepflegt und in den Mittelpunkt gestellt? War es erstrebenswert, auch bei Krankheit so lange wie möglich auf den Beinen zu bleiben?
- Nehmen Sie regelmäßig die verordneten Medikamente? Wissen Sie, wie die Medikamente wirken, was Sie von Ihnen erwarten können und welche Nebenwirkungen möglich sind?
- Wer von Ihnen, Sie oder Ihr Partner, legt mehr Wert auf Fleiß und Leistung?

- Sind Sie mit Ihrem Beruf zufrieden? Investieren Sie Energien in Ihre Arbeit? Ist der Beruf, den Sie gewählt haben, Ihr Traumberuf?
- Haben Sie Angst, beruflich zu versagen? Vertreten Sie Ihre Ansichten kompromisslos? Wie reagieren Sie bei Kritik oder mangelnder Anerkennung? Was mussten Sie früher tun, um von Ihren Eltern anerkannt und geliebt zu werden?
- Wie verhält sich Ihr Partner Ihnen gegenüber, wenn Sie krank, voller Angst oder depressiv sind? Werden Sie «bemuttert»? Oder glauben Sie, dass Ihr Partner kein Verständnis für Ihre Probleme hat?
- Haben Sie Probleme mit Ihrem Partner, die vielleicht schon über Jahre andauern und nach dem Motto «Steter Tropfen höhlt den Stein» zu Ängsten, Aggressionen und Depressionen führen? In welchen Bereichen?
- Wer von Ihnen ist kontaktfreudiger, Sie oder Ihr Partner?
- Hatten Sie als Kind viele Kontakte, oder waren Sie isoliert?
- Wenn Ihre Eltern Gäste hatten, durften Sie dabei sein und mitspielen?
- Fehlen Ihnen Kontakte und emotionale Wärme?
- Fühlen Sie sich durch soziale Verpflichtungen und Verflechtungen, die Sie für unausweichlich halten, überfordert?
- Beziehen Sie Ihre Ängste auf die äußere Erscheinung, sexuelle Potenz, soziale Isolierung oder «alltägliche Kleinigkeiten» wie Ordnung, Pünktlichkeit, Sauberkeit oder Sparsamkeit?
- Welche Kriterien muss ein Mensch für Sie erfüllen, damit Sie Kontakt zu ihm aufnehmen möchten?
- Stehen Sie für Ihre Meinung ein, auch wenn Sie anderen dadurch zuweilen «auf die Zehen treten»?
- Wissen Sie, wie Menschen in anderen Kulturen mit Krankheiten, Arbeitslosigkeit, Trennung, Scheidung, Leid und Tod und den damit verbundenen Ängsten und Depressionen umgehen?
- Fühlen Sie sich antriebslos, ohne Energie? Haben Sie Ihr Interesse an manchen Dingen verloren?
- Haben Sie nur wenig Selbstvertrauen und Hoffnung?
- Mussten Sie eine Reihe schwerer Schicksalsschläge in den letzten Jahren einstecken? Welche? Wie sind Sie damit umgegangen?
- Empfinden Sie Ihre Probleme und mikrotraumatische Situationen, die sich summieren, als unausweichliche Schicksalsschläge?

- Betrachten Sie nahezu alles, was um Sie herum vorgeht, als Bestätigung der Sinnlosigkeit, der ausweglosen Ungerechtigkeit, der Hoffnungslosigkeit oder der Schuldhaftigkeit?
- Haben Sie das Gefühl, mit den Anforderungen des täglichen Lebens nicht mehr fertig zu werden, nicht mehr gebraucht zu werden, «überflüssig» zu sein?
- Empfinden Sie Angst vor der Zukunft, die sich in einem Gefühl der Sinn- und Ziellosigkeit äußert?
- Was würden Sie machen, wenn Sie keine Ängste und Depressionen mehr hätten?
- Akzeptieren Sie Ihre Erkrankung auch als Chance, bisher nicht erlebte Bereiche (Körper/Sinne, Beruf/Leistung, Kontakt, Fantasie/Zukunft) zu entwickeln?

Stress-Fragebogen

- Wie wichtig waren/sind für Ihre Eltern Ihre schulischen/beruflichen Leistungen?
- Waren Ihre Eltern leistungsorientiert?
- Wie haben Ihre Eltern reagiert, wenn Sie mit schlechten Noten nach Hause kamen? Falls Sie bestraft wurden, dann wie?
- Ihrem Empfinden und Ihrer Wahrnehmung nach, war die Liebe Ihrer Eltern Ihnen gegenüber bedingt oder bedingungslos, d. h. wurden Sie geliebt, weil Sie einfach da waren oder weil Sie etwas geleistet oder sich entsprechend verhalten hatten? Falls bedingt, welche Leistungen bzw. Handlungen mussten Sie erbringen, um Liebe zu erhalten?
- Fällt es Ihnen schwer, nein zu sagen?
- Wie fühlen Sie sich, wenn Sie anderen eine Bitte abschlagen?
- Haben Sie den Anspruch, ein Perfektionist zu sein?
- Haben Sie Schuldgefühle, wenn Sie nicht alles erledigen/bearbeiten können?
- Ist es Ihnen wichtig, «von allen geliebt» zu werden?
- Wollen Sie alle und jeden «glücklich» machen?
- War/ist Höflichkeit wichtig für Ihre Eltern?
- Kennen Sie von Zuhause her das Konzept «was sagen die Leute»?
- Können Sie Komplimente annehmen oder versuchen Sie immer, diese rasch zu relativieren?
- Wie lange (mit konkreter Zeitangabe) können Sie sich an einem persönlichen Erfolg erfreuen (ihn genießen)? Denken Sie rasch an die nächste zu erledigende Aufgabe?
- Fällt es Ihnen schwer, Grenzen zu setzen?
- Wollen Sie häufig alles unter Ihrer Kontrolle haben oder können Sie auch mal loslassen, delegieren, andere machen lassen, ohne diese ständig zu kontrollieren oder zu kritisieren?
- Ihrer Empfindung nach, waren Sie ein Wunschkind Ihrer Eltern?

- Haben Sie das erwünschte Geschlecht oder haben Ihrer Eltern «jemand anderen» erwartet?
- Hatten die Eltern für Sie in Ihrer Kindheit Zeit oder mussten Sie vieles mit sich selbst ausmachen?
- Waren/sind Ihre Eltern Vorbilder für Sie? In welchen Bereichen?
- Erlauben Sie sich manchmal, auf sich selbst stolz zu sein? Dürfen Sie sich selbst loben?
- Haben Ihre Eltern öfters Gäste und Freunde nach Haus eingeladen? Standen diese Gäste in Zusammenhang mit dem Beruf der Eltern (Arbeitskollegen etc.)?
- Von welchem der vier Bereiche Körper, Leistung, Kontakte, Sinn/Zukunft hängt Ihr Selbstwertgefühl am meisten ab? Probleme welchen Lebensbereiches haben auf Sie den größten Einfluss?
- Gibt es Aufgaben/Herausforderungen, die für Sie zu schwer oder unlösbar sind? Können Sie auch mal sagen: «Das kann ich nicht»?

Autorenverzeichnis

Aziz, Anas (Aachen): Dr. med., Facharzt für Frauenheilkunde und Geburtshilfe, Psychotherapie. Niedergelassen in eigener Praxis mit KV-Zulassung. WIAP-Dozent. Schwerpunkt: gynäkologische Psychosomatik, Balintgruppen.

Battegay, Raymond (Basel/Schweiz): Prof. Dr. med., Facharzt für Psychiatrie und Psychotherapie, Psychoanalytiker. Ordinarius für Psychiatrie (Universität Basel), ehemaliger Chefarzt der Psychiatrischen Universitätspoliklinik Basel, Fellow der American Academy of Psychoanalysis, ehem. Präsident (1977–1980) der International Association of Group Psychotherapy. WIAP-Dozent für Theorie (Grundkenntnisse und vertiefte Ausbildung) und Selbsterfahrung. Schwerpunkte: analytische Gruppentherapie.

Becker, Thomas (Alsfeld): Dr. med., Facharzt für Kinderheilkunde, Allergologie, Psychotherapie. Niedergelassen in eigener Praxis mit KV-Zulassung. Co-Leiter der Ausbildung für Kinder- und Jugendlichenpsychotherapeuten, WIAP-Dozent. Schwerpunkt: pädiatrische Psychosomatik.

Benedetti, Gaetano (Basel/Schweiz): Prof. Dr. med., Facharzt für Psychiatrie, Psychoanalyse. Professor für Psychotherapie und Psychohygiene der Universität Basel. WIAP-Dozent für Theorie (Grundkenntnisse und vertiefte Ausbildung). Schwerpunkte: Psychotherapie bei Psychosen.

Bieger, Adelheid (Hofheim): Diplompsychologin, Psychologische Psychotherapeutin. WIAP-Dozentin. Schwerpunkte: Suchttherapie, Verkehrspsychologie, Kunsttherapie.

Boessmann, Udo (Wiesbaden): Dr. med., Facharzt für Allgemeinmedizin, Facharzt für Psychotherapeutische Medizin, Naturheilverfahren. Niedergelassen in eigener Praxis. Mitglied des Ausbildungsbeirates der WIAP (Wiesbadener Akademie für Psychotherapie) und Dozent. Schwerpunkt: Supervision. Autor verschiedener Bücher.

Christ, Claudia (Wiesbaden): Fachärztin für innere Medizin – Psychotherapie MPH, Chefärztin der Asklepios-Fachklinik Homberg/Ohm. WIAP-Dozentin. Schwerpunkte: Innere Medizin – Psychomatik und Qualitätssicherung.

Deidenbach, Hans (Kiedrich/Rheingau): Dipl.-Psychologe, Psychotherapeut. Studium der Philosophie, Theologie und Psychologie. Zusatzausbildungen in Verhaltens- und Psychotherapie. WIAP-Dozent. Schwerpunkte: Religionspsychologie, psychologische Testung, Entspannungsverfahren. Autor verschiedener Bücher.

Diaz, Maria Laura (Offenbach): Fachärztin für innere Medizin. Niedergelassen. WIAP-Dozentin. Schwerpunkte: Innere Medizin, Psychosomatik, Stress.

Drees, Alfred (Krefeld): Prof. Dr. med., Facharzt für Psychiatrie und Psychotherapie, Facharzt für Psychosomatische Medizin, Psychoanalytiker, Weiterbildungsermächtigter Dozent für Psychotherapie der Ärztekammer Nordrhein. WIAP-Dozent. Schwerpunkte: Gruppenpsychotherapie, Selbsterfahrung. Autor verschiedener Bücher.

Fettweiß, Kathrin (Hamburg): Diplompsychologin, Psychologische Psychotherapeutin; niedergelassen mit KV-Zulassung. WIAP-Dozentin. Schwerpunkte: Einzeltherapie, Erwachsenenbildung, Management.

Franzen, Georg (Hannover): Dr. phil, Diplompsychologe, Psychologischer Psychotherapeut, INITA GmbH. WIAP-Dozent. Schwerpunkte: Gruppenpsychotherapie, Psychosomatik, Supervision.

Gesmann, Mechthild (Bad Salzuflen): Fachärztin für innere Medizin – Psychotherapie, Oberärztin der Abteilung Psychosomatik, Kliniken am Burggraben. WIAP-Dozentin. Schwerpunkte: Psychosomatik, Psychotherapie, Schmerztherapie.

Heine, Hartmut (Baden-Baden): Prof. Dr. rer. nat. med. habil., Habilitation im Fach Anatomie, Professor für Anatomie an der Universität Würzburg und der Universität Witten/Herdecke. Leiter des Institutes für Antihomotoxische Medizin und Grundregulationsforschung in Baden-Baden. Zahlreiche Veröffentlichungen und mehrere Bücher, so auch «Lehrbuch der biologischen Medizin», Hippokrates, Stuttgart.

Hoenmann, Wolfgang (Frankfurt a.M.): Dr. med., Facharzt für Allgemeinmedizin, Psychotherapie, Lehrbeauftragter für Allgemeinmedizin an der Universität Frankfurt am Main. Niedergelassen in eigener Praxis mit KV-Zulassung. WIAP-Dozent. Schwerpunkte: allgemeine und spezielle Psychosomatik, Supervision.

Hübner, Gunther (Hofheim/Ts.): Diplom-Pädagoge, Kinder- und Jugendlichenpsychotherapeut, Familientherapeut. Konfliktberatung, Managementtraining. Niedergelassen in eigener Praxis. WIAP-Dozent. Schwerpunkte: Konfliktberatung und Familientherapie.

Jabbarian, Abbas (Rhauderfehn): Diplom-Psychologe, Psychologischer Psychotherapeut, WIAP-Dozent. Schwerpunkte: Einzeltherapie, Verkehrspsychologie, Familientherapie, Supervision.

Jork, Klaus (Frankfurt a.M.): Prof. Dr. med., Facharzt für Allgemeinmedizin, Direktor des Instituts für Allgemeinmedizin der Universität Frankfurt am Main. Schwerpunkte: Aus- und Weiterbildung, Salutogenese, Psychosomatik, Medizintheorie, asiatische Medizinsysteme.

Jossé, Tillmann (Mannheim): Diplom-Pädagoge, Kinder- und Jugendlichenpsychotherapeut. Niedergelassen in eigener Praxis. WIAP-Dozent. Schwerpunkte: körperzentrierte Verfahren, Familientherapie.

Katzensteiner, Michael (Linz/Donau): Dr. phil., Klinischer Psychologe, Gesundheitspsychologe, Psychotherapeut. Vorsitzender des Österreichischen Arbeitskreises für Positive und Transkulturelle Psychotherapie. WIAP-Dozent. Schwerpunkte: Salutogenetische Konzepte, Entspannungsmethoden, Supervision.

Kick, Hermes Andreas (Mannheim-Heidelberg): Prof. Dr. med., Facharzt für Neurologie und Psychiatrie/Psychotherapie, Professor der Psychiatrie an der Universität Heidelberg. Begründer und Leiter des Instituts für Medizinische Ethik, Psychotherapie und Gesundheitskultur (IEPG) in Mannheim. Nervenärztliche Praxis. WIAP-Dozent. Schwerpunkte: klinische und theoretische Psychopathologie, Geschichte der Psychiatrie, anthropologische Ansätze in der Psychotherapie. Autor verschiedener Bücher.

Köttner, Hans-Jürgen (Reinheim): Facharzt für psychosomatische Medizin und Psychotherapie, Oberarzt in der Ernst-Ludwig-Klinik Breuberg. WIAP-Dozent. Schwerpunkte: Adipositas, chronische Schmerzen, Psychosomatik.

Krause-Girth, Cornelia (Frankfurt a.M.): Prof. Dr. med., Dipl.-Psych., Fachärztin für Psychotherapeutische Medizin, Psychoanalyse (DPV). Gruppenpsychotherapeutin (DAGG). Professorin für Sozialpsychiatrie an der Fachhochschule Frankfurt. WIAP-Dozentin. Schwerpunkte: Gruppenanalyse, Selbsthilfegruppen, Menschenrechte.

Larcher, Reinhard (Salzburg): Dr. phil., Klinischer Psychologe, Gesundheitspsychologe, Psychotherapeut, Psychoanalytiker. Leiter der Psychologischen Studentenberatung Salzburg, Universitätslektor, Vorsitzender der Bundeskonferenz des Österreichischen Bundesverbandes für Psychotherapie, Vorsitzender der Leiterkonferenz der Österreichischen Arbeitskreise für Psychoanalyse. WIAP-Dozent. Schwerpunkte: Gruppenanalyse und Gruppenpsychotherapie.

Loew, Thomas (Erlangen): Prof. Dr. med., Facharzt für Psychiatrie und Psychosomatische Medizin, Psychoanalyse. Leiter der Abteilung für Psychosomatische Medizin der Universität Regensburg. Weiterbildungsermächtigt von der Bayrischen Landesärztekammer. WIAP-Dozent für Theorie (Grundkenntnisse und vertiefte Ausbildung) und Supervision. Schwerpunkte: Psychosomatik und Psychotherapie.

Peseschkian, Hamid (Wiesbaden): Dr. med. habil., Facharzt für Neurologie, Psychiatrie und Psychotherapie. Geschäftsführer der Wiesbadener Akademie für Psychotherapie. Psychotherapeutische Privatpraxis. Forschungsaufenthalt in Russland (1991–1999) mit Habilitation. Von 1995–1999 Leiter der neuropsychiatrischen-psychotherapeutischen Poliklinik des American Medical Centers in Moskau. WIAP-Dozent. Schwerpunkte: transkulturelle Psychotherapie, Erstinterview, Stresstherapie.

Peseschkian, Manije (Wiesbaden): Pädagogin und Diplombiologin. WIAP-Dozentin. Schwerpunkte: Transkulturelle Familientherapie und -beratung.

Peseschkian, Nawid (Wiesbaden): Dr. med., Facharzt für Kinder- und Jugendpsychiatrie und Psychotherapie, Facharzt für Psychiatrie und Psychotherapie. Niedergelassen in eigener Praxis mit KV-Zulassung. Co-Leiter der Ausbildung für Kinder- und Jugendlichenpsychotherapeuten und WIAP-Dozent.

Peseschkian, Nossrat (Wiesbaden): Prof. h.c. Dr. med., Facharzt für Neurologie, Psychiatrie, Psychotherapie und Psychotherapeutische Medizin. Gründer und Leiter der Wiesbadener Akademie für Psychotherapie und des Wiesbadener Weiterbildungskreises für Psychotherapie und Familientherapie. Begründer der Positiven und Transkulturellen Psychotherapie. Autor verschiedener Bücher.

Peseschkian, Shida (Wiesbaden): Informatikerin MBA, University of Huston.

Rafat, Sheyda (Hochspeyer): Dipl.-Psych., Dipl.-Pädagogin, Psychologische Psychotherapeutin, Kinder- und Jugendlichenpsychotherapeutin. Niedergelassen in eigener Praxis mit KV-Zulassung. WIAP-Dozentin. Schwerpunkte: Migrantenfamilien, sexueller Missbrauch und Familientherapie, Supervision.

Remmers, Arno (Büdingen): Facharzt für Allgemeinmedizin, Psychotherapie, Oberarzt an der Vogelsbergklinik in Grebenhain, Ärztliches Qualitätsmanagement. Von 1992–1995 Lehr- und Forschungsaufenthalt in Bulgarien und Tätigkeit an der Klinik für Psychiatrie und Kinderpsychiatrie der Medizinischen Universität Varna. Aufbau von Weiterbildungsstätten für Psychotherapie in Bulgarien und Rumänien. WIAP-Dozent. Schwerpunkte: Transkulturelle Psychotherapie und Psychosomatik.

Röthke, Helmut (Fulda): Dr. med., Facharzt für Psychiatrie, Psychotherapie und Psychotherapeutische Medizin, Psychoanalytiker. Chefarzt der Saaletalklinik für Abhängigkeitserkrankungen, Bad Neustadt/Saale. Vorsitzender der Deutschen Gesellschaft für Positive und Transkulturelle Psychotherapie (DGPP) e.V., WIAP-Dozent. Schwerpunkte: Sucht und Abhängigkeitserkrankungen. Autor verschiedener wissenschaftlicher Arbeiten.

Rothe, Marga (Heidelberg): Prof. Dr., WIAP-Dozentin. Schwerpunkte: Psychosomatik, Rehabilitation. Autorin verschiedener Bücher.

Sachse, Günther †: Prof. Dr. med., Ärztlicher Direktor der Deutschen Klinik für Diagnostik in Wiesbaden. WIAP-Dozent. Schwerpunkte: Diabetes mellitus, psychosomatische Erkrankungen.

Schön, Dieter (Regensburg): Dr. med., Dipl. psych., Facharzt für Neurologie und Psychiatrie, Psychotherapie. Oberarzt an der Psychiatrischen Abteilung des Bezirksklinikums Regensburg. WIAP-Dozent. Schwerpunkte: Schizophrenie, Rehabilitation.

Schuck, Wolfgang (Laufach): Dr. med., Facharzt für Allgemeinmedizin, Psychotherapie, WIAP-Dozent. Schwerpunkt: Somatoforme Störungen und Psychosomatik.

Siegel-Trumpp, Regine (Pfullingen): Dr. med., Fachärztin für Allgemeinmedizin, Naturheilverfahren, Umweltmedizin, Psychotherapie, WIAP-Dozentin. Schwerpunkte: Erstinterview, Familientherapie.

Teller, Dorothee (Bremen): Dr. med., Fachärztin für Frauenheilkunde und Allgemeinmedizin, niedergelassen in eigener Praxis mit KV-Zulassung, WIAP-Dozentin. Schwerpunkte: Gynäkologische Psychosomatik.

Tritt, Karin (München): Dr. rer. soc., Dipl.-Psych., Psychologische Psychotherapeutin, langjährig leitende Psychologin der Klinik für Psychosomatik und Psychotherapie der Universitätsklinik Nürnberg/Erlangen. WIAP-Dozentin für Theorie (Grundkenntnisse). Schwerpunkte: Psychosomatik, Qualitätssicherung, Wirksamkeitsstudien.

Werner, Birgit (Frankfurt): Dipl.-Psychologin, WIAP-Dozentin für Theorie (Grundkenntnisse), Schwerpunkt: Qualitätssicherung, Wirksamkeitsstudien. Posttraumatische Belastungsstörungen.

Wilm, Stefan (Düsseldorf): Dr. med., Facharzt für Allgemeinmedizin und Innere Medizin, Klinische Geriatrie, niedergelassen in eigener Praxis als Allgemeinarzt in Köln, wissenschaftlicher Mitarbeiter der Abteilung Allgemeinmedizin der Universität Düsseldorf. Schwerpunkte: Konzepte von Gesundheit und Krankheit, Gesundheitsförderung und Prävention, Evaluation medizinischer Aus-, Weiter- und Fortbildung.

Woelk, Helmut (Gießen): Prof. Dr. med., Facharzt für Neurologie und Psychiatrie, Psychotherapie, Ärztlicher Direktor der Klinik für Psychiatrie und Psychotherapie Gießen – Akademisches Lehrkrankenhauses der Justus-Liebig-Universität Gießen. Forschungsaufenthalte in zahlreichen Ländern. Mitglied internationaler Kommissionen. WIAP-Dozent. Schwerpunkte: Psychotherapie in der Psychiatrie, Psychopathologie, Angst und Depression, Schizophrenie.